MISSION: Yozakura Family

13 Im ehemaligen Anwesen der Yozakuras

AF629856

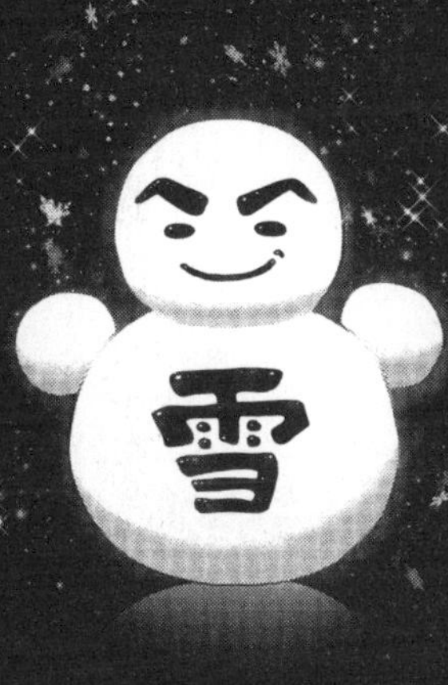

Hitsuji Gondaira

Mission: Yozakura Family — Charaktere

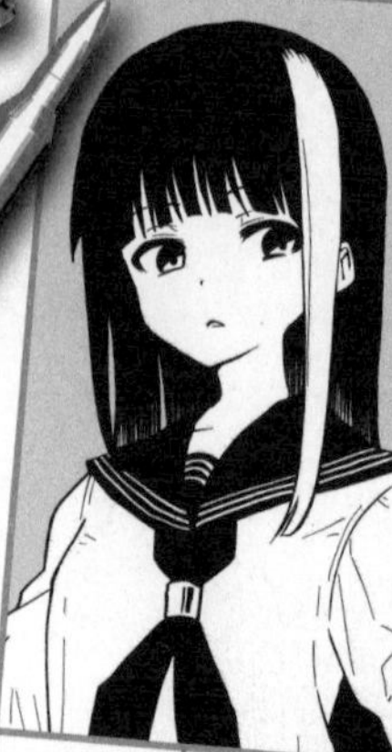

MUTSUMI YOZAKURA

Drittälteste Tochter der Yozakuras. Als Oberhaupt ihrer Familie, die etliche Übermenschen hervorgebracht hat, wird sie rund um die Uhr von ihren Geschwistern beschützt.

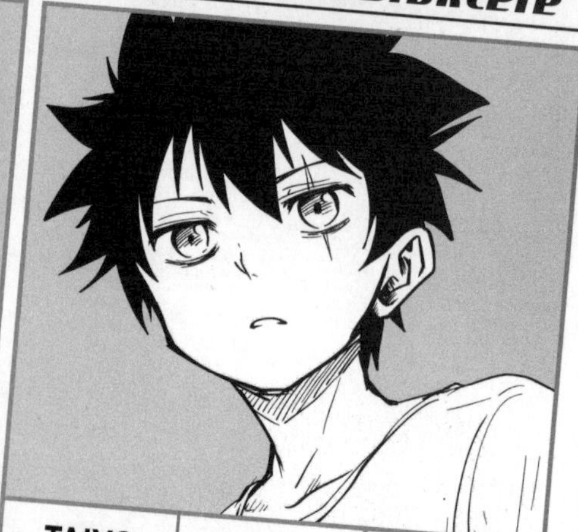

TAIYO ASANO

Der Oberschüler hat seine Familie bei einem Verkehrsunfall verloren und ist seitdem sehr menschenscheu. Die Einzige, der er sein Herz öffnet, ist seine Frau und Kindheitsfreundin Mutsumi.

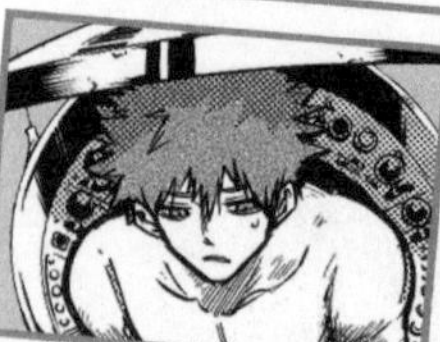

SHINZO

Der zweitälteste Sohn der Familie ist ein Waffenspezialist.

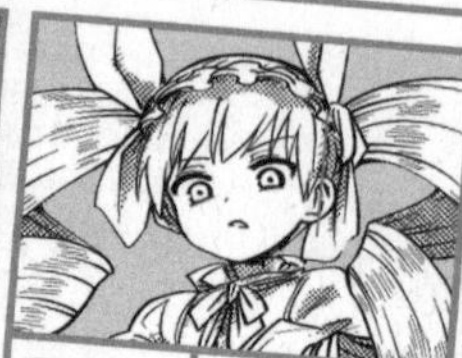

FUTABA

Die älteste Tochter der Yozakuras ist eine Meisterin in Aikido und Jiu-Jitsu.

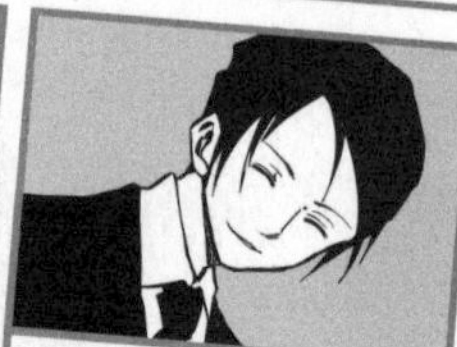

KYOICHIRO YOZAKURA

Der älteste Sohn der Familie Yozakura ist der beste und beliebteste Spion weit und breit.

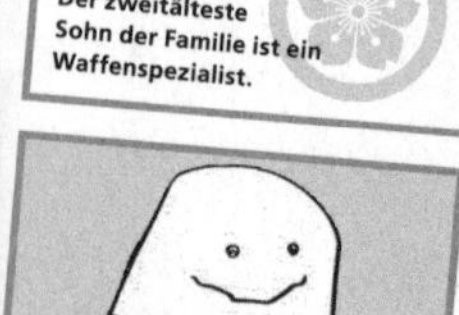

NANAO

Viertältester Sohn der Yozakuras. Nanao ist medizinisch bewandert und hat Bärenkräfte.

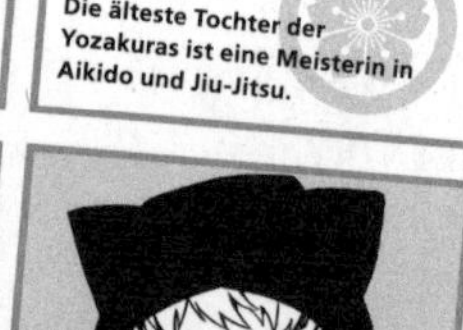

KENGO

Der Verkleidungskünstler und drittälteste Sohn kann sich in alle möglichen Personen verwandeln.

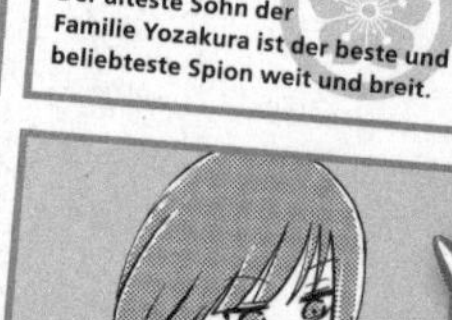

SHION

Die zweitälteste Tochter der Yozakuras ist Gamerin und begnadete Hackerin zugleich.

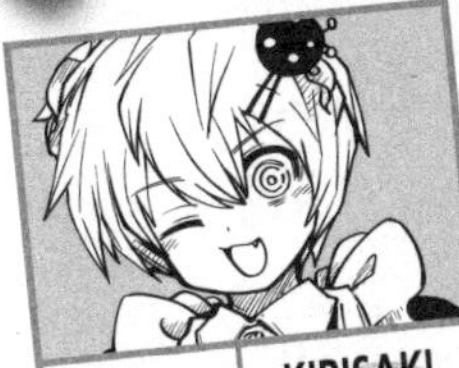

AYAKA KIRISAKI

Das Hausmädchen der Yozakuras ist Profi im Beschatten und dem Verüben von Attentaten.

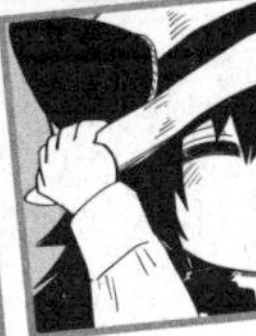

AI

Ein ehemaliges Mitglied von Tanpopo. Derzeit wohnt sie bei den Yozakuras.

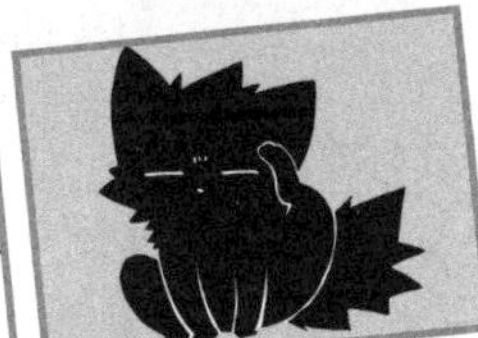

GOLIATH

Das Haustier der Familie Yozakura.

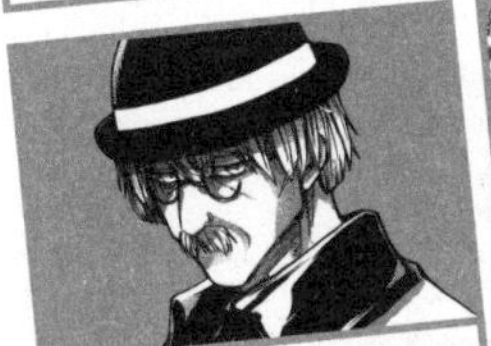

MOMO YOZAKURA

Der Vater der Geschwister Yozakura hat die Familie verlassen und arbeitet mit Tanpopo zusammen.

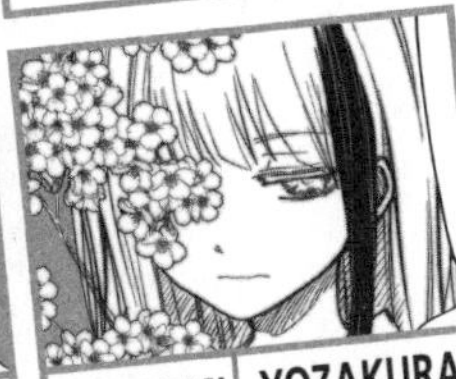

TSUBOMI YOZAKURA

Das erste Oberhaupt der Familie Yozakura lebt seit langer Zeit und hat Kawashita seine Kräfte geliehen.

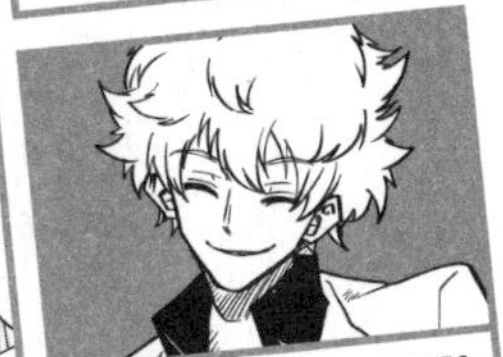

MAKOTO KAWASHITA

Direktor der Kawashita-Klinik und Mitglied von Tanpopo. Er trachtet nach Mutsumis Herz.

Story.

Seit Taiyo seine Familie verloren hat, spricht er nur noch mit seiner Kindheitsfreundin Mutsumi Yozakura. Dann entpuppen sich die Yozakuras als Spione! Taiyo heiratet Mutsumi und wird Teil der Familie. Seine Karriere als Spion beginnt. Er findet heraus, dass die Organisation Tanpopo, der Arzt Makoto Kawashita und der tot geglaubte Vater der Geschwister Yozakura beim Tod seiner Familie ihre Finger im Spiel hatten. Mit vereinten Kräften schafft es die Familie, Kawashita zu fassen und an die Polizei zu übergeben. Als Taiyo ihm Tsubomis Wunsch mitteilt, getötet zu werden, verrät Kawashita ihm das dazu nötige Geheimnis um die »Tausendfältigen Blüte«. Mit 108 Jahren tritt er schließlich von der Bühne des Lebens ab.

Mission: Yozakura Family – Inhalt

13 Im ehemaligen Anwesen der Yozakuras

To Do Mission

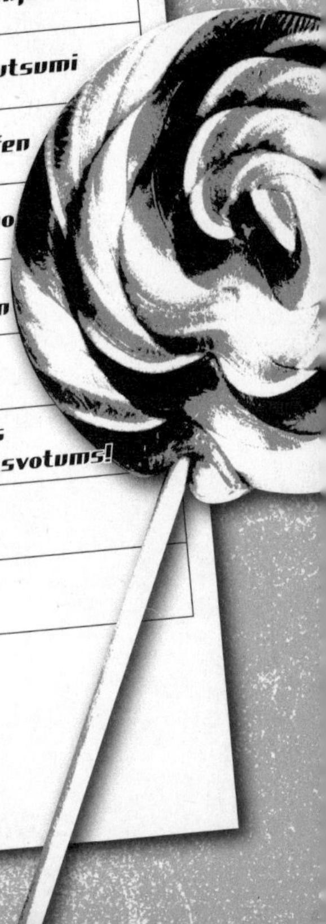

Mission:
Yozakura Family

Mission 106 Im ehemaligen Anwesen der Yozakuras

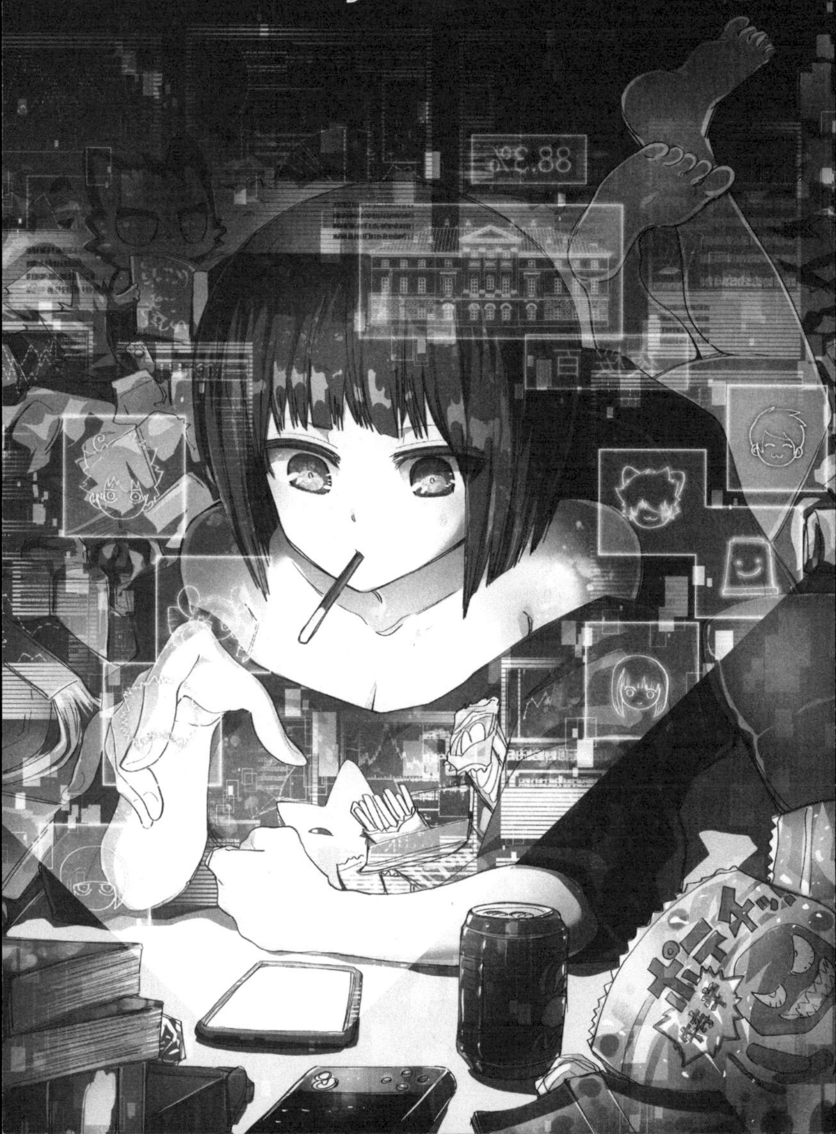

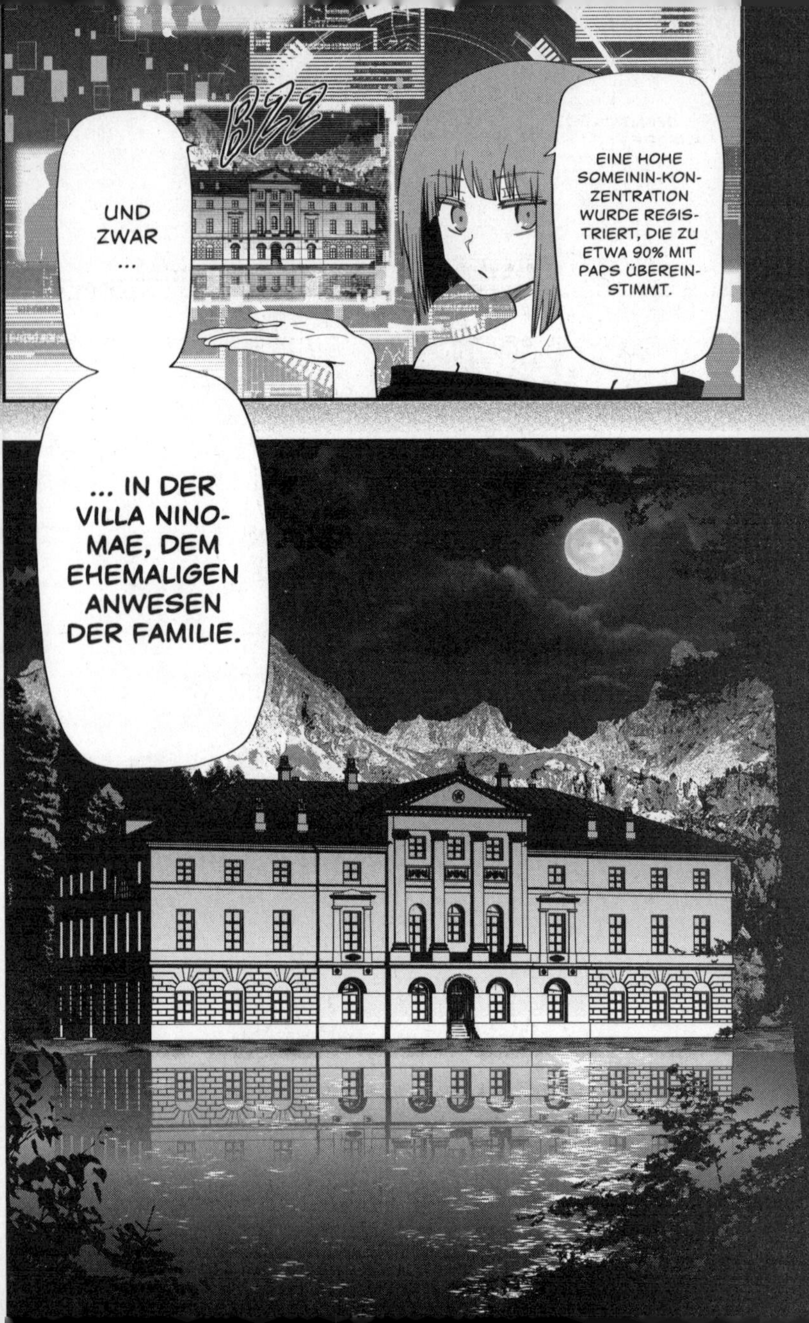
EINE HOHE SOMEININ-KONZENTRATION WURDE REGISTRIERT, DIE ZU ETWA 90% MIT PAPS ÜBEREINSTIMMT.
BZZ
UND ZWAR ...
... IN DER VILLA NINOMAE, DEM EHEMALIGEN ANWESEN DER FAMILIE.

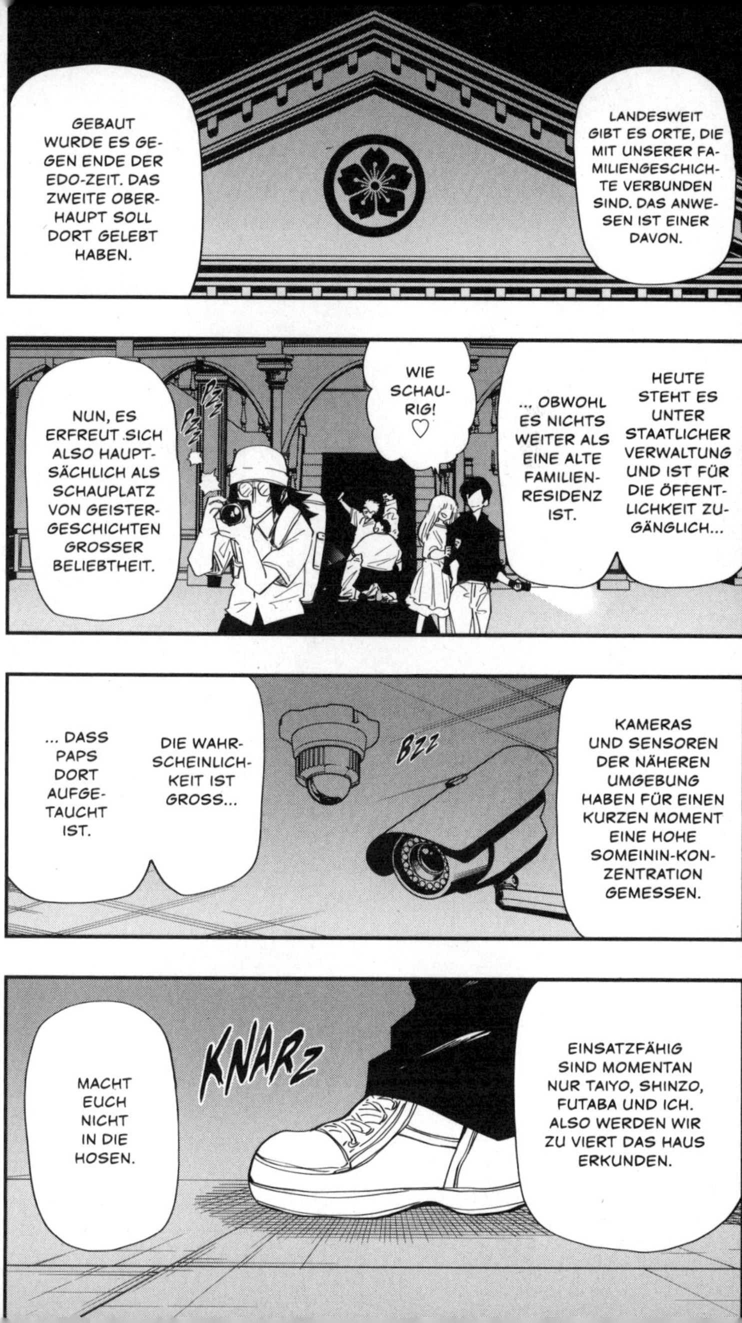
LANDESWEIT GIBT ES ORTE, DIE MIT UNSERER FAMILIENGESCHICHTE VERBUNDEN SIND. DAS ANWESEN IST EINER DAVON.
GEBAUT WURDE ES GEGEN ENDE DER EDO-ZEIT. DAS ZWEITE OBERHAUPT SOLL DORT GELEBT HABEN.
HEUTE STEHT ES UNTER STAATLICHER VERWALTUNG UND IST FÜR DIE ÖFFENTLICHKEIT ZUGÄNGLICH...
... OBWOHL ES NICHTS WEITER ALS EINE ALTE FAMILIENRESIDENZ IST.
WIE SCHAURIG! ♡
NUN, ES ERFREUT SICH ALSO HAUPTSÄCHLICH ALS SCHAUPLATZ VON GEISTERGESCHICHTEN GROSSER BELIEBTHEIT.
KAMERAS UND SENSOREN DER NÄHEREN UMGEBUNG HABEN FÜR EINEN KURZEN MOMENT EINE HOHE SOMEININ-KONZENTRATION GEMESSEN.
BZZ
DIE WAHRSCHEINLICHKEIT IST GROSS...
... DASS PAPS DORT AUFGETAUCHT IST.
EINSATZFÄHIG SIND MOMENTAN NUR TAIYO, SHINZO, FUTABA UND ICH. ALSO WERDEN WIR ZU VIERT DAS HAUS ERKUNDEN.
KNARZ
MACHT EUCH NICHT IN DIE HOSEN.

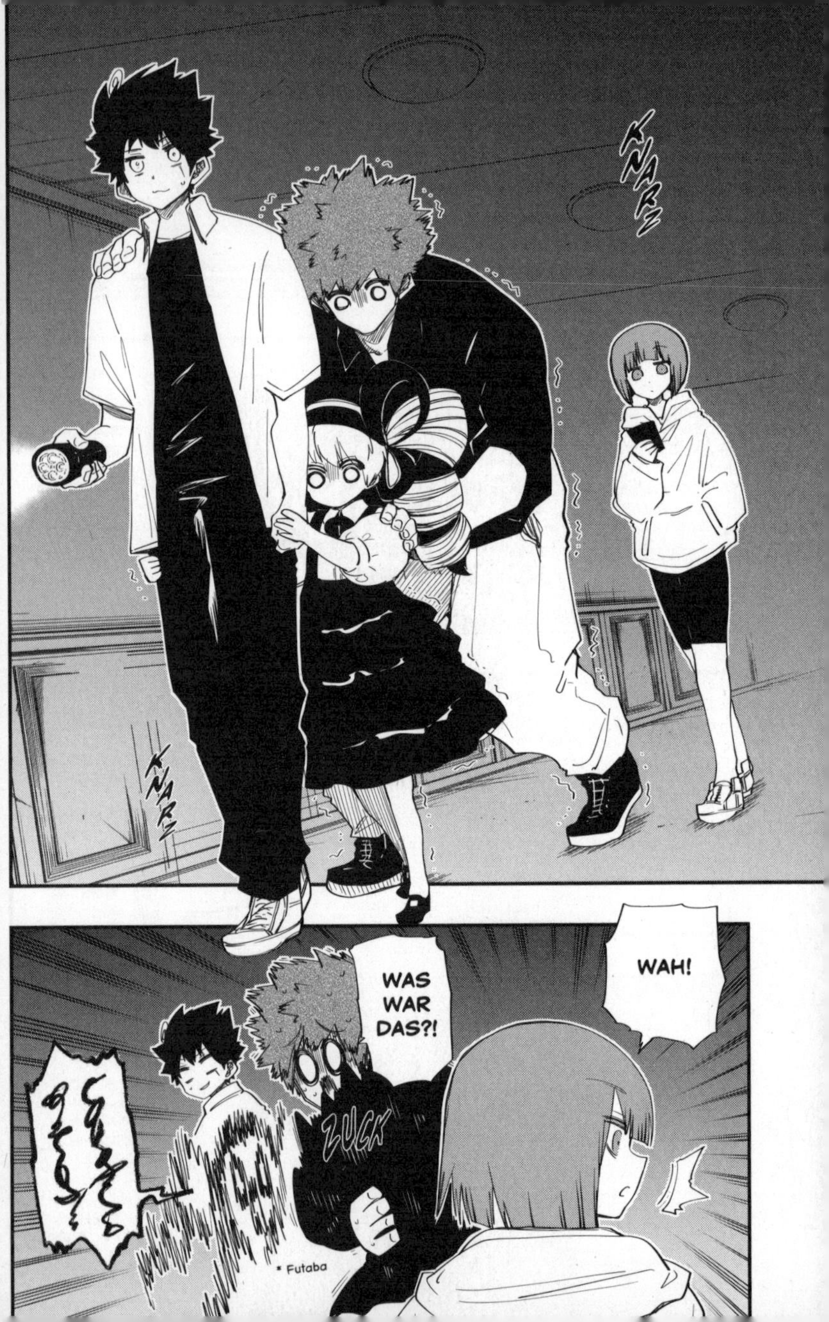
KNARZ
KNARZ
WAH!
WAS WAR DAS?!
ZUCK
* Futaba

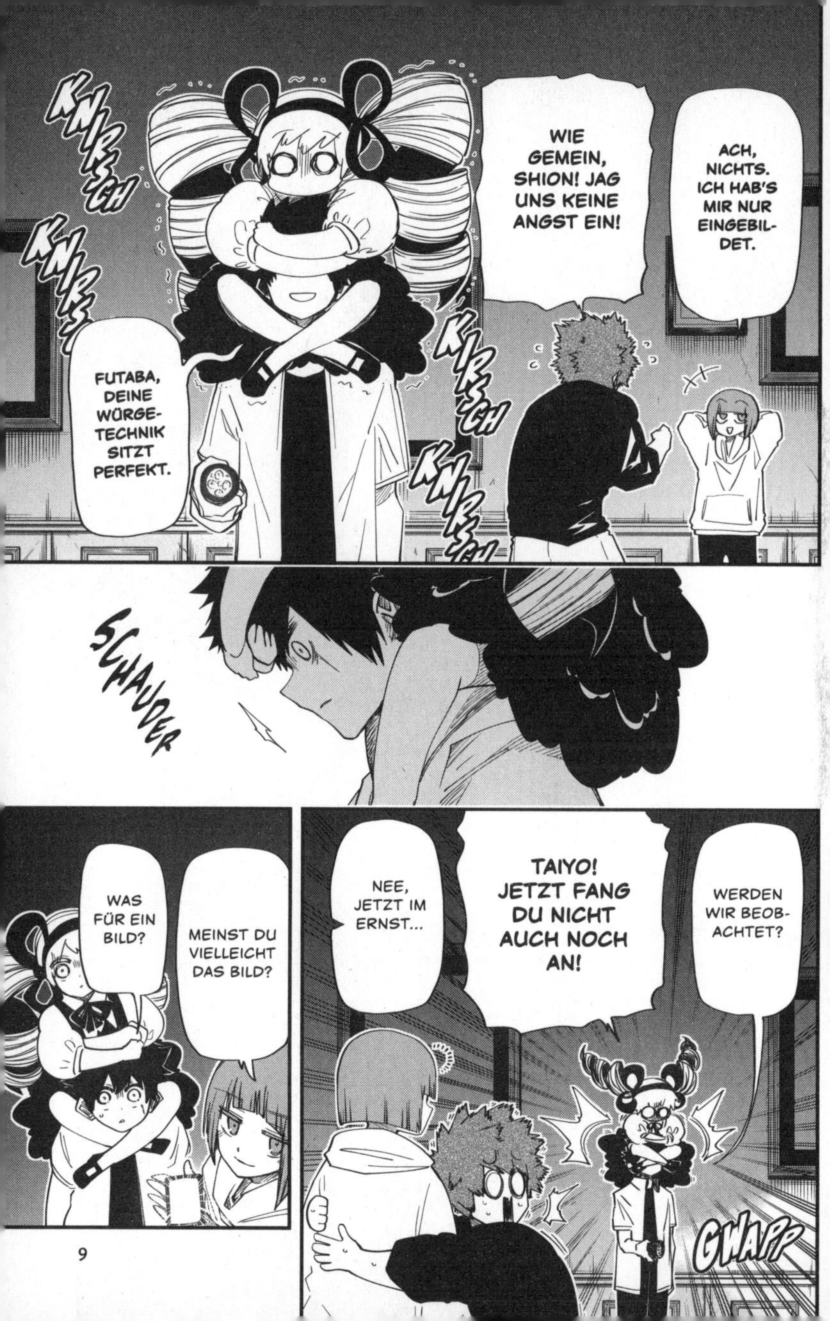
ACH, NICHTS. ICH HAB'S MIR NUR EINGEBIL-DET.
WIE GEMEIN, SHION! JAG UNS KEINE ANGST EIN!
KNIRSCH
KNIRSCH
KNIRSCH
KNIRSCH
FUTABA, DEINE WÜRGE-TECHNIK SITZT PERFEKT.
SCHAUDER
WERDEN WIR BEOB-ACHTET?
TAIYO! JETZT FANG DU NICHT AUCH NOCH AN!
NEE, JETZT IM ERNST...
GWAPP
MEINST DU VIELLEICHT DAS BILD?
WAS FÜR EIN BILD?

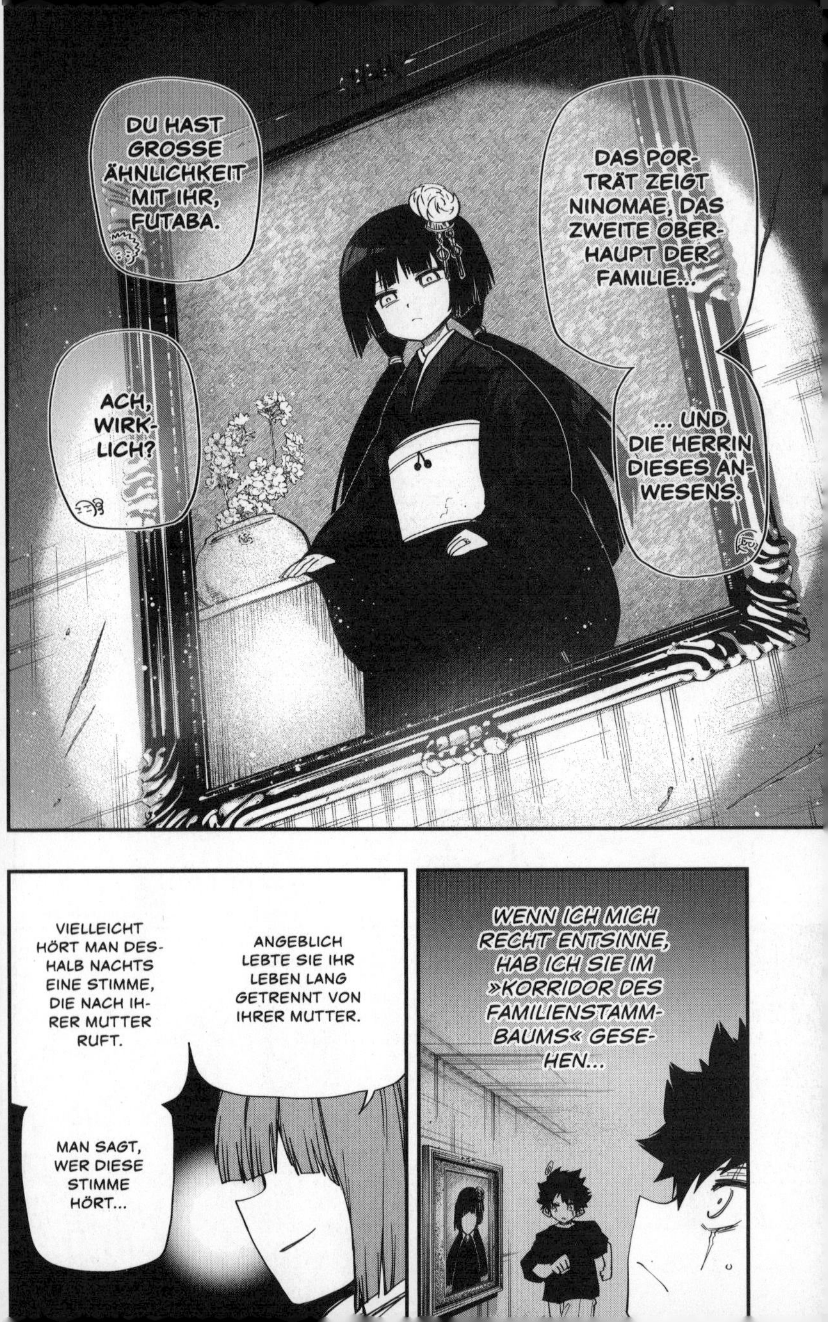
DAS PORTRÄT ZEIGT NINOMAE, DAS ZWEITE OBERHAUPT DER FAMILIE...
... UND DIE HERRIN DIESES ANWESENS.
DU HAST GROSSE ÄHNLICHKEIT MIT IHR, FUTABA.
ACH, WIRKLICH?
WENN ICH MICH RECHT ENTSINNE, HAB ICH SIE IM »KORRIDOR DES FAMILIENSTAMMBAUMS« GESEHEN...
ANGEBLICH LEBTE SIE IHR LEBEN LANG GETRENNT VON IHRER MUTTER.
VIELLEICHT HÖRT MAN DESHALB NACHTS EINE STIMME, DIE NACH IHRER MUTTER RUFT.
MAN SAGT, WER DIESE STIMME HÖRT...

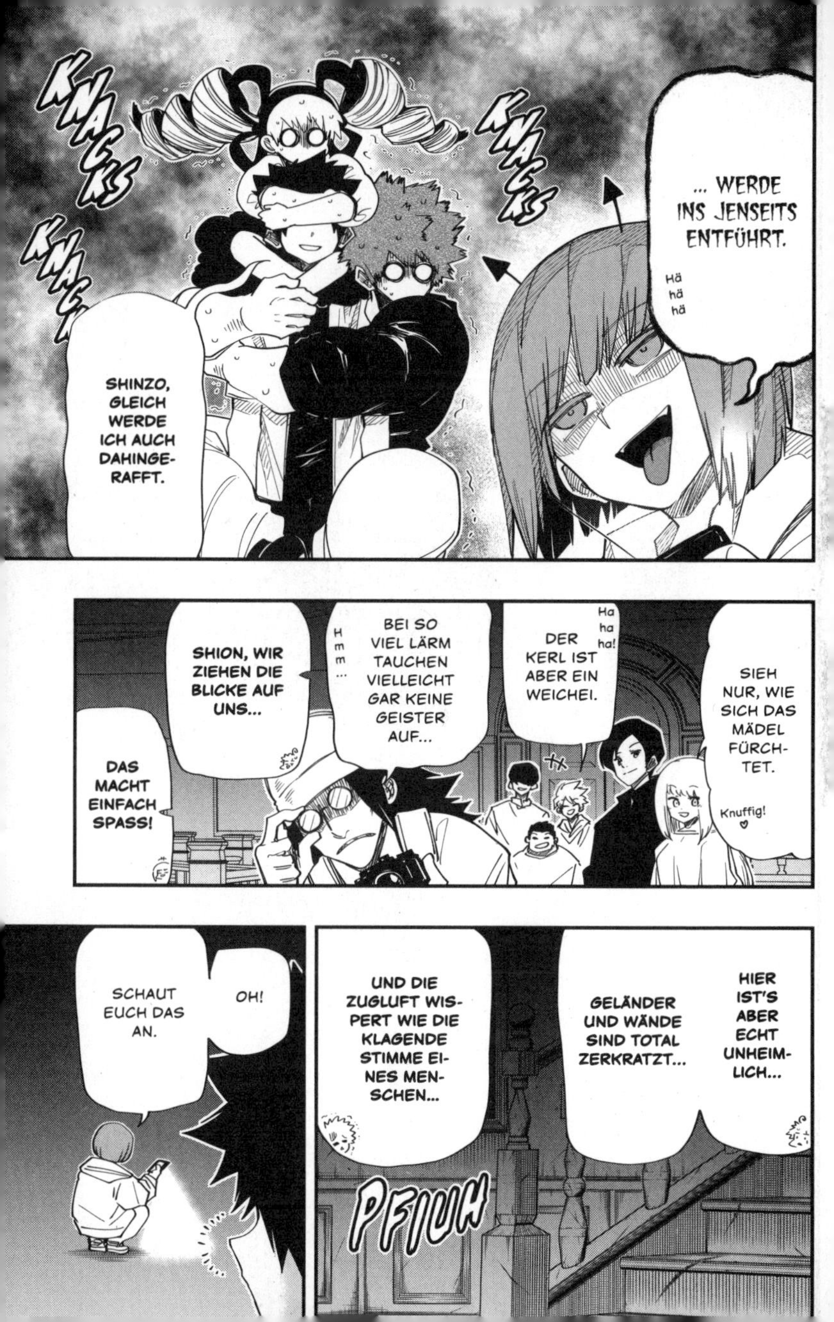

... WERDE INS JENSEITS ENTFÜHRT.
Hä hä hä
KNACKS
KNACKS
KNACKS
SHINZO, GLEICH WERDE ICH AUCH DAHINGE-RAFFT.
SIEH NUR, WIE SICH DAS MÄDEL FÜRCH-TET.
Knuffig!
Ha ha ha!
DER KERL IST ABER EIN WEICHEI.
BEI SO VIEL LÄRM TAUCHEN VIELLEICHT GAR KEINE GEISTER AUF...
Hmm...
SHION, WIR ZIEHEN DIE BLICKE AUF UNS...
DAS MACHT EINFACH SPASS!
HIER IST'S ABER ECHT UNHEIM-LICH...
GELÄNDER UND WÄNDE SIND TOTAL ZERKRATZT...
UND DIE ZUGLUFT WIS-PERT WIE DIE KLAGENDE STIMME EI-NES MEN-SCHEN...
PFIUH
OH!
SCHAUT EUCH DAS AN.

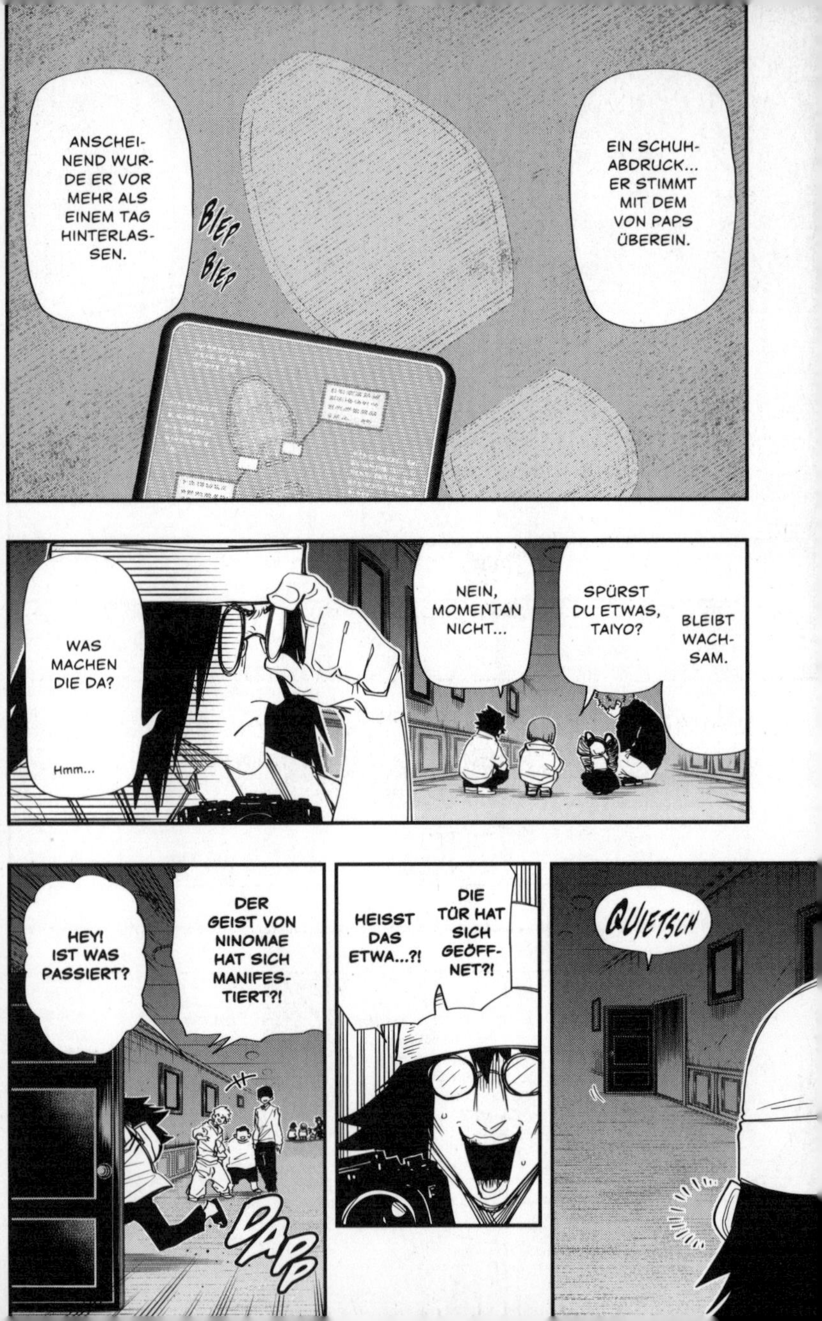
EIN SCHUH-ABDRUCK... ER STIMMT MIT DEM VON PAPS ÜBEREIN.
BIEP BIEP
ANSCHEI-NEND WUR-DE ER VOR MEHR ALS EINEM TAG HINTERLAS-SEN.
BLEIBT WACH-SAM.
SPÜRST DU ETWAS, TAIYO?
NEIN, MOMENTAN NICHT...
WAS MACHEN DIE DA?
Hmm...
QUIETSCH
DIE TÜR HAT SICH GEÖFF-NET?!
HEISST DAS ETWA...?!
DER GEIST VON NINOMAE HAT SICH MANIFES-TIERT?!
HEY! IST WAS PASSIERT?
DAPP

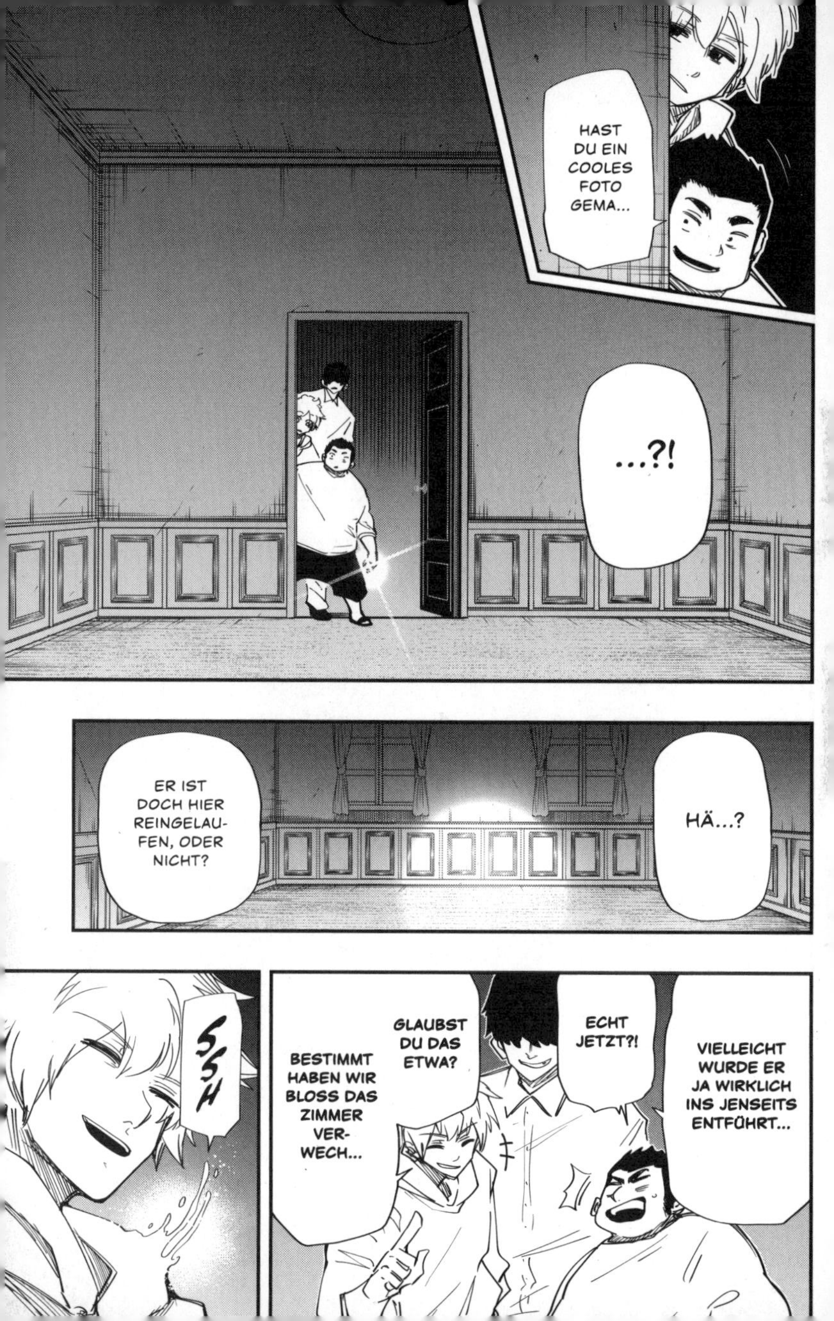
HAST DU EIN COOLES FOTO GEMA...
...?!
HÄ...?
ER IST DOCH HIER REINGELAUFEN, ODER NICHT?
VIELLEICHT WURDE ER JA WIRKLICH INS JENSEITS ENTFÜHRT...
ECHT JETZT?!
GLAUBST DU DAS ETWA?
BESTIMMT HABEN WIR BLOSS DAS ZIMMER VERWECH...
SSH

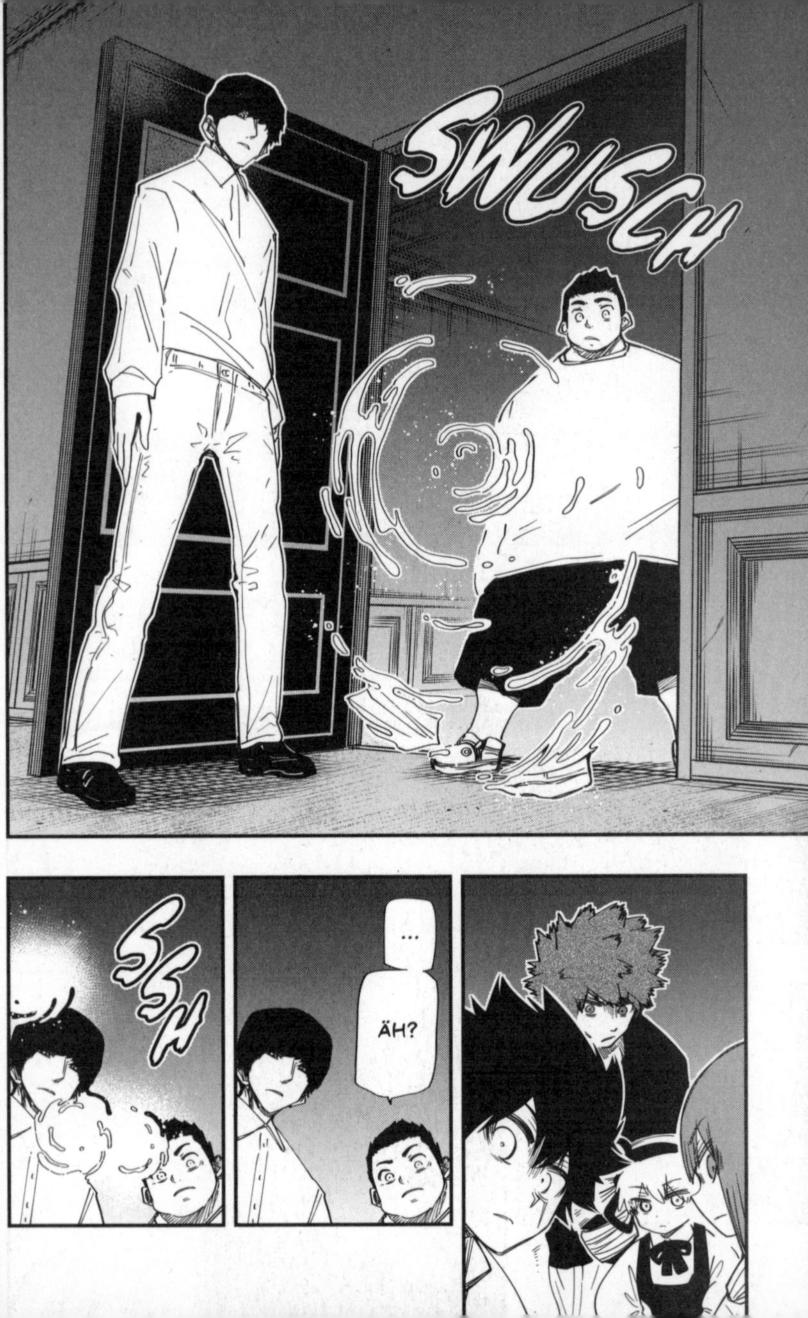
SWUSCH
SSSH
...
ÄH?

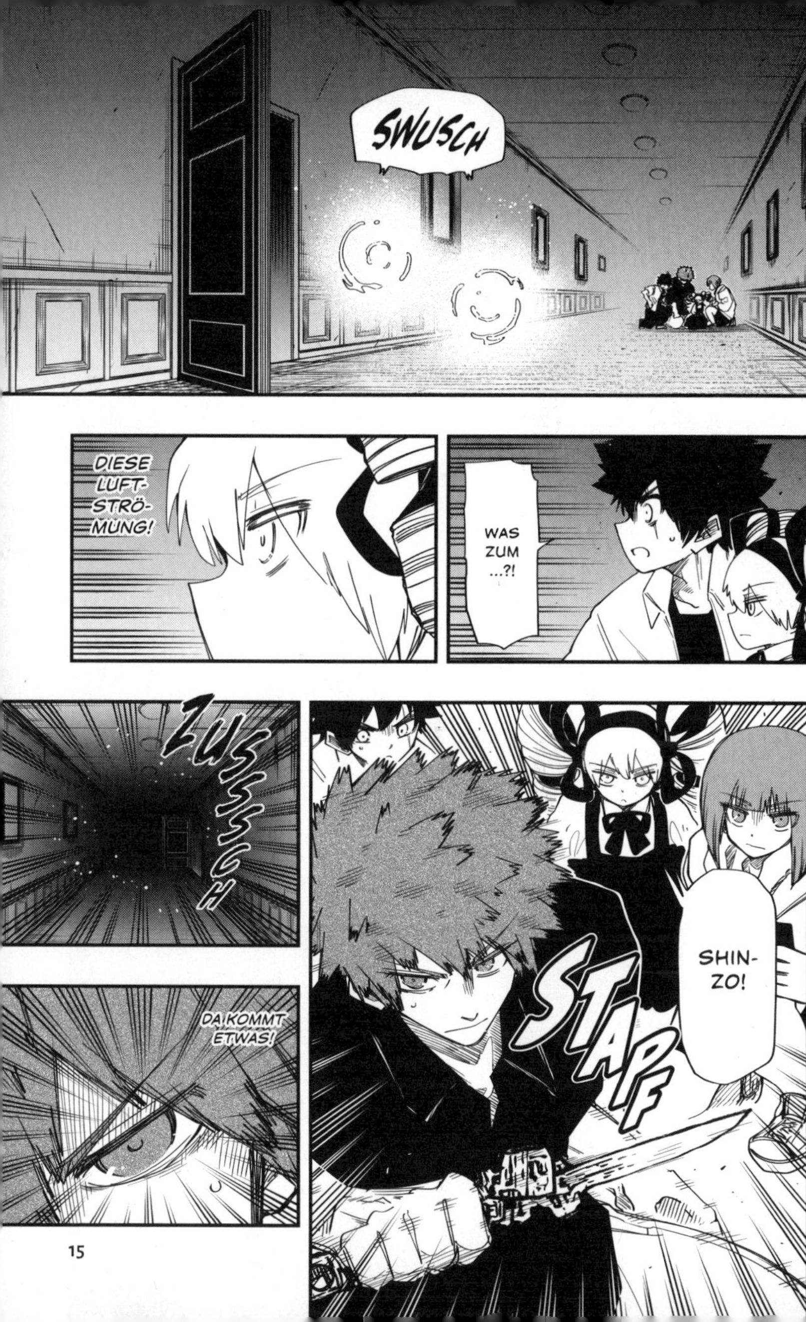
SWUSCH
WAS ZUM ...?!
DIESE LUFT-STRÖ-MUNG!
ZUSSSSCH
DA KOMMT ETWAS!
SHIN-ZO!
STAPF

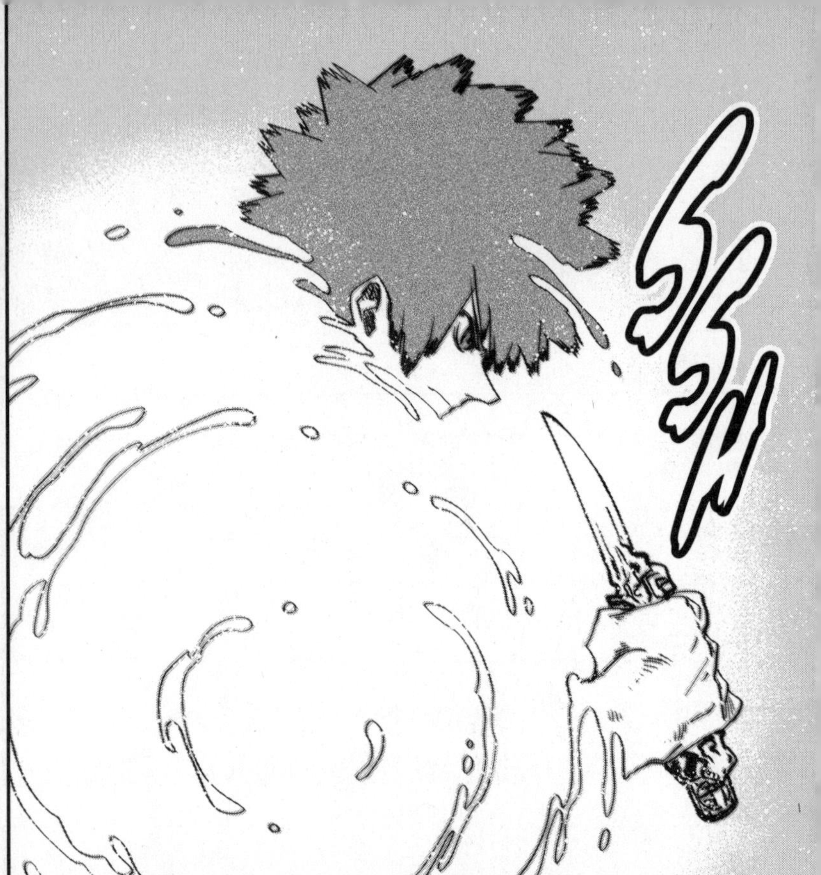
SCHLITZ

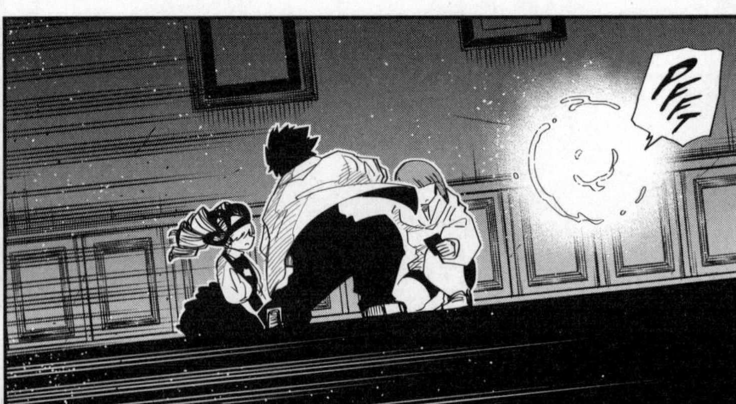
PFFT

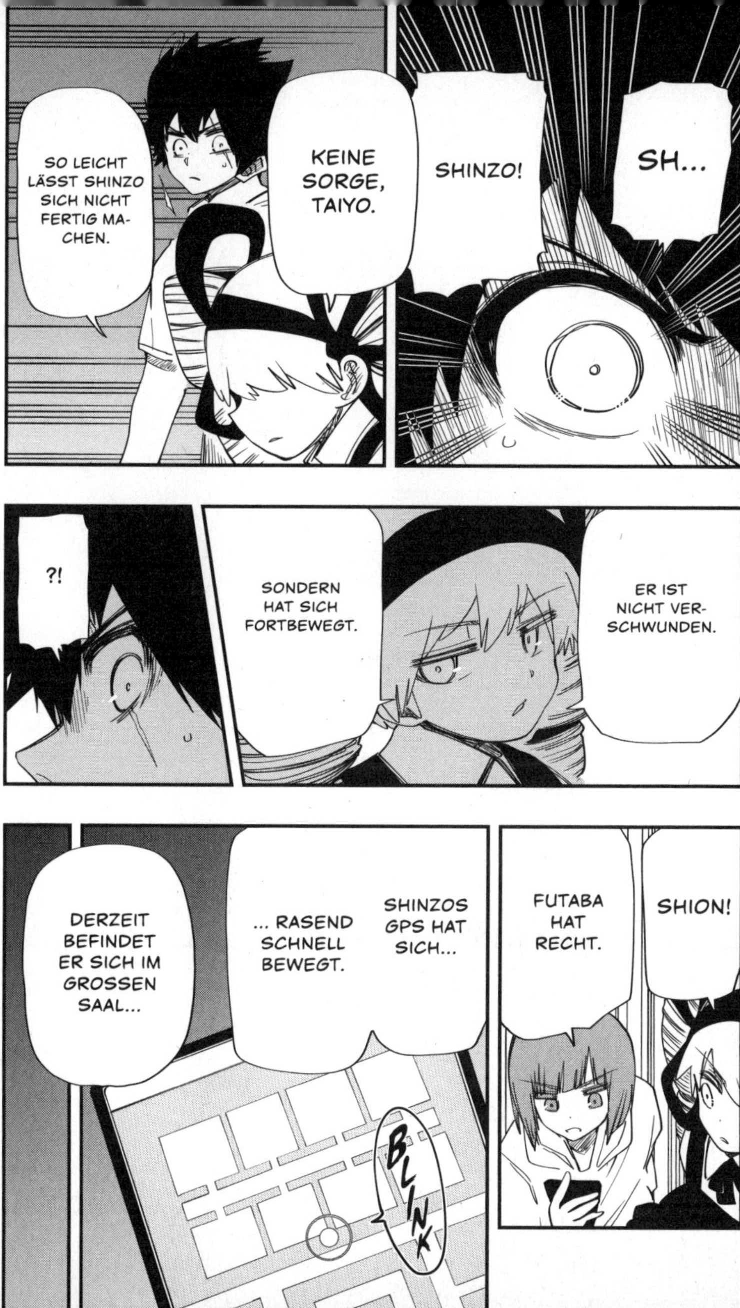
SH...
SHINZO!
KEINE SORGE, TAIYO.
SO LEICHT LÄSST SHINZO SICH NICHT FERTIG MACHEN.
ER IST NICHT VERSCHWUNDEN.
SONDERN HAT SICH FORTBEWEGT.
?!
SHION!
FUTABA HAT RECHT.
SHINZOS GPS HAT SICH...
... RASEND SCHNELL BEWEGT.
DERZEIT BEFINDET ER SICH IM GROSSEN SAAL...
BLINK

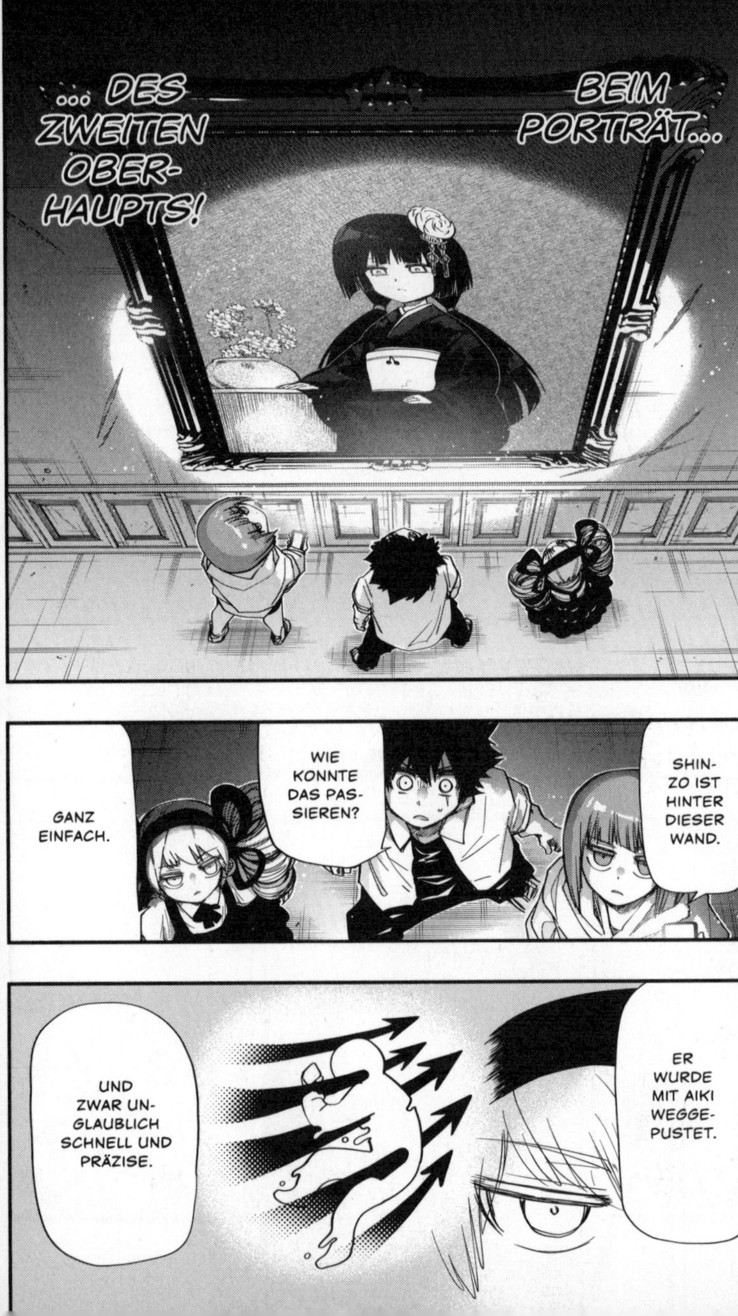
BEIM PORTRÄT...
...DES ZWEITEN OBER-HAUPTS!
SHIN-ZO IST HINTER DIESER WAND.
WIE KONNTE DAS PAS-SIEREN?
GANZ EINFACH.
ER WURDE MIT AIKI WEGGE-PUSTET.
UND ZWAR UN-GLAUBLICH SCHNELL UND PRÄZISE.

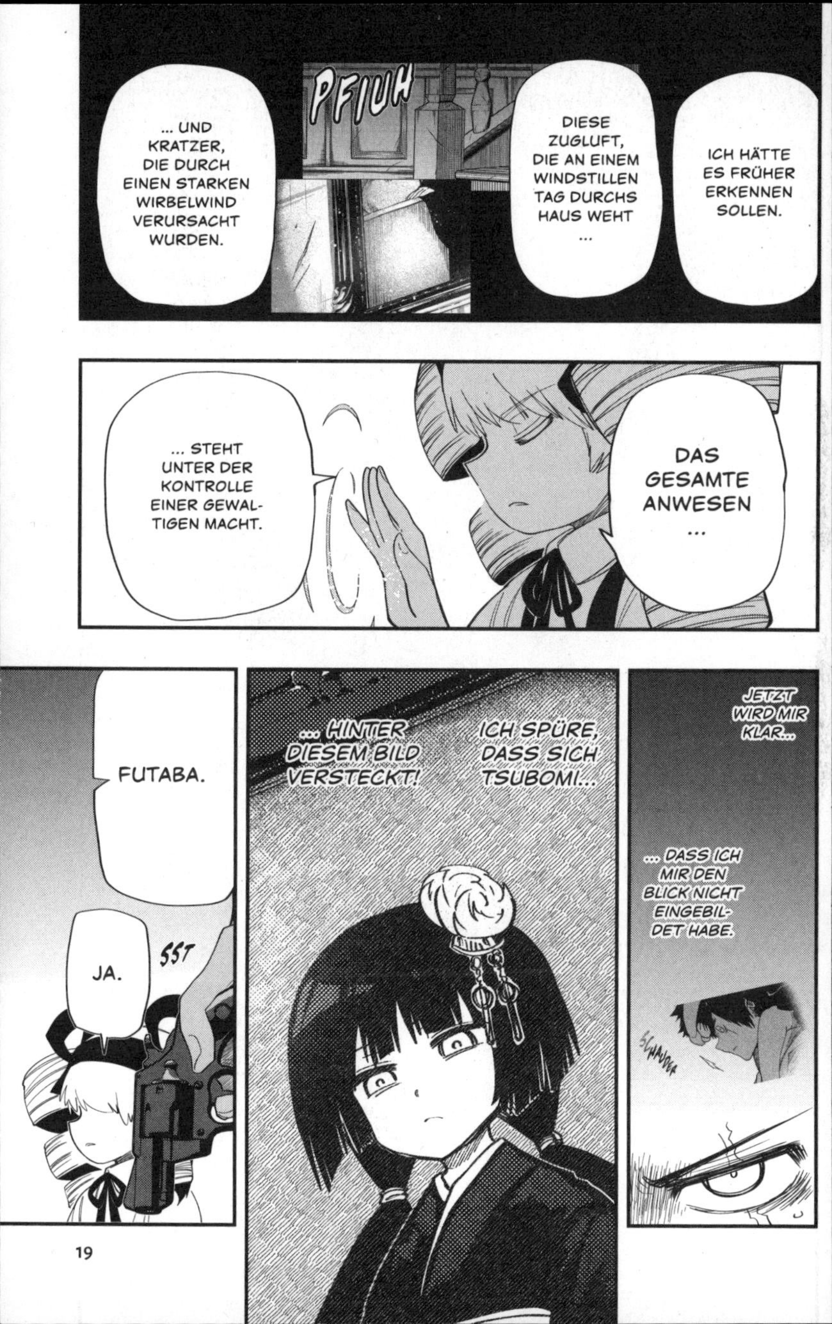
ICH HÄTTE ES FRÜHER ERKENNEN SOLLEN.
DIESE ZUGLUFT, DIE AN EINEM WINDSTILLEN TAG DURCHS HAUS WEHT ...
PFIUH
... UND KRATZER, DIE DURCH EINEN STARKEN WIRBELWIND VERURSACHT WURDEN.
DAS GESAMTE ANWESEN ...
... STEHT UNTER DER KONTROLLE EINER GEWAL-TIGEN MACHT.
JETZT WIRD MIR KLAR...
... DASS ICH MIR DEN BLICK NICHT EINGEBIL-DET HABE.
ICH SPÜRE, DASS SICH TSUBOMI...
... HINTER DIESEM BILD VERSTECKT!
FUTABA.
SST
JA.

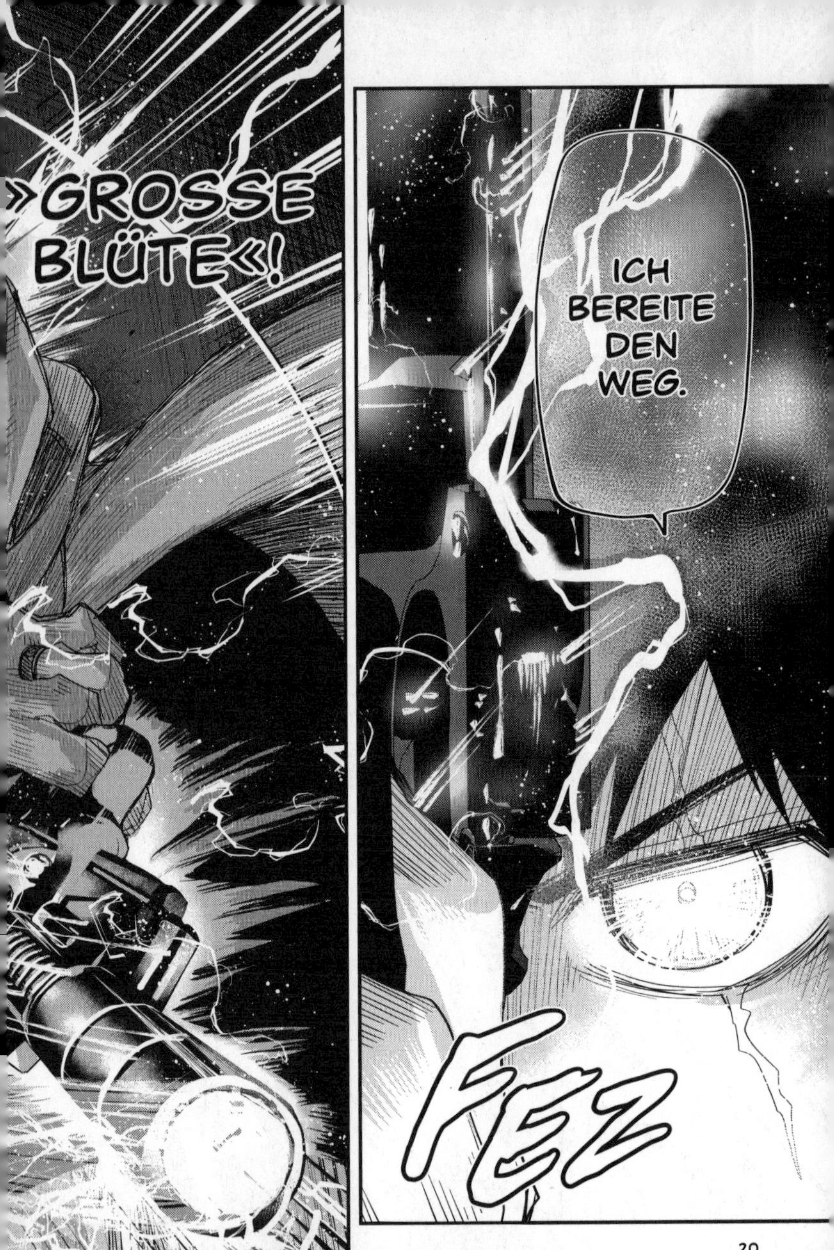

ICH BEREITE DEN WEG.
FEZ
»GROSSE BLÜTE«!

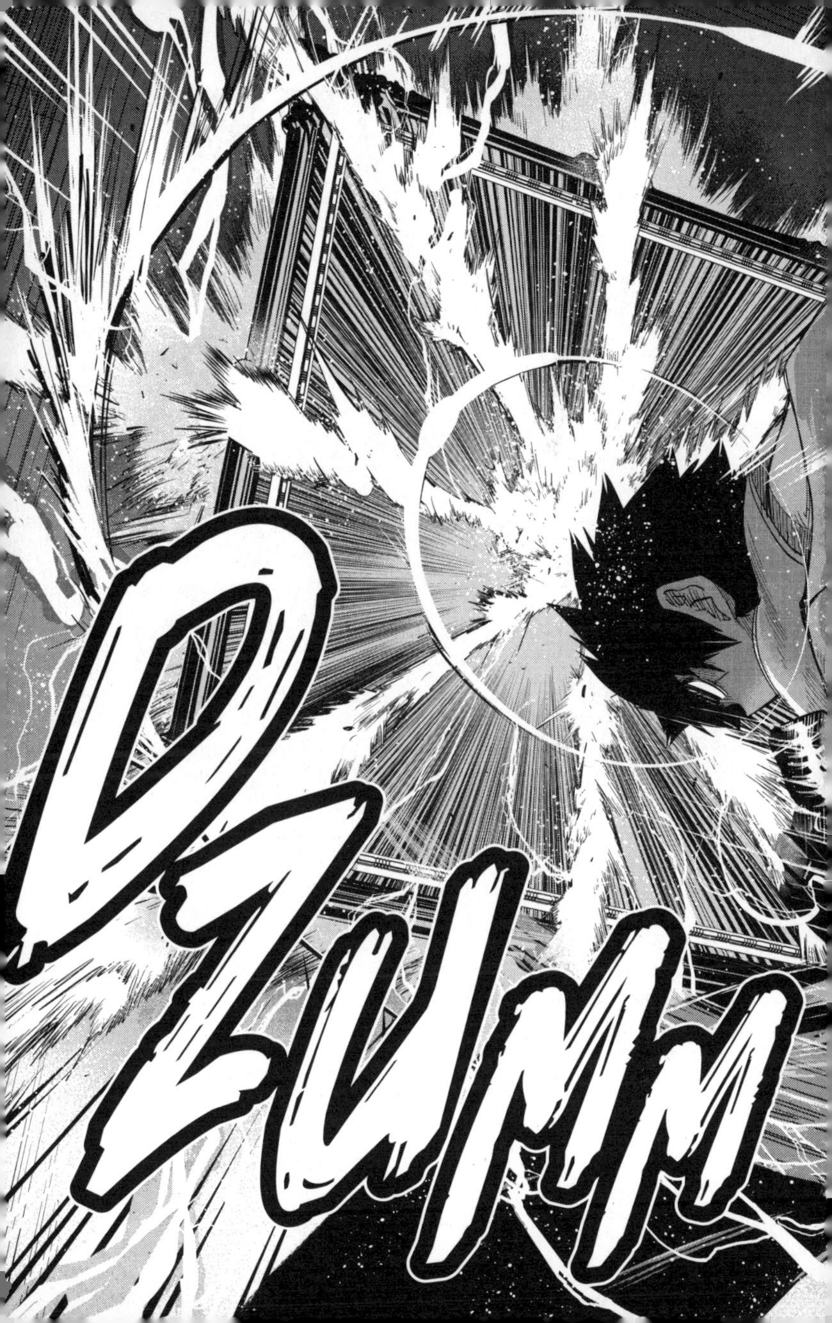
ZUMM

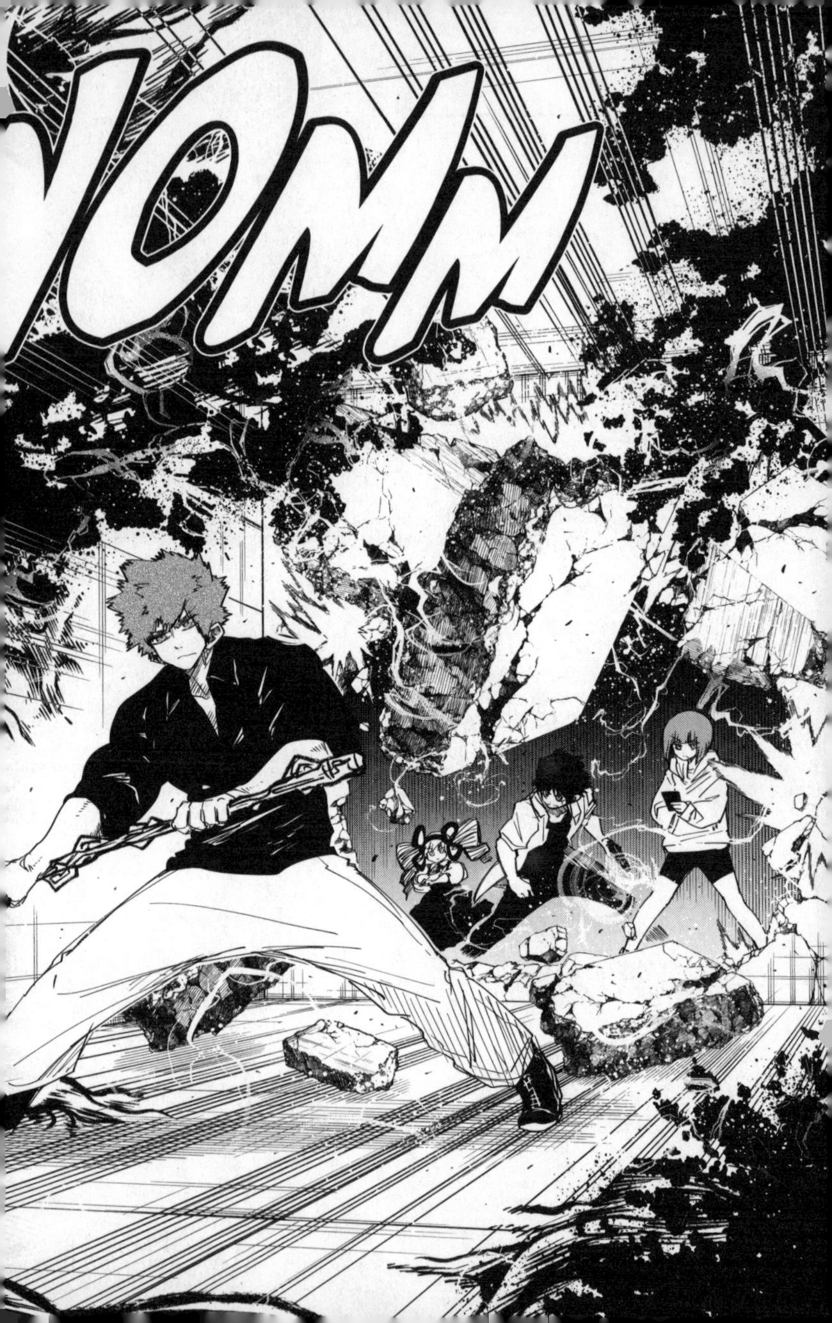

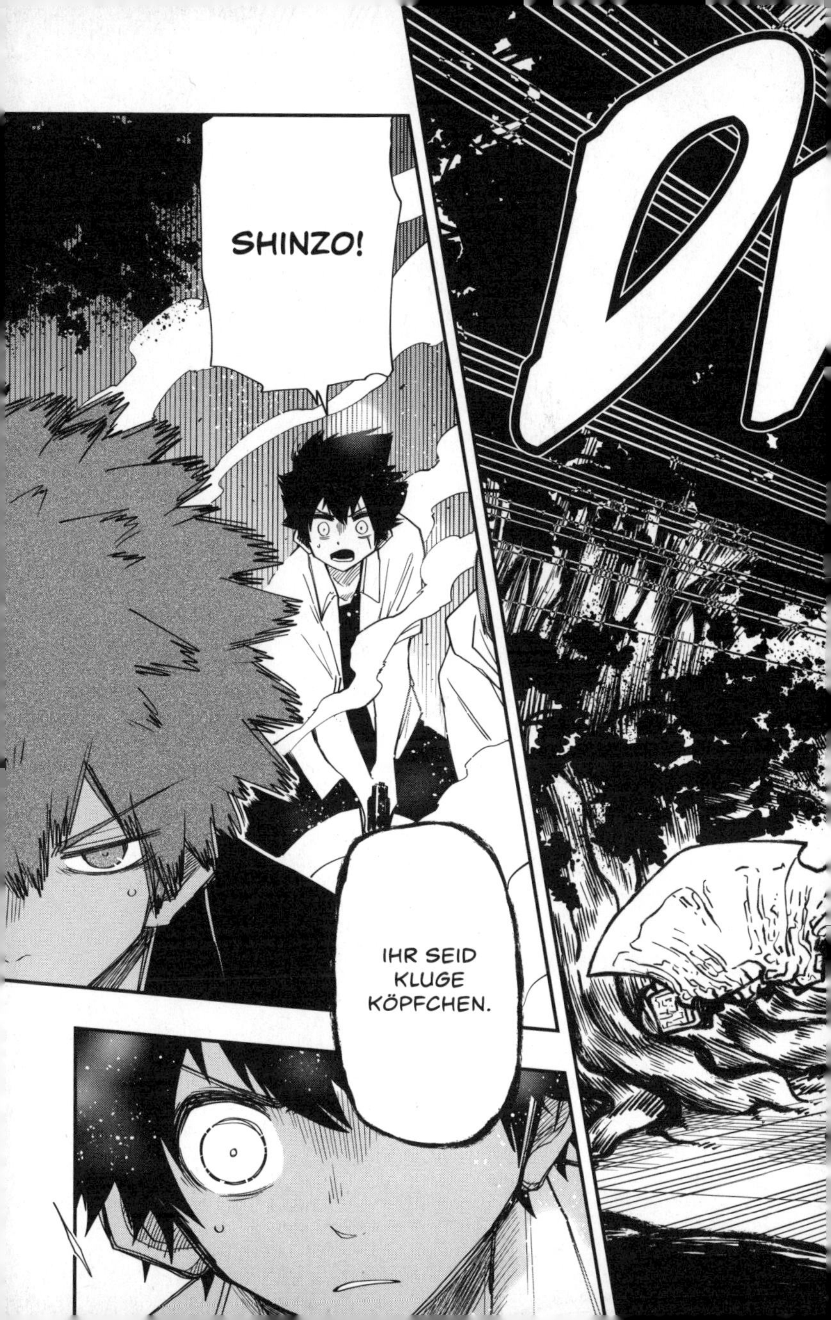
SHINZO!
IHR SEID KLUGE KÖPFCHEN.

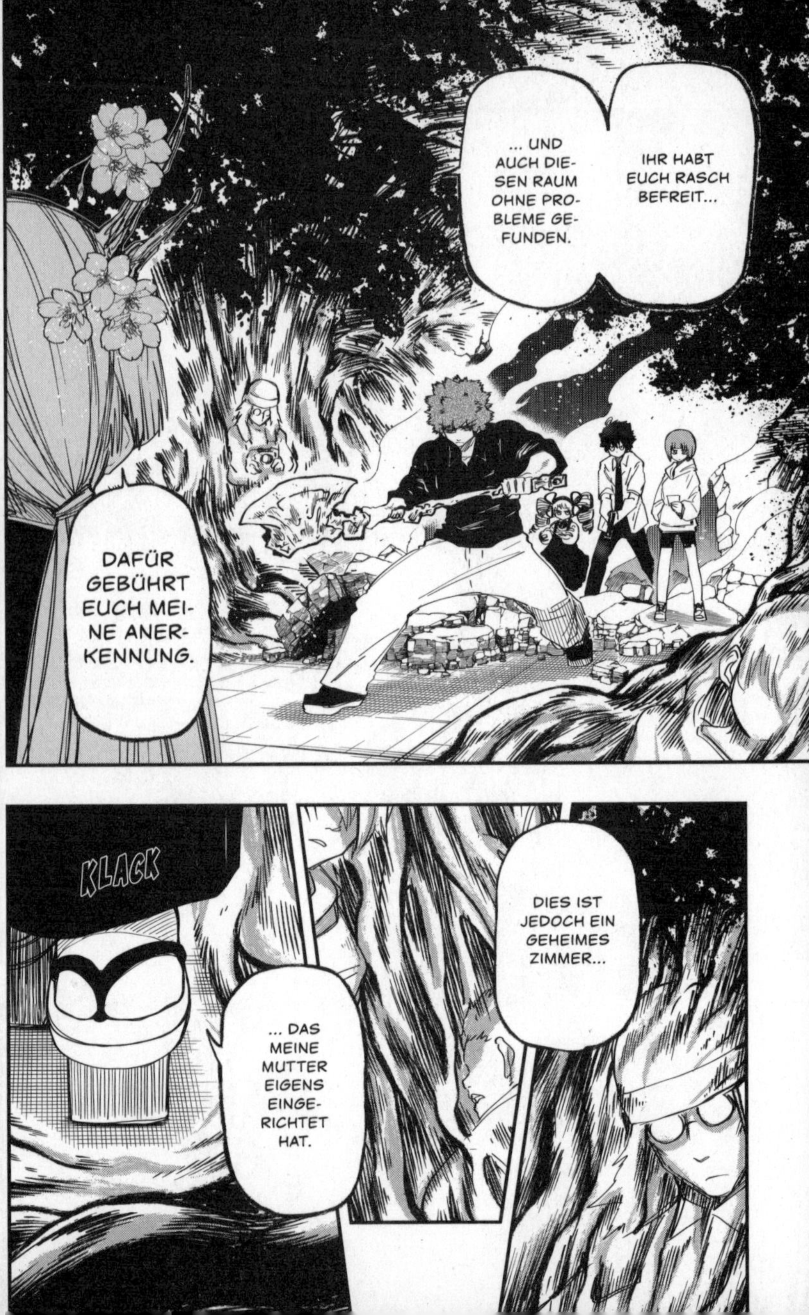
IHR HABT EUCH RASCH BEFREIT...
... UND AUCH DIESEN RAUM OHNE PROBLEME GEFUNDEN.
DAFÜR GEBÜHRT EUCH MEINE ANERKENNUNG.
KLACK
DIES IST JEDOCH EIN GEHEIMES ZIMMER...
... DAS MEINE MUTTER EIGENS EINGERICHTET HAT.

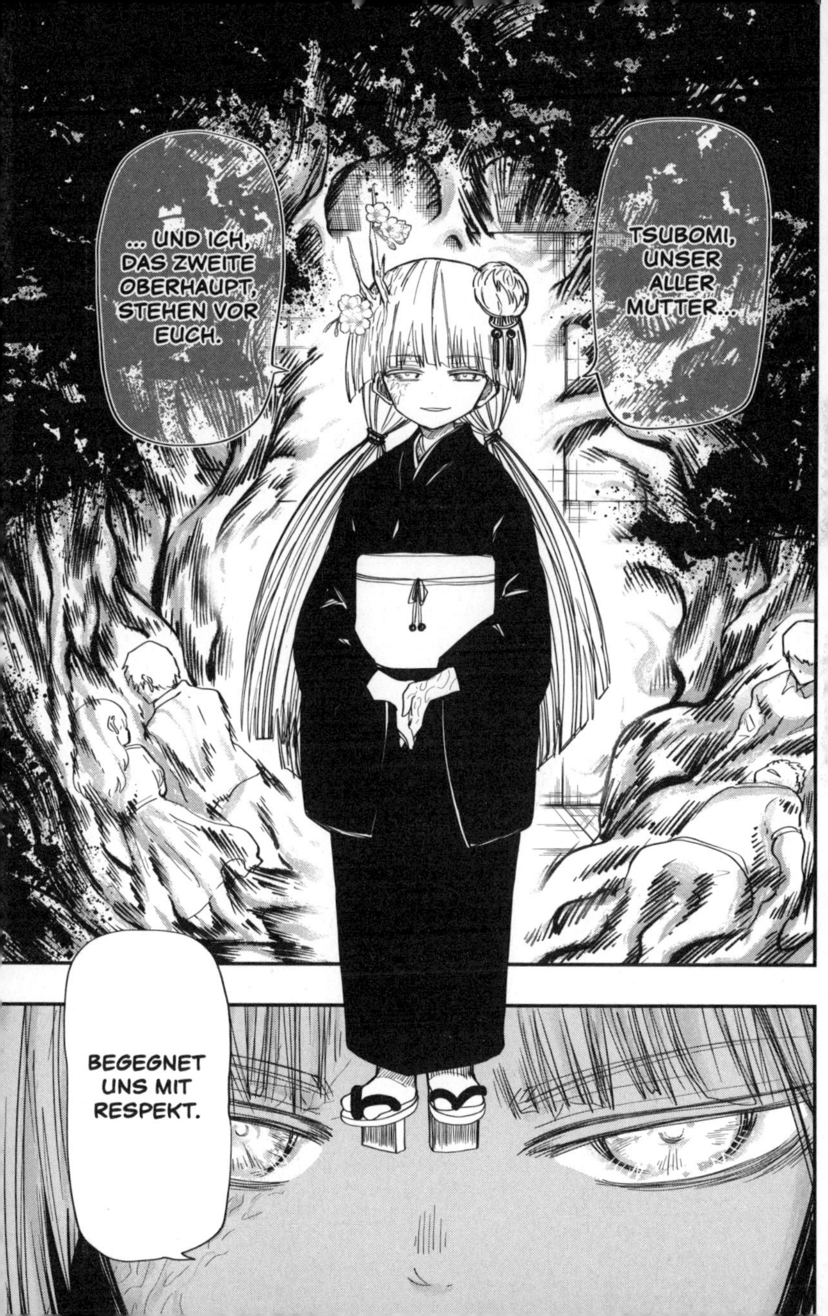
TSUBOMI, UNSER ALLER MUTTER …
… UND ICH, DAS ZWEITE OBERHAUPT, STEHEN VOR EUCH.
BEGEGNET UNS MIT RESPEKT.

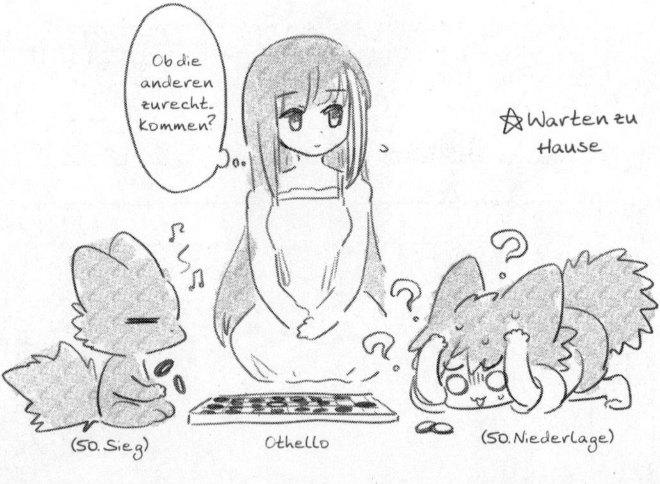
Ob die anderen zurecht-kommen?
☆Warten zu Hause
(50. Sieg)
Othello
(50. Niederlage)

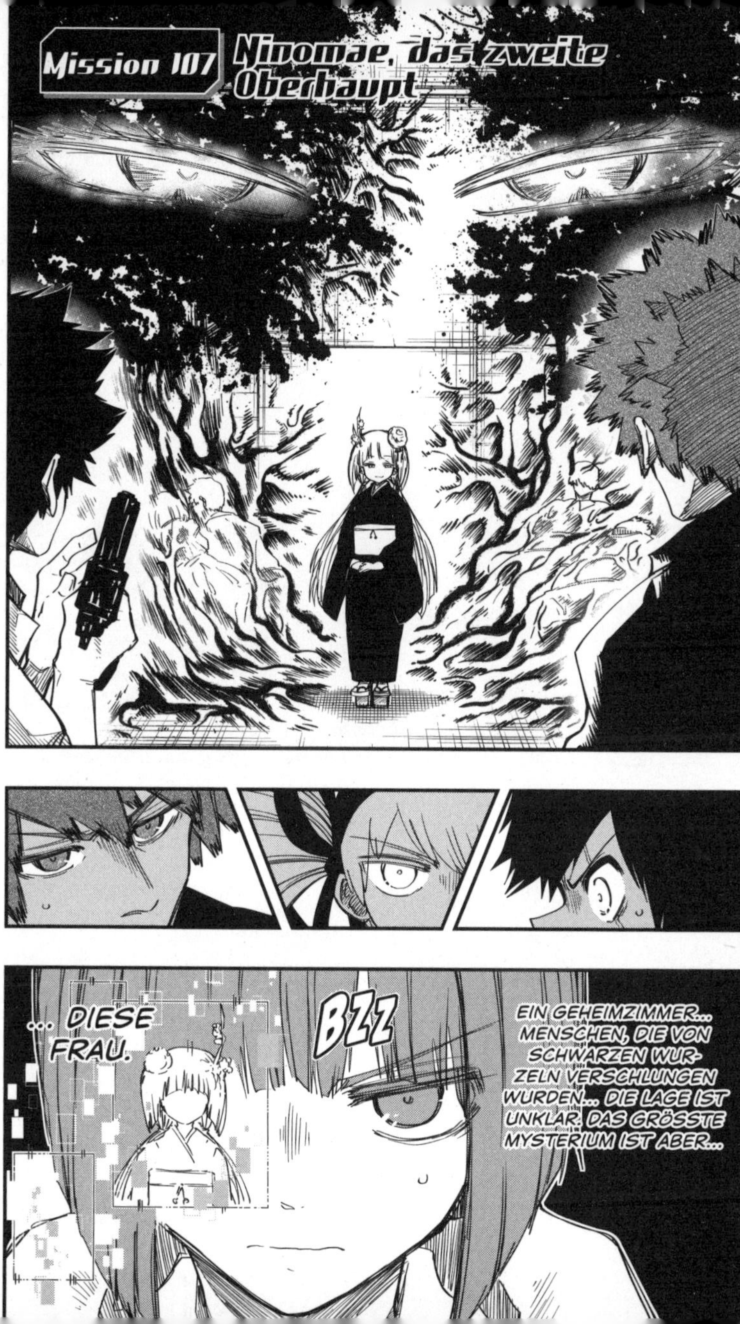
Mission 107
Ninomae, das zweite Oberhaupt
EIN GEHEIMZIMMER... MENSCHEN, DIE VON SCHWARZEN WUR-ZELN VERSCHLUNGEN WURDEN... DIE LAGE IST UNKLAR. DAS GRÖSSTE MYSTERIUM IST ABER...
BZZ
... DIESE FRAU.

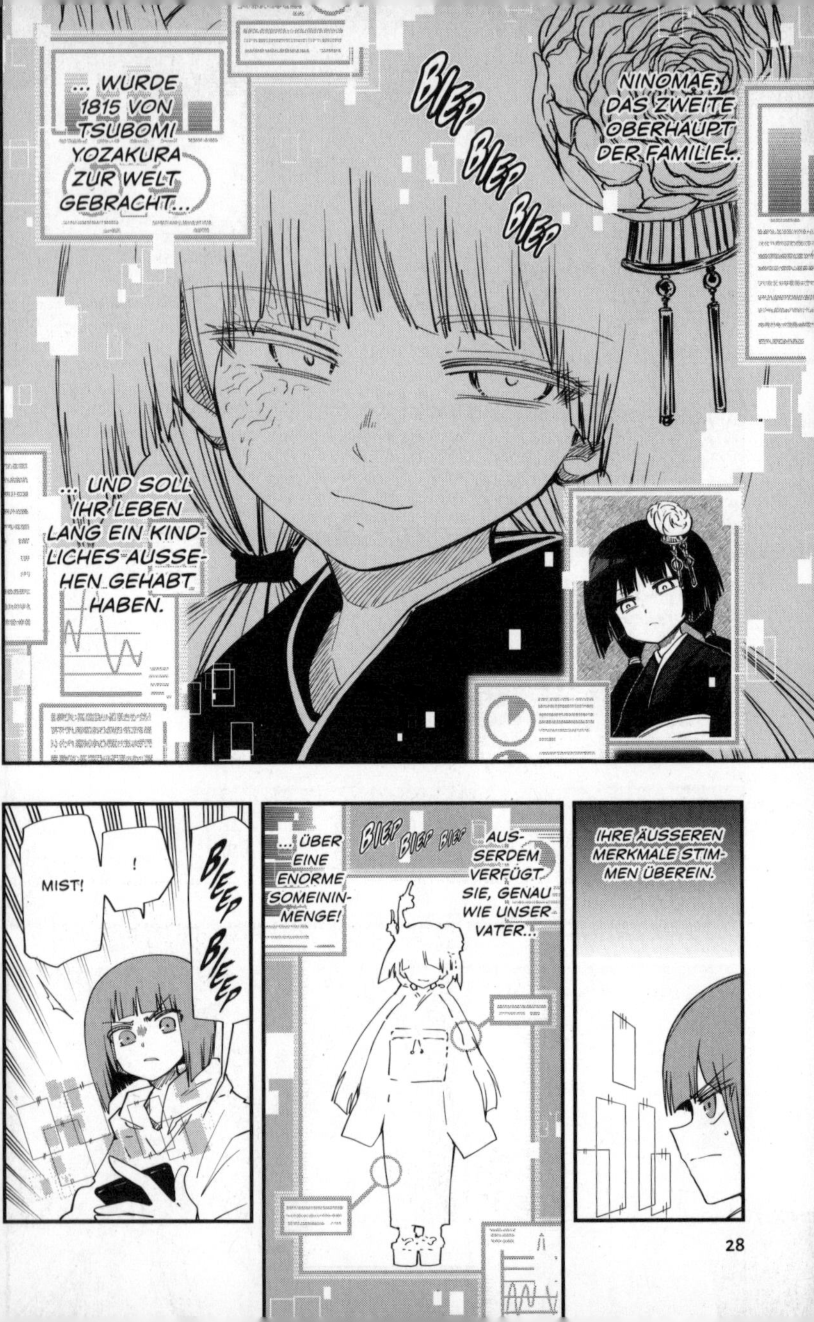
NINOMAE, DAS ZWEITE OBERHAUPT DER FAMILIE...
BIEP BIEP BIEP
... WURDE 1815 VON TSUBOMI YOZAKURA ZUR WELT GEBRACHT...
... UND SOLL IHR LEBEN LANG EIN KINDLICHES AUSSEHEN GEHABT HABEN.
IHRE ÄUSSEREN MERKMALE STIMMEN ÜBEREIN.
AUSSERDEM VERFÜGT SIE, GENAU WIE UNSER VATER...
BIEP BIEP BIEP
... ÜBER EINE ENORME SOMEININMENGE!
BIEEP BIEEP
!
MIST!

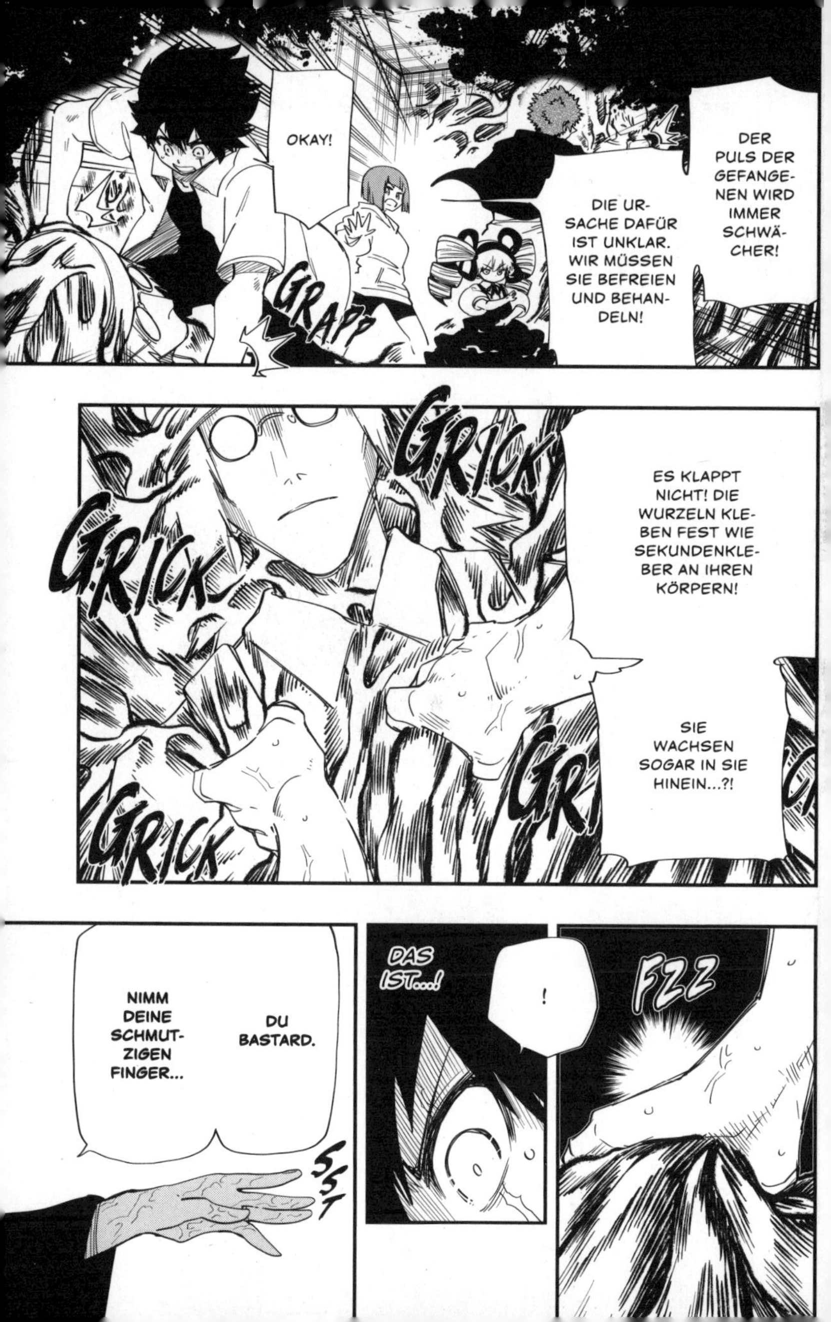
DER PULS DER GEFANGENEN WIRD IMMER SCHWÄCHER!
DIE URSACHE DAFÜR IST UNKLAR. WIR MÜSSEN SIE BEFREIEN UND BEHANDELN!
OKAY!
GRAPP
GRICK
ES KLAPPT NICHT! DIE WURZELN KLEBEN FEST WIE SEKUNDENKLEBER AN IHREN KÖRPERN!
SIE WACHSEN SOGAR IN SIE HINEIN...?!
GRICK
GRICK
FZZ
!
DAS IST...!
NIMM DEINE SCHMUTZIGEN FINGER...
DU BASTARD.
SST

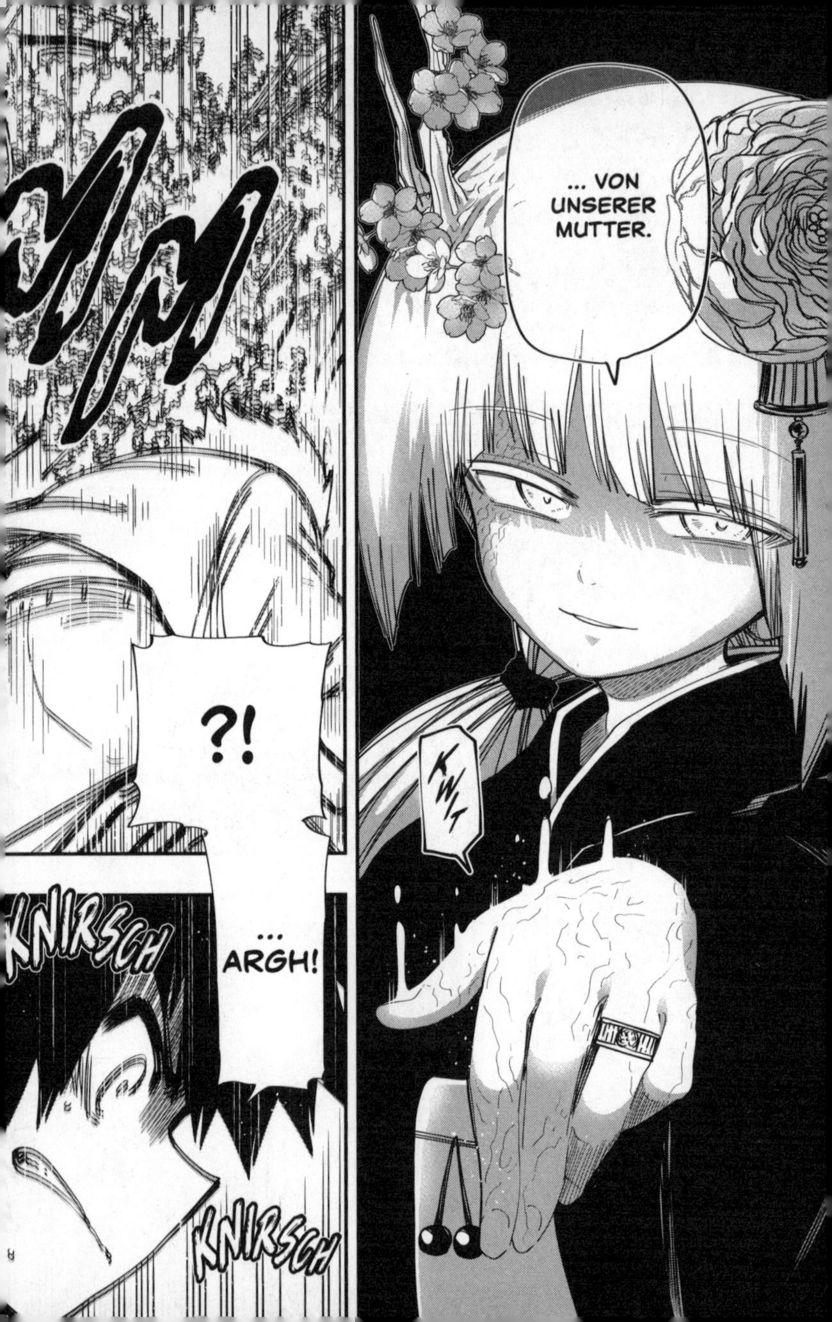
... VON UNSERER MUTTER.
KWIT
?!
... ARGH!
KNIRSCH
KNIRSCH

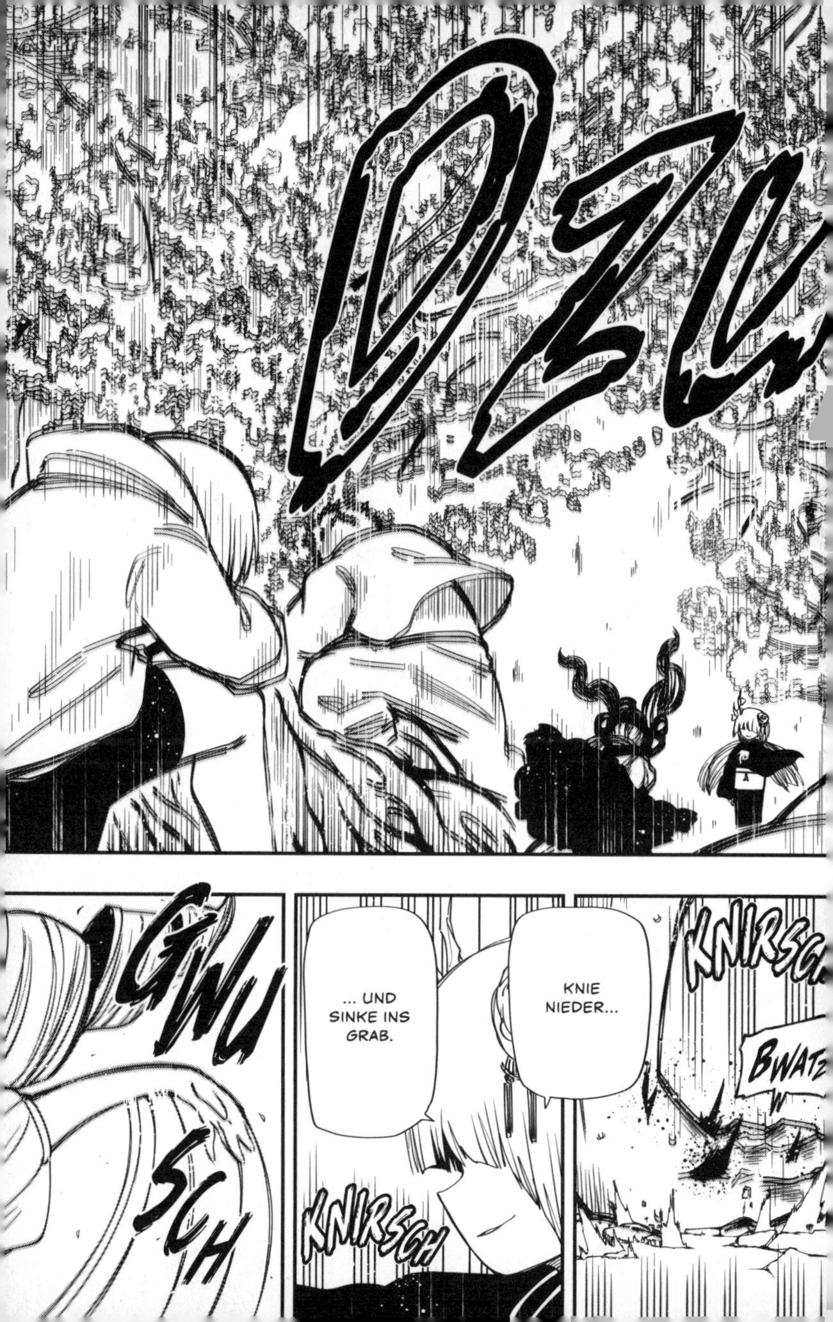
KNIRSCH
BWATZ
KNIE NIEDER…
… UND SINKE INS GRAB.
KNIRSCH
GNU
SCH

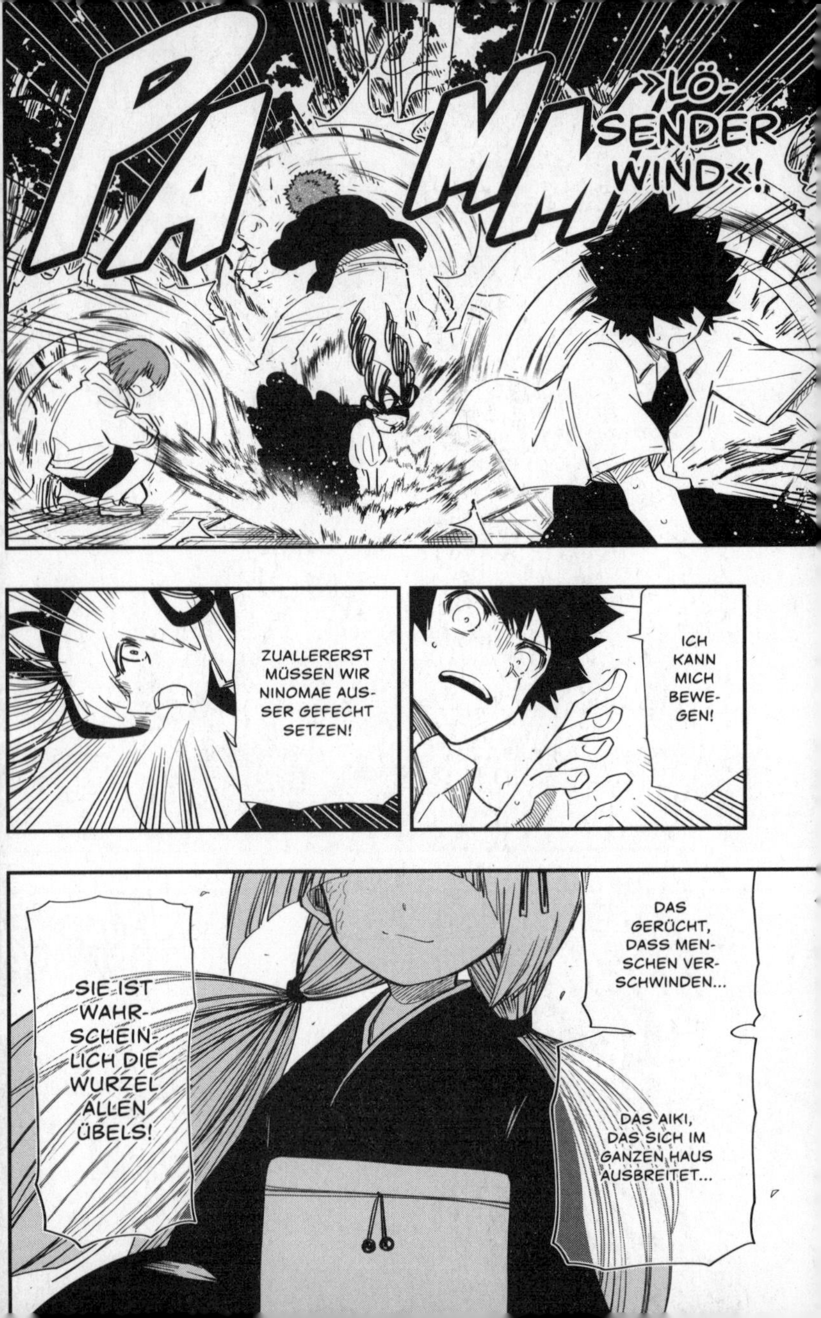
PAMM
»LÖSENDER WIND«!
ICH KANN MICH BEWEGEN!
ZUALLERERST MÜSSEN WIR NINOMAE AUSSER GEFECHT SETZEN!
DAS GERÜCHT, DASS MENSCHEN VERSCHWINDEN...
DAS AIKI, DAS SICH IM GANZEN HAUS AUSBREITET...
SIE IST WAHRSCHEINLICH DIE WURZEL ALLEN ÜBELS!

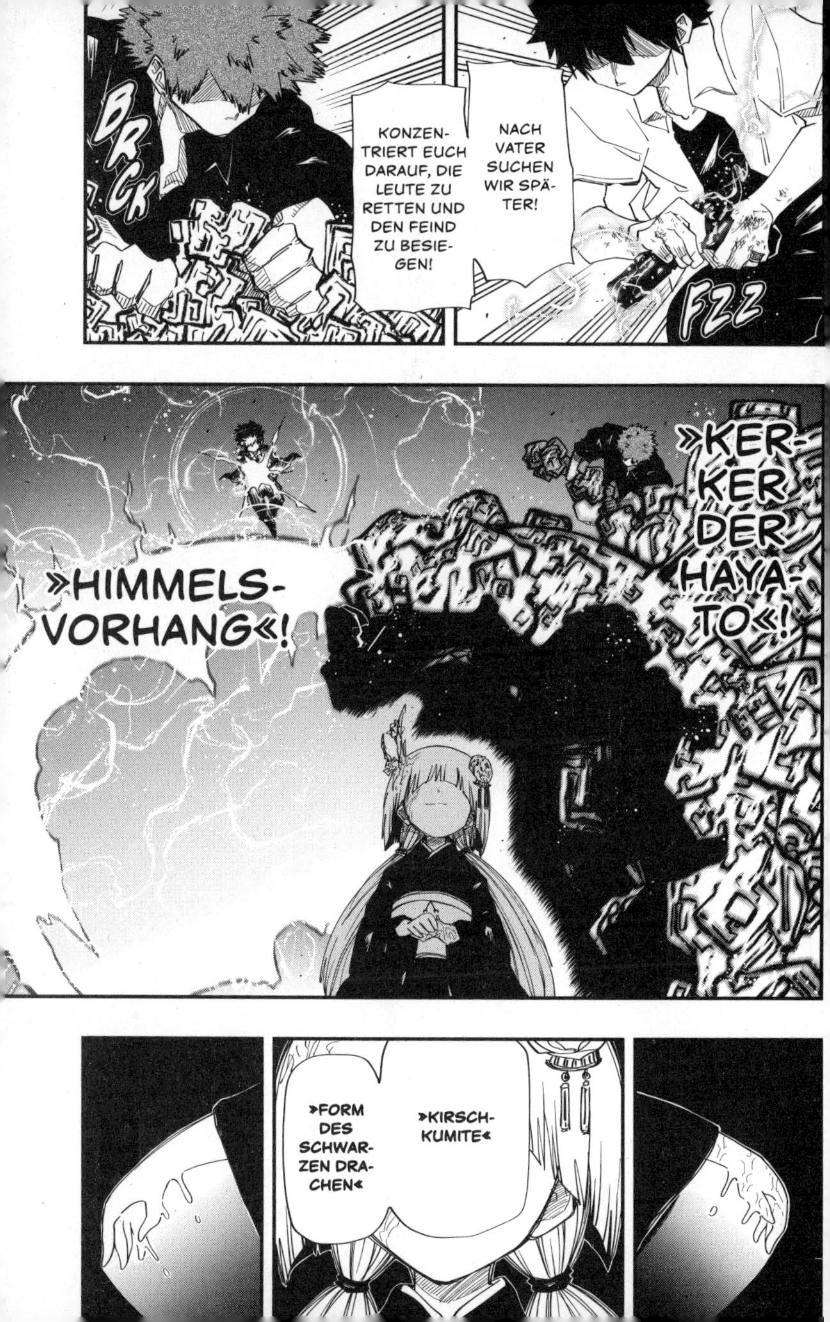
BRCK
NACH VATER SUCHEN WIR SPÄ-TER!
KONZEN-TRIERT EUCH DARAUF, DIE LEUTE ZU RETTEN UND DEN FEIND ZU BESIE-GEN!
FZZ
»KER-KER DER HAYA-TO«!
»HIMMELS-VORHANG«!
»KIRSCH-KUMITE«
»FORM DES SCHWAR-ZEN DRA-CHEN«

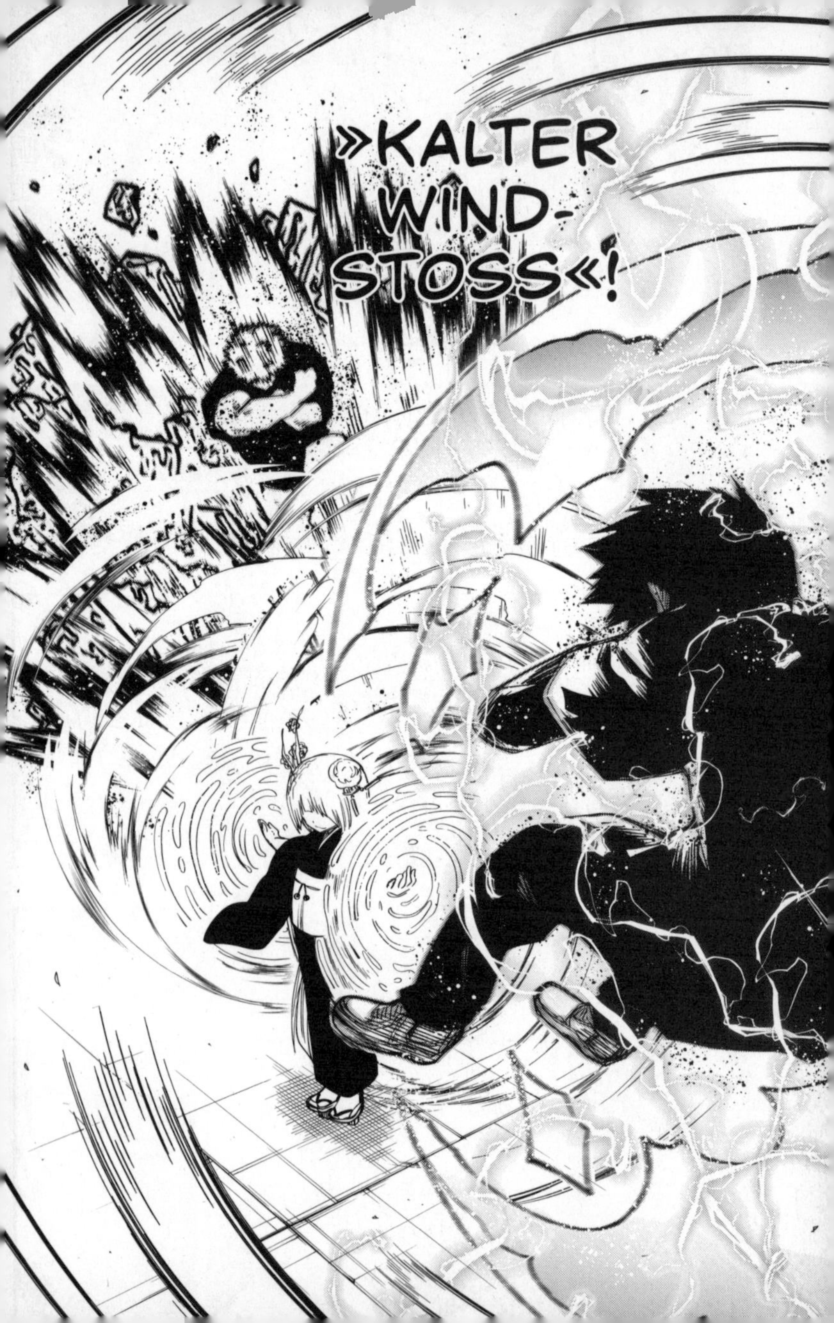
»KALTER WIND-STOSS«!

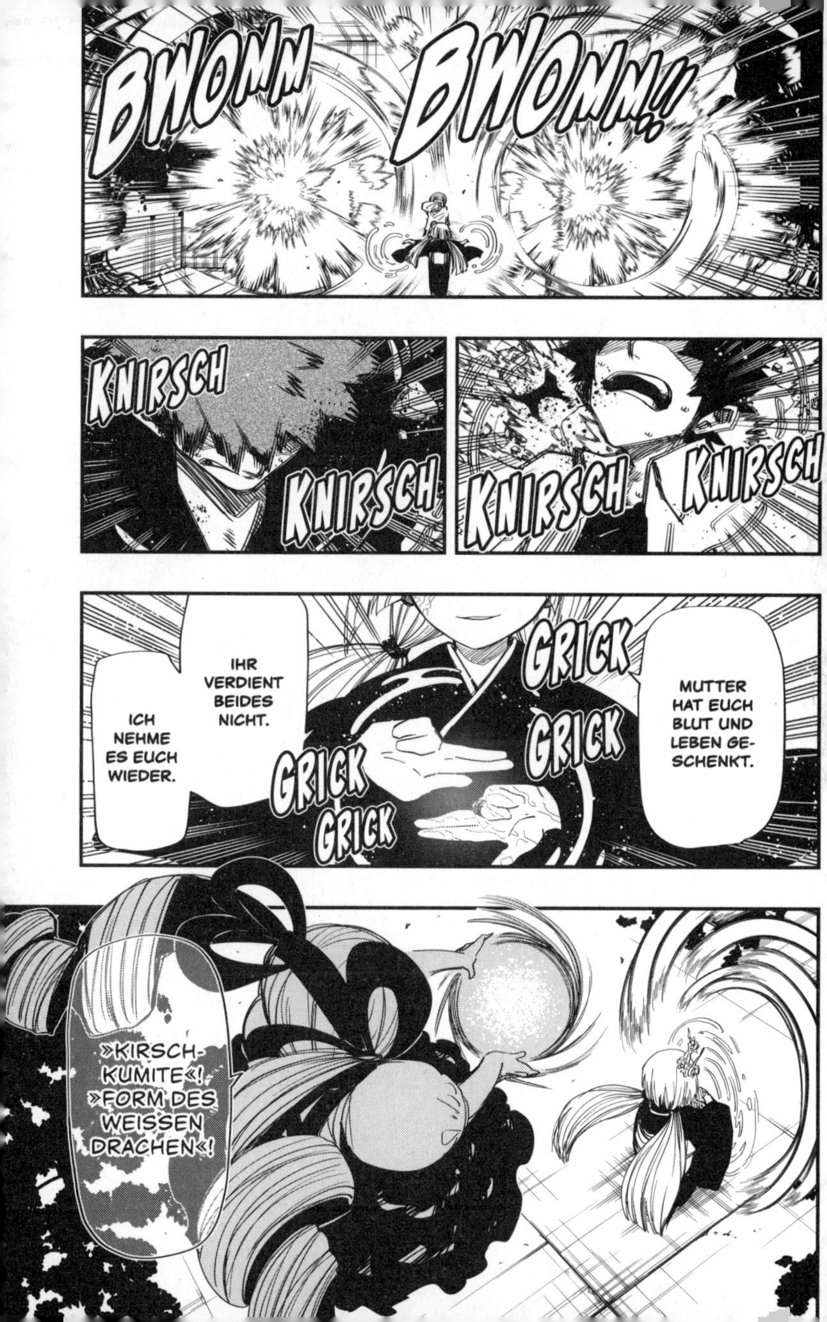
BWOMM!!
BWOMM
KNIRSCH
KNIRSCH
KNIRSCH
KNIRSCH
MUTTER HAT EUCH BLUT UND LEBEN GESCHENKT.
GRICK
GRICK
GRICK
GRICK
IHR VERDIENT BEIDES NICHT.
ICH NEHME ES EUCH WIEDER.
»KIRSCH-KUMITE«! »FORM DES WEISSEN DRACHEN«!

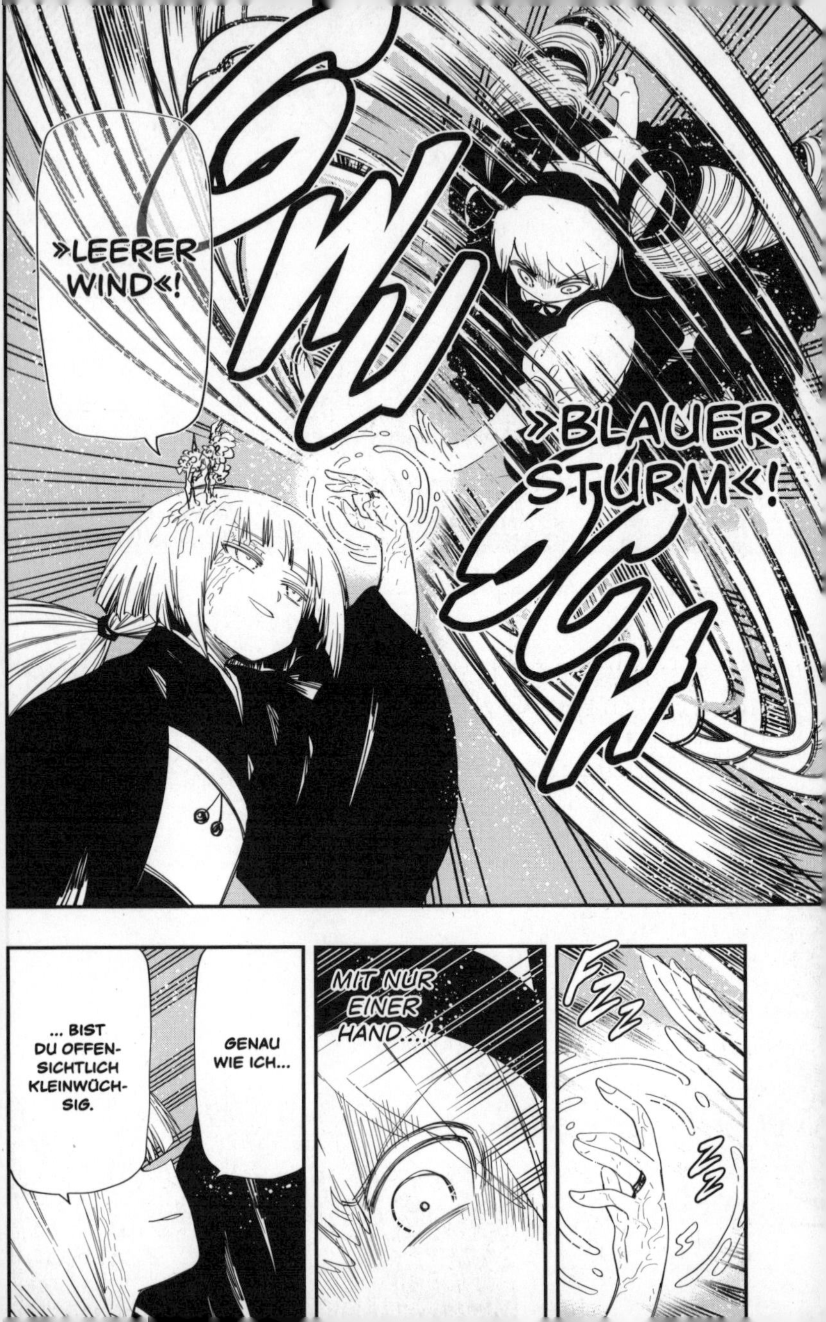

»BLAUER STURM«!
»LEERER WIND«!
FZZ
MIT NUR EINER HAND...!
GENAU WIE ICH...
... BIST DU OFFENSICHTLICH KLEINWÜCHSIG.

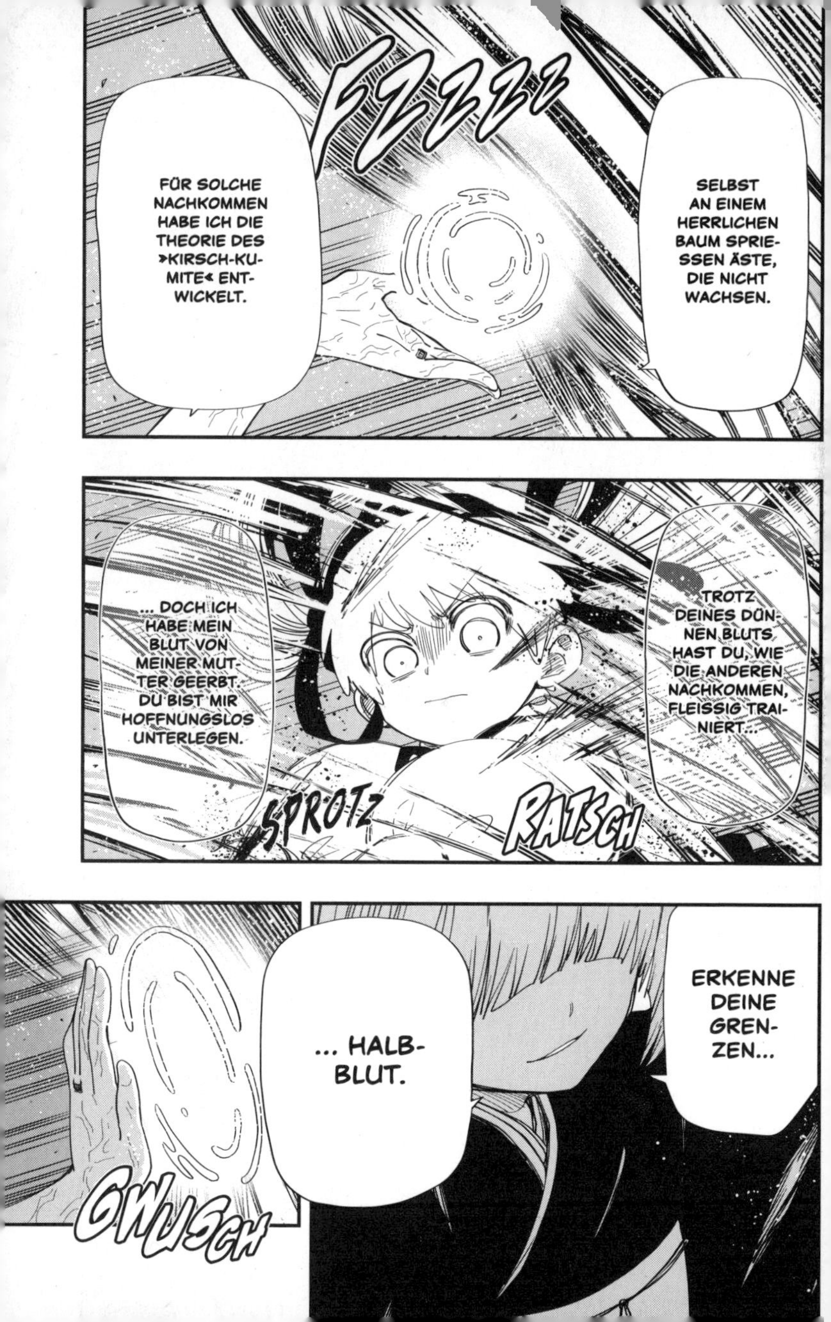
FZZZZZ
SELBST AN EINEM HERRLICHEN BAUM SPRIESSEN ÄSTE, DIE NICHT WACHSEN.
FÜR SOLCHE NACHKOMMEN HABE ICH DIE THEORIE DES »KIRSCH-KUMITE« ENTWICKELT.
TROTZ DEINES DÜNNEN BLUTS HAST DU, WIE DIE ANDEREN NACHKOMMEN, FLEISSIG TRAINIERT...
... DOCH ICH HABE MEIN BLUT VON MEINER MUTTER GEERBT. DU BIST MIR HOFFNUNGSLOS UNTERLEGEN.
RATSCH
SPROTZ
ERKENNE DEINE GRENZEN...
... HALBBLUT.
GWUSCH

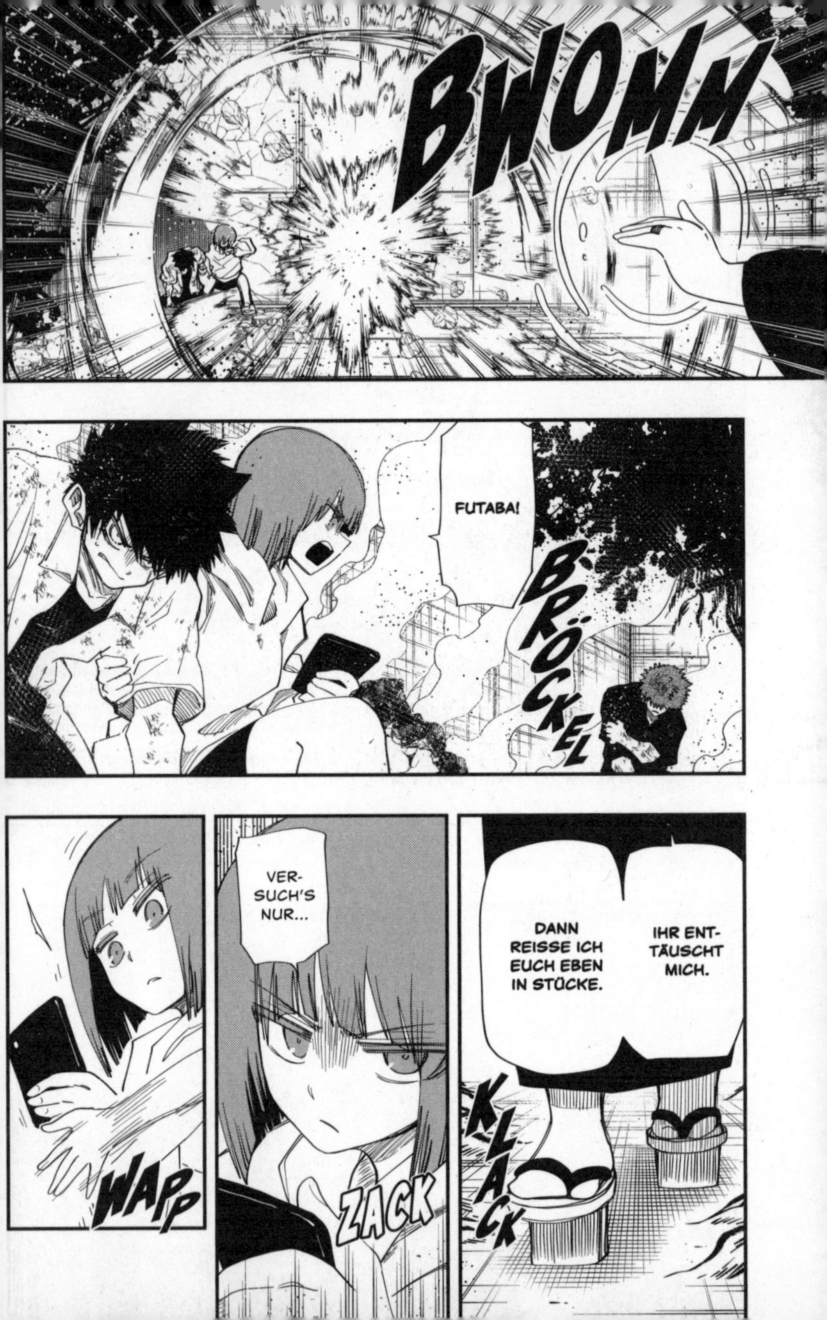
BWOMM
FUTABA!
BRÖCKEL
IHR ENTTÄUSCHT MICH.
DANN REISSE ICH EUCH EBEN IN STÜCKE.
KLACK
VERSUCH'S NUR...
ZACK
WAPP

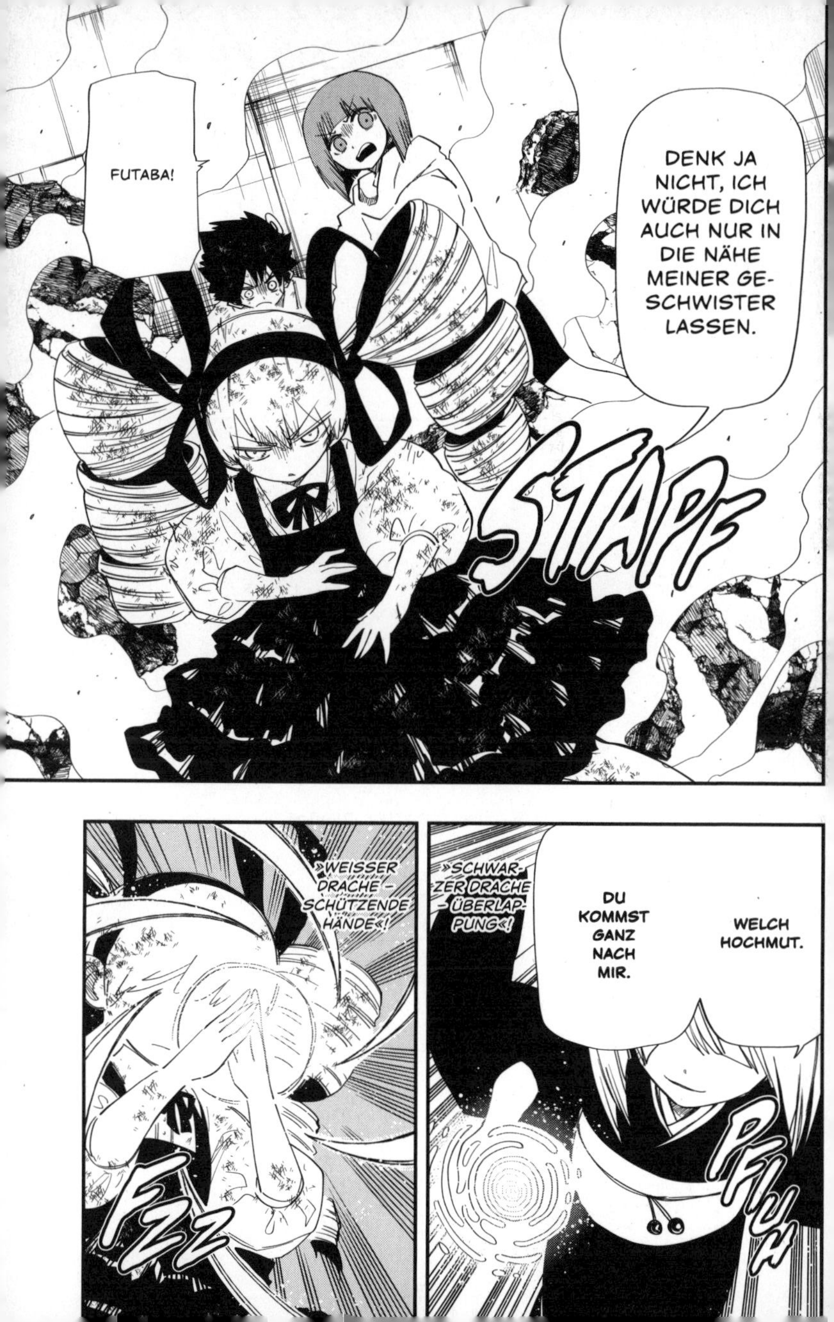
DENK JA NICHT, ICH WÜRDE DICH AUCH NUR IN DIE NÄHE MEINER GESCHWISTER LASSEN.
FUTABA!
STAPF
WELCH HOCHMUT.
DU KOMMST GANZ NACH MIR.
»SCHWARZER DRACHE – ÜBERLAPPUNG«!
PFUH
»WEISSER DRACHE – SCHÜTZENDE HÄNDE«!
FZZ

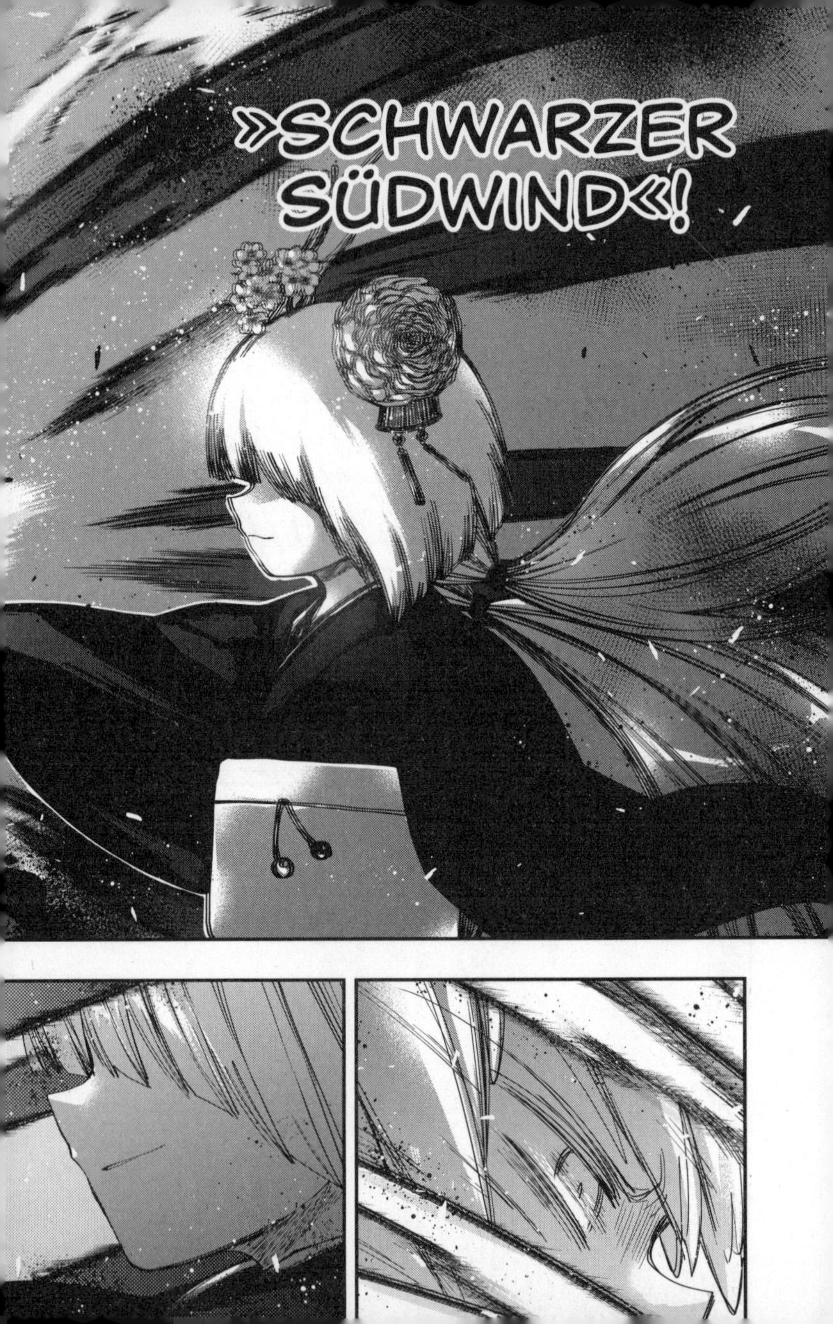
»SCHWARZER SÜDWIND«!

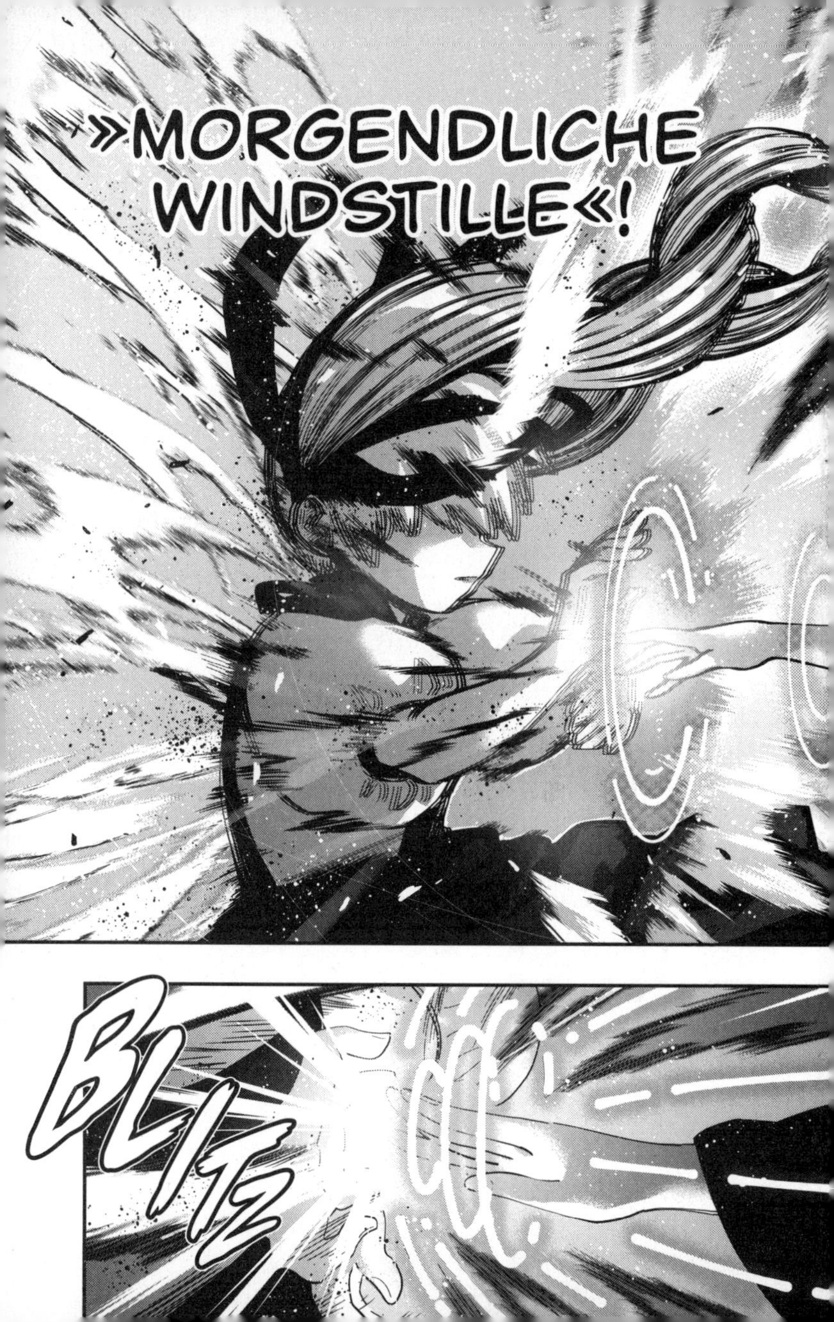
»MORGENDLICHE WINDSTILLE«!
BLITZ

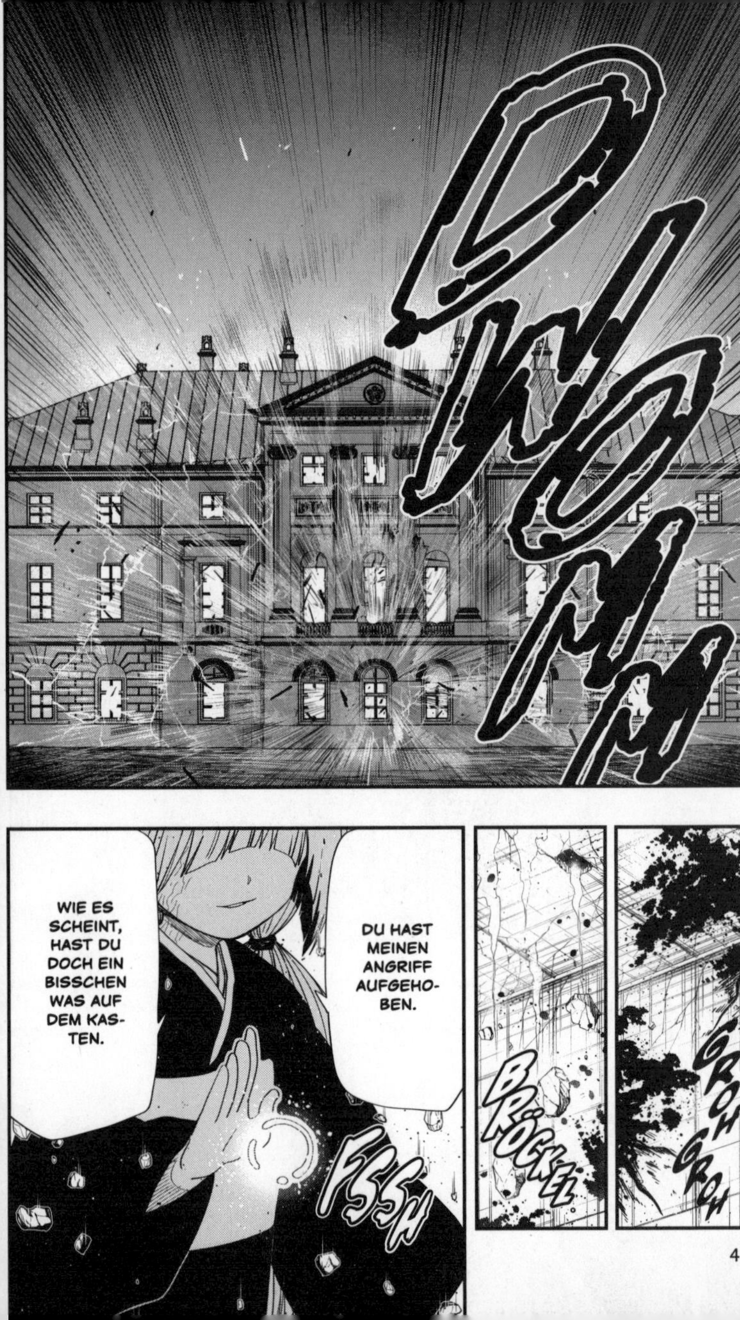
GROH GROH GROH
BRÖCKEL
DU HAST MEINEN ANGRIFF AUFGEHO-BEN.
WIE ES SCHEINT, HAST DU DOCH EIN BISSCHEN WAS AUF DEM KAS-TEN.
FSSH

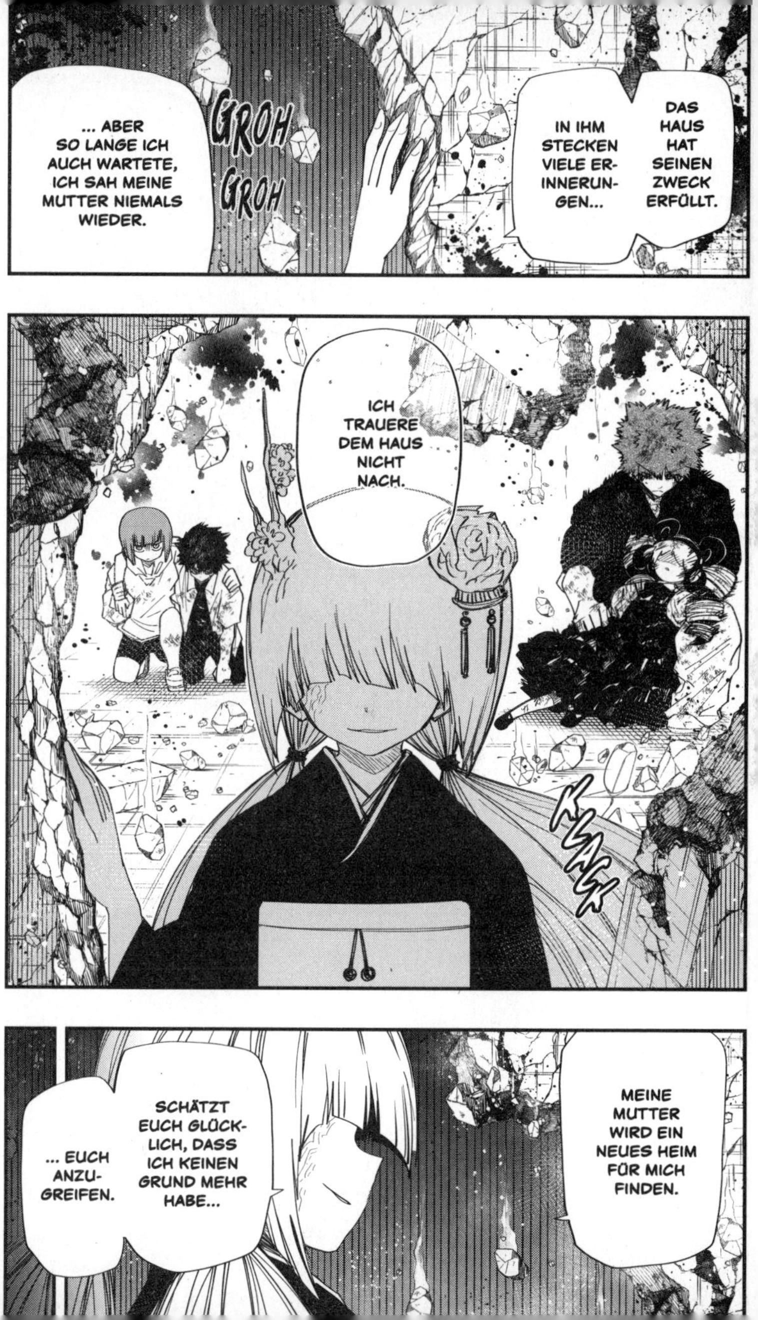
DAS HAUS HAT SEINEN ZWECK ERFÜLLT.
IN IHM STECKEN VIELE ERINNERUNGEN...
GROH GROH
... ABER SO LANGE ICH AUCH WARTETE, ICH SAH MEINE MUTTER NIEMALS WIEDER.
ICH TRAUERE DEM HAUS NICHT NACH.
KLACK
MEINE MUTTER WIRD EIN NEUES HEIM FÜR MICH FINDEN.
SCHÄTZT EUCH GLÜCKLICH, DASS ICH KEINEN GRUND MEHR HABE...
... EUCH ANZUGREIFEN.

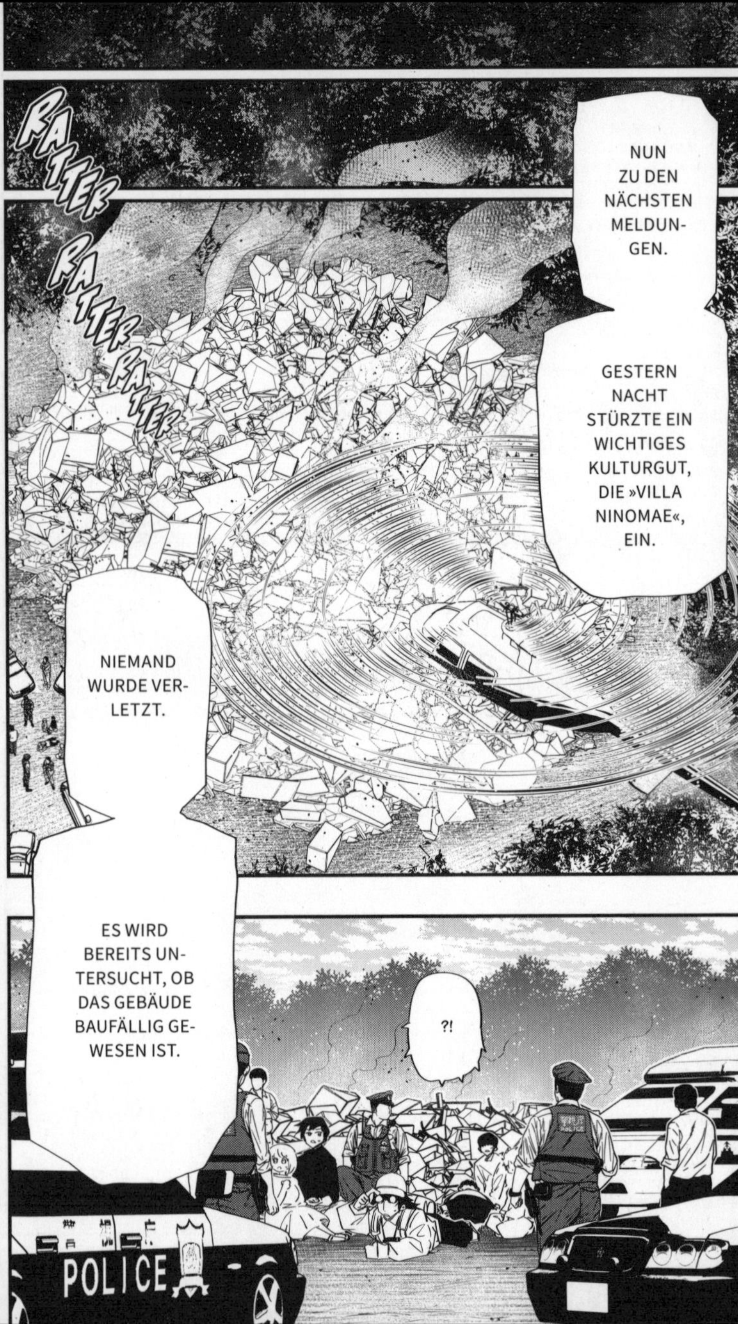
RATTER RATTER RATTER RATTER
NUN ZU DEN NÄCHSTEN MELDUNGEN.
GESTERN NACHT STÜRZTE EIN WICHTIGES KULTURGUT, DIE »VILLA NINOMAE«, EIN.
NIEMAND WURDE VERLETZT.
ES WIRD BEREITS UNTERSUCHT, OB DAS GEBÄUDE BAUFÄLLIG GEWESEN IST.
?!
POLICE
POLICE

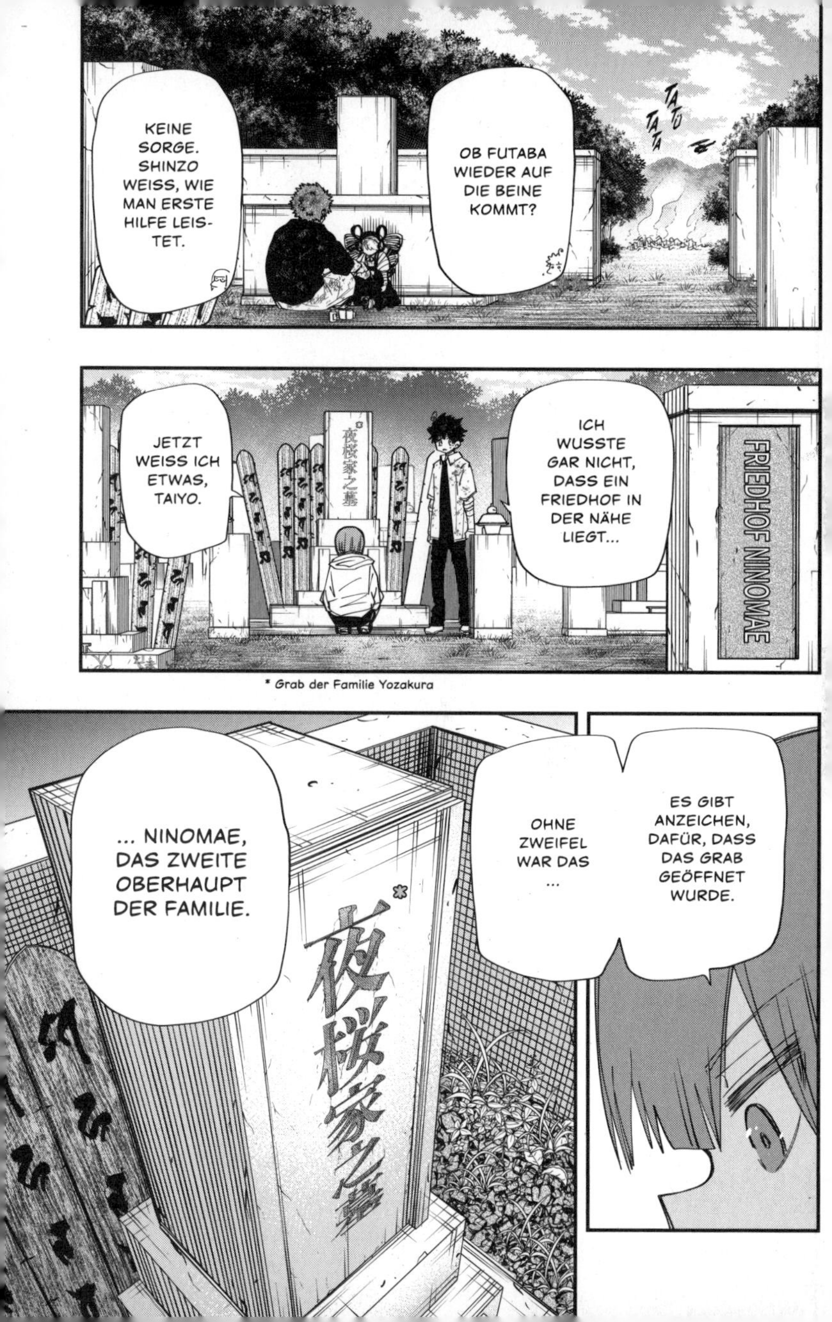

* Grab der Familie Yozakura

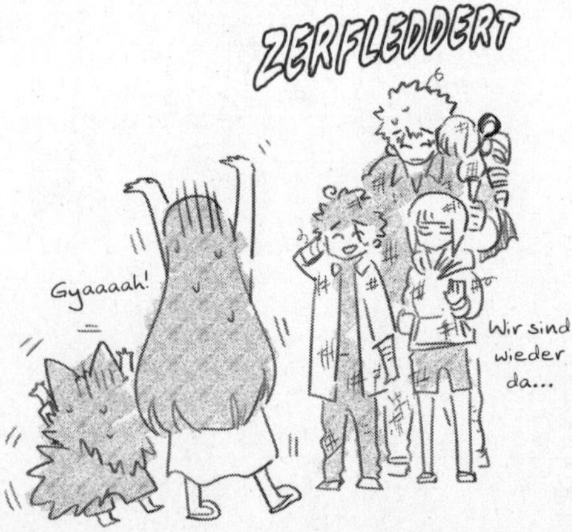
ZERFLEDDERT
Gyaaaah!
Wir sind wieder da...

Mission 108 Die große Reinigungsaktion

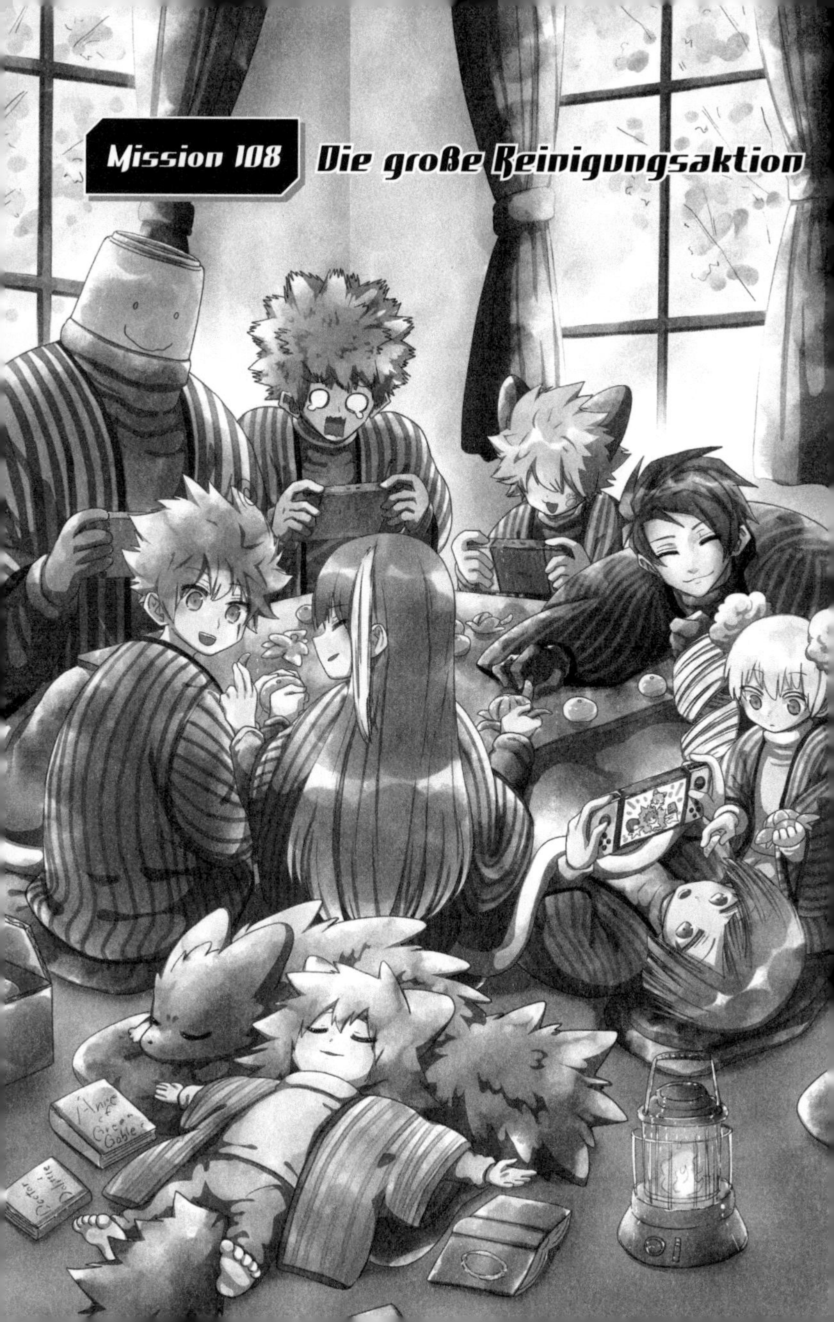

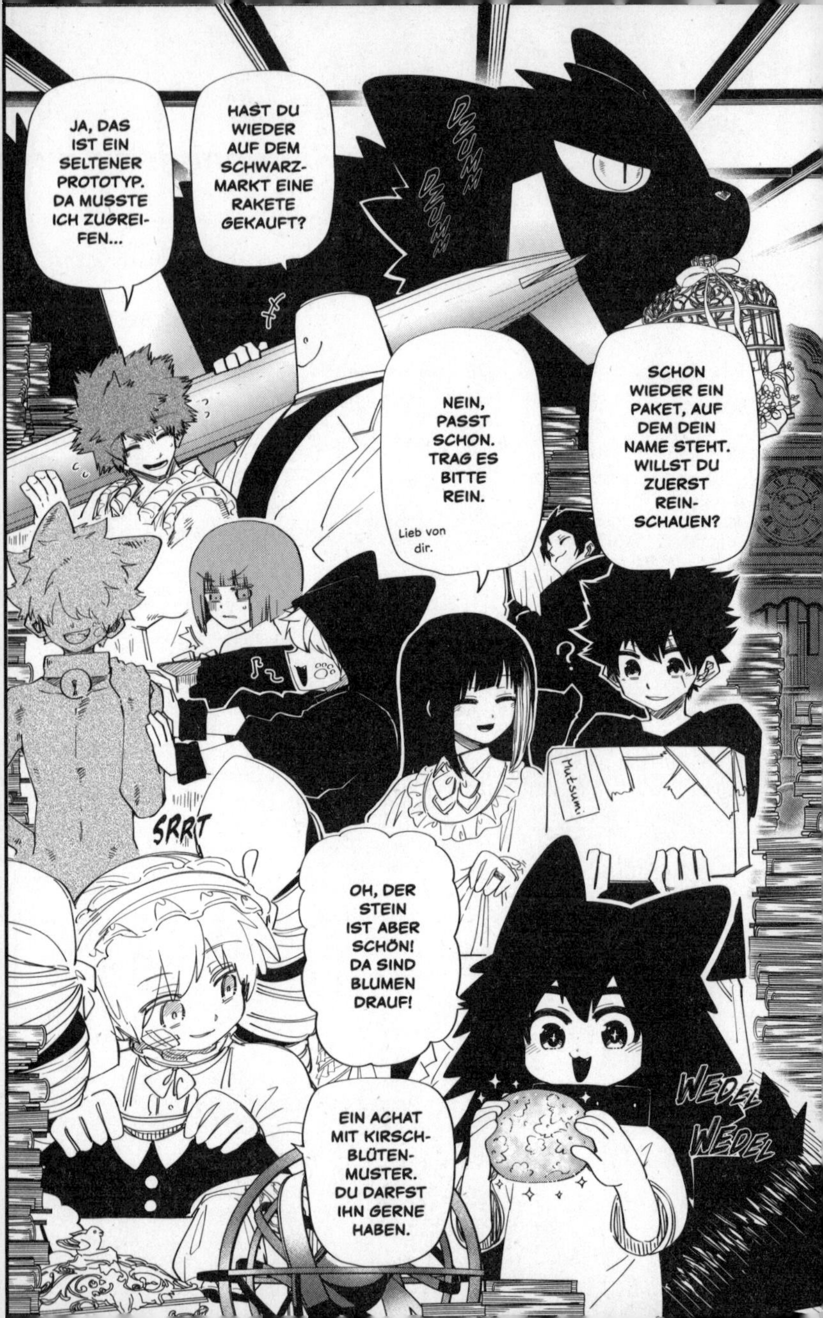
DMUMM
DMUMM
HAST DU WIEDER AUF DEM SCHWARZMARKT EINE RAKETE GEKAUFT?
JA, DAS IST EIN SELTENER PROTOTYP. DA MUSSTE ICH ZUGREIFEN...
SCHON WIEDER EIN PAKET, AUF DEM DEIN NAME STEHT. WILLST DU ZUERST REINSCHAUEN?
NEIN, PASST SCHON. TRAG ES BITTE REIN.
Lieb von dir.
Mutsumi
SRRT
OH, DER STEIN IST ABER SCHÖN! DA SIND BLUMEN DRAUF!
WEDEL WEDEL
EIN ACHAT MIT KIRSCHBLÜTENMUSTER. DU DARFST IHN GERNE HABEN.

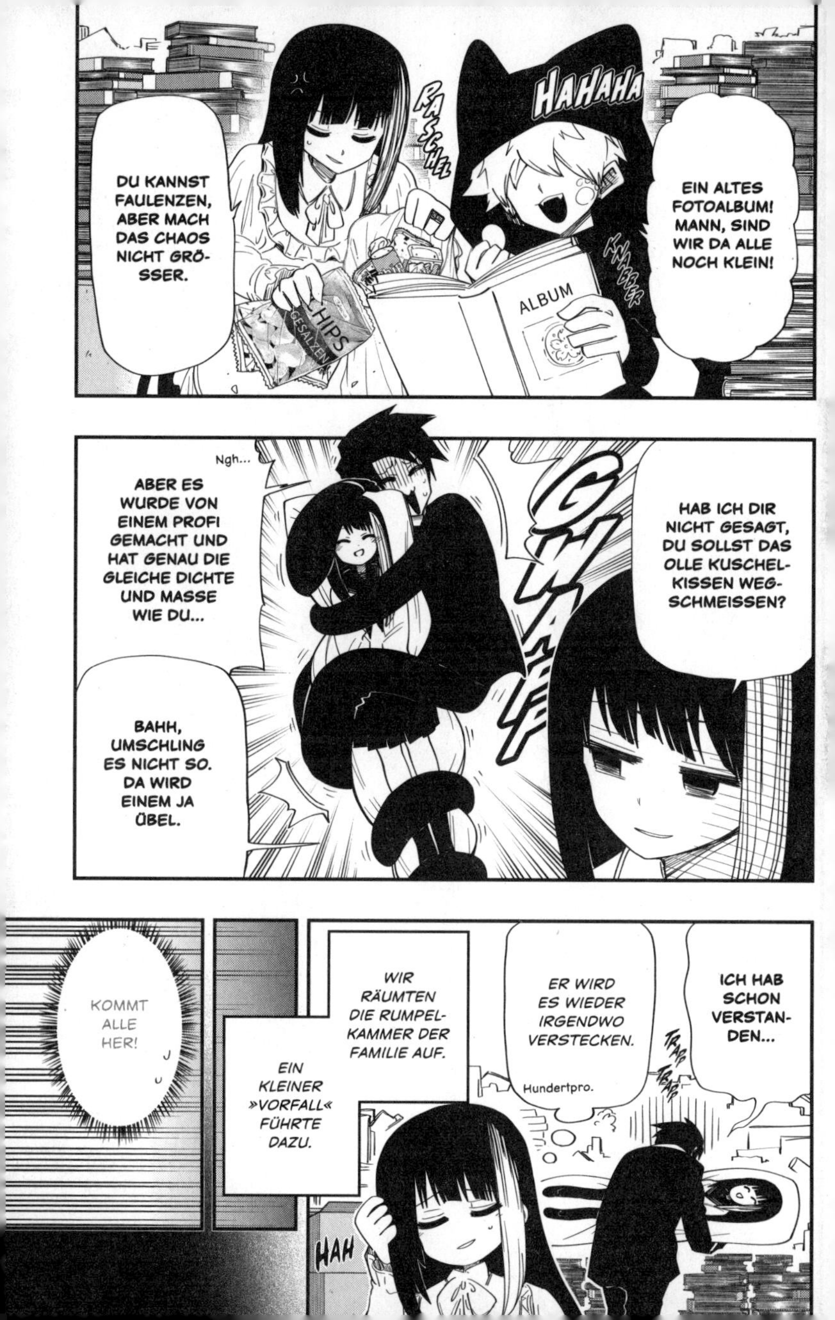

HAHAHA
EIN ALTES FOTOALBUM! MANN, SIND WIR DA ALLE NOCH KLEIN!
KNABBER
RASCHEL
DU KANNST FAULENZEN, ABER MACH DAS CHAOS NICHT GRÖSSER.
ALBUM
CHIPS GESALZEN
HAB ICH DIR NICHT GESAGT, DU SOLLST DAS OLLE KUSCHELKISSEN WEGSCHMEISSEN?
Ngh...
ABER ES WURDE VON EINEM PROFI GEMACHT UND HAT GENAU DIE GLEICHE DICHTE UND MASSE WIE DU...
BAHH, UMSCHLING ES NICHT SO. DA WIRD EINEM JA ÜBEL.
ICH HAB SCHON VERSTANDEN...
TRAPP TRAPP
ER WIRD ES WIEDER IRGENDWO VERSTECKEN.
Hundertpro.
WIR RÄUMTEN DIE RUMPELKAMMER DER FAMILIE AUF.
EIN KLEINER »VORFALL« FÜHRTE DAZU.
HAH
KOMMT ALLE HER!

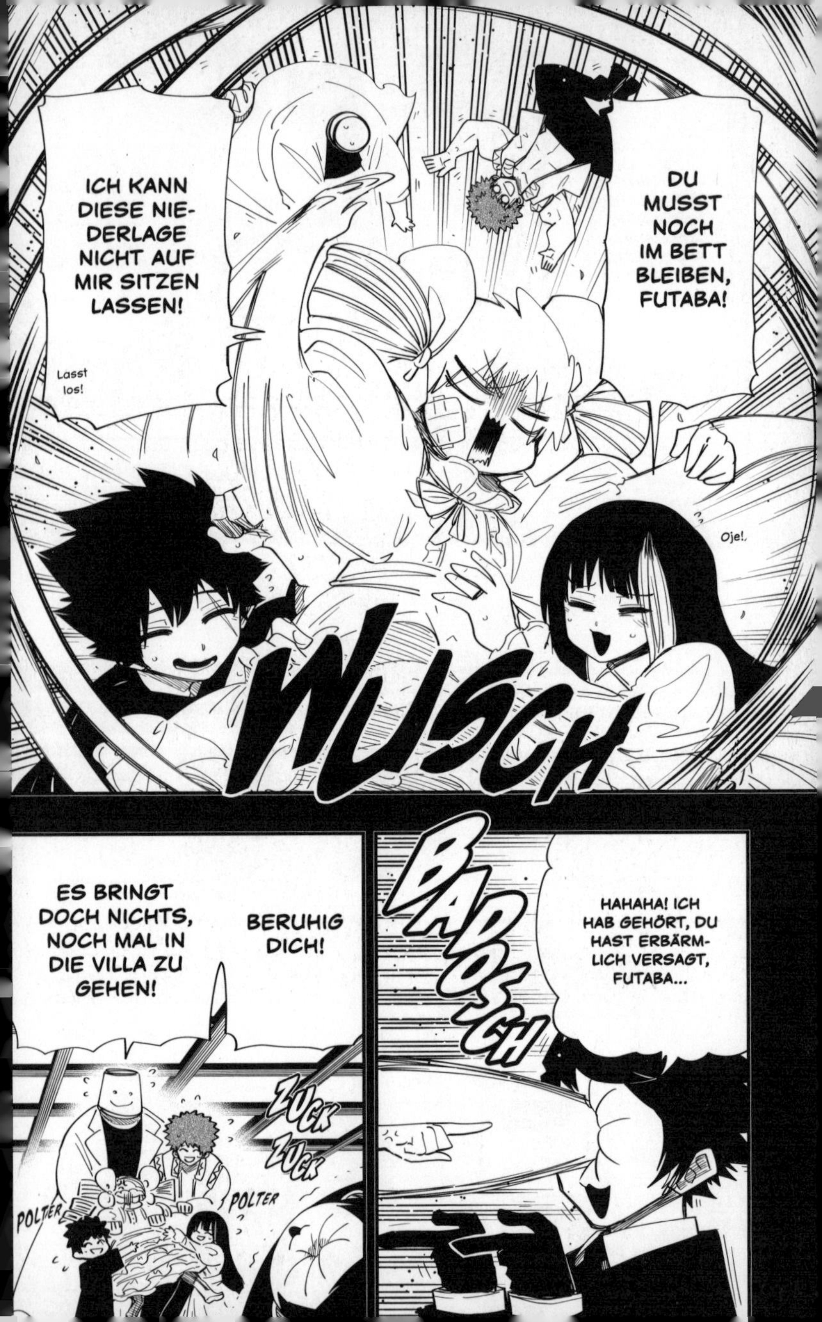

DU MUSST NOCH IM BETT BLEIBEN, FUTABA!
ICH KANN DIESE NIEDERLAGE NICHT AUF MIR SITZEN LASSEN!
Lasst los!
Oje!
WUSCH
BADOSCH
HAHAHA! ICH HAB GEHÖRT, DU HAST ERBÄRMLICH VERSAGT, FUTABA...
BERUHIG DICH!
ES BRINGT DOCH NICHTS, NOCH MAL IN DIE VILLA ZU GEHEN!
ZUCK
ZUCK
POLTER
POLTER

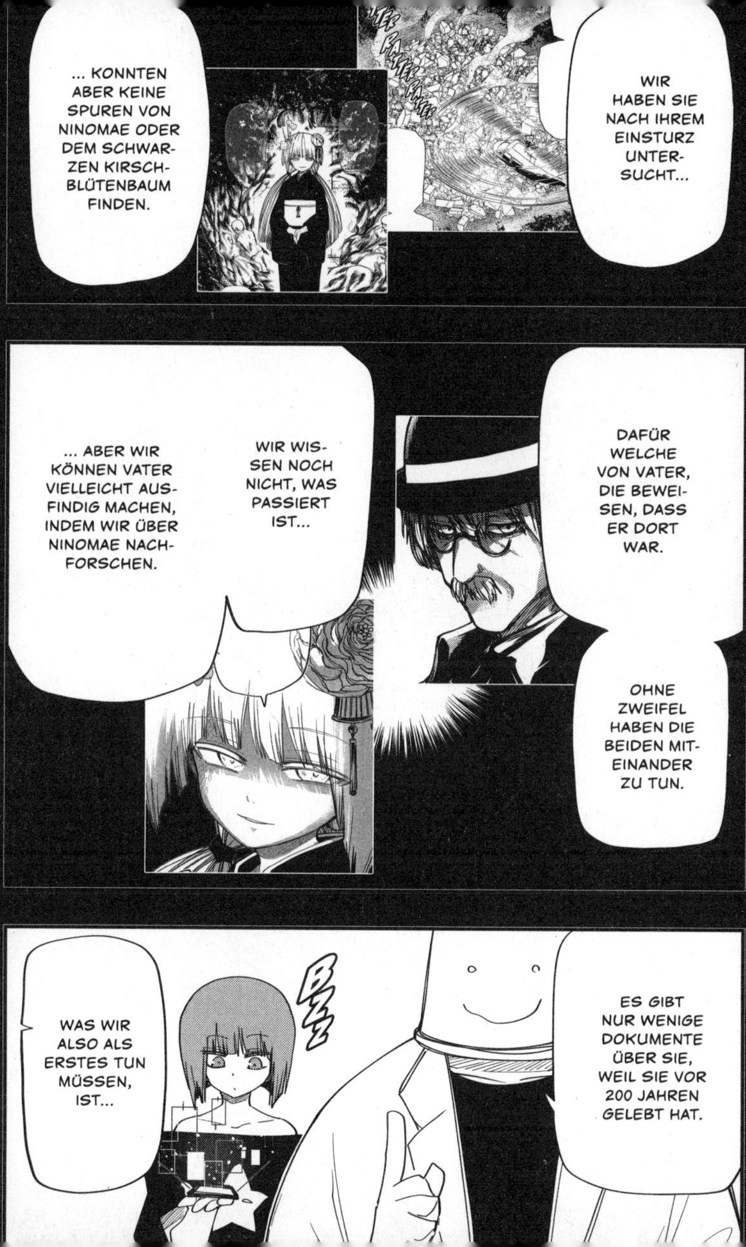

WIR HABEN SIE NACH IHREM EINSTURZ UNTER-SUCHT...
... KONNTEN ABER KEINE SPUREN VON NINOMAE ODER DEM SCHWAR-ZEN KIRSCH-BLÜTENBAUM FINDEN.
DAFÜR WELCHE VON VATER, DIE BEWEI-SEN, DASS ER DORT WAR.
OHNE ZWEIFEL HABEN DIE BEIDEN MIT-EINANDER ZU TUN.
WIR WIS-SEN NOCH NICHT, WAS PASSIERT IST...
... ABER WIR KÖNNEN VATER VIELLEICHT AUS-FINDIG MACHEN, INDEM WIR ÜBER NINOMAE NACH-FORSCHEN.
ES GIBT NUR WENIGE DOKUMENTE ÜBER SIE, WEIL SIE VOR 200 JAHREN GELEBT HAT.
WAS WIR ALSO ALS ERSTES TUN MÜSSEN, IST...

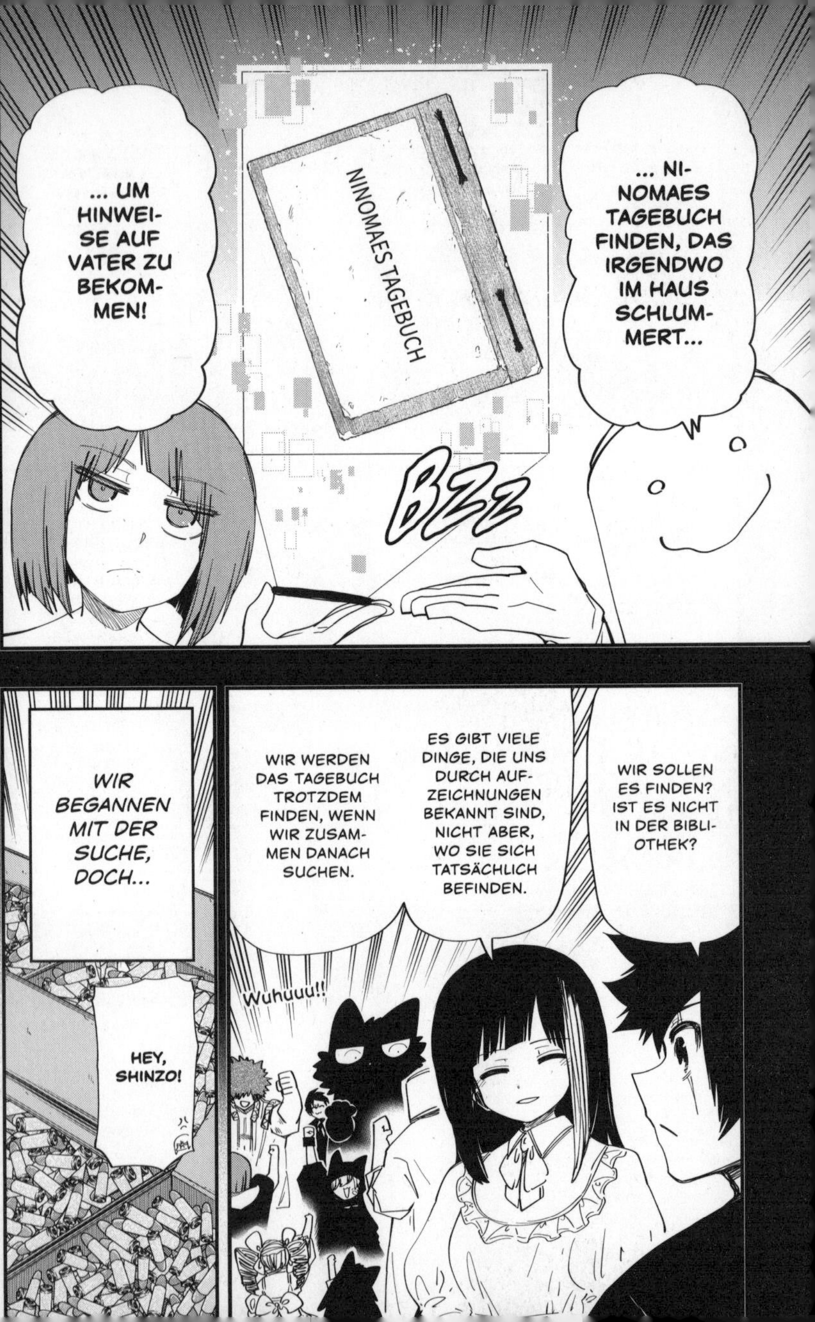
... NI-NOMAES TAGEBUCH FINDEN, DAS IRGENDWO IM HAUS SCHLUMMERT...
NINOMAES TAGEBUCH
... UM HINWEISE AUF VATER ZU BEKOMMEN!
BZZ
WIR SOLLEN ES FINDEN? IST ES NICHT IN DER BIBLIOTHEK?
ES GIBT VIELE DINGE, DIE UNS DURCH AUFZEICHNUNGEN BEKANNT SIND, NICHT ABER, WO SIE SICH TATSÄCHLICH BEFINDEN.
WIR WERDEN DAS TAGEBUCH TROTZDEM FINDEN, WENN WIR ZUSAMMEN DANACH SUCHEN.
Wuhuuu!!
WIR BEGANNEN MIT DER SUCHE, DOCH...
HEY, SHINZO!

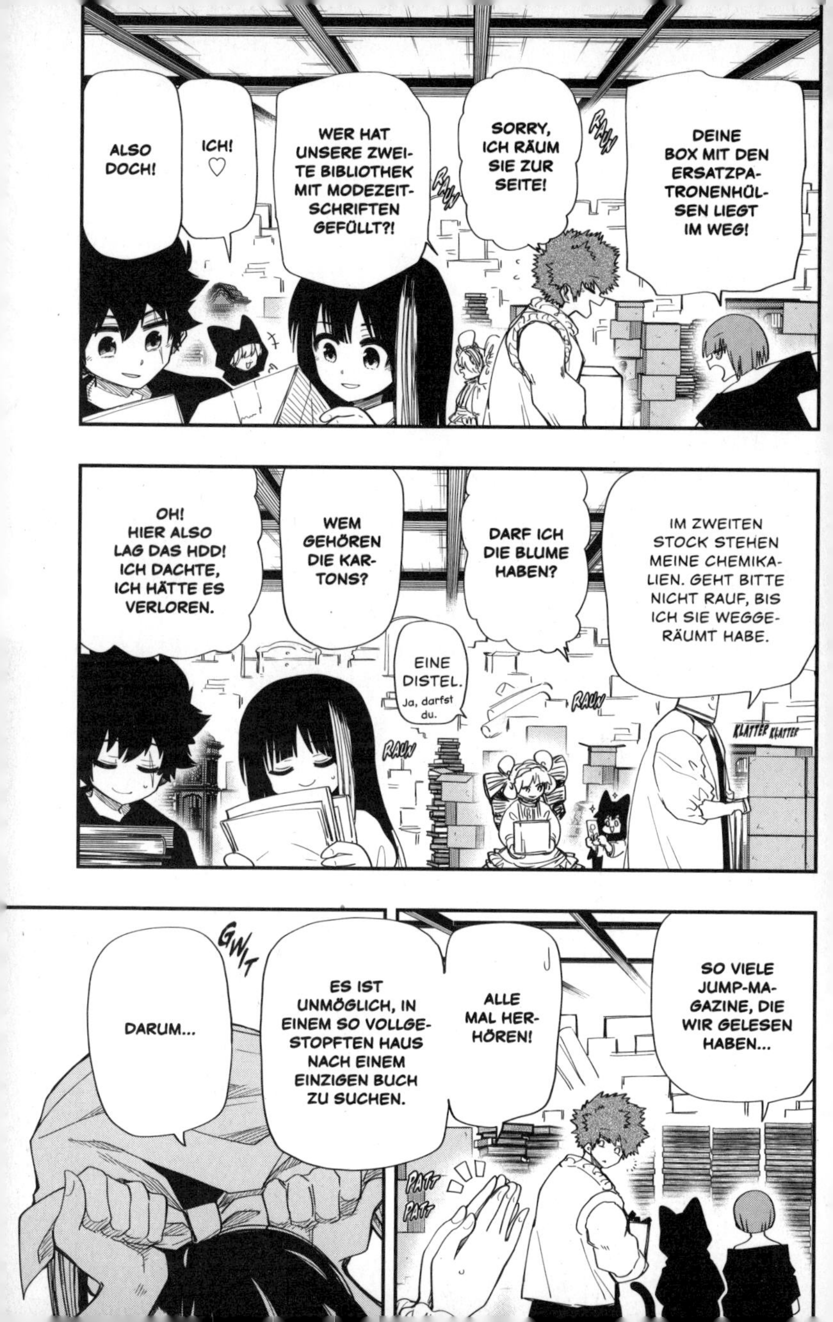
DEINE BOX MIT DEN ERSATZPATRONENHÜLSEN LIEGT IM WEG!
RAUN
SORRY, ICH RÄUM SIE ZUR SEITE!
RAUN
WER HAT UNSERE ZWEITE BIBLIOTHEK MIT MODEZEITSCHRIFTEN GEFÜLLT?!
ICH! ♡
ALSO DOCH!
IM ZWEITEN STOCK STEHEN MEINE CHEMIKALIEN. GEHT BITTE NICHT RAUF, BIS ICH SIE WEGGERÄUMT HABE.
KLATTER KLATTER
RAUN
DARF ICH DIE BLUME HABEN?
EINE DISTEL.
Ja, darfst du.
RAUN
WEM GEHÖREN DIE KARTONS?
OH! HIER ALSO LAG DAS HDD! ICH DACHTE, ICH HÄTTE ES VERLOREN.
SO VIELE JUMP-MAGAZINE, DIE WIR GELESEN HABEN...
ALLE MAL HERHÖREN!
PATT PATT
ES IST UNMÖGLICH, IN EINEM SO VOLLGESTOPFTEN HAUS NACH EINEM EINZIGEN BUCH ZU SUCHEN.
GWIT
DARUM...

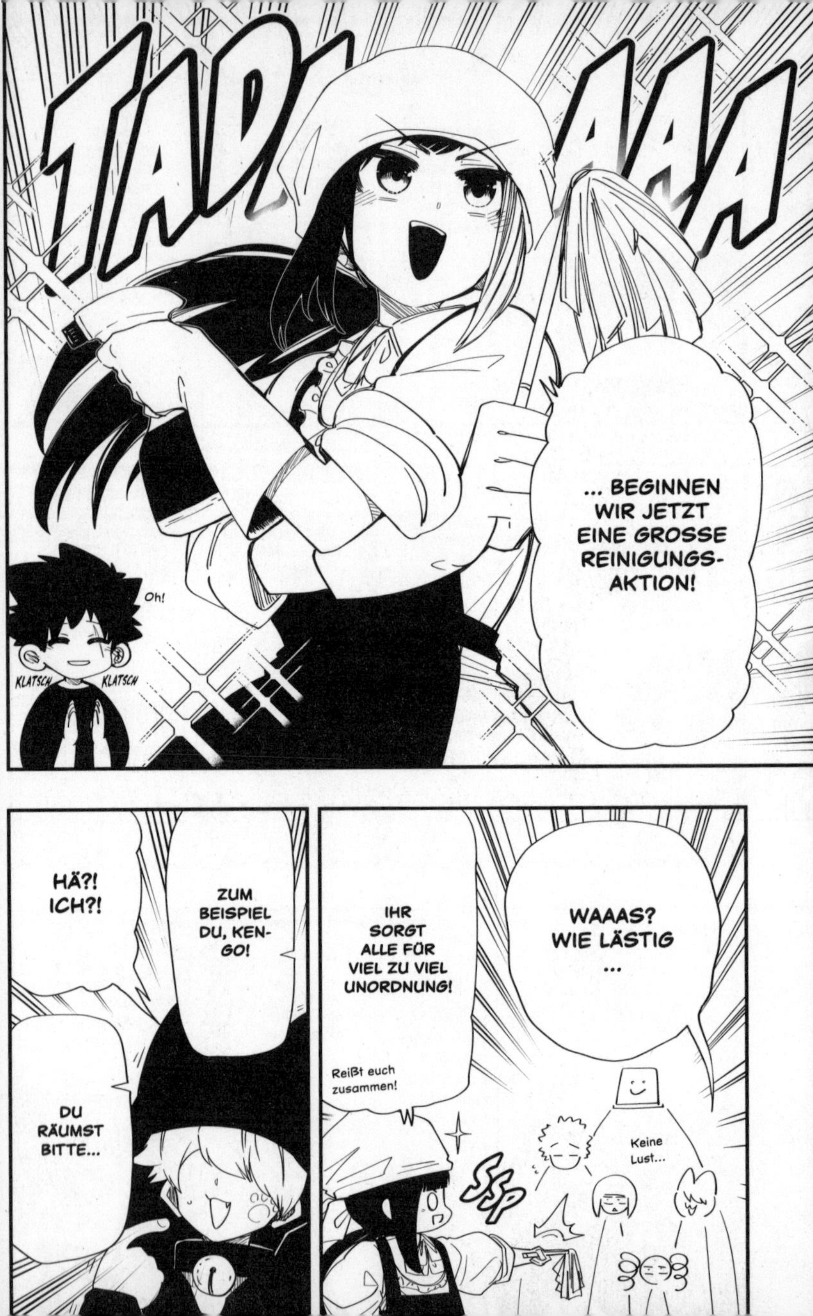
TAD
AAAA
... BEGINNEN WIR JETZT EINE GROSSE REINIGUNGS-AKTION!
Oh!
KLATSCH
KLATSCH
WAAAS? WIE LÄSTIG ...
Keine Lust...
IHR SORGT ALLE FÜR VIEL ZU VIEL UNORDNUNG!
Reißt euch zusammen!
ZUM BEISPIEL DU, KEN-GO!
HÄ?! ICH?!
DU RÄUMST BITTE...

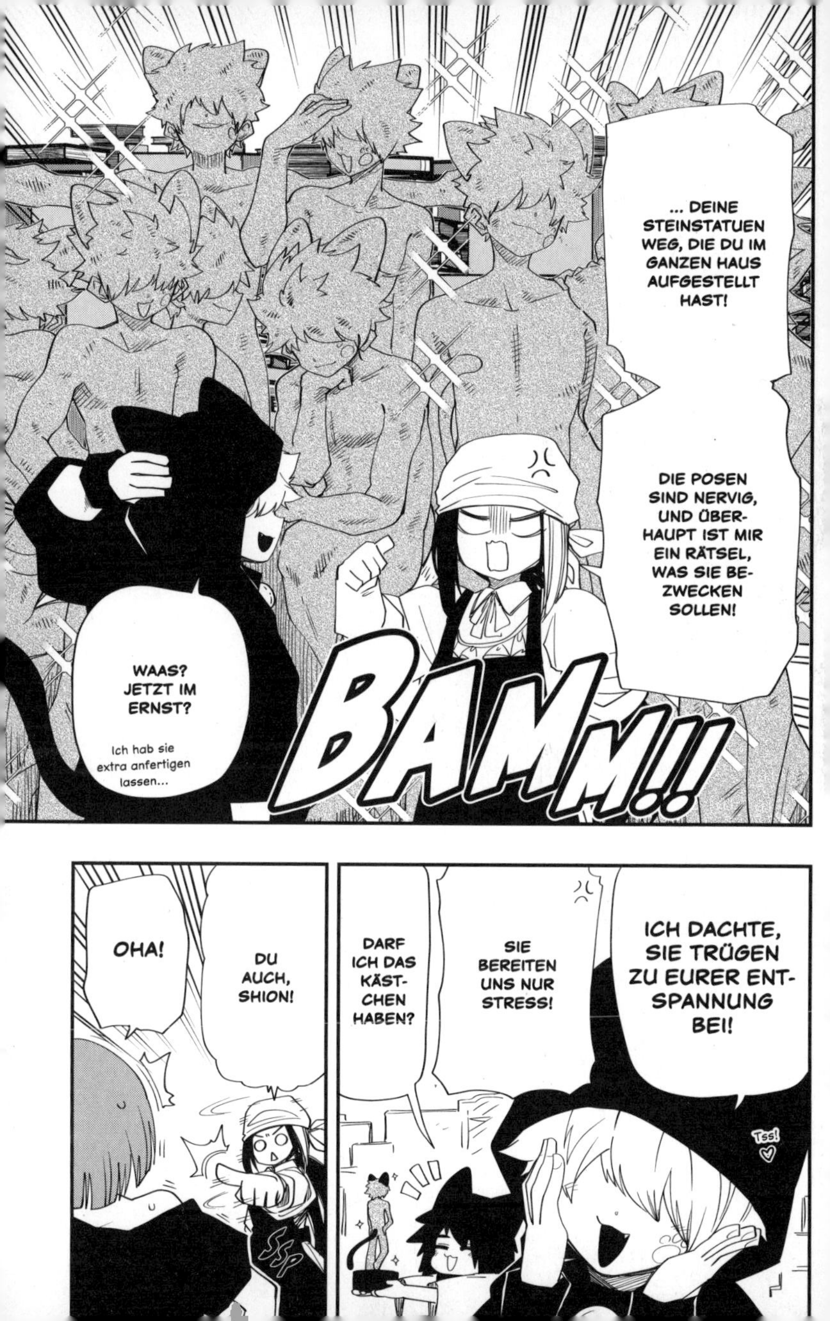

... DEINE STEINSTATUEN WEG, DIE DU IM GANZEN HAUS AUFGESTELLT HAST!
DIE POSEN SIND NERVIG, UND ÜBER-HAUPT IST MIR EIN RÄTSEL, WAS SIE BE-ZWECKEN SOLLEN!
BAMM!!
WAAS? JETZT IM ERNST?
Ich hab sie extra anfertigen lassen...
ICH DACHTE, SIE TRÜGEN ZU EURER ENT-SPANNUNG BEI!
Tss! ♡
SIE BEREITEN UNS NUR STRESS!
DARF ICH DAS KÄST-CHEN HABEN?
DU AUCH, SHION!
OHA!

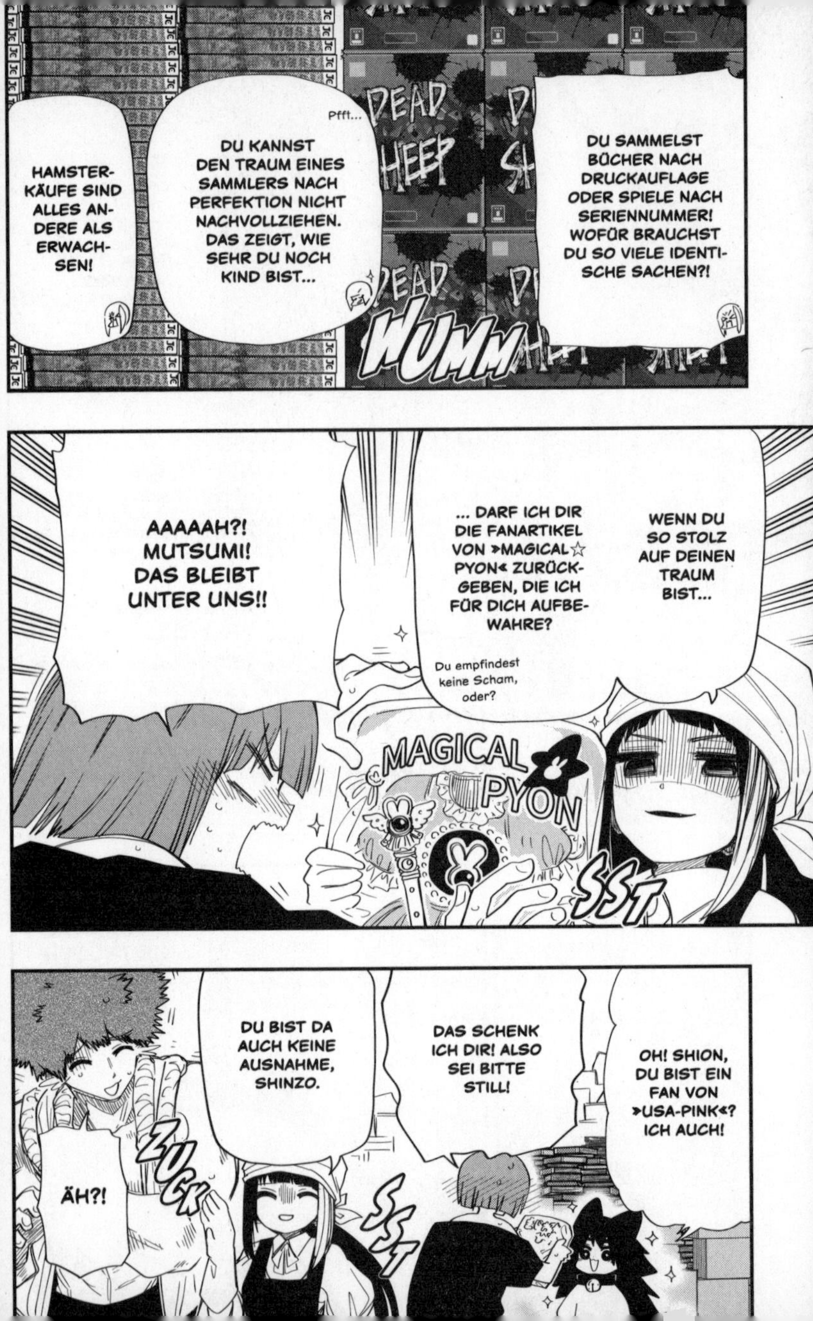
DU SAMMELST BÜCHER NACH DRUCKAUFLAGE ODER SPIELE NACH SERIENNUMMER! WOFÜR BRAUCHST DU SO VIELE IDENTISCHE SACHEN?!
DEAD SHEEP
WUMM
Pfft...
DU KANNST DEN TRAUM EINES SAMMLERS NACH PERFEKTION NICHT NACHVOLLZIEHEN. DAS ZEIGT, WIE SEHR DU NOCH KIND BIST...
HAMSTERKÄUFE SIND ALLES ANDERE ALS ERWACHSEN!
WENN DU SO STOLZ AUF DEINEN TRAUM BIST...
... DARF ICH DIR DIE FANARTIKEL VON »MAGICAL☆PYON« ZURÜCKGEBEN, DIE ICH FÜR DICH AUFBEWAHRE?
Du empfindest keine Scham, oder?
AAAAAH?! MUTSUMI! DAS BLEIBT UNTER UNS!!
MAGICAL PYON
SST
OH! SHION, DU BIST EIN FAN VON »USA-PINK«? ICH AUCH!
DAS SCHENK ICH DIR! ALSO SEI BITTE STILL!
SST
DU BIST DA AUCH KEINE AUSNAHME, SHINZO.
ZUCK
ÄH?!

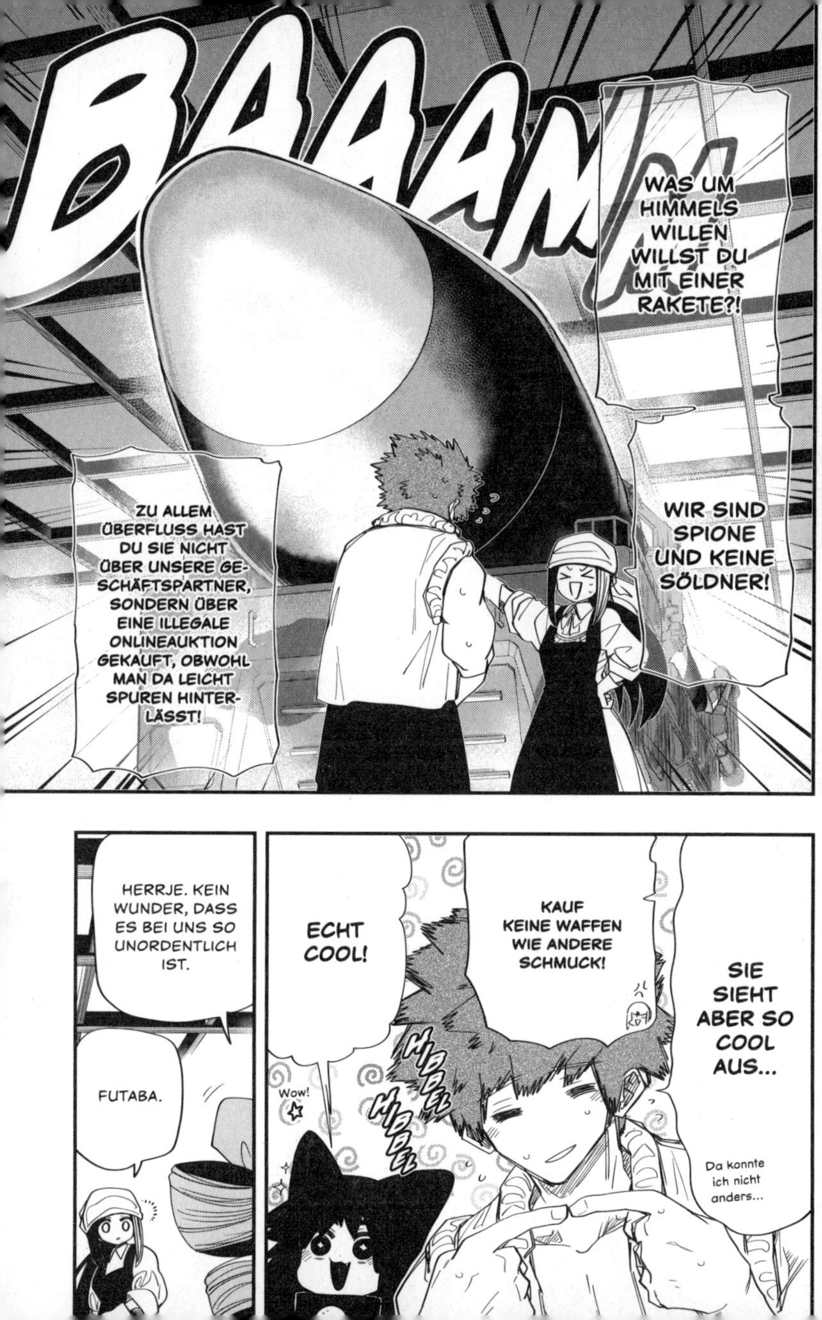
BAAAM
WAS UM HIMMELS WILLEN WILLST DU MIT EINER RAKETE?!
WIR SIND SPIONE UND KEINE SÖLDNER!
ZU ALLEM ÜBERFLUSS HAST DU SIE NICHT ÜBER UNSERE GESCHÄFTSPARTNER, SONDERN ÜBER EINE ILLEGALE ONLINEAUKTION GEKAUFT, OBWOHL MAN DA LEICHT SPUREN HINTERLÄSST!
SIE SIEHT ABER SO COOL AUS...
Da konnte ich nicht anders...
KAUF KEINE WAFFEN WIE ANDERE SCHMUCK!
ECHT COOL!
Wow!
HIBBEL
HIBBEL
HERRJE. KEIN WUNDER, DASS ES BEI UNS SO UNORDENTLICH IST.
FUTABA.

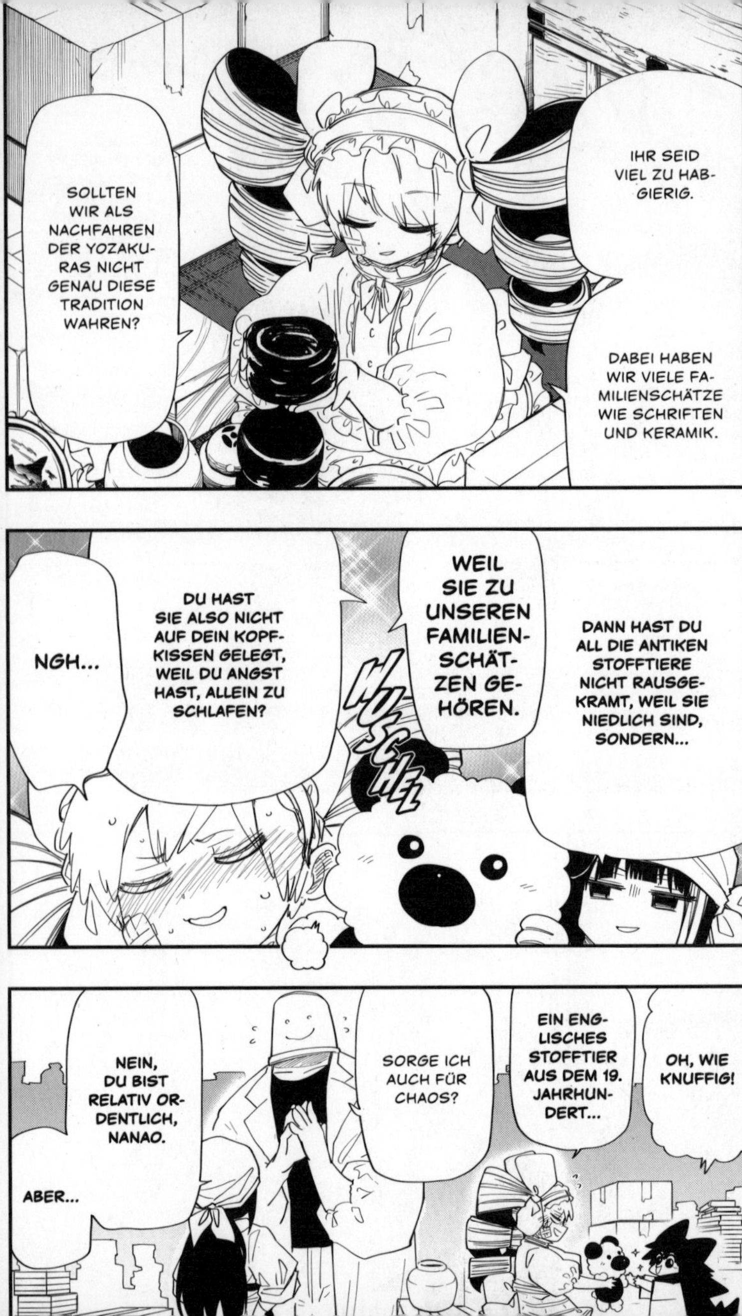
IHR SEID VIEL ZU HAB-GIERIG.
DABEI HABEN WIR VIELE FA-MILIENSCHÄTZE WIE SCHRIFTEN UND KERAMIK.
SOLLTEN WIR ALS NACHFAHREN DER YOZAKU-RAS NICHT GENAU DIESE TRADITION WAHREN?
DANN HAST DU ALL DIE ANTIKEN STOFFTIERE NICHT RAUSGE-KRAMT, WEIL SIE NIEDLICH SIND, SONDERN...
WEIL SIE ZU UNSEREN FAMILIEN-SCHÄT-ZEN GE-HÖREN.
WUSCHEL
DU HAST SIE ALSO NICHT AUF DEIN KOPF-KISSEN GELEGT, WEIL DU ANGST HAST, ALLEIN ZU SCHLAFEN?
NGH...
OH, WIE KNUFFIG!
EIN ENG-LISCHES STOFFTIER AUS DEM 19. JAHRHUN-DERT...
SORGE ICH AUCH FÜR CHAOS?
NEIN, DU BIST RELATIV OR-DENTLICH, NANAO.
ABER...

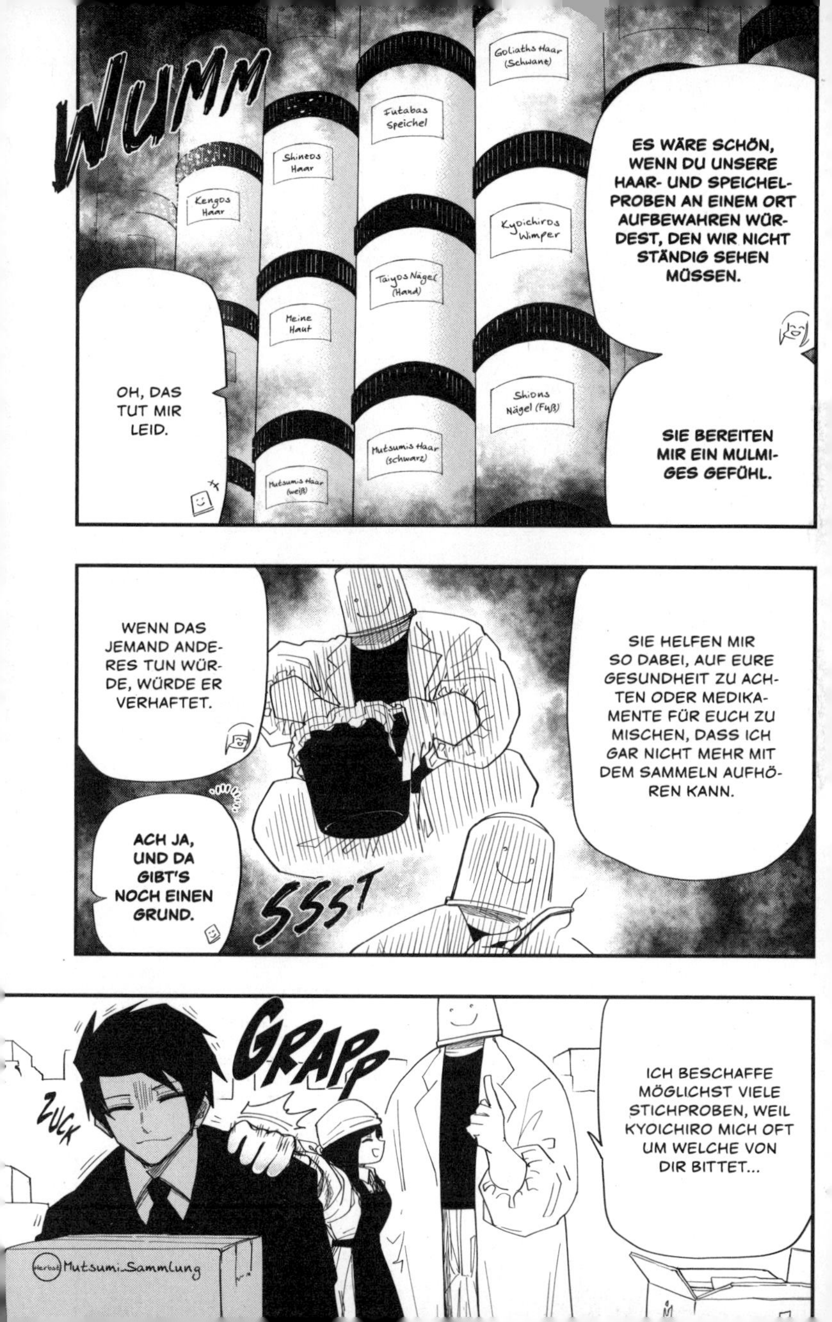
WUMM
Goliaths Haar (Schwanz)
Futabas Speichel
Shinobs Haar
Kengos Haar
Kyoichiros Wimper
Taiyos Nägel (Hand)
Meine Haut
Shions Nägel (Fuß)
Mutsumis Haar (schwarz)
Mutsumis Haar (weiß)
ES WÄRE SCHÖN, WENN DU UNSERE HAAR- UND SPEICHELPROBEN AN EINEM ORT AUFBEWAHREN WÜRDEST, DEN WIR NICHT STÄNDIG SEHEN MÜSSEN.
SIE BEREITEN MIR EIN MULMIGES GEFÜHL.
OH, DAS TUT MIR LEID.
SIE HELFEN MIR SO DABEI, AUF EURE GESUNDHEIT ZU ACHTEN ODER MEDIKAMENTE FÜR EUCH ZU MISCHEN, DASS ICH GAR NICHT MEHR MIT DEM SAMMELN AUFHÖREN KANN.
WENN DAS JEMAND ANDERES TUN WÜRDE, WÜRDE ER VERHAFTET.
ACH JA, UND DA GIBT'S NOCH EINEN GRUND.
SSST
ICH BESCHAFFE MÖGLICHST VIELE STICHPROBEN, WEIL KYOICHIRO MICH OFT UM WELCHE VON DIR BITTET...
GRAPP
ZUCK
Mutsumi Sammlung

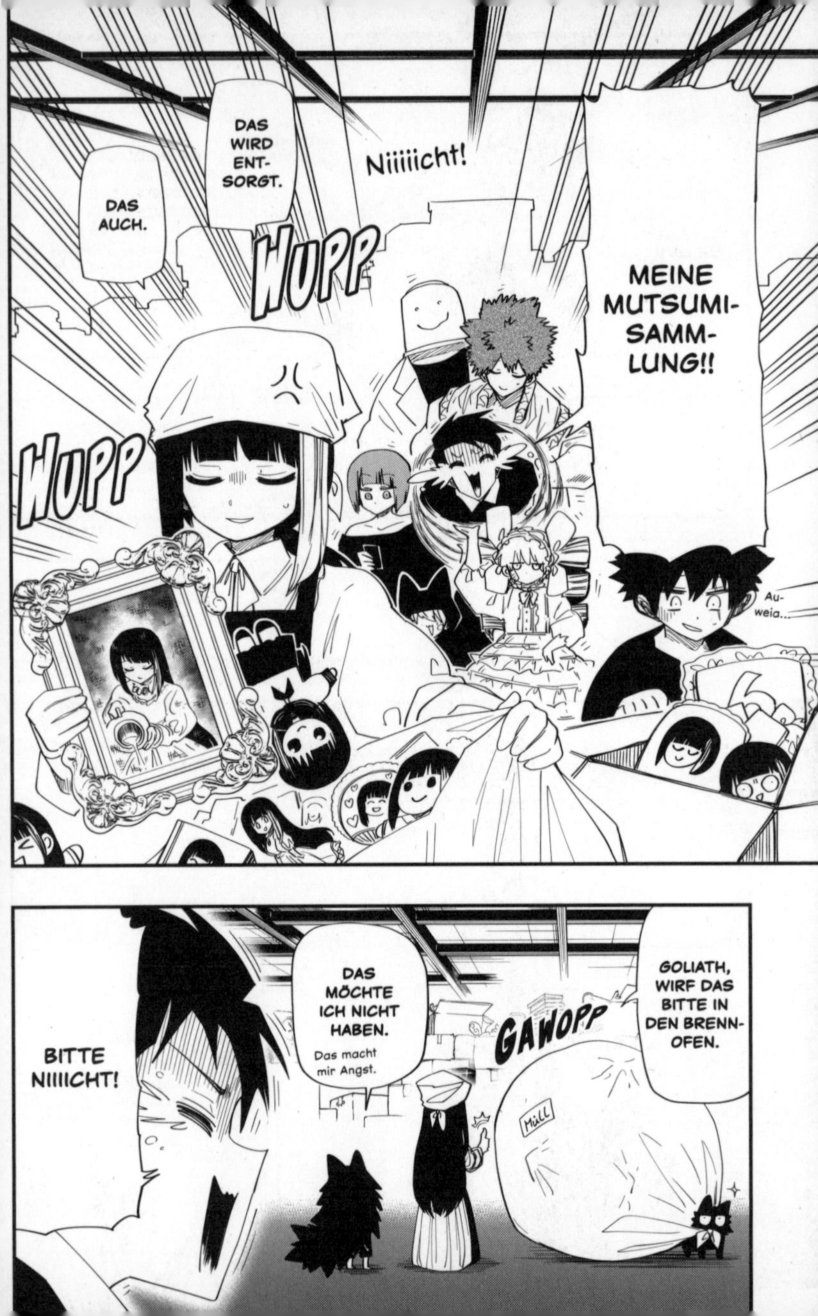
MEINE MUTSUMI-SAMMLUNG!!
Niiiiicht!
DAS WIRD ENT-SORGT.
DAS AUCH.
WUPP
WUPP
Au-weia...
GOLIATH, WIRF DAS BITTE IN DEN BRENN-OFEN.
GAWOPP
Müll
DAS MÖCHTE ICH NICHT HABEN.
Das macht mir Angst.
BITTE NIIIICHT!

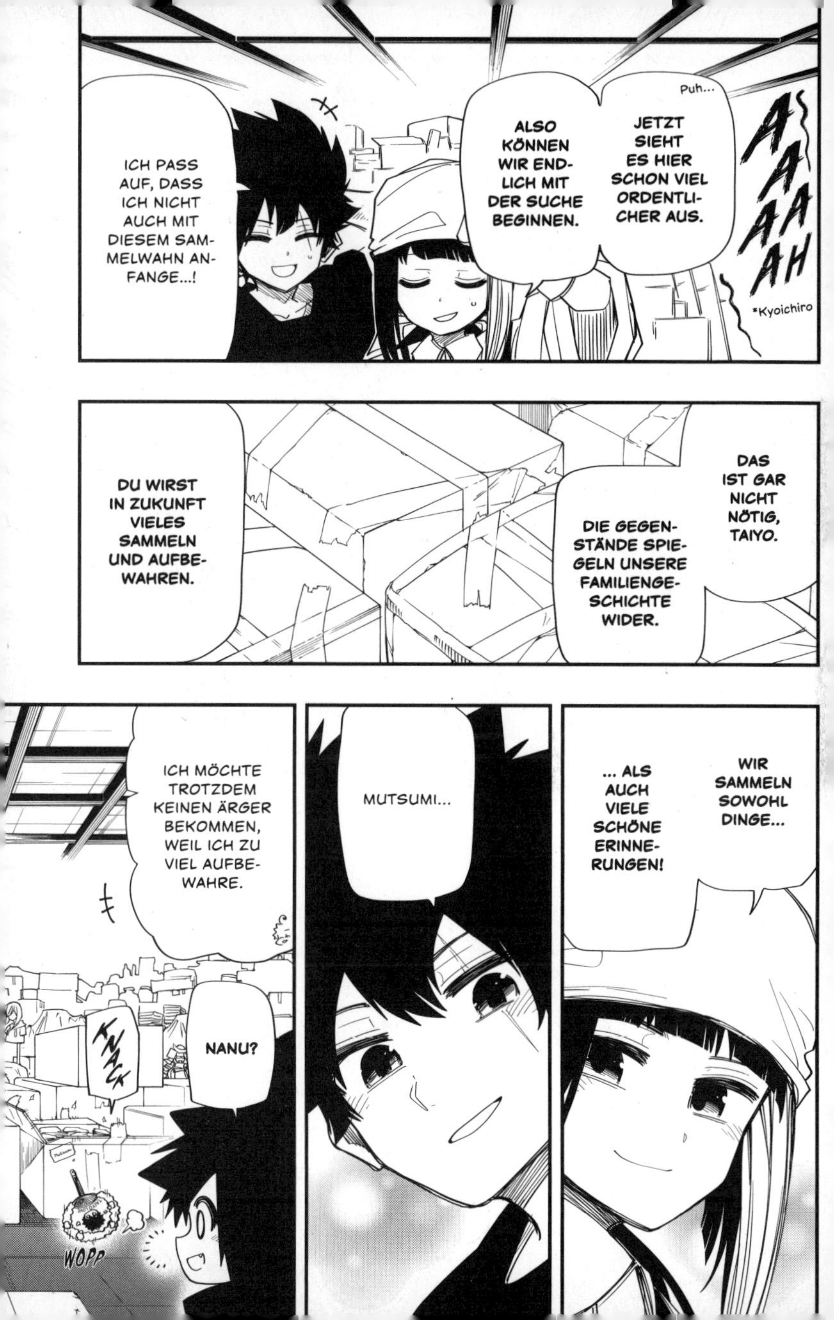
AAAAAH
*Kyoichiro
Puh...
JETZT SIEHT ES HIER SCHON VIEL ORDENTLICHER AUS.
ALSO KÖNNEN WIR ENDLICH MIT DER SUCHE BEGINNEN.
ICH PASS AUF, DASS ICH NICHT AUCH MIT DIESEM SAMMELWAHN ANFANGE...!
DAS IST GAR NICHT NÖTIG, TAIYO.
DIE GEGENSTÄNDE SPIEGELN UNSERE FAMILIENGESCHICHTE WIDER.
DU WIRST IN ZUKUNFT VIELES SAMMELN UND AUFBEWAHREN.
WIR SAMMELN SOWOHL DINGE...
... ALS AUCH VIELE SCHÖNE ERINNERUNGEN!
MUTSUMI...
ICH MÖCHTE TROTZDEM KEINEN ÄRGER BEKOMMEN, WEIL ICH ZU VIEL AUFBEWAHRE.
NANU?
KNACK
WOPP

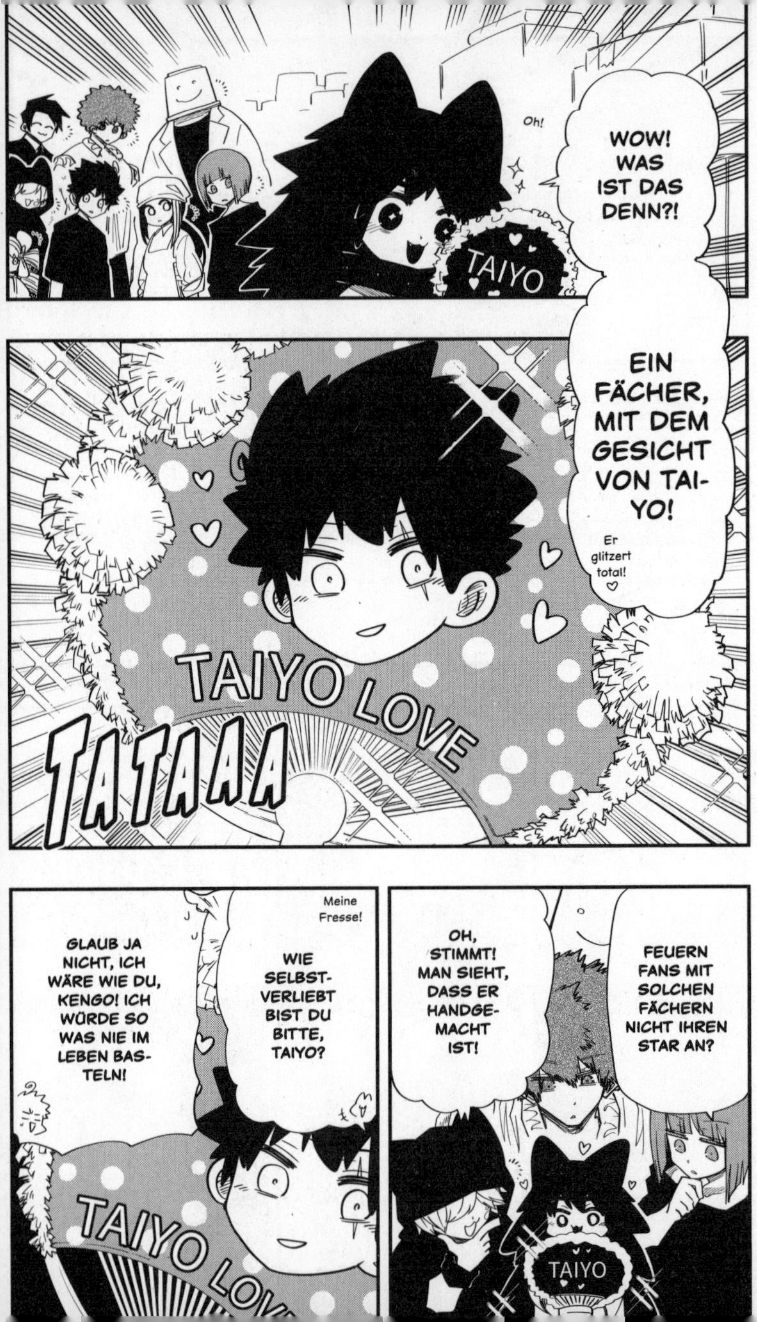
WOW! WAS IST DAS DENN?!
Oh!
EIN FÄCHER, MIT DEM GESICHT VON TAI-YO!
Er glitzert total! ♡
TAIYO
TAIYO LOVE
TATAAA
FEUERN FANS MIT SOLCHEN FÄCHERN NICHT IHREN STAR AN?
OH, STIMMT! MAN SIEHT, DASS ER HANDGE-MACHT IST!
TAIYO
Meine Fresse!
WIE SELBST-VERLIEBT BIST DU BITTE, TAIYO?
GLAUB JA NICHT, ICH WÄRE WIE DU, KENGO! ICH WÜRDE SO WAS NIE IM LEBEN BAS-TELN!
TAIYO LOVE

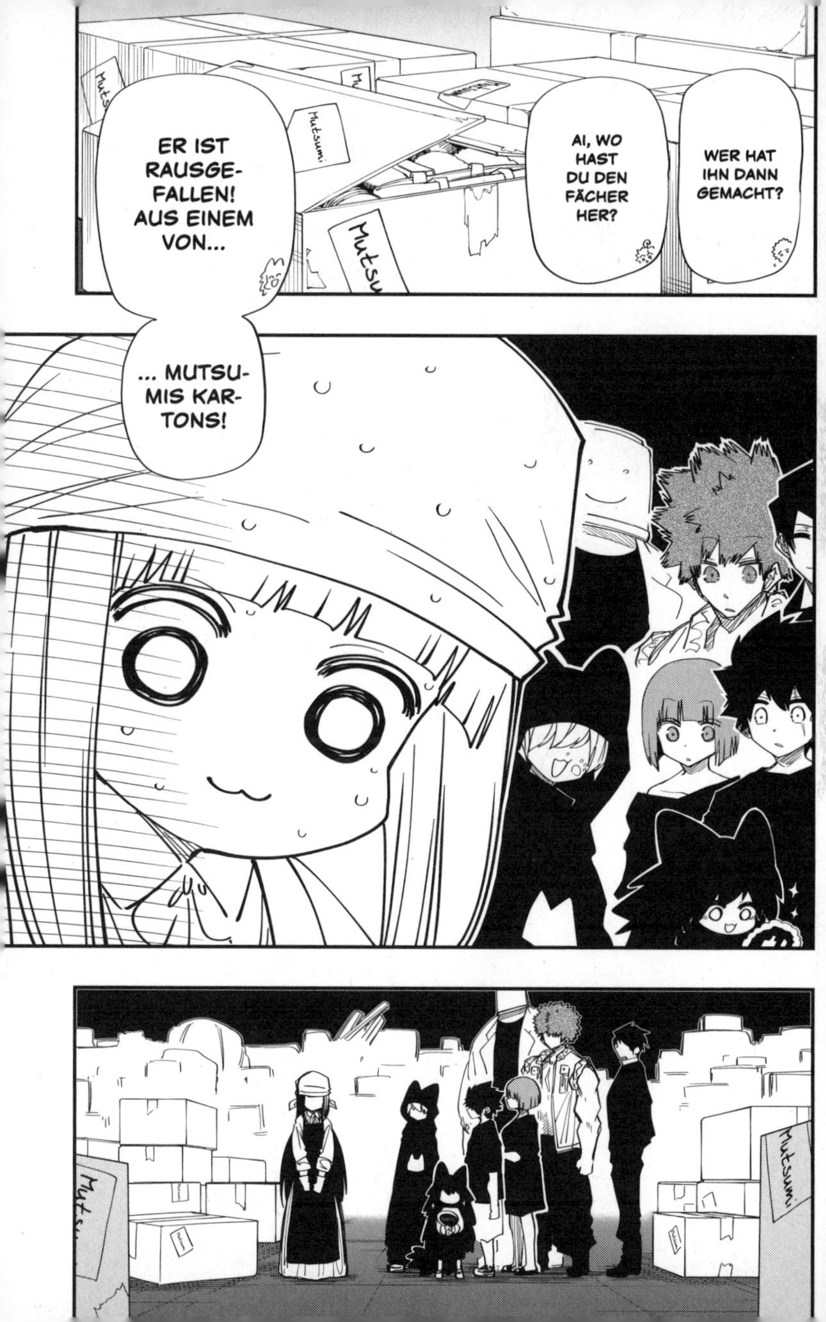
WER HAT IHN DANN GEMACHT?
AI, WO HAST DU DEN FÄCHER HER?
ER IST RAUSGEFALLEN! AUS EINEM VON...
... MUTSUMIS KARTONS!
Mutsumi
Mutsumi

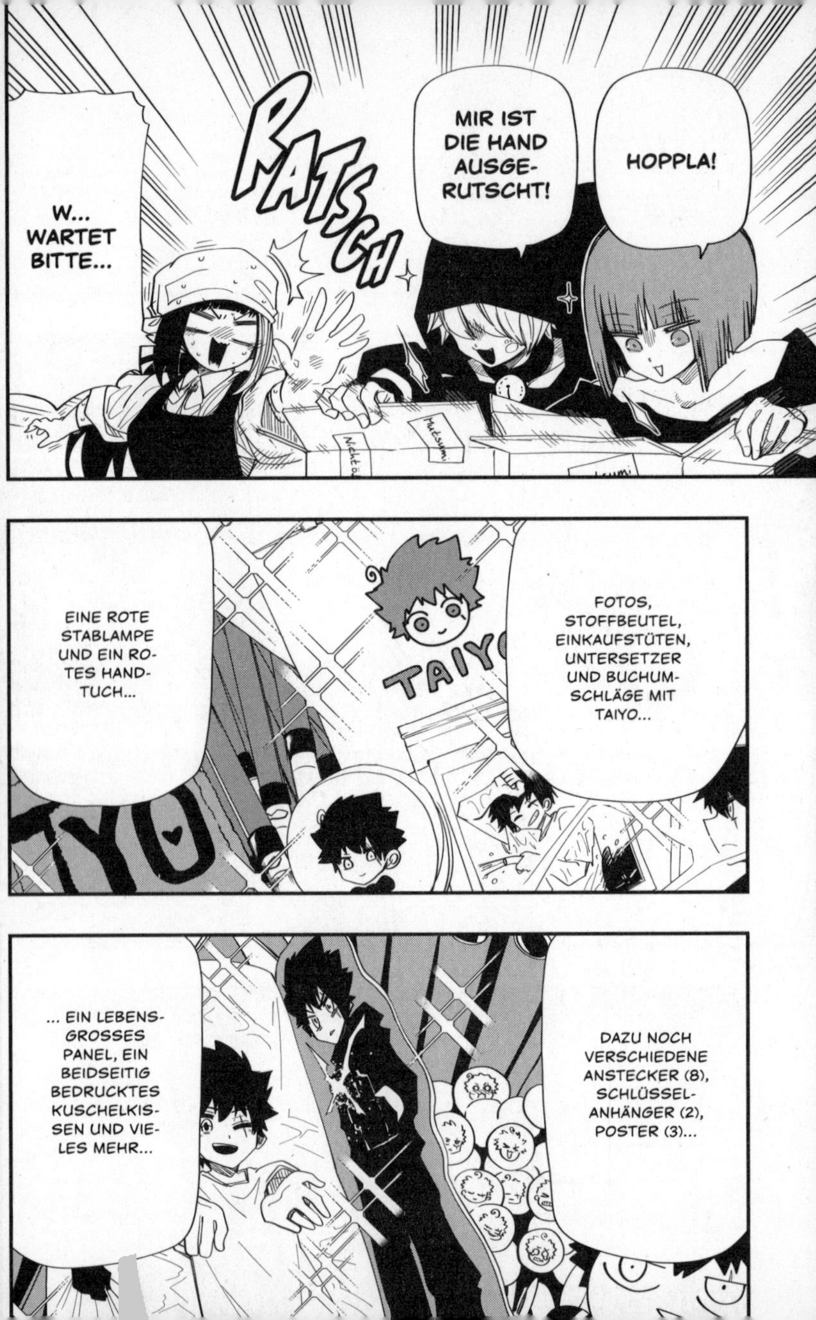
HOPPLA!
MIR IST DIE HAND AUSGE-RUTSCHT!
PATSCH
W... WARTET BITTE...
FOTOS, STOFFBEUTEL, EINKAUFSTÜTEN, UNTERSETZER UND BUCHUM-SCHLÄGE MIT TAIYO...
TAIYO
EINE ROTE STABLAMPE UND EIN RO-TES HAND-TUCH...
DAZU NOCH VERSCHIEDENE ANSTECKER (8), SCHLÜSSEL-ANHÄNGER (2), POSTER (3)...
... EIN LEBENS-GROSSES PANEL, EIN BEIDSEITIG BEDRUCKTES KUSCHELKIS-SEN UND VIE-LES MEHR...

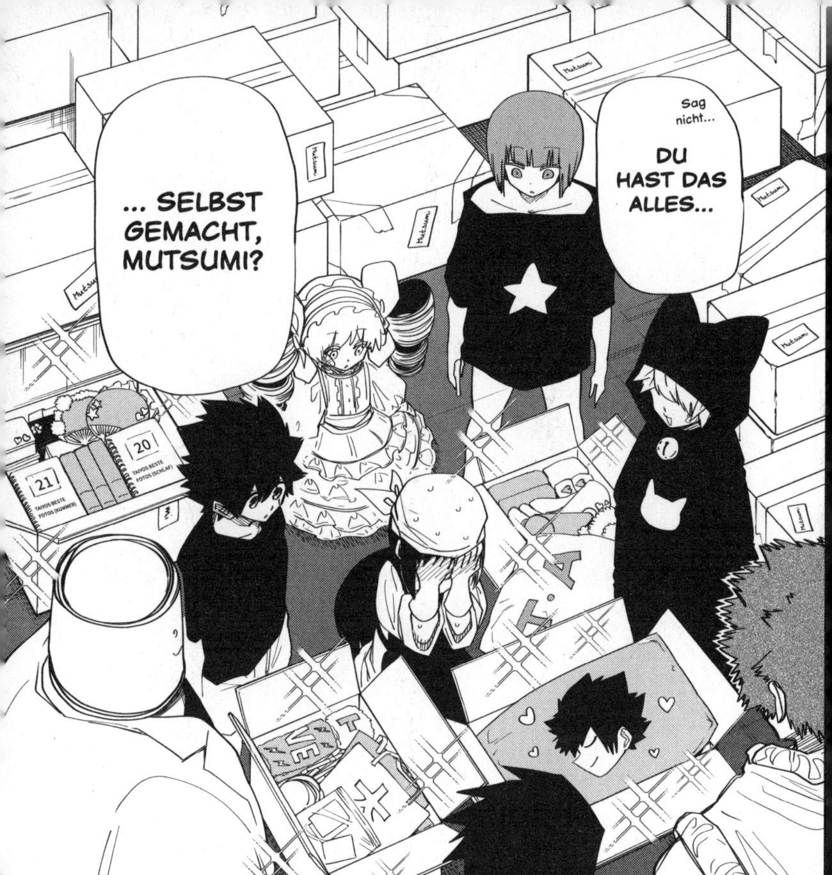
Sag nicht...
DU HAST DAS ALLES...
... SELBST GEMACHT, MUTSUMI?
20
TAIYOS BESTE FOTOS (SCHLAF)
21
TAIYOS BESTE FOTOS (KUMMER)

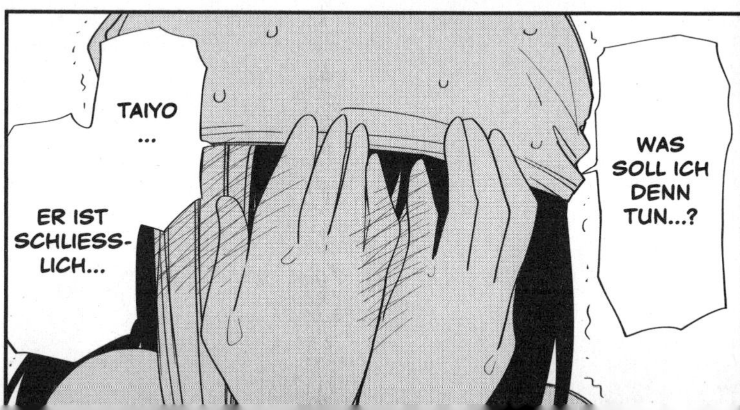
WAS SOLL ICH DENN TUN...?
TAIYO ...
ER IST SCHLIESS-LICH...

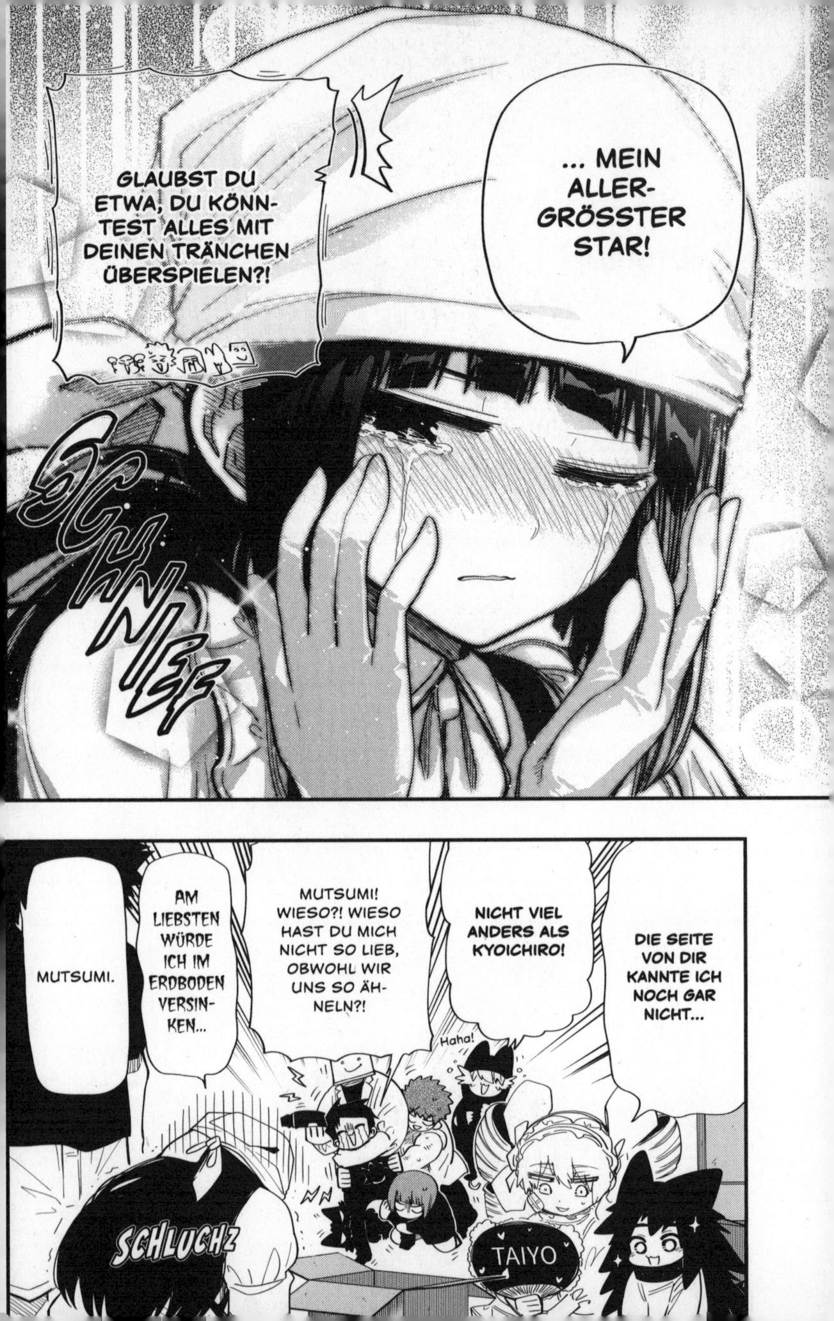
... MEIN ALLER-GRÖSSTER STAR!
GLAUBST DU ETWA, DU KÖNN-TEST ALLES MIT DEINEN TRÄNCHEN ÜBERSPIELEN?!
SCHNIEF
DIE SEITE VON DIR KANNTE ICH NOCH GAR NICHT...
NICHT VIEL ANDERS ALS KYOICHIRO!
MUTSUMI! WIESO?! WIESO HAST DU MICH NICHT SO LIEB, OBWOHL WIR UNS SO ÄH-NELN?!
AM LIEBSTEN WÜRDE ICH IM ERDBODEN VERSIN-KEN...
MUTSUMI.
Haha!
TAIYO
SCHLUCHZ

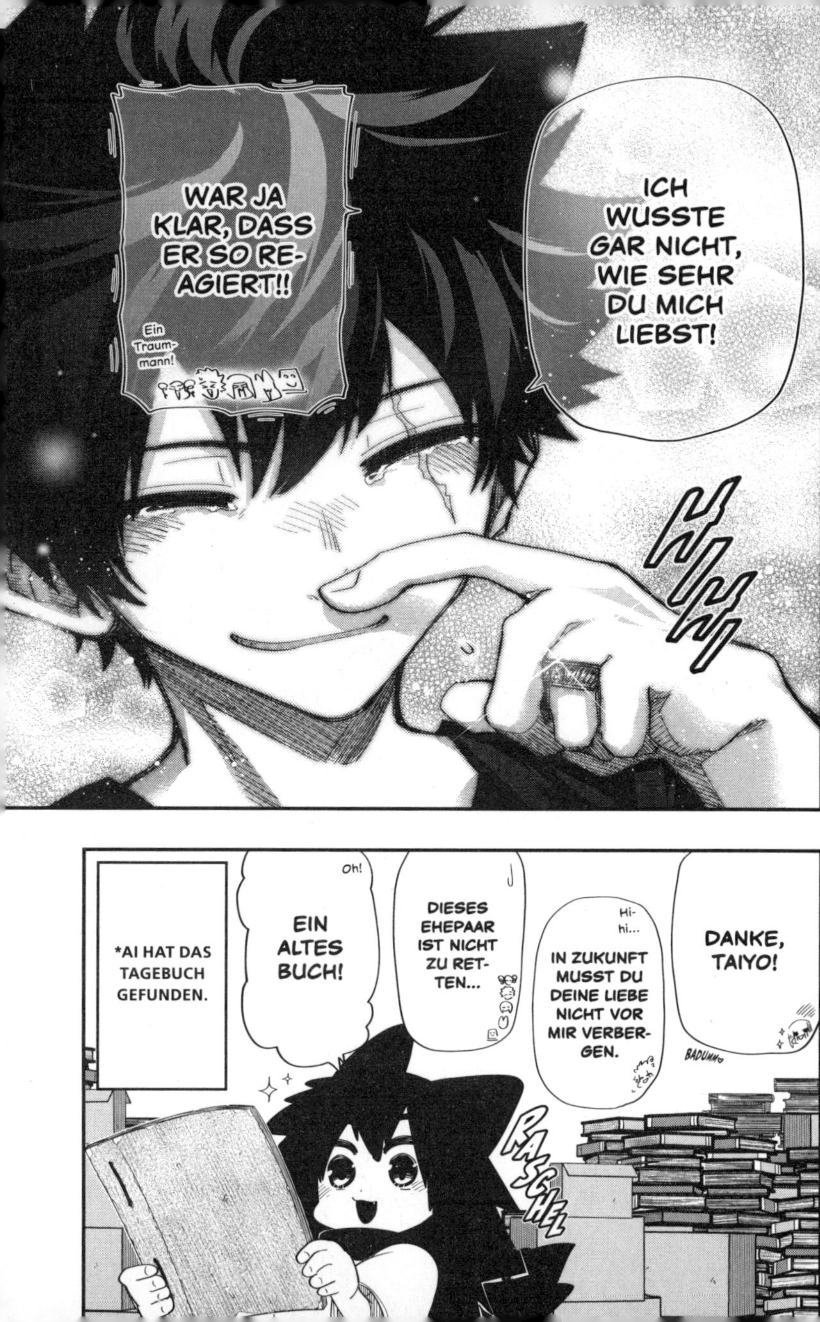
ICH WUSSTE GAR NICHT, WIE SEHR DU MICH LIEBST!
WAR JA KLAR, DASS ER SO RE-AGIERT!!
Ein Traum-mann!
DANKE, TAIYO!
BADUMM
Hi-hi...
IN ZUKUNFT MUSST DU DEINE LIEBE NICHT VOR MIR VERBER-GEN.
DIESES EHEPAAR IST NICHT ZU RET-TEN...
Oh!
EIN ALTES BUCH!
RASCHEL
*AI HAT DAS TAGEBUCH GEFUNDEN.

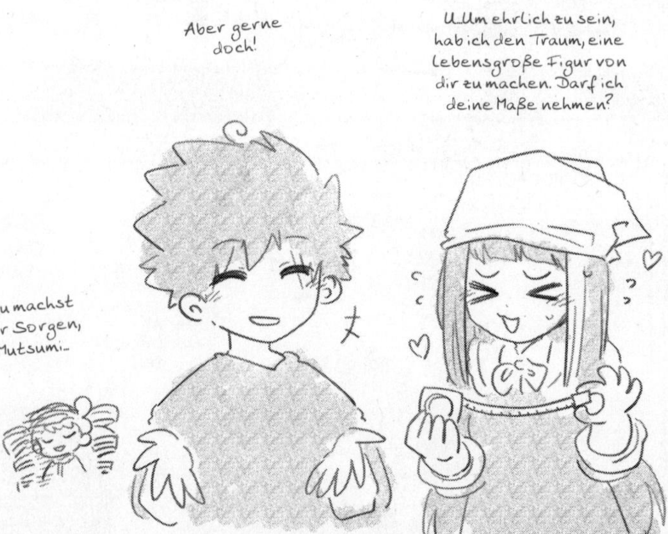
U..Um ehrlich zu sein, hab ich den Traum, eine Lebensgroße Figur von dir zu machen. Darf ich deine Maße nehmen?
Aber gerne doch!
Du machst mir Sorgen, Mutsumi…

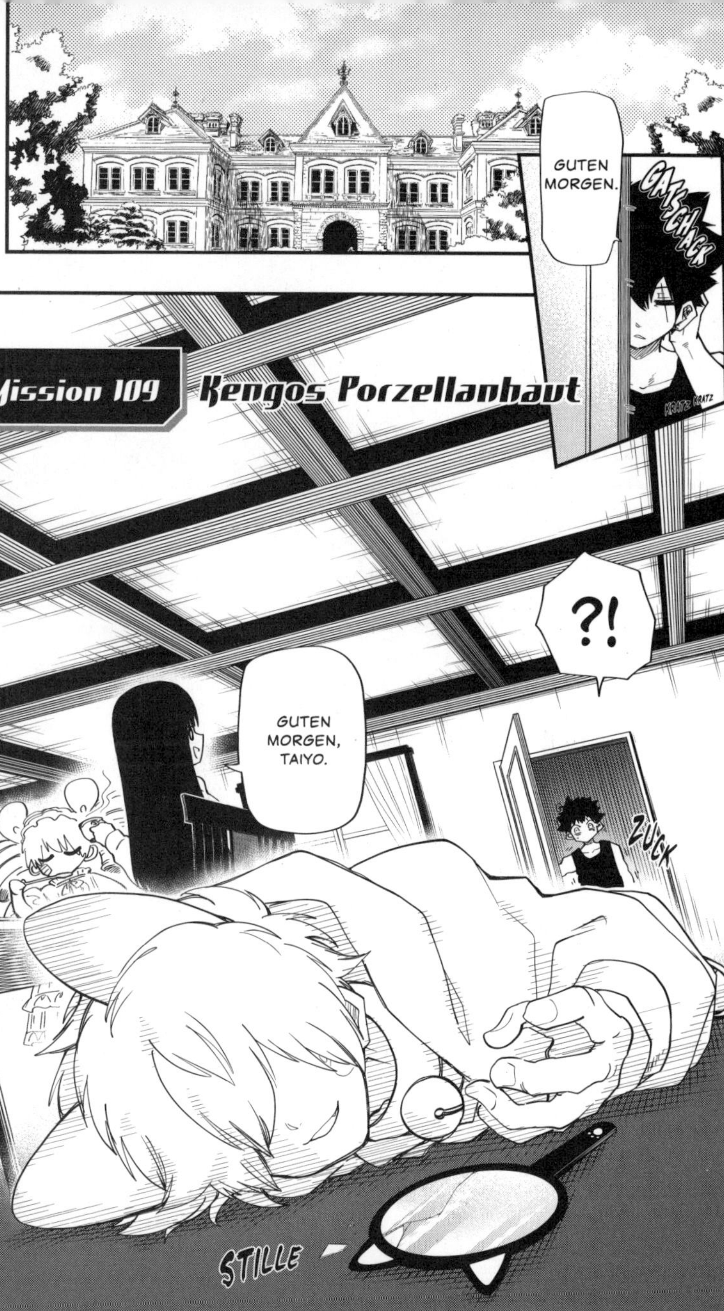
GUTEN MORGEN.
GATSCHACK
KRATZ KRATZ
Mission 109
Kengos Porzellanhaut
?!
GUTEN MORGEN, TAIYO.
ZUCK
STILLE

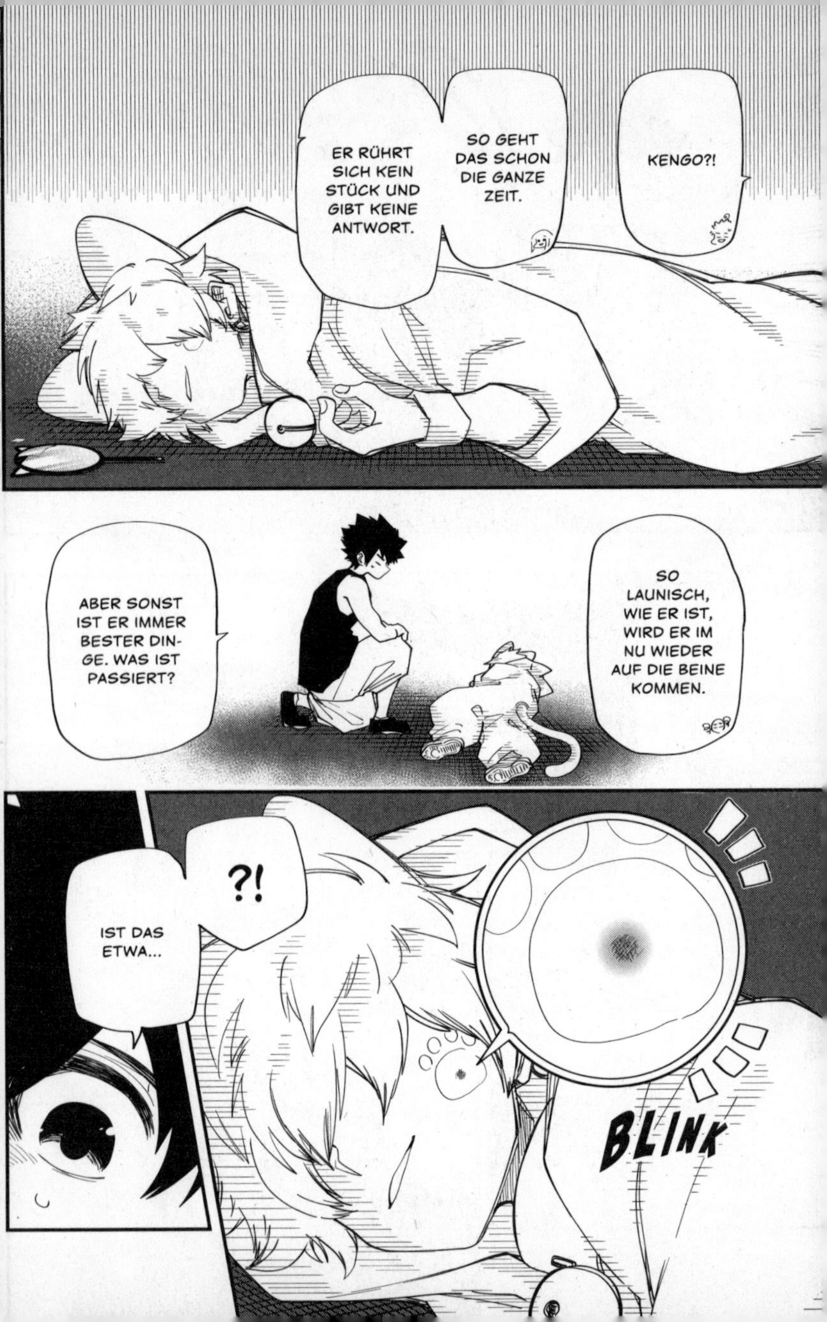
KENGO?!
SO GEHT DAS SCHON DIE GANZE ZEIT.
ER RÜHRT SICH KEIN STÜCK UND GIBT KEINE ANTWORT.
SO LAUNISCH, WIE ER IST, WIRD ER IM NU WIEDER AUF DIE BEINE KOMMEN.
ABER SONST IST ER IMMER BESTER DIN-GE. WAS IST PASSIERT?
BLINK
?!
IST DAS ETWA...

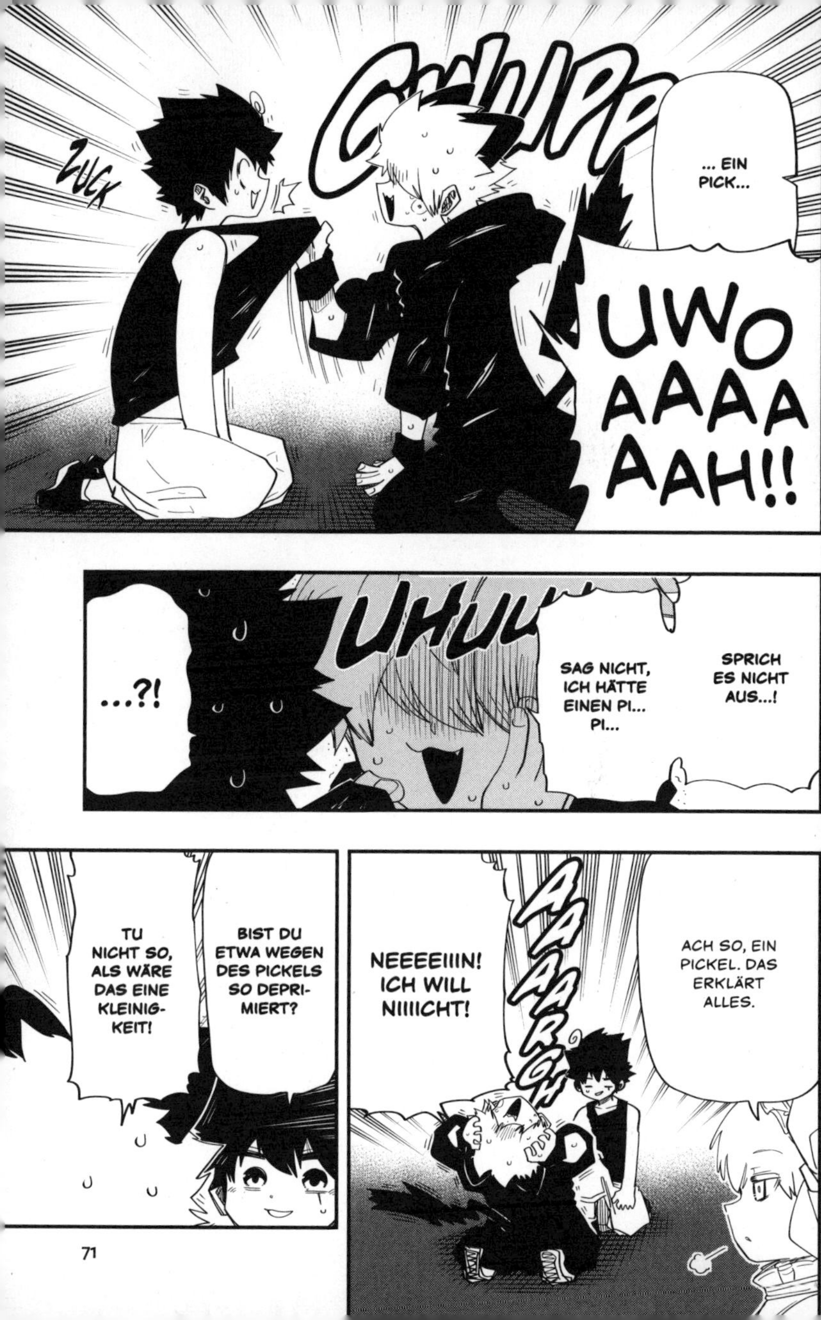
... EIN PICK...
UWO AAAA AAH!!
ZUCK
SPRICH ES NICHT AUS...!
SAG NICHT, ICH HÄTTE EINEN PI... PI...
...?!
ACH SO, EIN PICKEL. DAS ERKLÄRT ALLES.
AAAARGH
NEEEEIIIN! ICH WILL NIIICHT!
BIST DU ETWA WEGEN DES PICKELS SO DEPRIMIERT?
TU NICHT SO, ALS WÄRE DAS EINE KLEINIGKEIT!

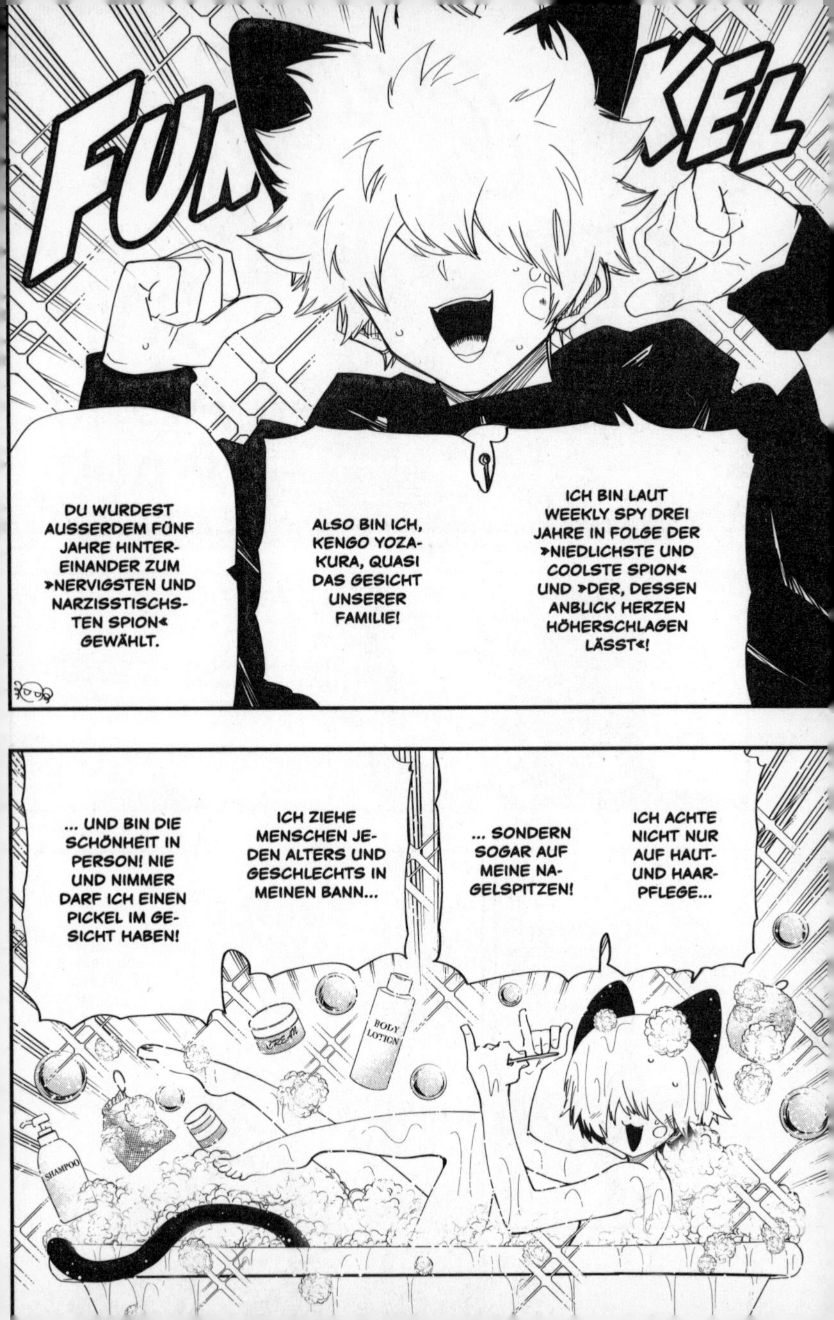
ICH BIN LAUT WEEKLY SPY DREI JAHRE IN FOLGE DER »NIEDLICHSTE UND COOLSTE SPION« UND »DER, DESSEN ANBLICK HERZEN HÖHERSCHLAGEN LÄSST«!
ALSO BIN ICH, KENGO YOZAKURA, QUASI DAS GESICHT UNSERER FAMILIE!
DU WURDEST AUSSERDEM FÜNF JAHRE HINTEREINANDER ZUM »NERVIGSTEN UND NARZISSTISCHSTEN SPION« GEWÄHLT.
ICH ACHTE NICHT NUR AUF HAUT- UND HAARPFLEGE...
... SONDERN SOGAR AUF MEINE NAGELSPITZEN!
ICH ZIEHE MENSCHEN JEDEN ALTERS UND GESCHLECHTS IN MEINEN BANN...
... UND BIN DIE SCHÖNHEIT IN PERSON! NIE UND NIMMER DARF ICH EINEN PICKEL IM GESICHT HABEN!

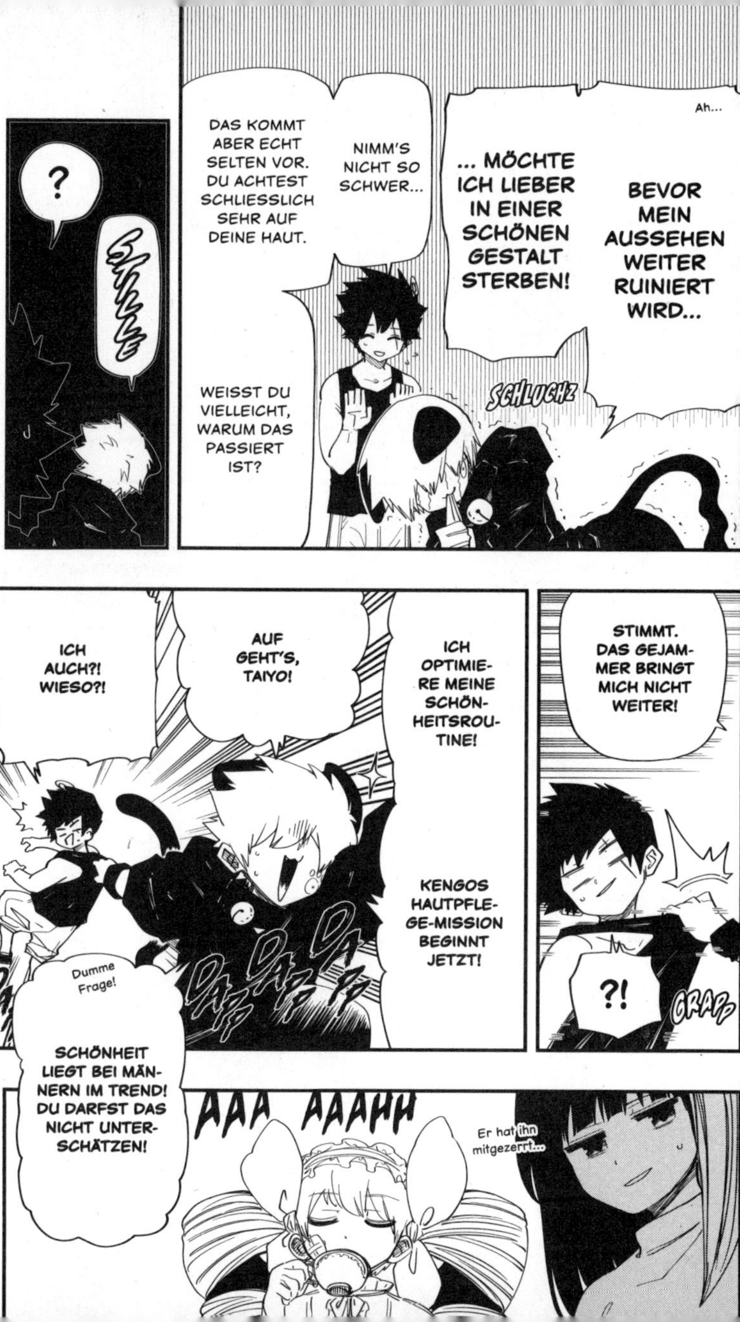
Ah...
BEVOR MEIN AUSSEHEN WEITER RUINIERT WIRD...
... MÖCHTE ICH LIEBER IN EINER SCHÖNEN GESTALT STERBEN!
SCHLUCHZ
NIMM'S NICHT SO SCHWER...
DAS KOMMT ABER ECHT SELTEN VOR. DU ACHTEST SCHLIESSLICH SEHR AUF DEINE HAUT.
WEISST DU VIELLEICHT, WARUM DAS PASSIERT IST?
?
STIMMT. DAS GEJAMMER BRINGT MICH NICHT WEITER!
?!
GRAPP
ICH OPTIMIERE MEINE SCHÖNHEITSROUTINE!
KENGOS HAUTPFLEGE-MISSION BEGINNT JETZT!
AUF GEHT'S, TAIYO!
ICH AUCH?! WIESO?!
Dumme Frage!
SCHÖNHEIT LIEGT BEI MÄNNERN IM TREND! DU DARFST DAS NICHT UNTERSCHÄTZEN!
DAPP DAPP DAPP DAPP
AAA AAAHH
Er hat ihn mitgezerrt...

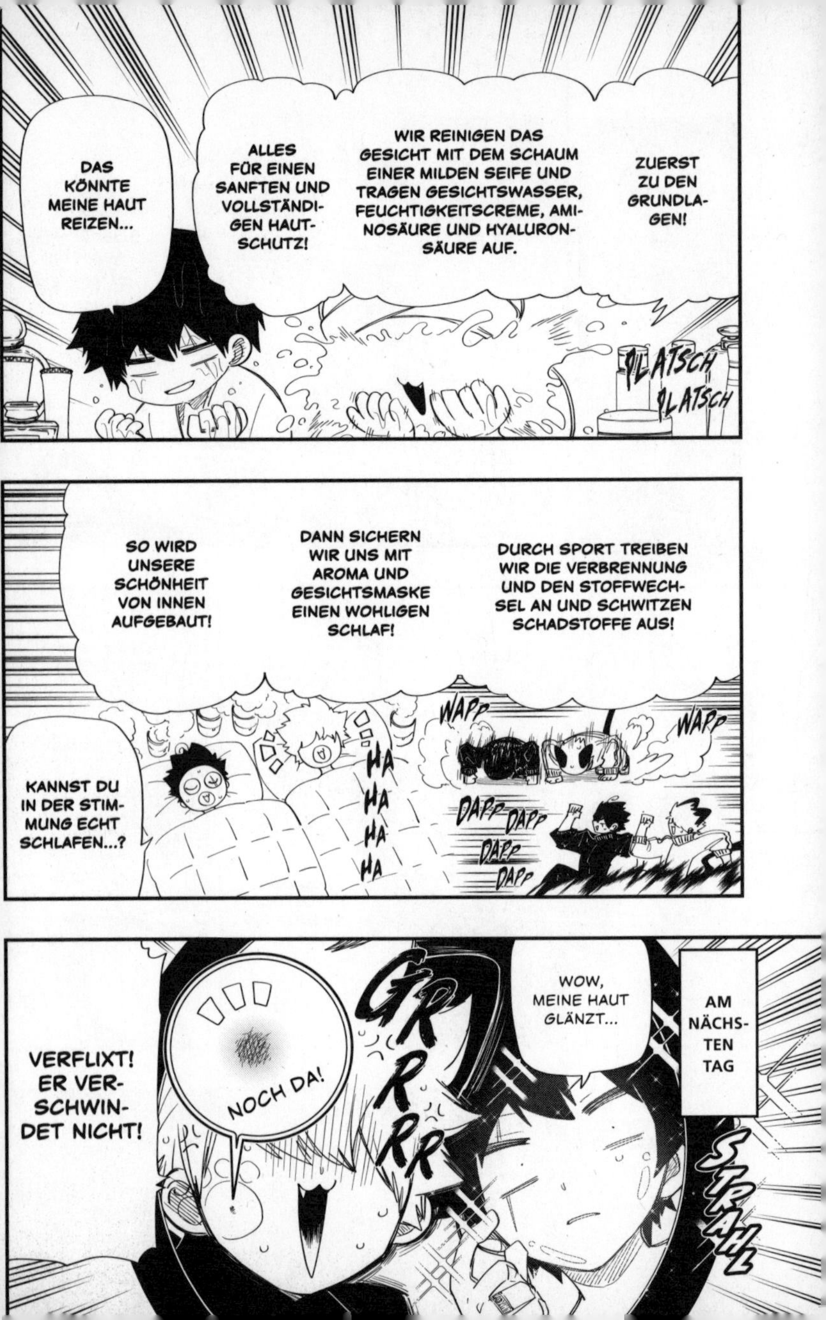
ZUERST ZU DEN GRUNDLAGEN!
WIR REINIGEN DAS GESICHT MIT DEM SCHAUM EINER MILDEN SEIFE UND TRAGEN GESICHTSWASSER, FEUCHTIGKEITSCREME, AMINOSÄURE UND HYALURONSÄURE AUF.
ALLES FÜR EINEN SANFTEN UND VOLLSTÄNDIGEN HAUTSCHUTZ!
DAS KÖNNTE MEINE HAUT REIZEN...
PLATSCH
PLATSCH
DURCH SPORT TREIBEN WIR DIE VERBRENNUNG UND DEN STOFFWECHSEL AN UND SCHWITZEN SCHADSTOFFE AUS!
DANN SICHERN WIR UNS MIT AROMA UND GESICHTSMASKE EINEN WOHLIGEN SCHLAF!
SO WIRD UNSERE SCHÖNHEIT VON INNEN AUFGEBAUT!
WAPP
WAPP
DAPP DAPP DAPP DAPP
HA HA HA HA HA
KANNST DU IN DER STIMMUNG ECHT SCHLAFEN...?
AM NÄCHSTEN TAG
WOW, MEINE HAUT GLÄNZT...
STRAHL
GRRRR
NOCH DA!
VERFLIXT! ER VERSCHWINDET NICHT!

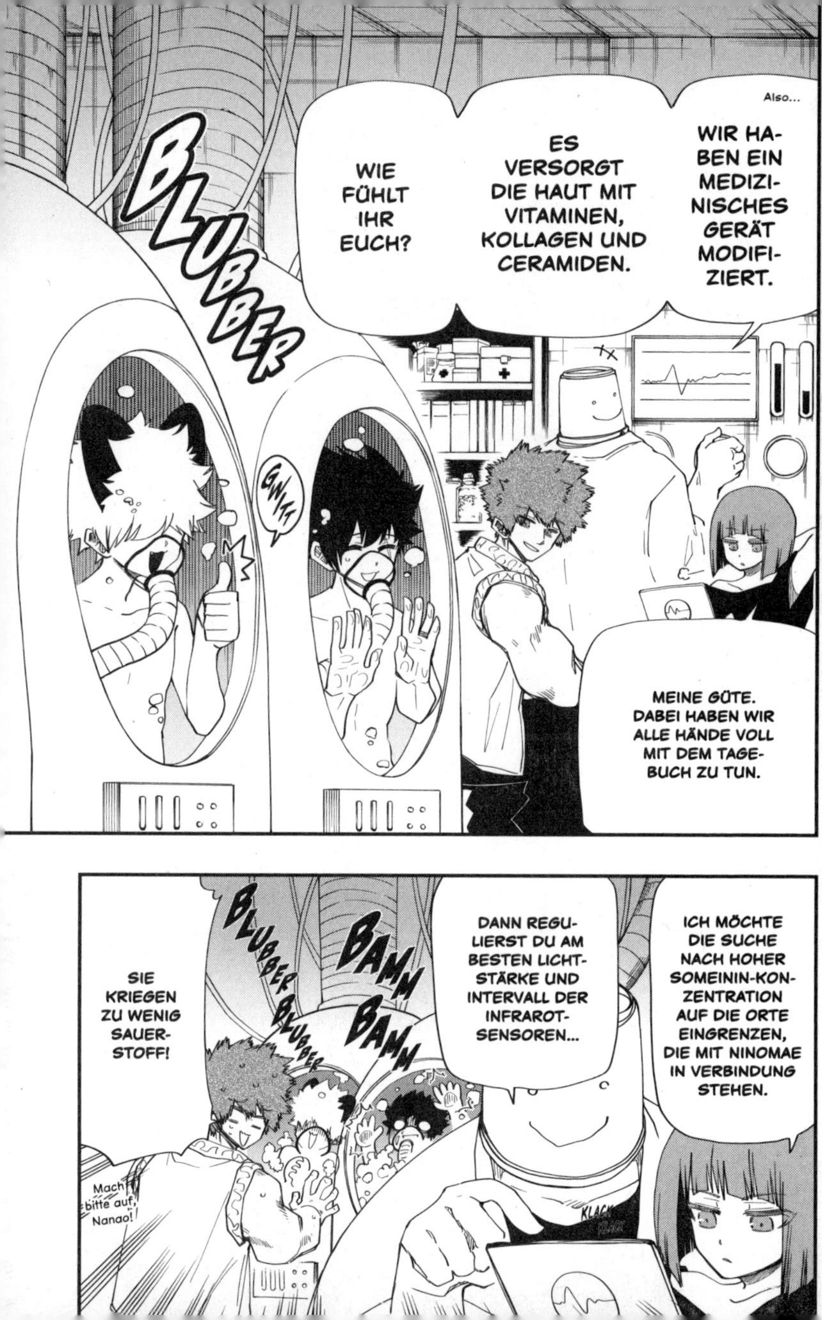

Also…
WIR HABEN EIN MEDIZINISCHES GERÄT MODIFIZIERT.
ES VERSORGT DIE HAUT MIT VITAMINEN, KOLLAGEN UND CERAMIDEN.
WIE FÜHLT IHR EUCH?
BLUBBER
MEINE GÜTE. DABEI HABEN WIR ALLE HÄNDE VOLL MIT DEM TAGEBUCH ZU TUN.
ICH MÖCHTE DIE SUCHE NACH HOHER SOMEININ-KONZENTRATION AUF DIE ORTE EINGRENZEN, DIE MIT NINOMAE IN VERBINDUNG STEHEN.
DANN REGULIERST DU AM BESTEN LICHTSTÄRKE UND INTERVALL DER INFRAROTSENSOREN…
BAMM BAMM
BLUBBER BLUBBER
SIE KRIEGEN ZU WENIG SAUERSTOFF!
Mach bitte auf, Nanao!

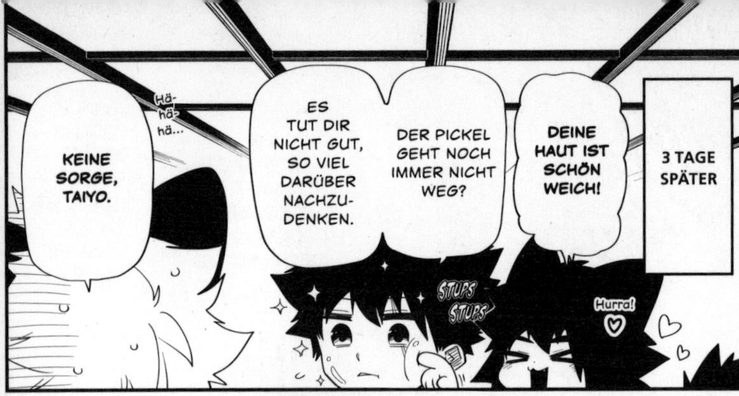
3 TAGE SPÄTER
DEINE HAUT IST SCHÖN WEICH!
Hurra!
DER PICKEL GEHT NOCH IMMER NICHT WEG?
STUPS STUPS
ES TUT DIR NICHT GUT, SO VIEL DARÜBER NACHZU-DENKEN.
Hä-hä-hä...
KEINE SORGE, TAIYO.

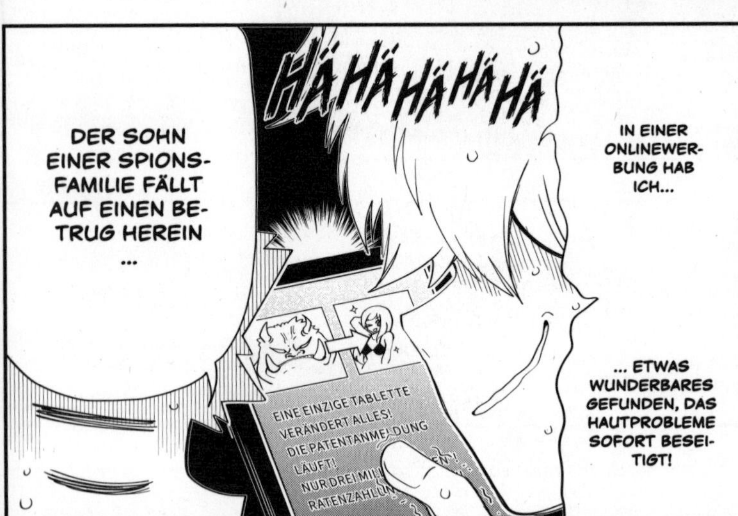
IN EINER ONLINEWER-BUNG HAB ICH...
... ETWAS WUNDERBARES GEFUNDEN, DAS HAUTPROBLEME SOFORT BESEI-TIGT!
HÄ HÄ HÄ HÄ HÄ
EINE EINZIGE TABLETTE VERÄNDERT ALLES!
DIE PATENTANMELDUNG LÄUFT!
DER SOHN EINER SPIONS-FAMILIE FÄLLT AUF EINEN BE-TRUG HEREIN ...

*ca. 18 €

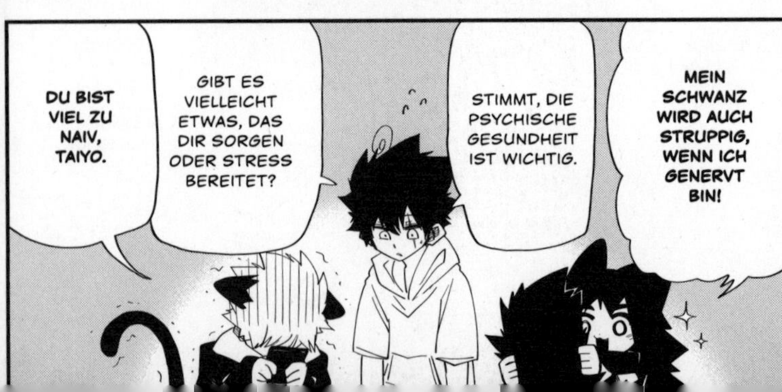
MEIN SCHWANZ WIRD AUCH STRUPPIG, WENN ICH GENERVT BIN!
STIMMT, DIE PSYCHISCHE GESUNDHEIT IST WICHTIG.
GIBT ES VIELLEICHT ETWAS, DAS DIR SORGEN ODER STRESS BEREITET?
DU BIST VIEL ZU NAIV, TAIYO.

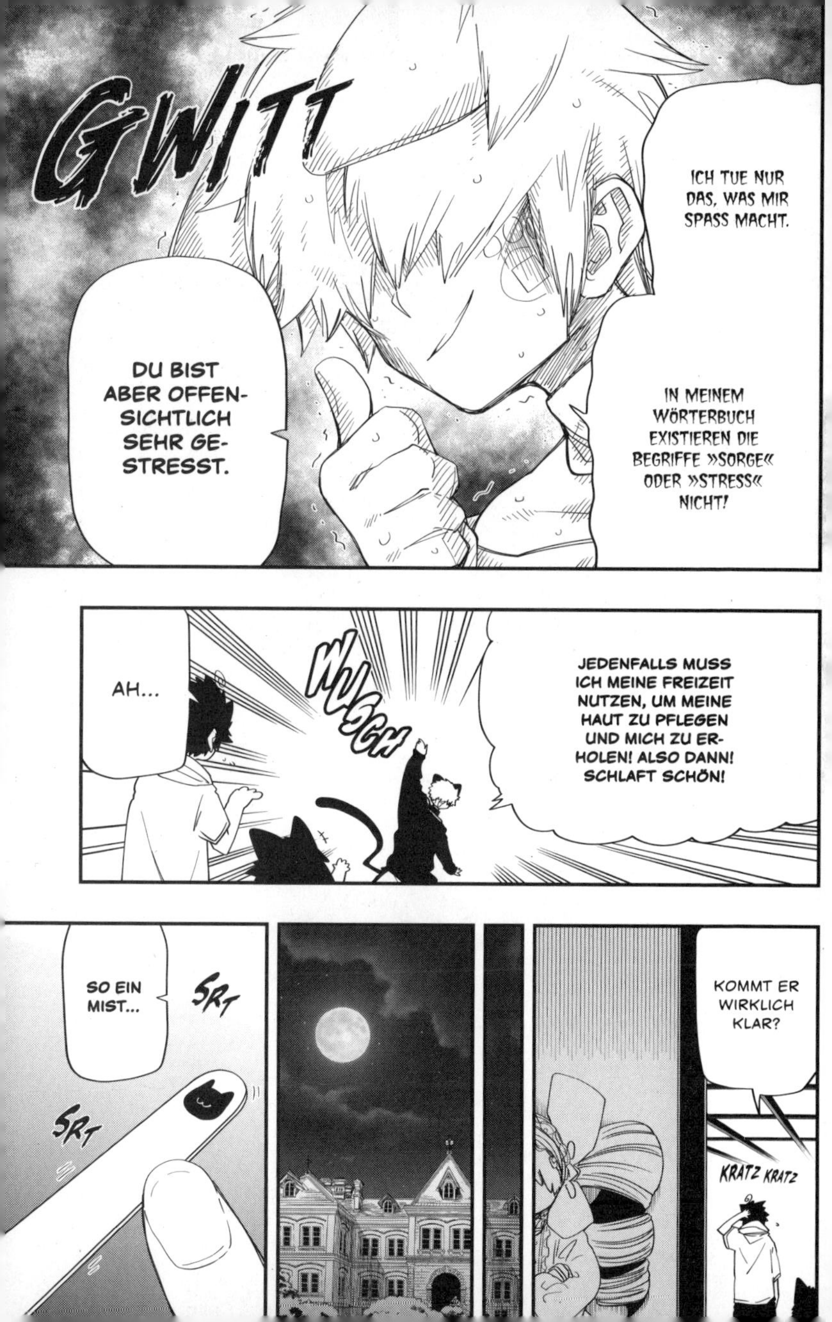
GWITT
ICH TUE NUR DAS, WAS MIR SPASS MACHT.
IN MEINEM WÖRTERBUCH EXISTIEREN DIE BEGRIFFE »SORGE« ODER »STRESS« NICHT!
DU BIST ABER OFFEN-SICHTLICH SEHR GE-STRESST.
JEDENFALLS MUSS ICH MEINE FREIZEIT NUTZEN, UM MEINE HAUT ZU PFLEGEN UND MICH ZU ER-HOLEN! ALSO DANN! SCHLAFT SCHÖN!
AH...
KOMMT ER WIRKLICH KLAR?
KRATZ KRATZ
SO EIN MIST...
SRT
SRT

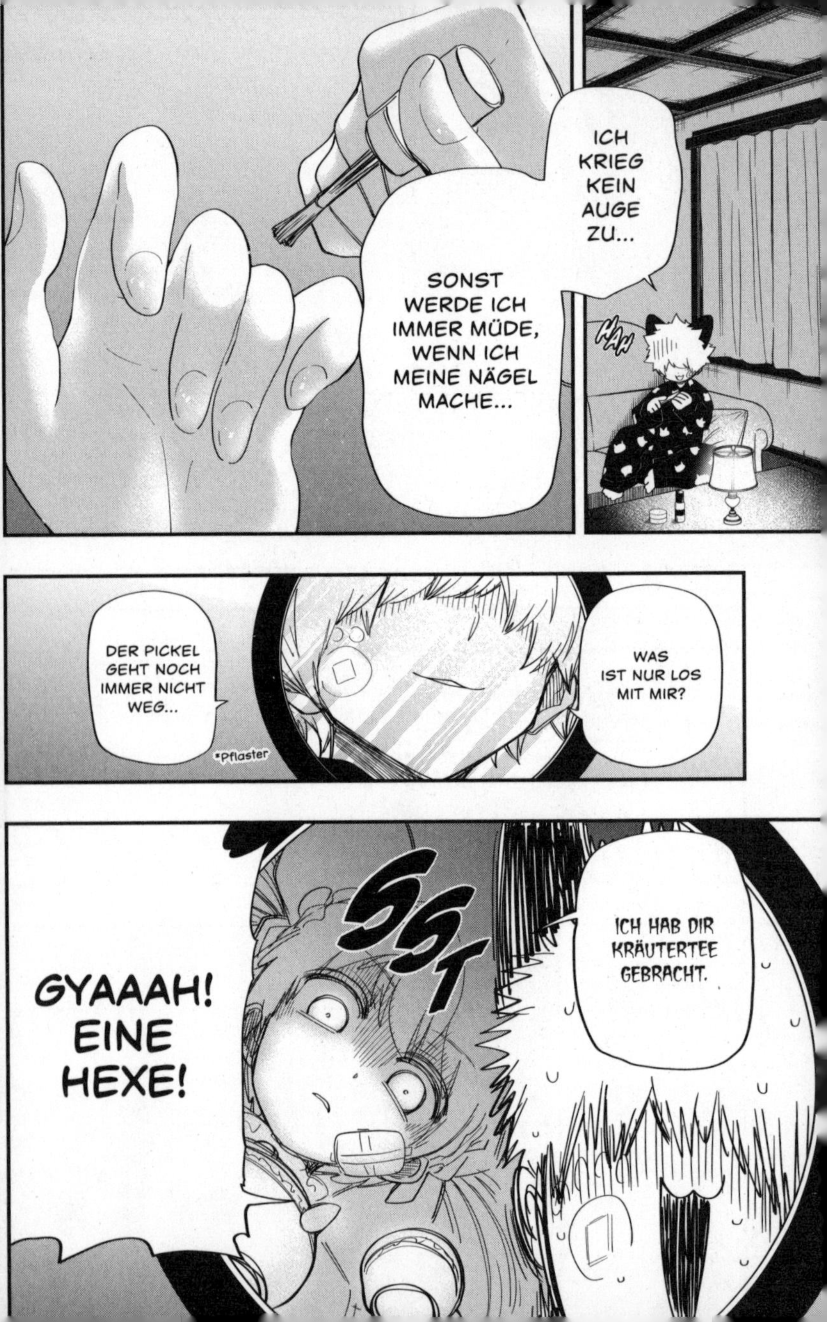
ICH KRIEG KEIN AUGE ZU...
HAH
SONST WERDE ICH IMMER MÜDE, WENN ICH MEINE NÄGEL MACHE...
WAS IST NUR LOS MIT MIR?
DER PICKEL GEHT NOCH IMMER NICHT WEG...
*Pflaster
ICH HAB DIR KRÄUTERTEE GEBRACHT.
SST
GYAAAH! EINE HEXE!

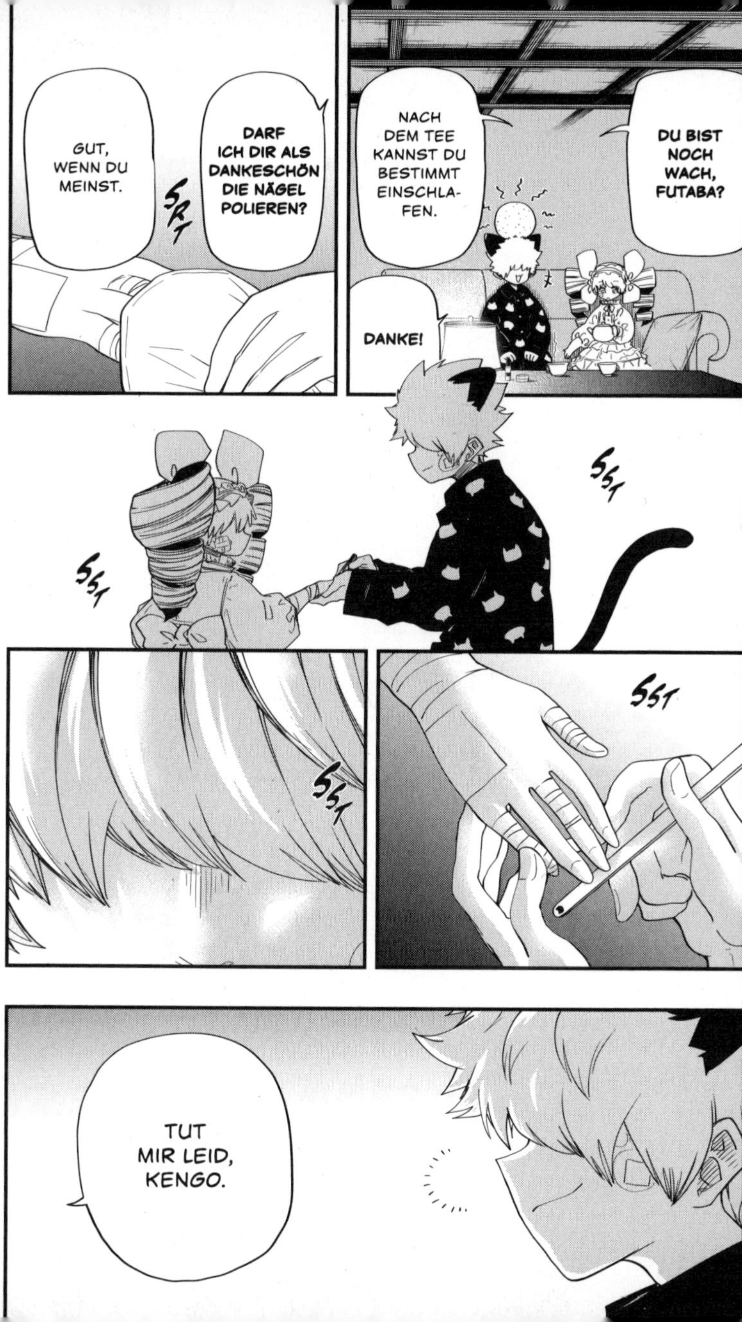
DU BIST NOCH WACH, FUTABA?
NACH DEM TEE KANNST DU BESTIMMT EINSCHLA-FEN.
DANKE!
DARF ICH DIR ALS DANKESCHÖN DIE NÄGEL POLIEREN?
SRT
GUT, WENN DU MEINST.
SST
SST
SST
SST
TUT MIR LEID, KENGO.

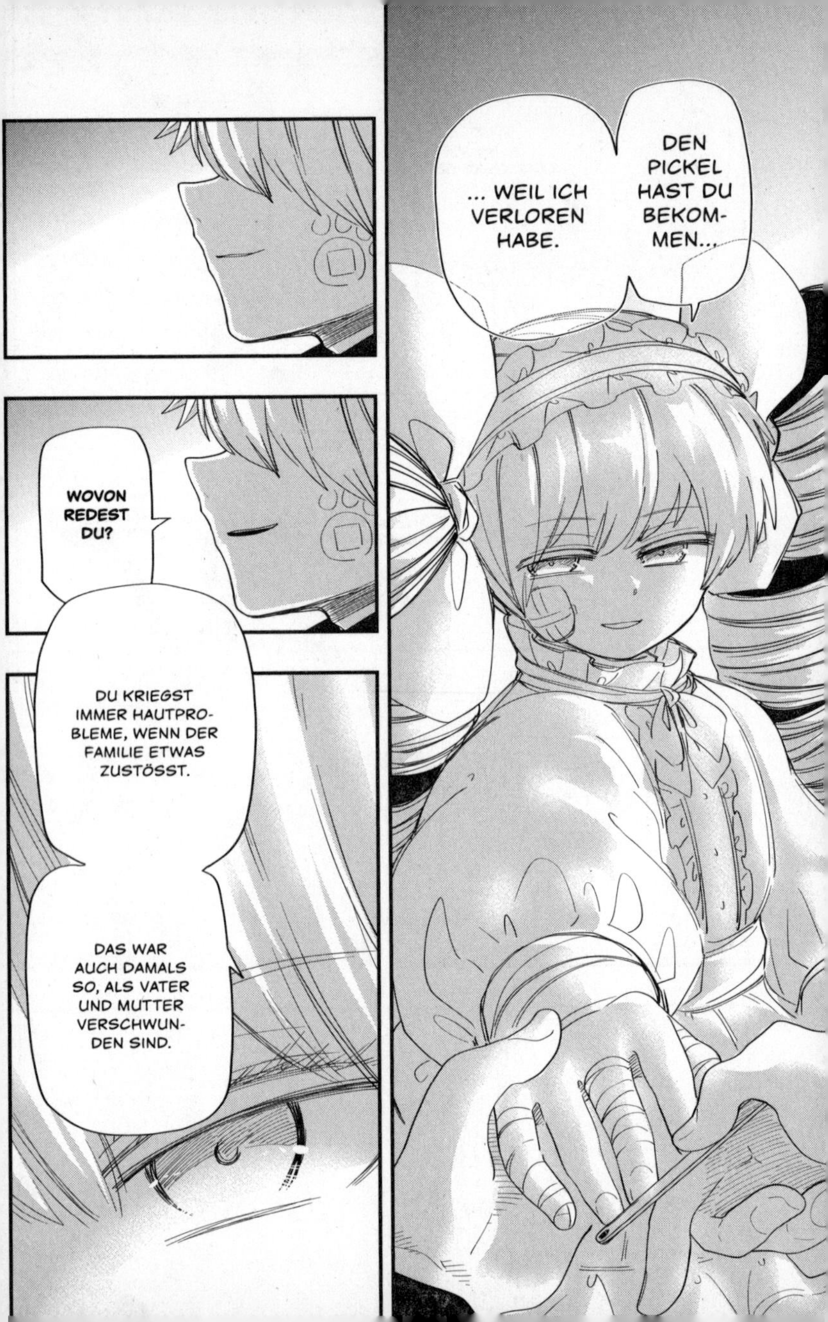
DEN PICKEL HAST DU BEKOMMEN...
... WEIL ICH VERLOREN HABE.
WOVON REDEST DU?
DU KRIEGST IMMER HAUTPROBLEME, WENN DER FAMILIE ETWAS ZUSTÖSST.
DAS WAR AUCH DAMALS SO, ALS VATER UND MUTTER VERSCHWUNDEN SIND.

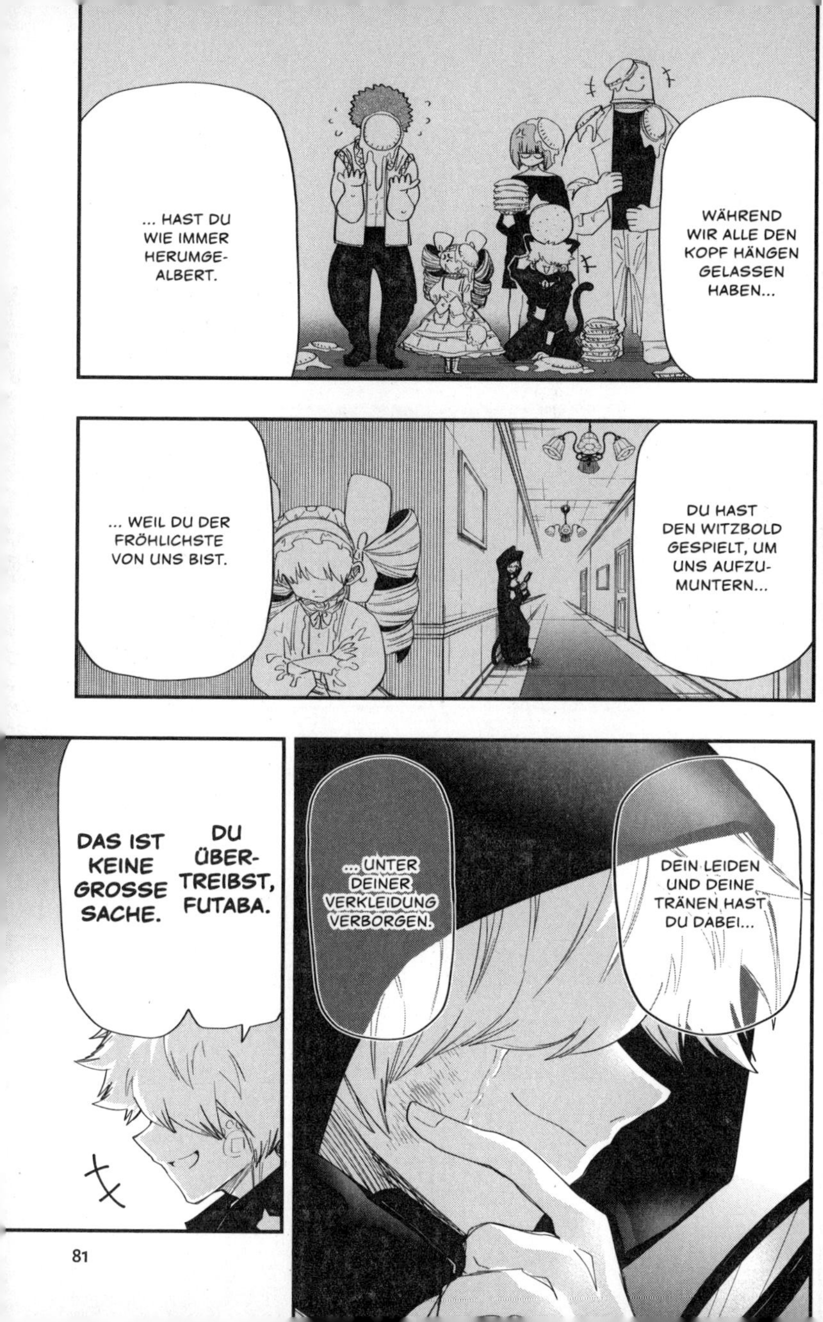
WÄHREND WIR ALLE DEN KOPF HÄNGEN GELASSEN HABEN...
... HAST DU WIE IMMER HERUMGE-ALBERT.
DU HAST DEN WITZBOLD GESPIELT, UM UNS AUFZU-MUNTERN...
... WEIL DU DER FRÖHLICHSTE VON UNS BIST.
DEIN LEIDEN UND DEINE TRÄNEN HAST DU DABEI...
... UNTER DEINER VERKLEIDUNG VERBORGEN.
DU ÜBER-TREIBST, FUTABA.
DAS IST KEINE GROSSE SACHE.

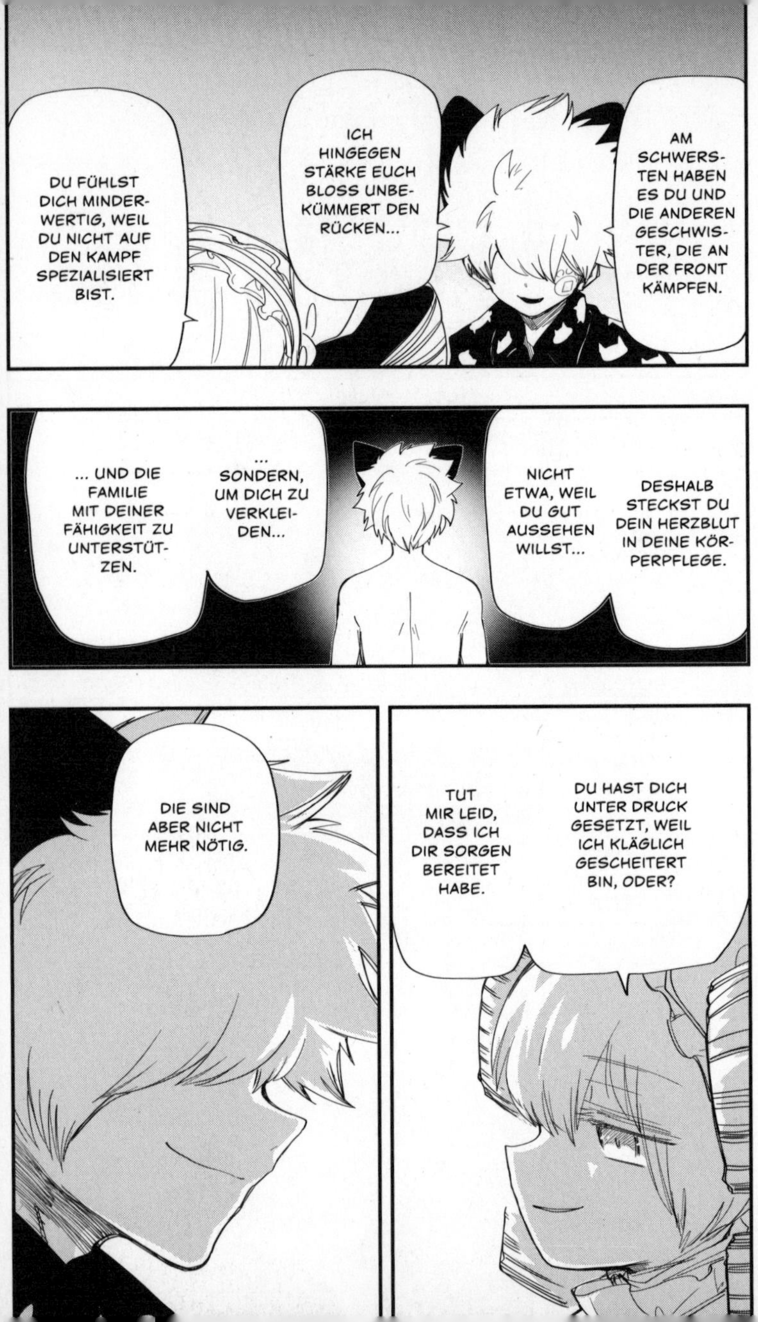
AM SCHWERSTEN HABEN ES DU UND DIE ANDEREN GESCHWISTER, DIE AN DER FRONT KÄMPFEN.
ICH HINGEGEN STÄRKE EUCH BLOSS UNBEKÜMMERT DEN RÜCKEN...
DU FÜHLST DICH MINDERWERTIG, WEIL DU NICHT AUF DEN KAMPF SPEZIALISIERT BIST.
DESHALB STECKST DU DEIN HERZBLUT IN DEINE KÖRPERPFLEGE.
NICHT ETWA, WEIL DU GUT AUSSEHEN WILLST...
... SONDERN, UM DICH ZU VERKLEIDEN...
... UND DIE FAMILIE MIT DEINER FÄHIGKEIT ZU UNTERSTÜTZEN.
DU HAST DICH UNTER DRUCK GESETZT, WEIL ICH KLÄGLICH GESCHEITERT BIN, ODER?
TUT MIR LEID, DASS ICH DIR SORGEN BEREITET HABE.
DIE SIND ABER NICHT MEHR NÖTIG.

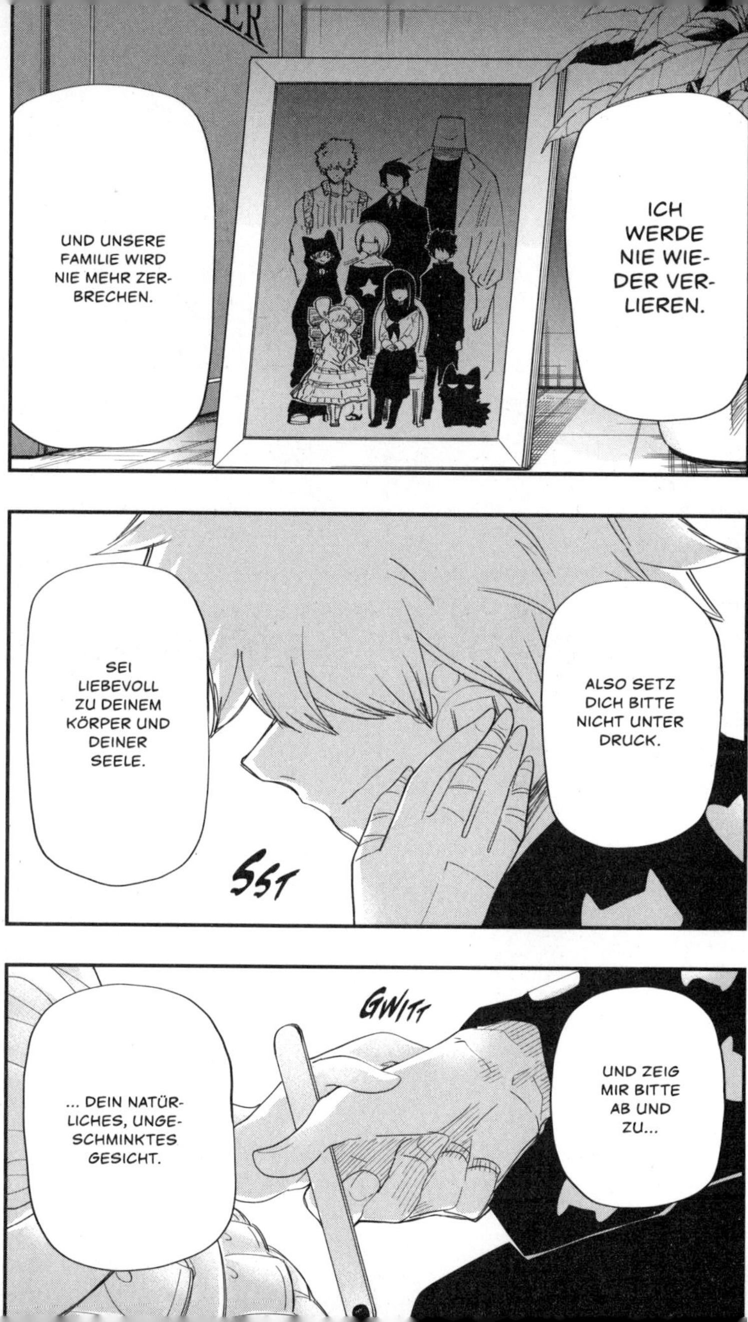
ICH WERDE NIE WIE-DER VER-LIEREN.
UND UNSERE FAMILIE WIRD NIE MEHR ZER-BRECHEN.
ALSO SETZ DICH BITTE NICHT UNTER DRUCK.
SEI LIEBEVOLL ZU DEINEM KÖRPER UND DEINER SEELE.
SST
GWITT
UND ZEIG MIR BITTE AB UND ZU...
... DEIN NATÜR-LICHES, UNGE-SCHMINKTES GESICHT.

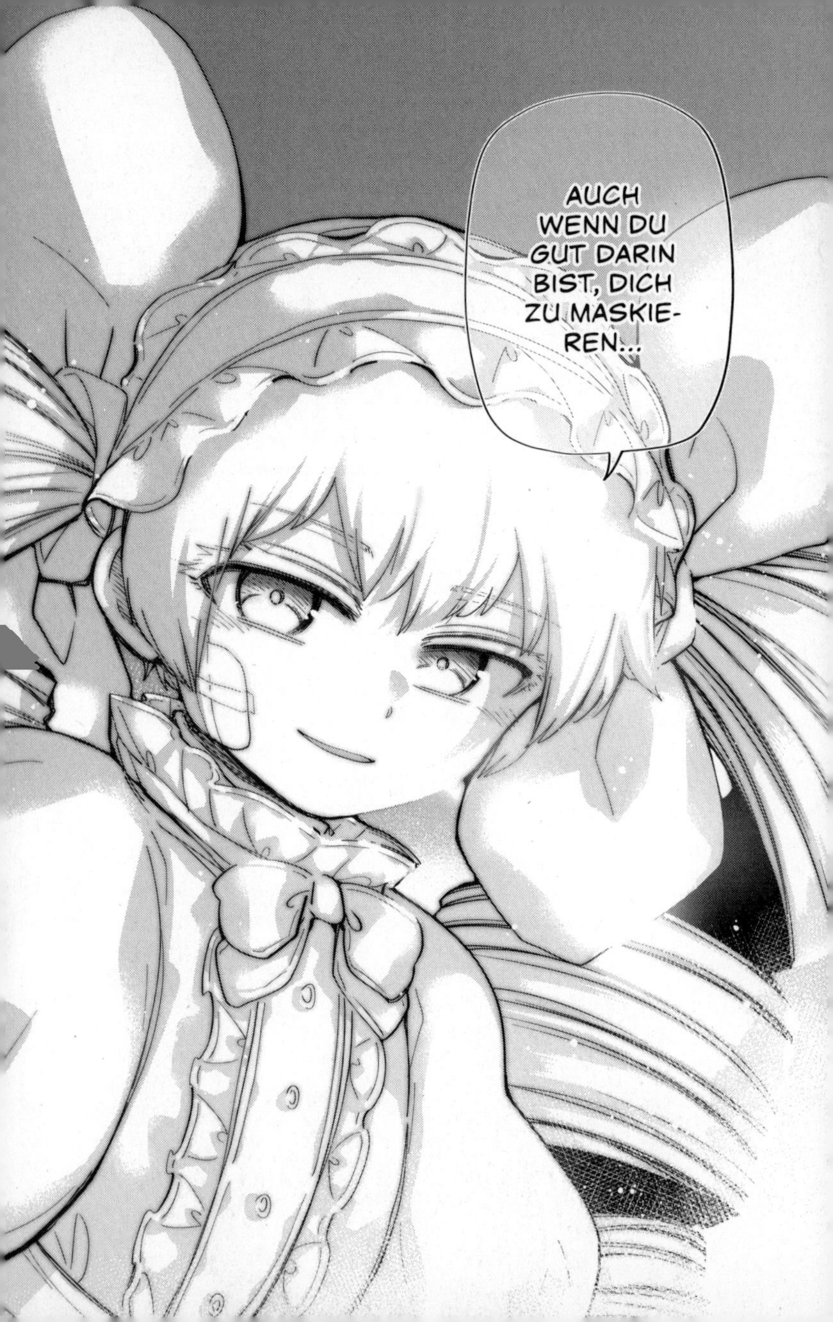
AUCH WENN DU GUT DARIN BIST, DICH ZU MASKIE-REN...

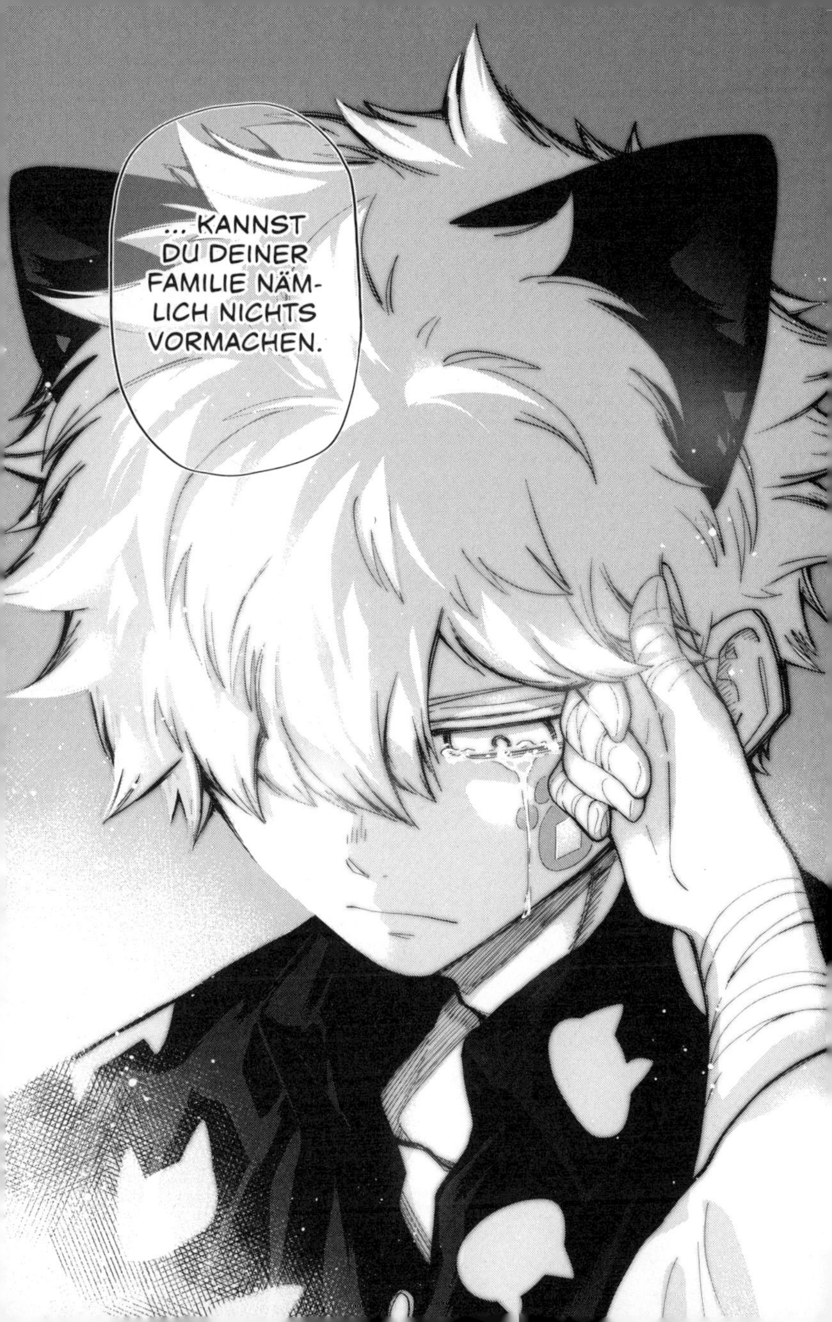
... KANNST DU DEINER FAMILIE NÄMLICH NICHTS VORMACHEN.

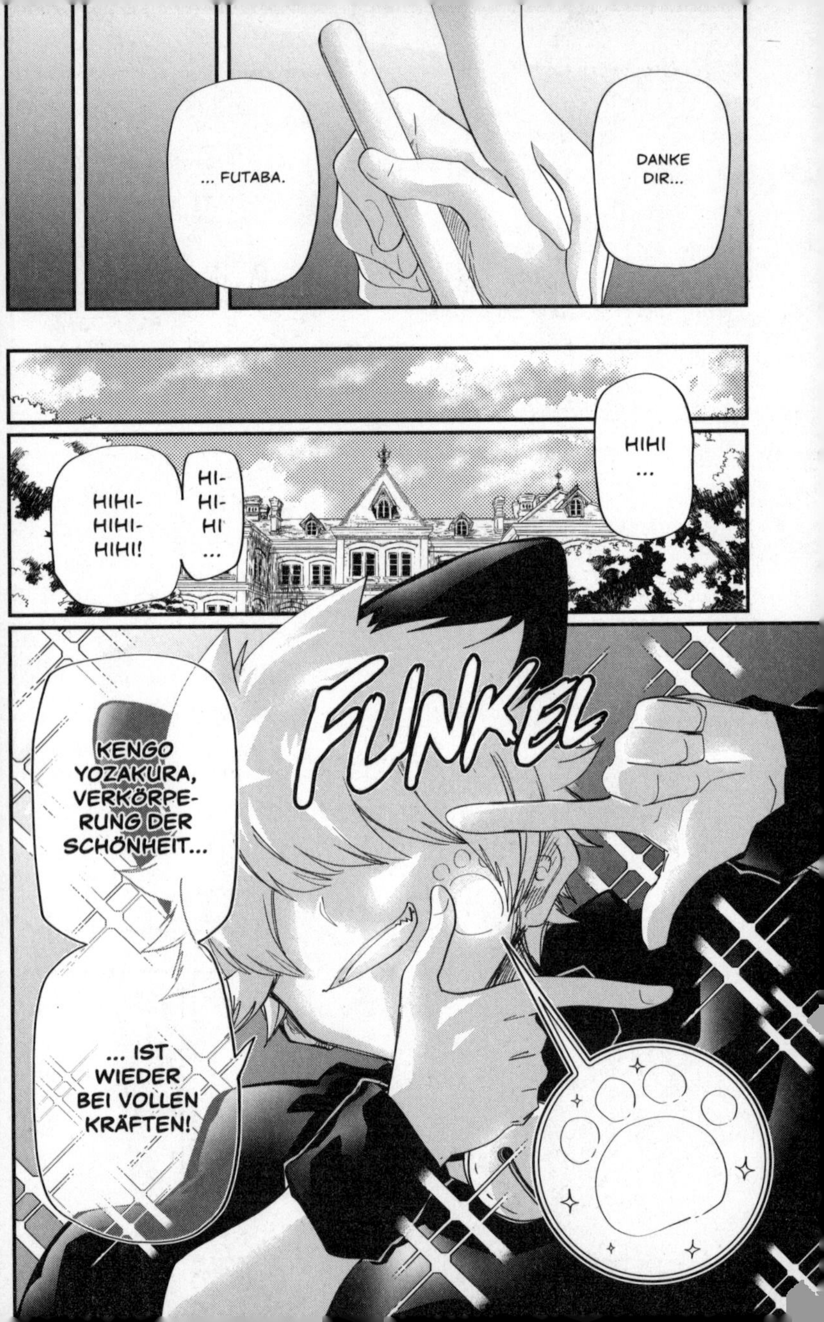
DANKE DIR...
... FUTABA.
HIHI ...
HI-HI-HI ...
HIHI-HIHI-HIHI!
FUNKEL
KENGO YOZAKURA, VERKÖRPERUNG DER SCHÖNHEIT...
... IST WIEDER BEI VOLLEN KRÄFTEN!

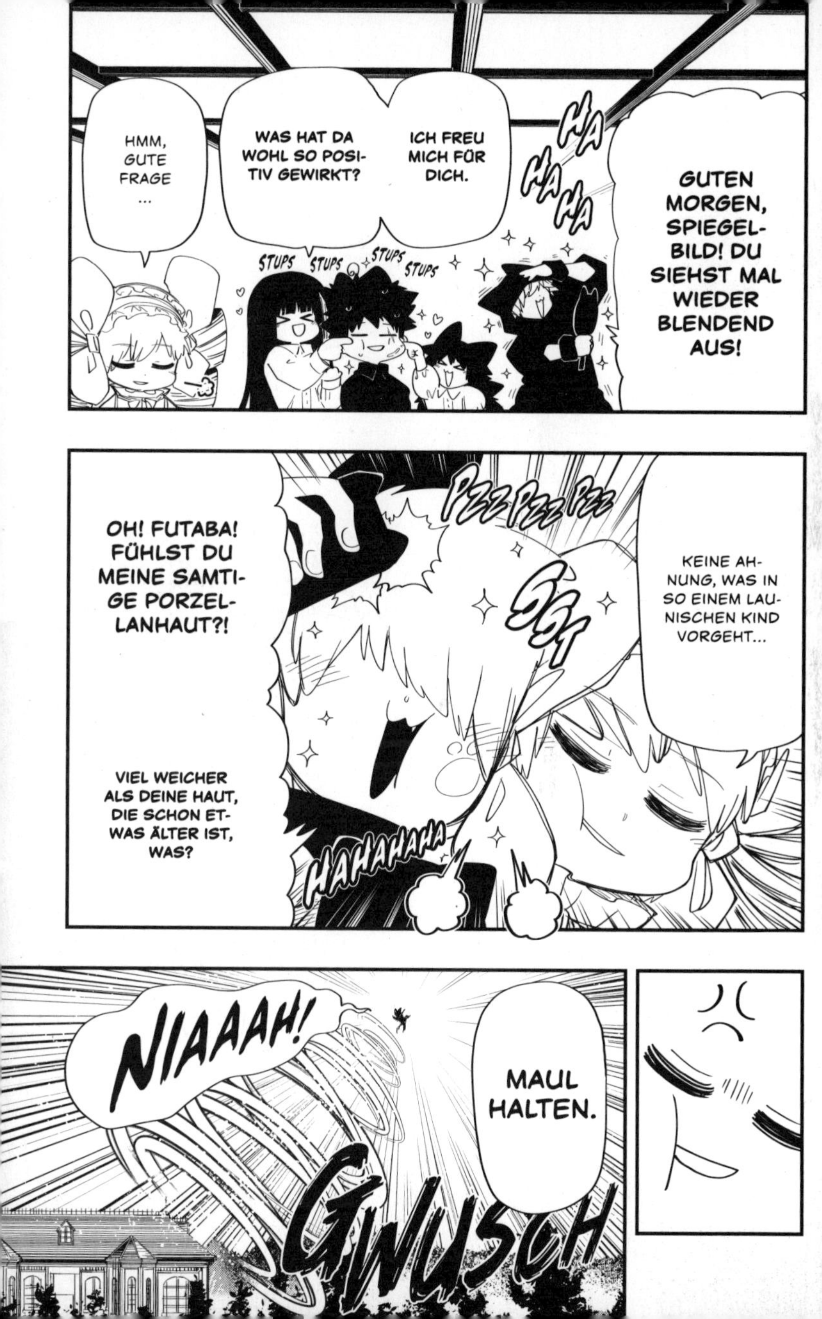
GUTEN MORGEN, SPIEGELBILD! DU SIEHST MAL WIEDER BLENDEND AUS!
HA HA HA HA HA
ICH FREU MICH FÜR DICH.
WAS HAT DA WOHL SO POSITIV GEWIRKT?
STUPS STUPS STUPS STUPS
HMM, GUTE FRAGE ...
KEINE AHNUNG, WAS IN SO EINEM LAUNISCHEN KIND VORGEHT...
PZZ PZZ PZZ
OH! FUTABA! FÜHLST DU MEINE SAMTIGE PORZELLANHAUT?!
VIEL WEICHER ALS DEINE HAUT, DIE SCHON ETWAS ÄLTER IST, WAS?
HAHAHAHA
MAUL HALTEN.
NIAAAH!
GWUSCH

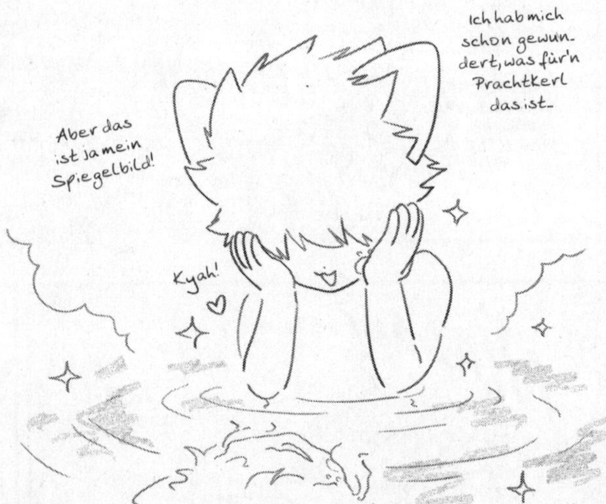
Ich hab mich schon gewun-dert, was für'n Prachtkerl das ist...
Aber das ist ja mein Spiegelbild!
Kyah!

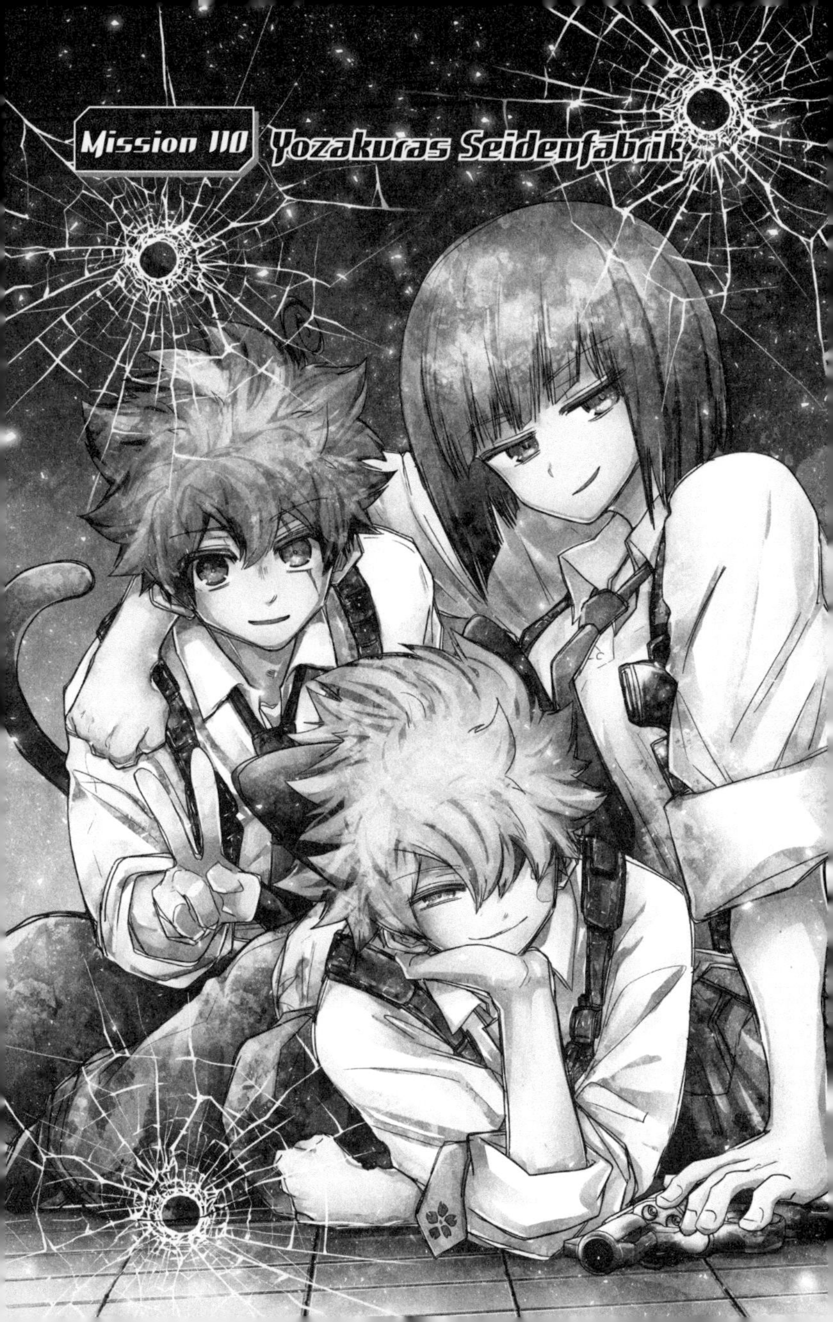
Mission 110
Yozakuras Seidenfabrik

MISSION: Yozakura Family

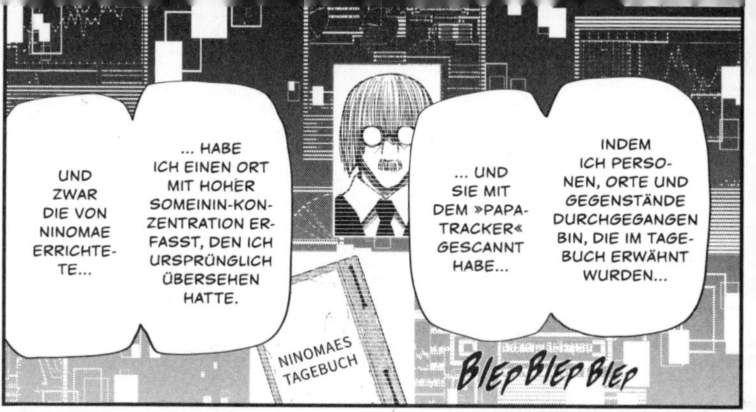
INDEM ICH PERSONEN, ORTE UND GEGENSTÄNDE DURCHGEGANGEN BIN, DIE IM TAGEBUCH ERWÄHNT WURDEN...
... UND SIE MIT DEM »PAPATRACKER« GESCANNT HABE...
BLEP BLEP BLEP
NINOMAES TAGEBUCH
... HABE ICH EINEN ORT MIT HOHER SOMEININ-KONZENTRATION ERFASST, DEN ICH URSPRÜNGLICH ÜBERSEHEN HATTE.
UND ZWAR DIE VON NINOMAE ERRICHTETE...
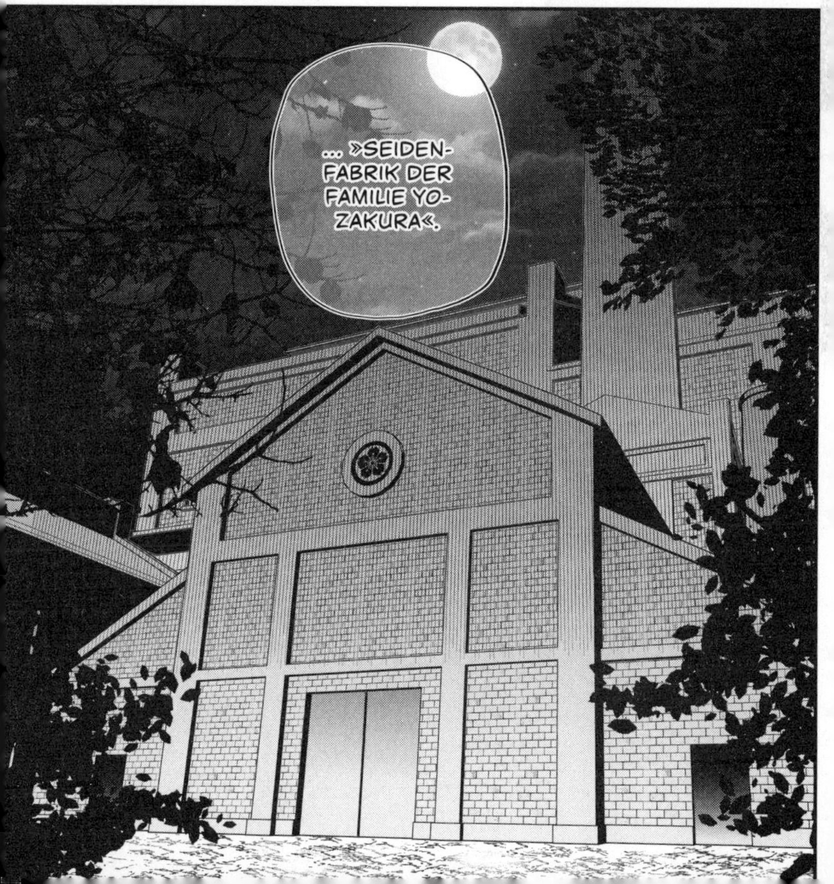
... »SEIDENFABRIK DER FAMILIE YOZAKURA«.

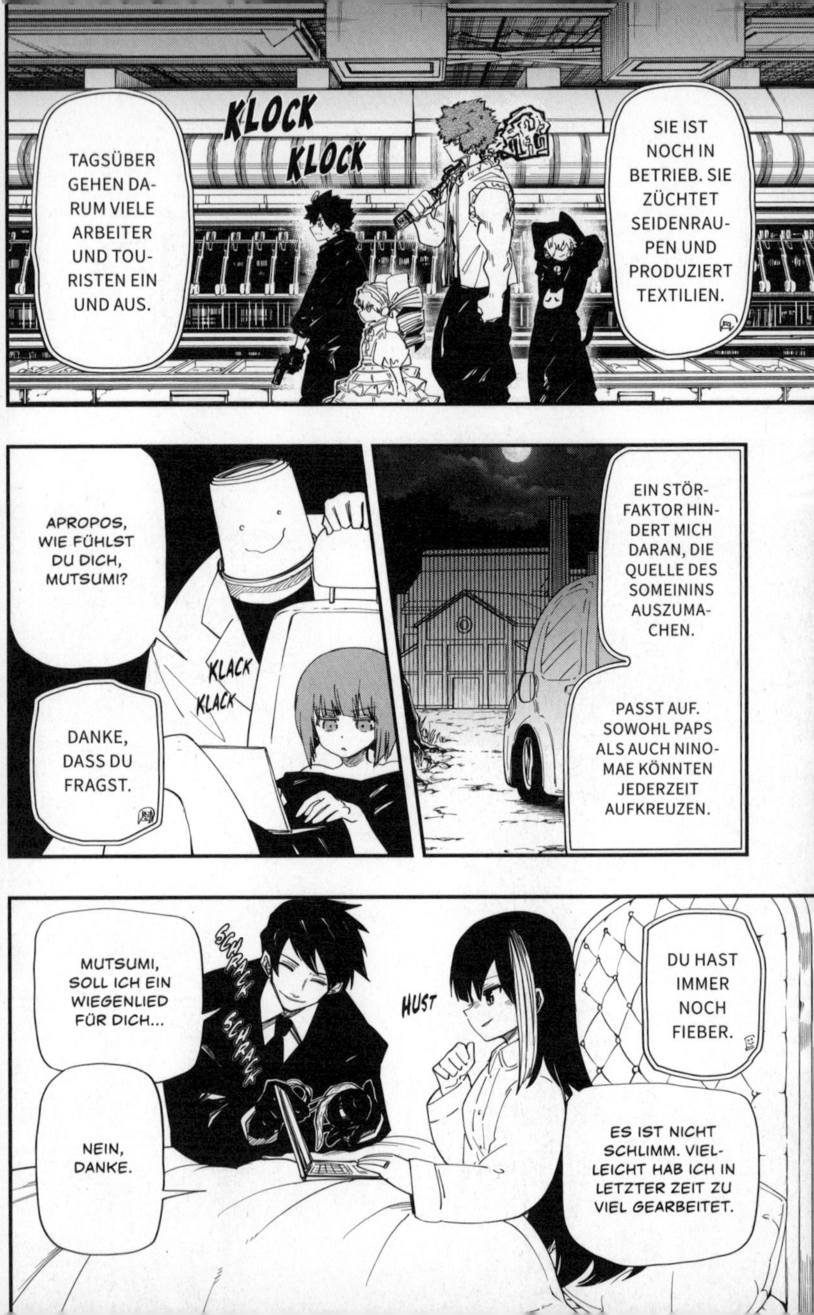
SIE IST NOCH IN BETRIEB. SIE ZÜCHTET SEIDENRAUPEN UND PRODUZIERT TEXTILIEN.
KLOCK KLOCK
TAGSÜBER GEHEN DARUM VIELE ARBEITER UND TOURISTEN EIN UND AUS.
EIN STÖRFAKTOR HINDERT MICH DARAN, DIE QUELLE DES SOMEININS AUSZUMACHEN.
PASST AUF. SOWOHL PAPS ALS AUCH NINOMAE KÖNNTEN JEDERZEIT AUFKREUZEN.
APROPOS, WIE FÜHLST DU DICH, MUTSUMI?
KLACK KLACK
DANKE, DASS DU FRAGST.
DU HAST IMMER NOCH FIEBER.
HUST
ES IST NICHT SCHLIMM. VIELLEICHT HAB ICH IN LETZTER ZEIT ZU VIEL GEARBEITET.
SCHRACK SCHRACK
MUTSUMI, SOLL ICH EIN WIEGENLIED FÜR DICH...
NEIN, DANKE.

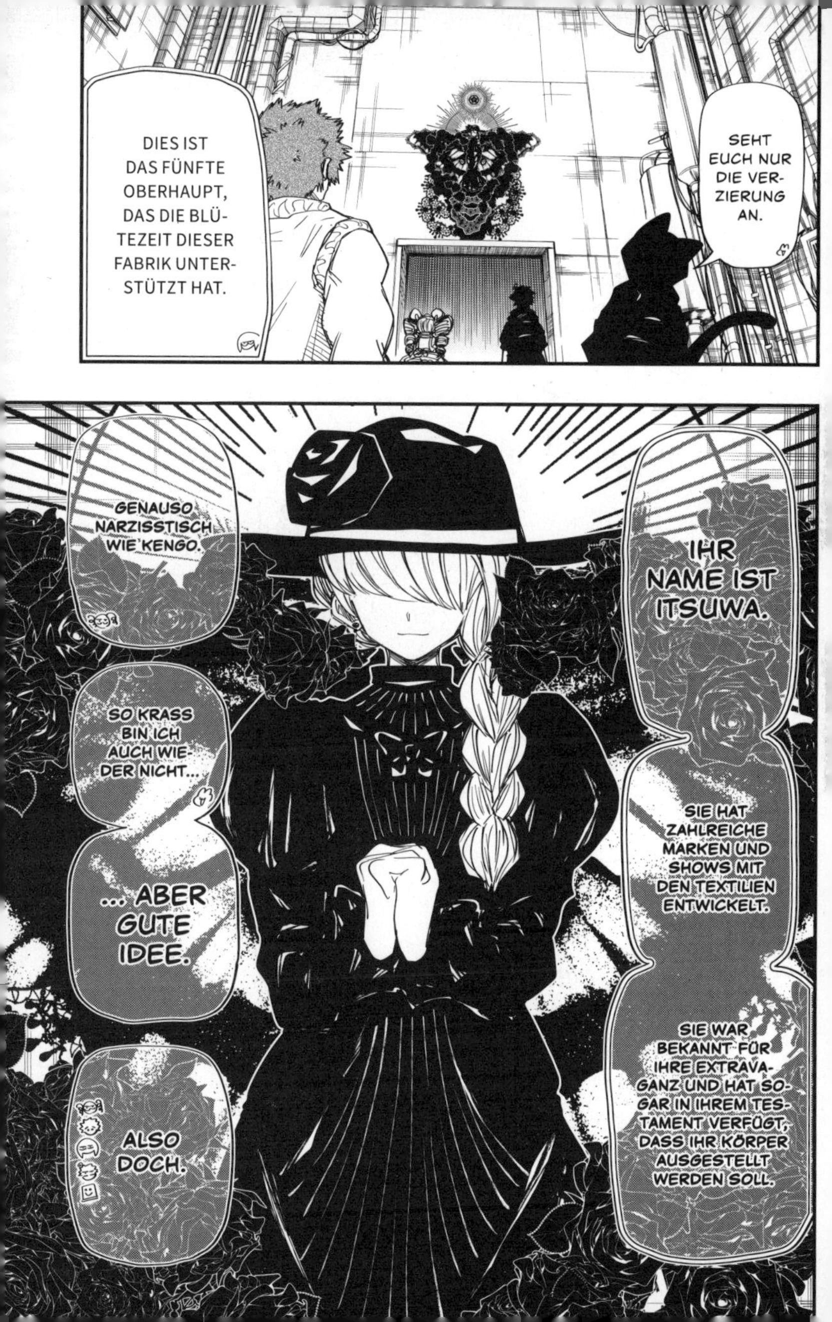
SEHT EUCH NUR DIE VERZIERUNG AN.
DIES IST DAS FÜNFTE OBERHAUPT, DAS DIE BLÜTEZEIT DIESER FABRIK UNTERSTÜTZT HAT.
IHR NAME IST ITSUWA.
SIE HAT ZAHLREICHE MARKEN UND SHOWS MIT DEN TEXTILIEN ENTWICKELT.
SIE WAR BEKANNT FÜR IHRE EXTRAVAGANZ UND HAT SOGAR IN IHREM TESTAMENT VERFÜGT, DASS IHR KÖRPER AUSGESTELLT WERDEN SOLL.
GENAUSO NARZISSTISCH WIE KENGO.
SO KRASS BIN ICH AUCH WIEDER NICHT...
... ABER GUTE IDEE.
ALSO DOCH.

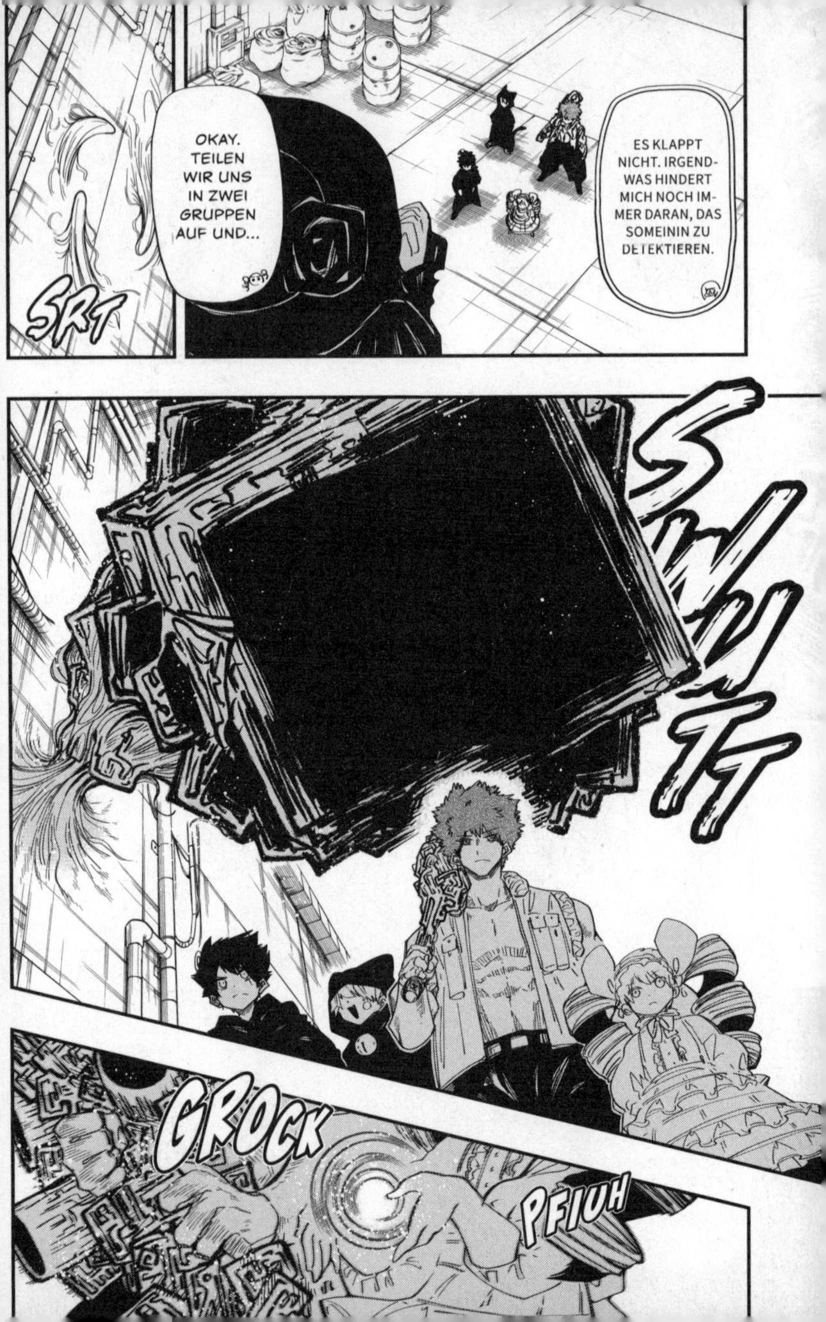
ES KLAPPT NICHT. IRGEND-WAS HINDERT MICH NOCH IM-MER DARAN, DAS SOMEININ ZU DETEKTIEREN.
OKAY. TEILEN WIR UNS IN ZWEI GRUPPEN AUF UND…
SRT
SWHITT
GROCK
PFIUH

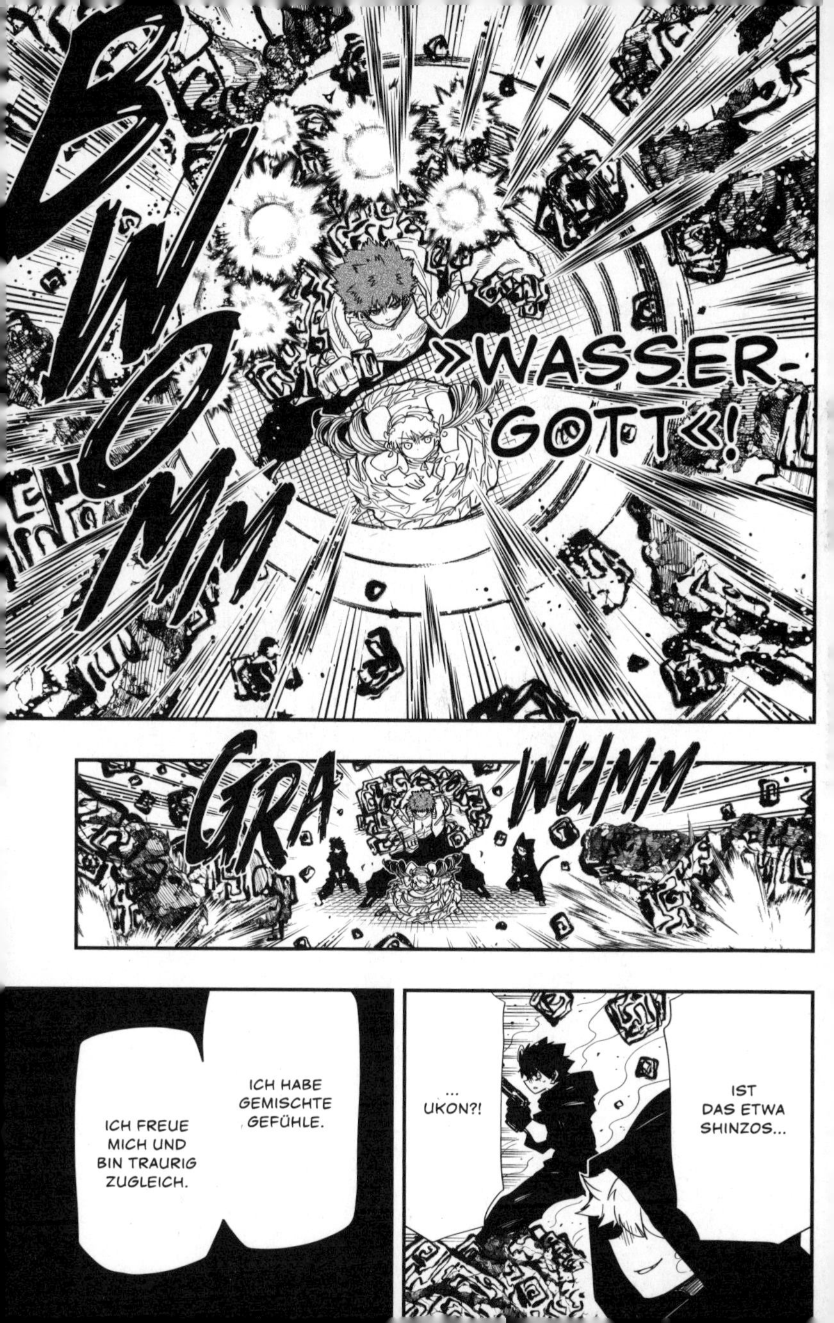
BWOMM
»WASSER-
GOTT«!
GRA
WUMM
IST DAS ETWA SHINZOS...
... UKON?!
ICH HABE GEMISCHTE GEFÜHLE.
ICH FREUE MICH UND BIN TRAURIG ZUGLEICH.

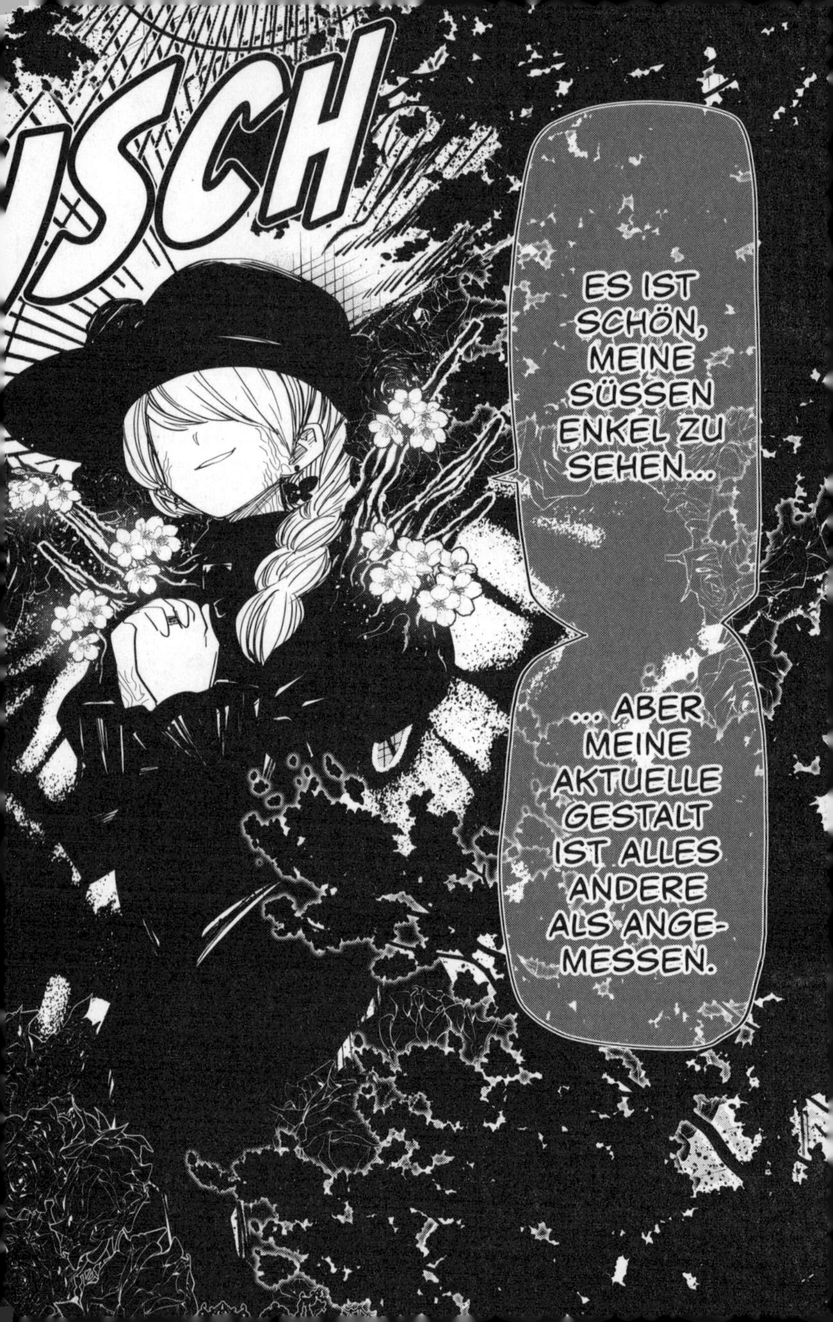

ISCH
ES IST SCHÖN, MEINE SÜSSEN ENKEL ZU SEHEN...
... ABER MEINE AKTUELLE GESTALT IST ALLES ANDERE ALS ANGE-MESSEN.

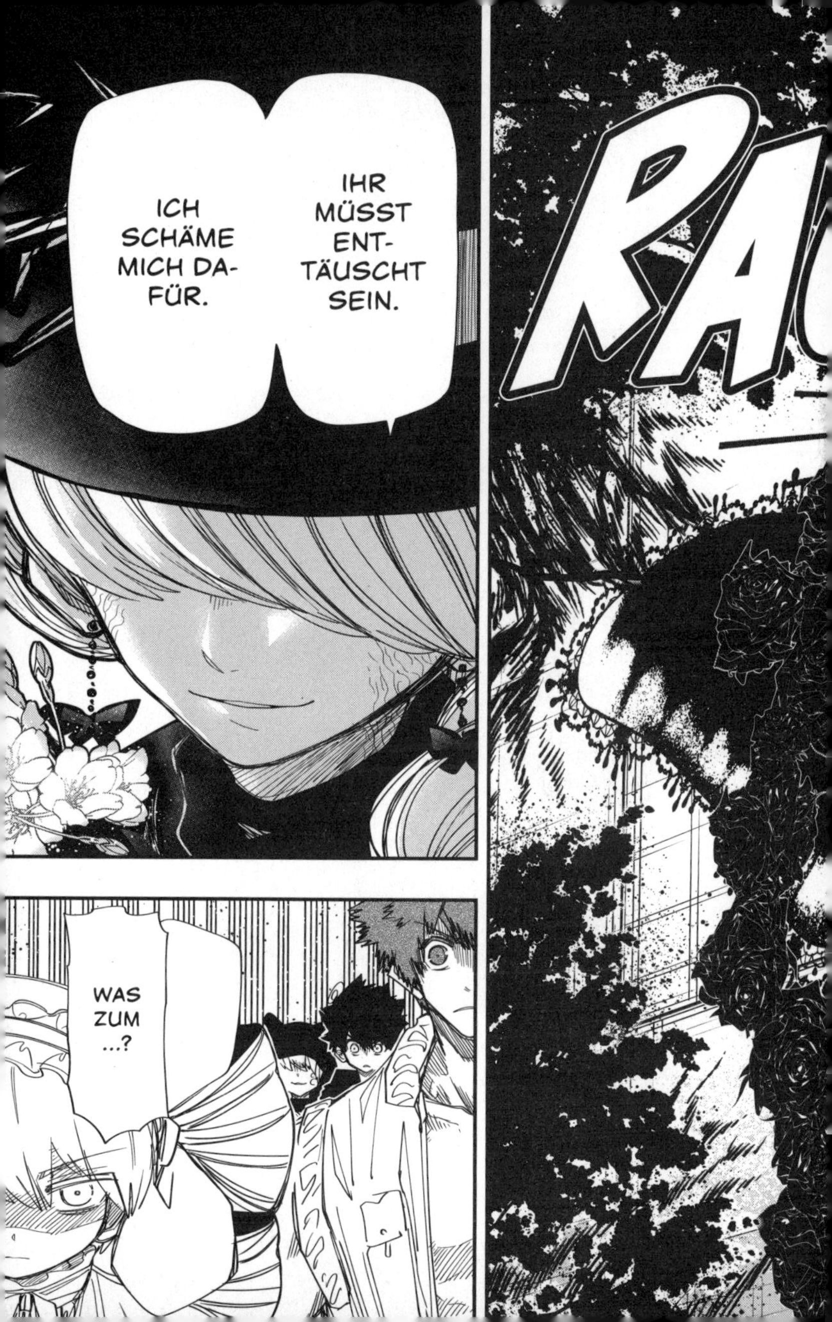
RA
IHR MÜSST ENT-TÄUSCHT SEIN.
ICH SCHÄME MICH DA-FÜR.
WAS ZUM ...?

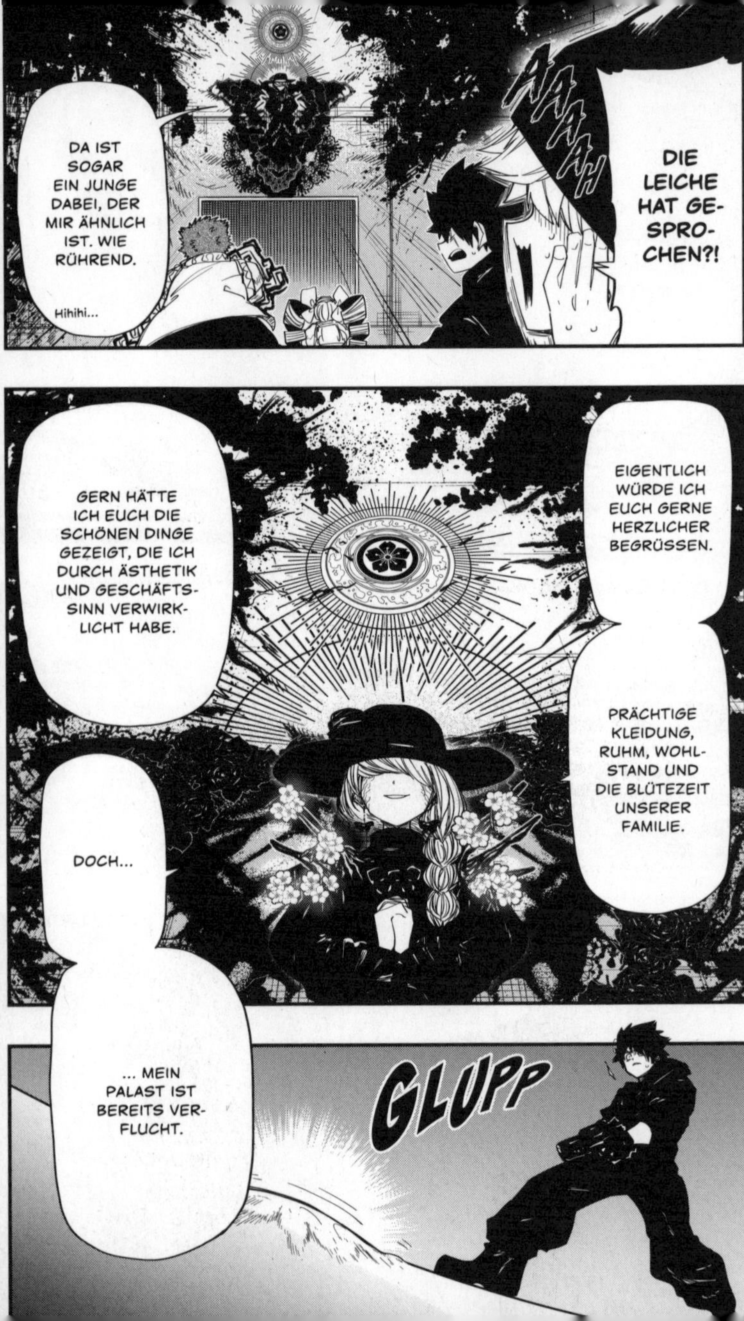
AAAAH
DIE LEICHE HAT GESPROCHEN?!
DA IST SOGAR EIN JUNGE DABEI, DER MIR ÄHNLICH IST. WIE RÜHREND.
Hihihi...
EIGENTLICH WÜRDE ICH EUCH GERNE HERZLICHER BEGRÜSSEN.
PRÄCHTIGE KLEIDUNG, RUHM, WOHLSTAND UND DIE BLÜTEZEIT UNSERER FAMILIE.
GERN HÄTTE ICH EUCH DIE SCHÖNEN DINGE GEZEIGT, DIE ICH DURCH ÄSTHETIK UND GESCHÄFTSSINN VERWIRKLICHT HABE.
DOCH...
... MEIN PALAST IST BEREITS VERFLUCHT.
GLUPP

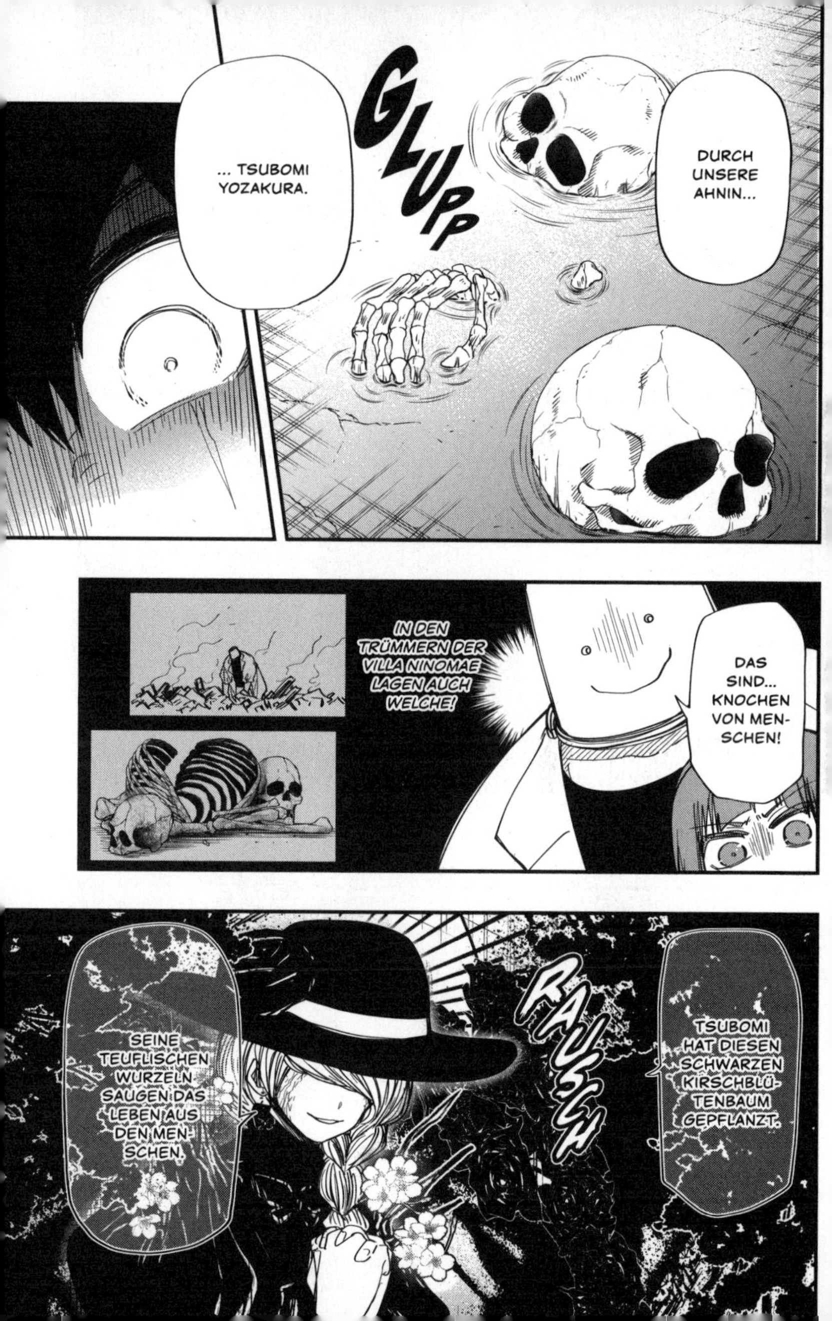
DURCH UNSERE AHNIN...
GLUPP
... TSUBOMI YOZAKURA.
DAS SIND... KNOCHEN VON MEN-SCHEN!
IN DEN TRÜMMERN DER VILLA NINOMAE LAGEN AUCH WELCHE!
TSUBOMI HAT DIESEN SCHWARZEN KIRSCHBLÜ-TENBAUM GEPFLANZT.
RAUSCH
SEINE TEUFLISCHEN WURZELN SAUGEN DAS LEBEN AUS DEN MEN-SCHEN.

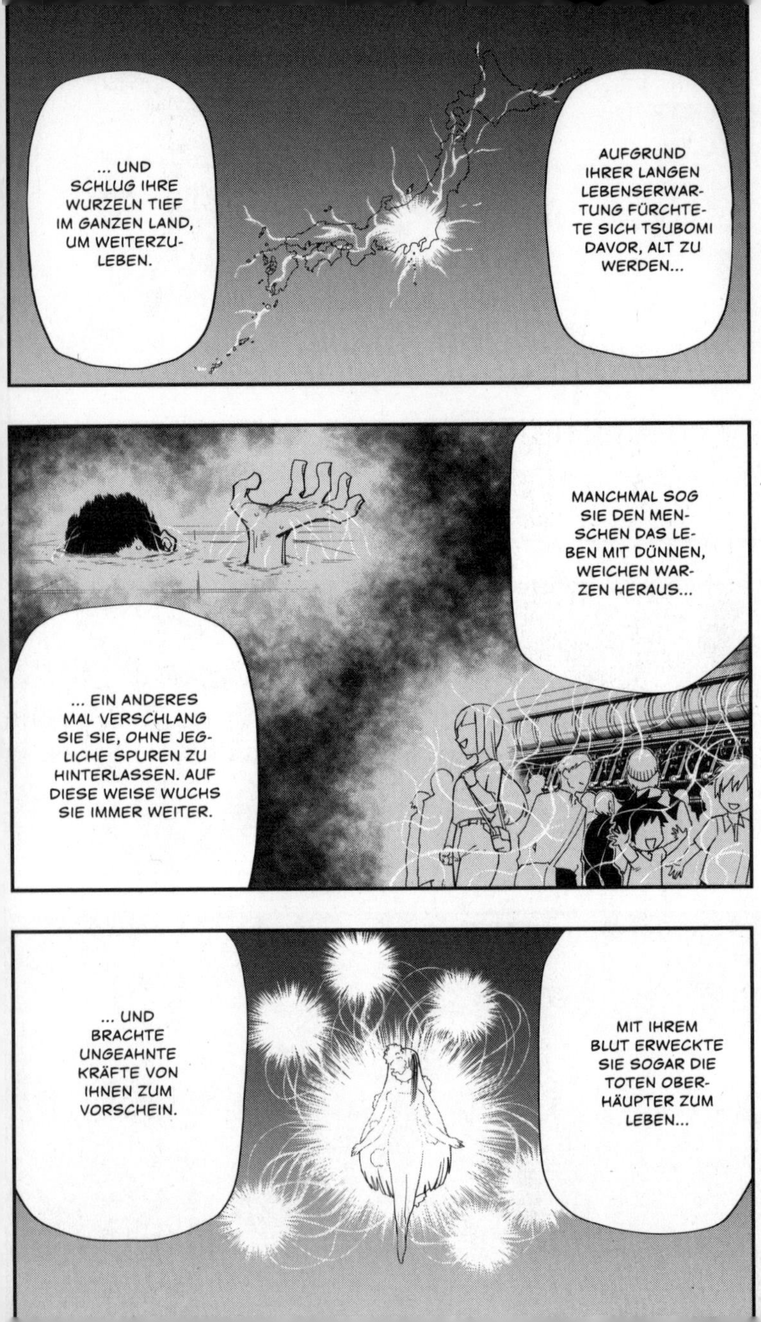
AUFGRUND IHRER LANGEN LEBENSERWARTUNG FÜRCHTETE SICH TSUBOMI DAVOR, ALT ZU WERDEN...
... UND SCHLUG IHRE WURZELN TIEF IM GANZEN LAND, UM WEITERZULEBEN.
MANCHMAL SOG SIE DEN MENSCHEN DAS LEBEN MIT DÜNNEN, WEICHEN WARZEN HERAUS...
... EIN ANDERES MAL VERSCHLANG SIE SIE, OHNE JEGLICHE SPUREN ZU HINTERLASSEN. AUF DIESE WEISE WUCHS SIE IMMER WEITER.
MIT IHREM BLUT ERWECKTE SIE SOGAR DIE TOTEN OBERHÄUPTER ZUM LEBEN...
... UND BRACHTE UNGEAHNTE KRÄFTE VON IHNEN ZUM VORSCHEIN.

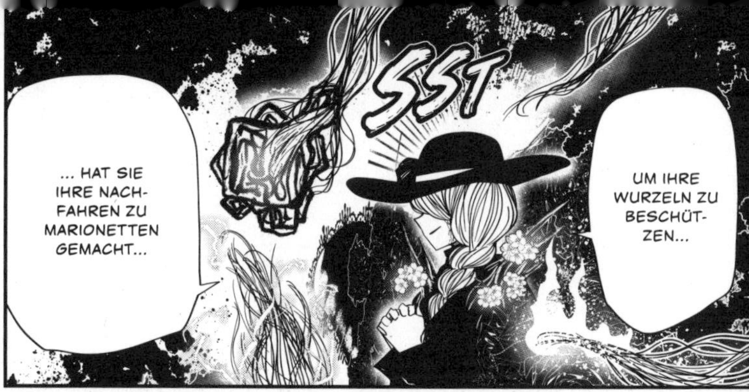
UM IHRE WURZELN ZU BESCHÜT-ZEN...
SST
... HAT SIE IHRE NACH-FAHREN ZU MARIONETTEN GEMACHT...

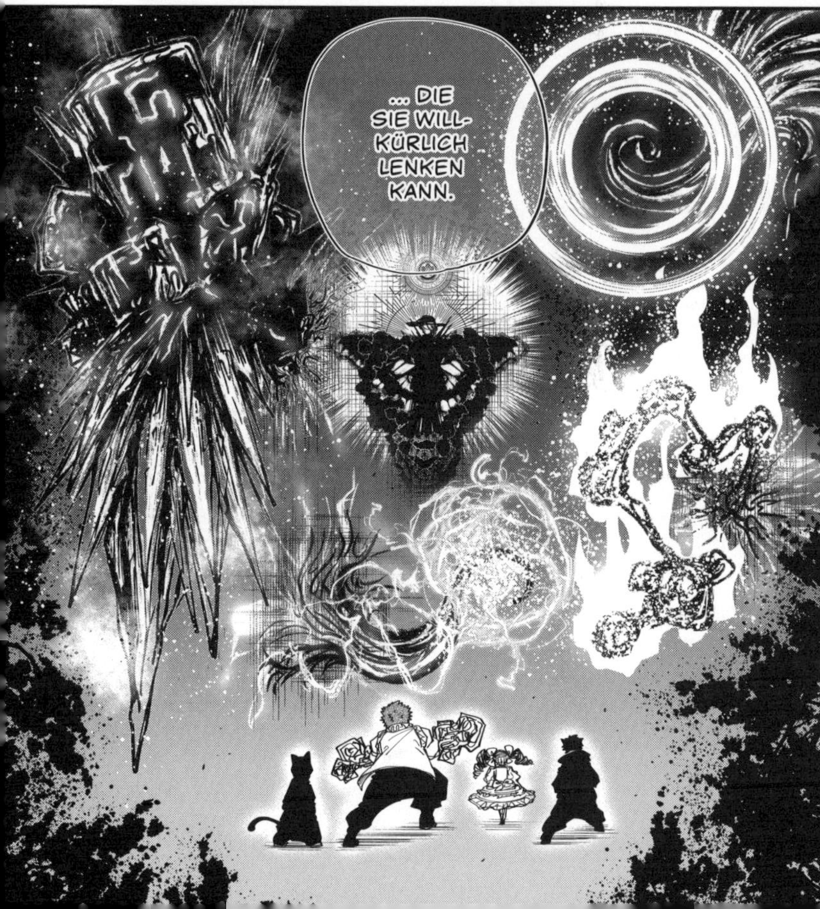
... DIE SIE WILL-KÜRLICH LENKEN KANN.

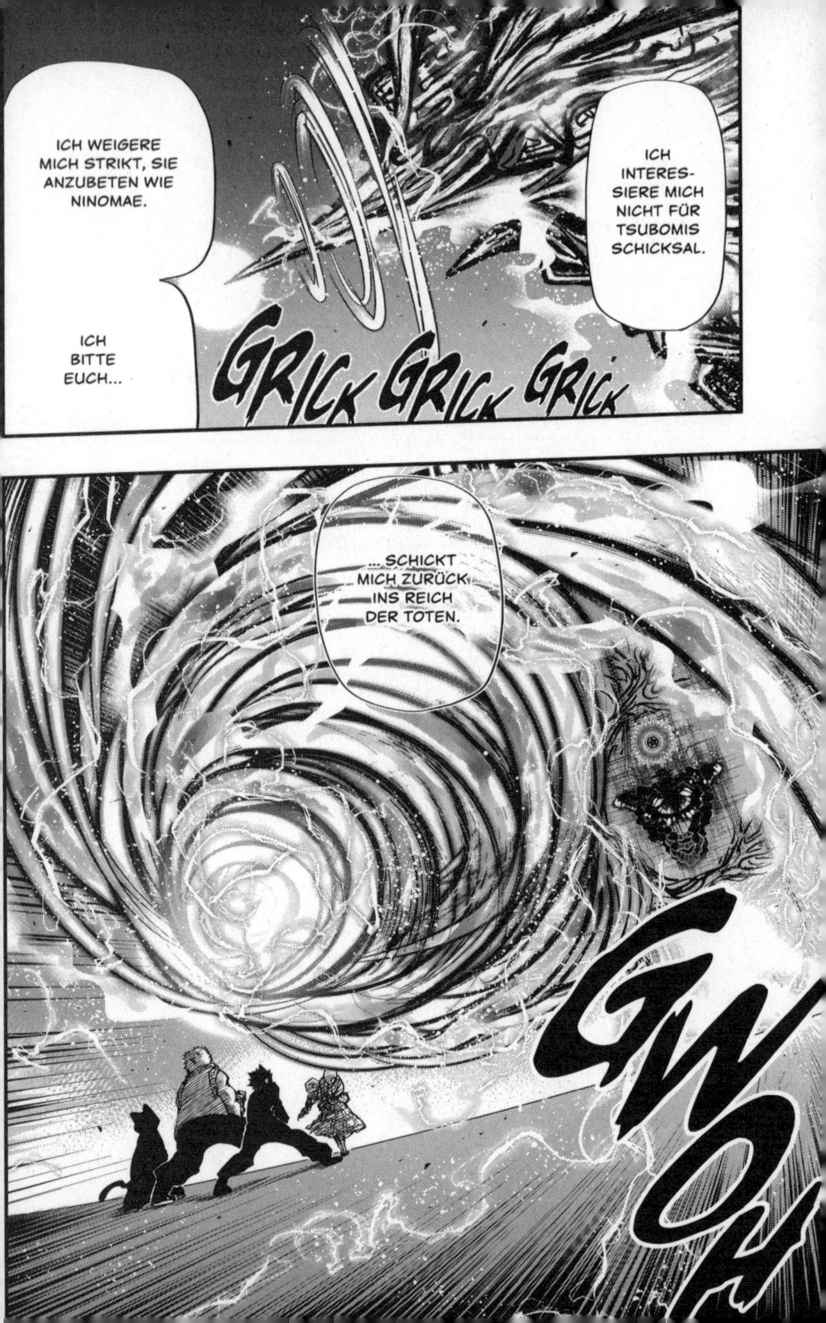
ICH INTERESSIERE MICH NICHT FÜR TSUBOMIS SCHICKSAL.
ICH WEIGERE MICH STRIKT, SIE ANZUBETEN WIE NINOMAE.
ICH BITTE EUCH...
GRICK GRICK GRICK
...SCHICKT MICH ZURÜCK INS REICH DER TOTEN.

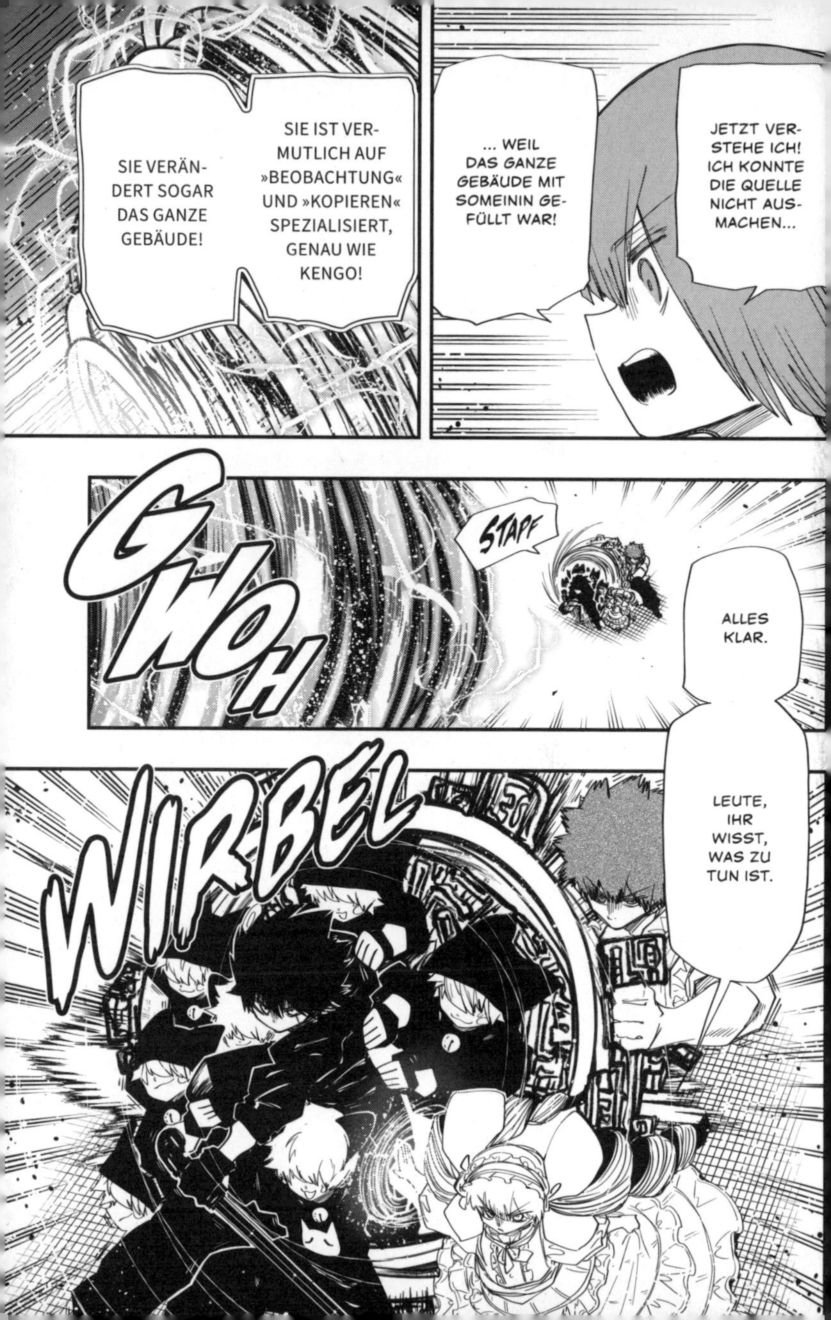
JETZT VERSTEHE ICH! ICH KONNTE DIE QUELLE NICHT AUSMACHEN...
... WEIL DAS GANZE GEBÄUDE MIT SOMEININ GEFÜLLT WAR!
SIE IST VERMUTLICH AUF »BEOBACHTUNG« UND »KOPIEREN« SPEZIALISIERT, GENAU WIE KENGO!
SIE VERÄNDERT SOGAR DAS GANZE GEBÄUDE!
ALLES KLAR.
STAPF
GWOH
LEUTE, IHR WISST, WAS ZU TUN IST.
WIRBEL

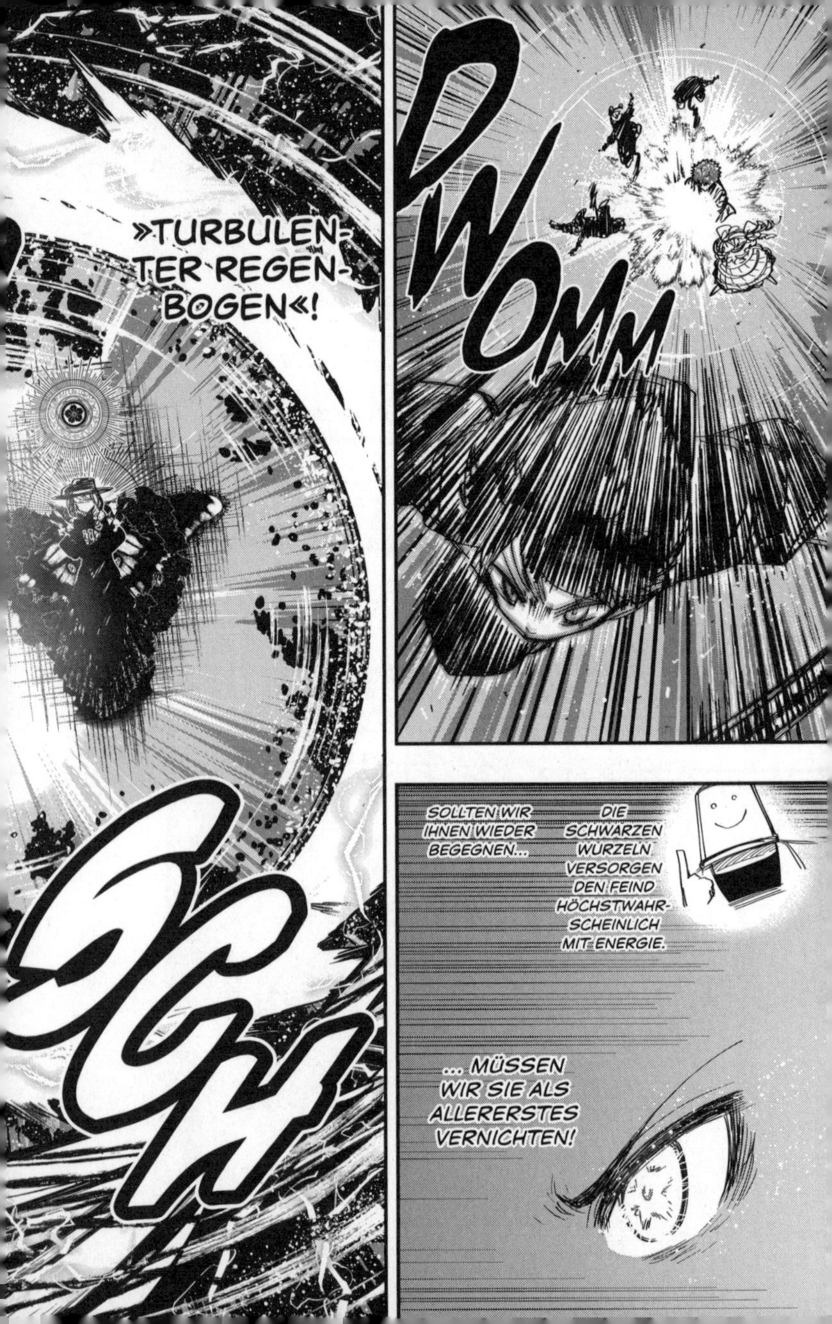

DWOMM
SOLLTEN WIR IHNEN WIEDER BEGEGNEN…
DIE SCHWARZEN WURZELN VERSORGEN DEN FEIND HÖCHSTWAHRSCHEINLICH MIT ENERGIE.
… MÜSSEN WIR SIE ALS ALLERERSTES VERNICHTEN!
»TURBULENTER REGENBOGEN«!

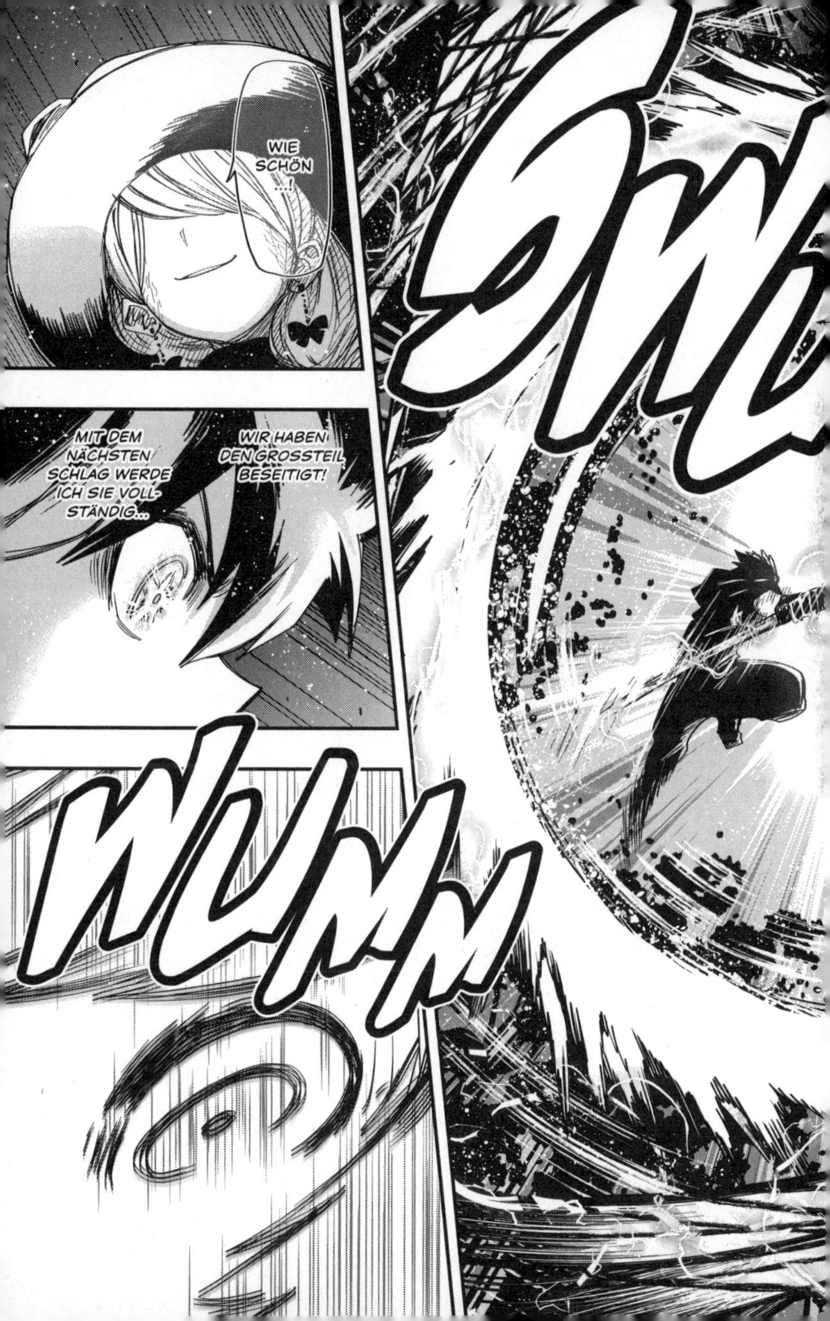
WIE SCHÖN ...!
WIR HABEN DEN GROSSTEIL BESEITIGT!
MIT DEM NÄCHSTEN SCHLAG WERDE ICH SIE VOLL-STÄNDIG...
WUMM

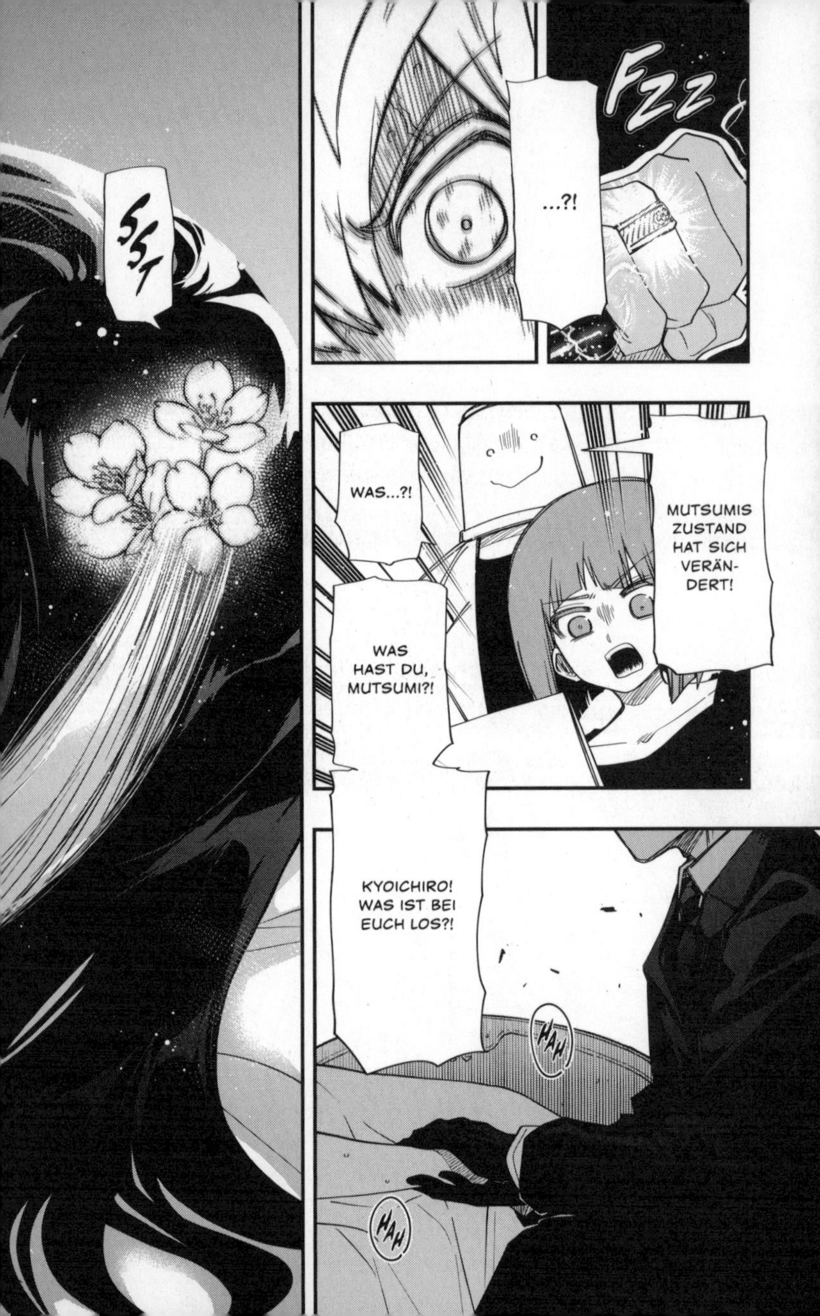
FZZ
...?!
MUTSUMIS ZUSTAND HAT SICH VERÄN-DERT!
WAS...?!
WAS HAST DU, MUTSUMI?!
KYOICHIRO! WAS IST BEI EUCH LOS?!
HAH
HAH

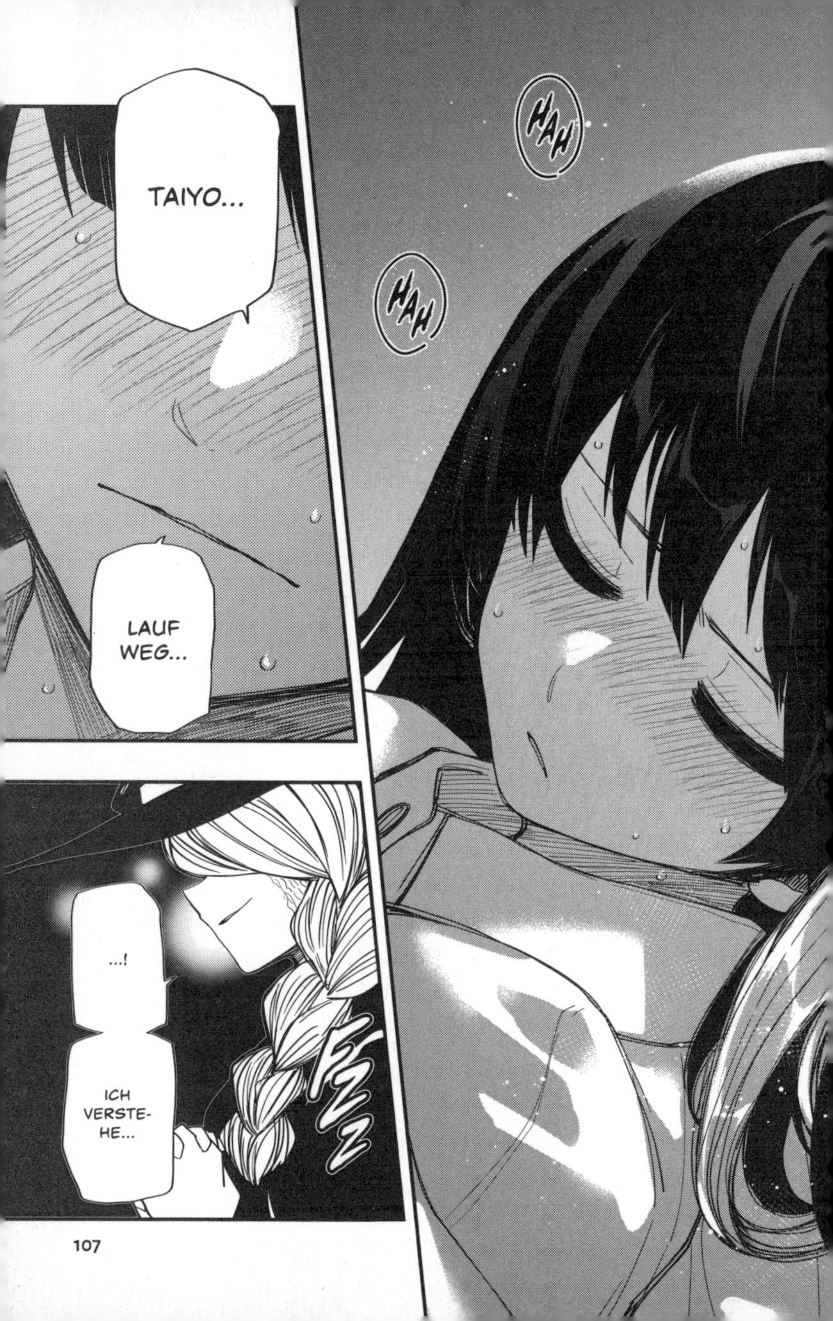
HAH
HAH
TAIYO...
LAUF WEG...
...!
ICH VERSTE-HE...
FZZ

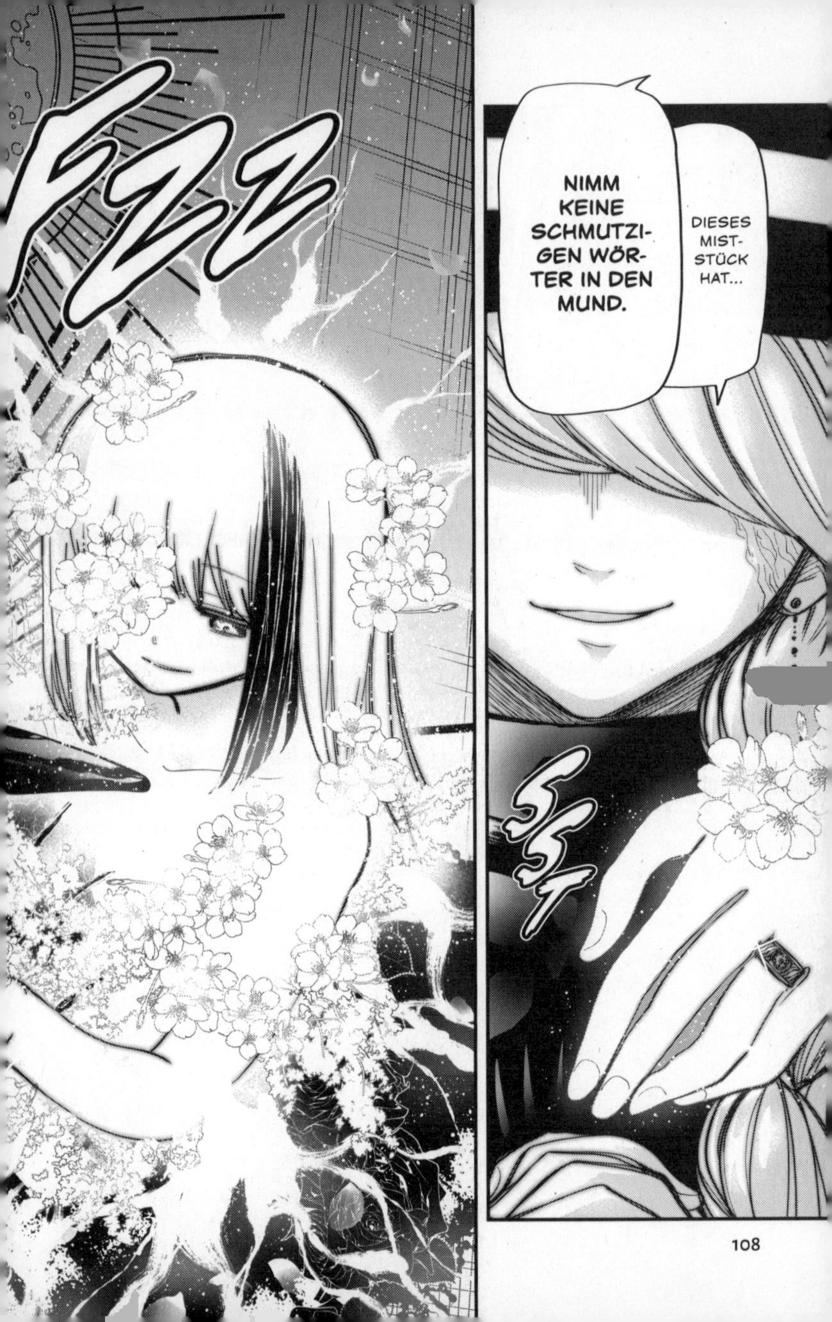
DIESES MIST-
STÜCK HAT...
NIMM KEINE SCHMUTZI-
GEN WÖRTER IN DEN MUND.

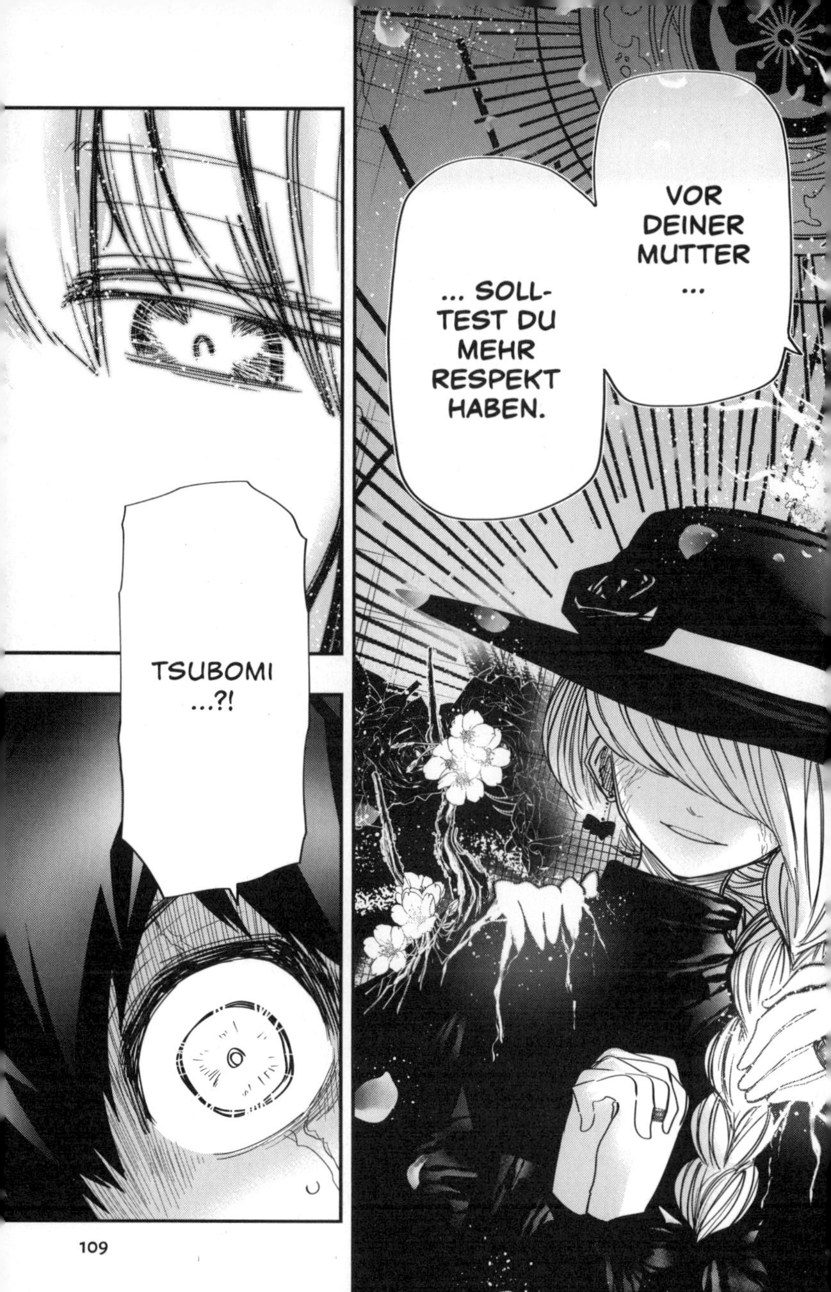
VOR DEINER MUTTER …
… SOLL-TEST DU MEHR RESPEKT HABEN.
TSUBOMI …?!

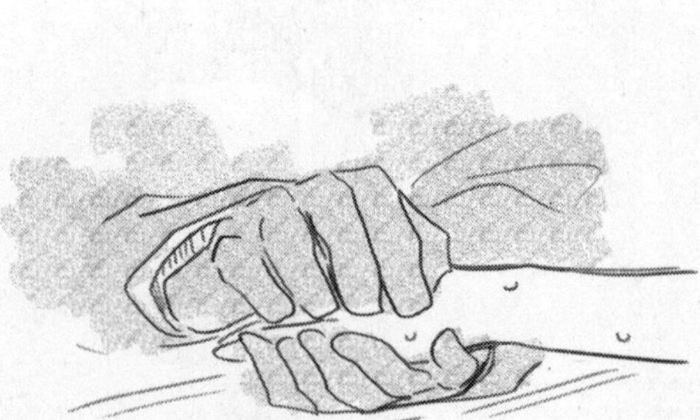

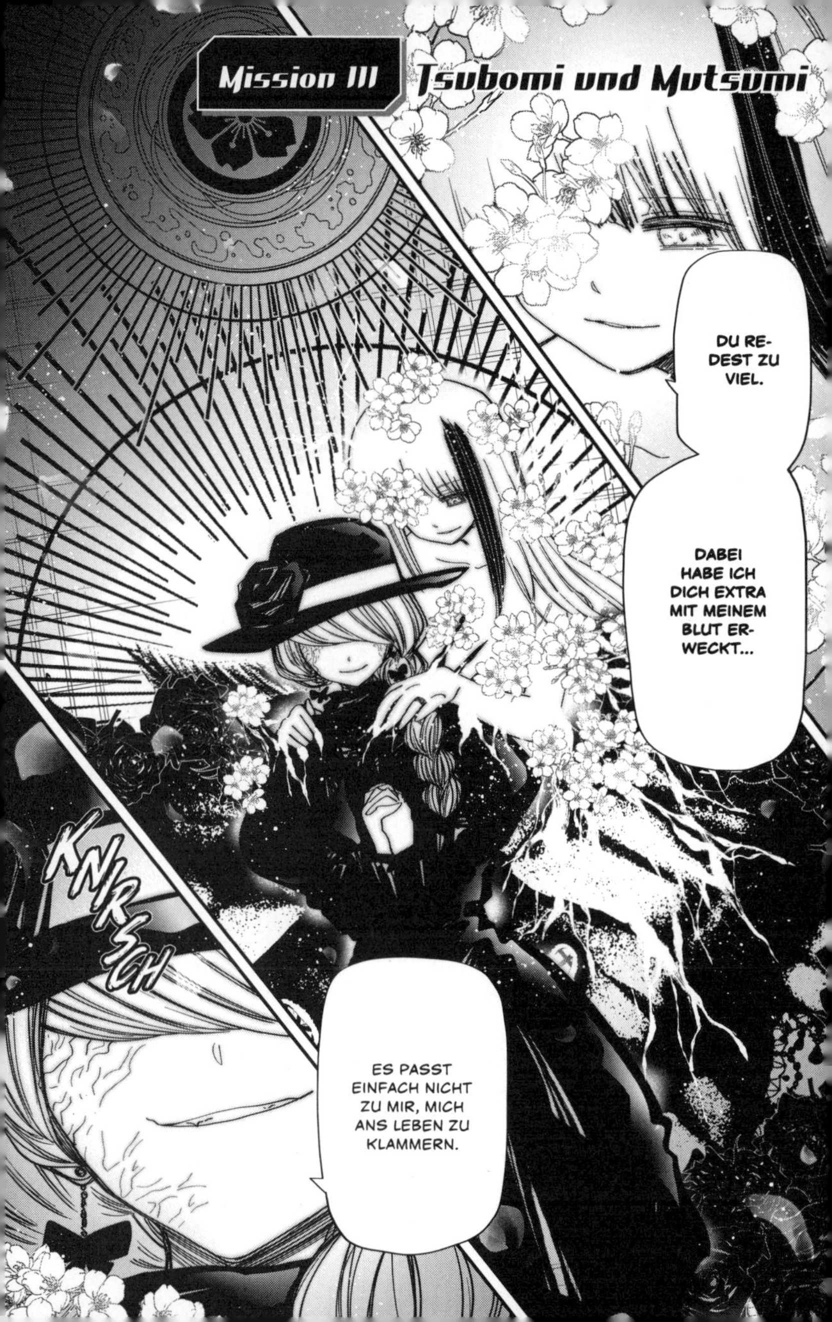
Mission 111
Tsubomi und Mutsumi
DU REDEST ZU VIEL.
DABEI HABE ICH DICH EXTRA MIT MEINEM BLUT ERWECKT...
KNIRSCH
ES PASST EINFACH NICHT ZU MIR, MICH ANS LEBEN ZU KLAMMERN.

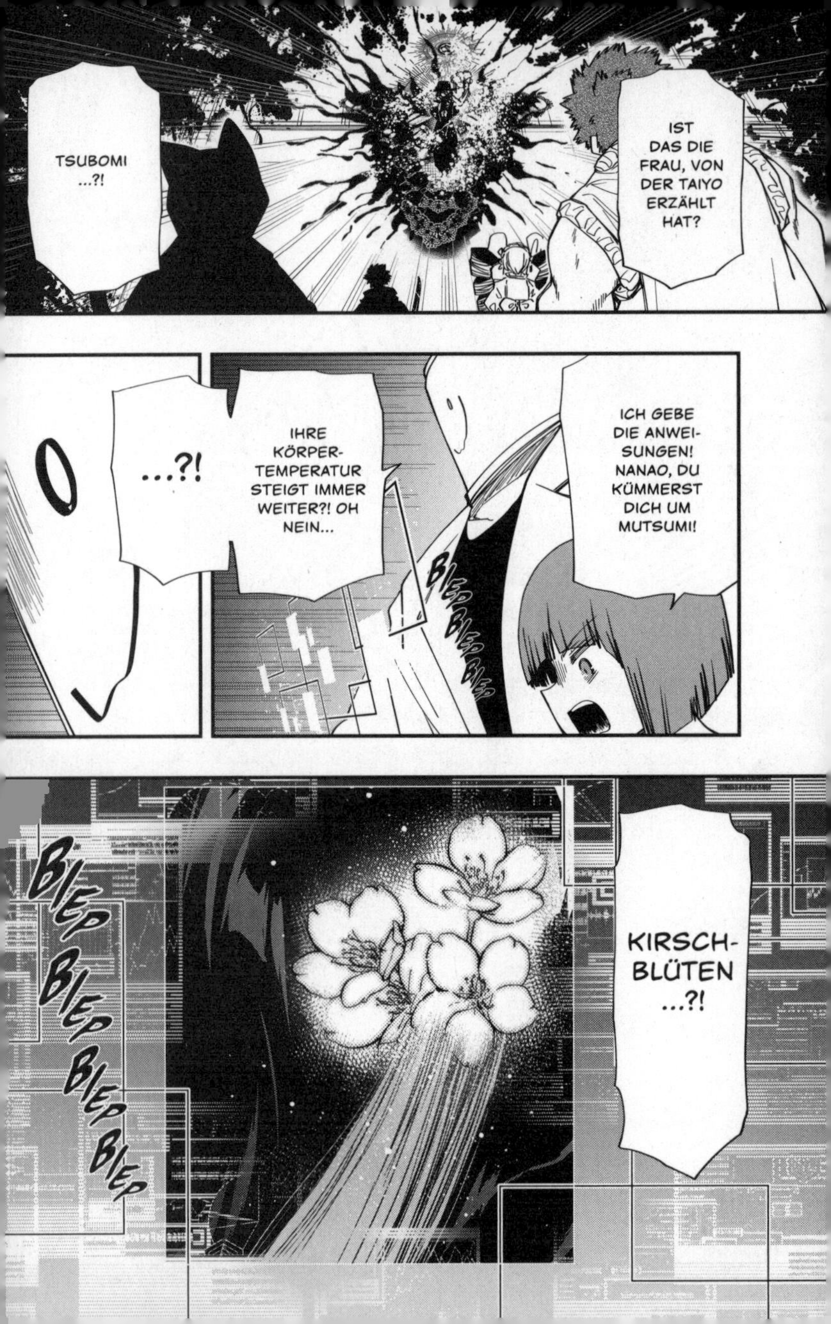
IST DAS DIE FRAU, VON DER TAIYO ERZÄHLT HAT?
TSUBOMI ...?!
ICH GEBE DIE ANWEISUNGEN! NANAO, DU KÜMMERST DICH UM MUTSUMI!
BIEP BIEP BIEP BIEP
IHRE KÖRPERTEMPERATUR STEIGT IMMER WEITER?! OH NEIN...
...?!
KIRSCHBLÜTEN ...?!
BIEP BIEP BIEP BIEP

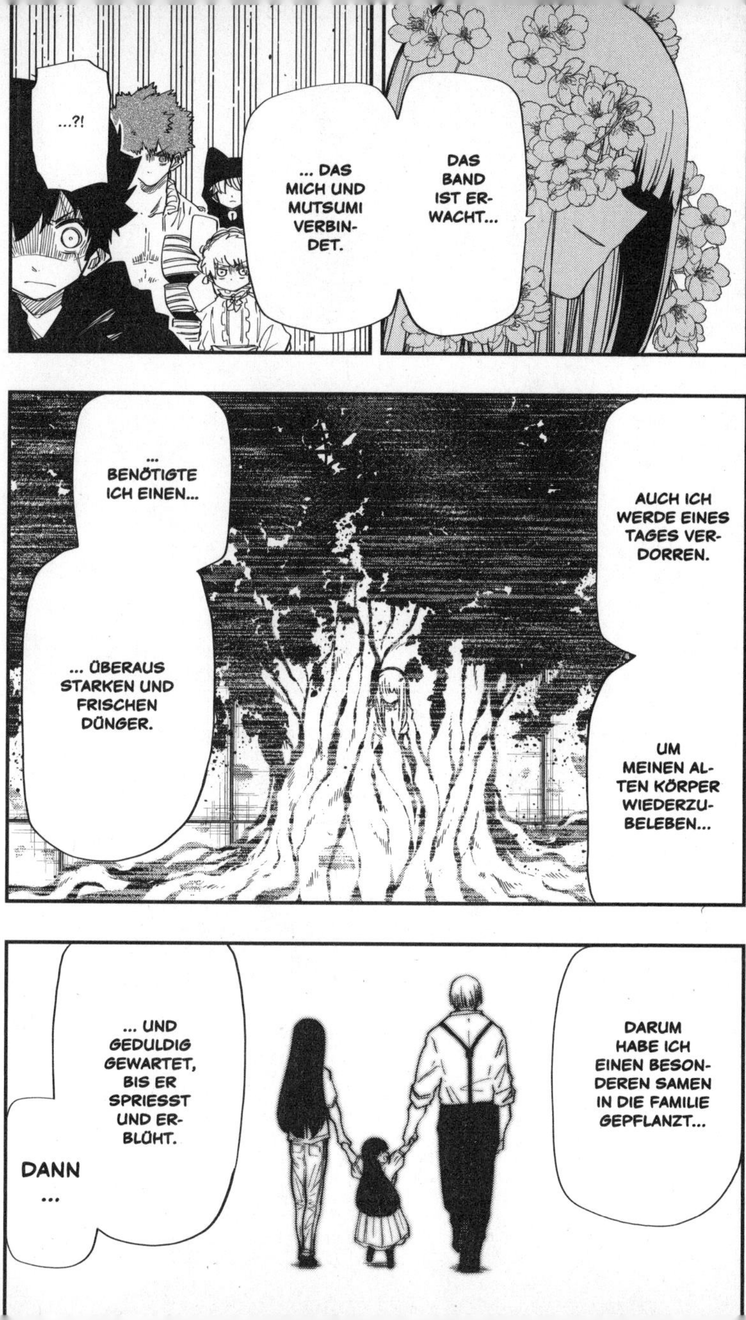
DAS BAND IST ER-WACHT...
... DAS MICH UND MUTSUMI VERBIN-DET.
...?!
AUCH ICH WERDE EINES TAGES VER-DORREN.
UM MEINEN AL-TEN KÖRPER WIEDERZU-BELEBEN...
... BENÖTIGTE ICH EINEN...
... ÜBERAUS STARKEN UND FRISCHEN DÜNGER.
DARUM HABE ICH EINEN BESON-DEREN SAMEN IN DIE FAMILIE GEPFLANZT...
... UND GEDULDIG GEWARTET, BIS ER SPRIESST UND ER-BLÜHT.
DANN ...

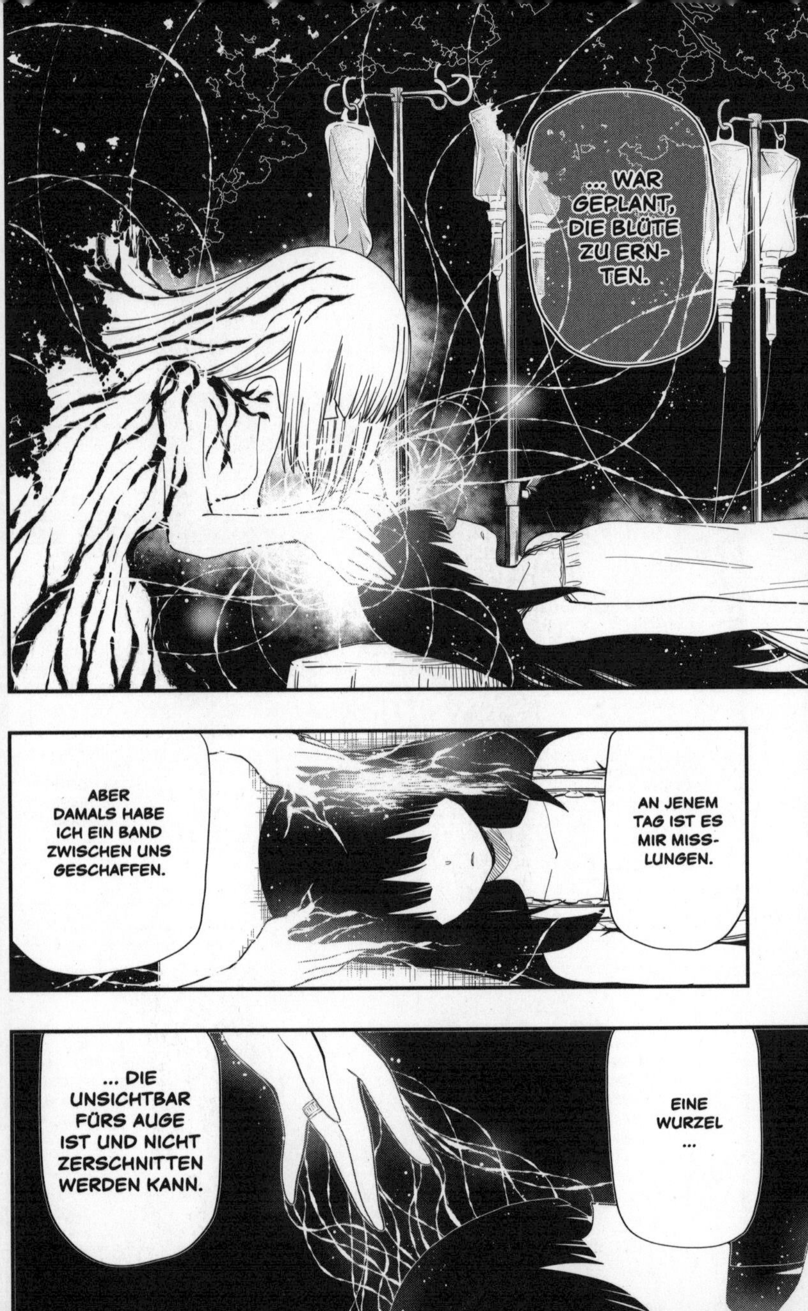
... WAR GEPLANT, DIE BLÜTE ZU ERN-TEN.
AN JENEM TAG IST ES MIR MISS-LUNGEN.
ABER DAMALS HABE ICH EIN BAND ZWISCHEN UNS GESCHAFFEN.
EINE WURZEL ...
... DIE UNSICHTBAR FÜRS AUGE IST UND NICHT ZERSCHNITTEN WERDEN KANN.

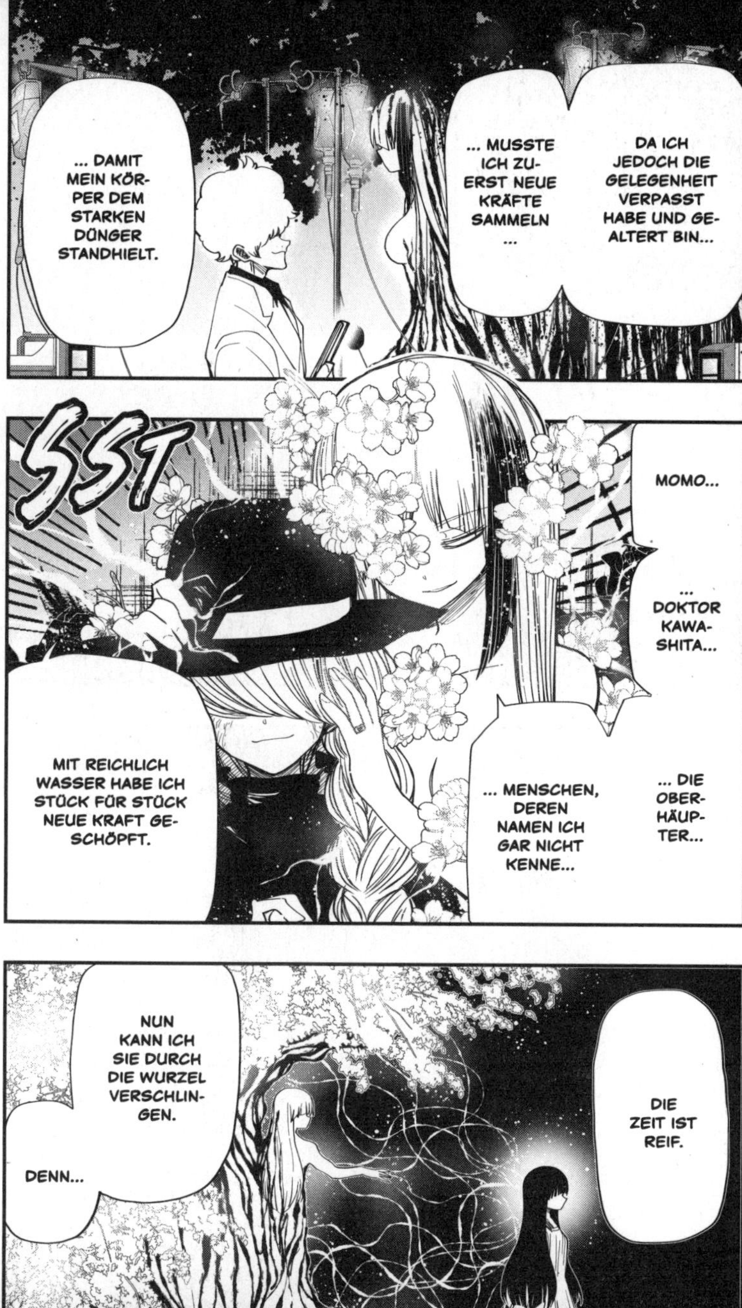
DA ICH JEDOCH DIE GELEGENHEIT VERPASST HABE UND GEALTERT BIN...
... MUSSTE ICH ZUERST NEUE KRÄFTE SAMMELN ...
... DAMIT MEIN KÖRPER DEM STARKEN DÜNGER STANDHIELT.
SST
MOMO...
... DOKTOR KAWASHITA...
... DIE OBERHÄUPTER...
... MENSCHEN, DEREN NAMEN ICH GAR NICHT KENNE...
MIT REICHLICH WASSER HABE ICH STÜCK FÜR STÜCK NEUE KRAFT GESCHÖPFT.
DIE ZEIT IST REIF.
NUN KANN ICH SIE DURCH DIE WURZEL VERSCHLINGEN.
DENN...

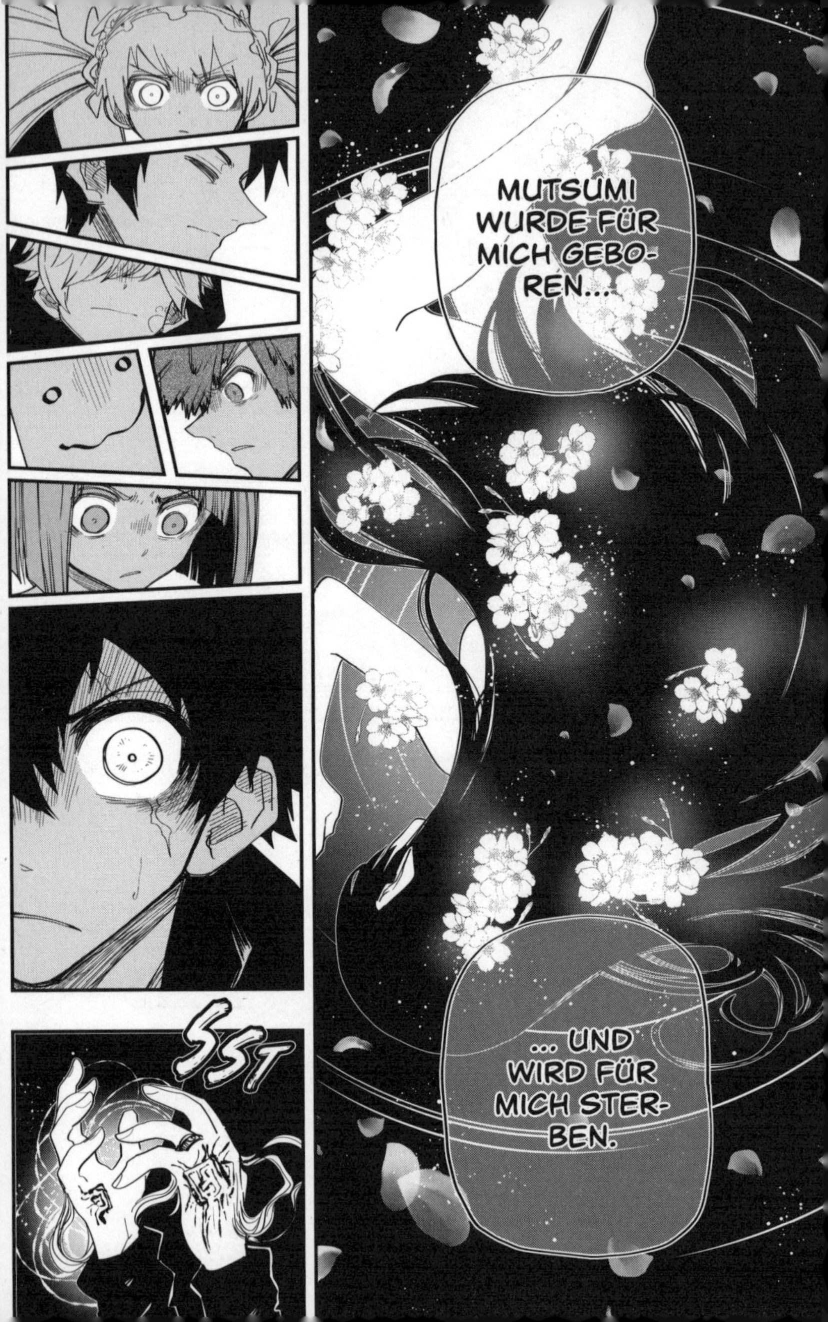
MUTSUMI WURDE FÜR MICH GEBO-REN...
... UND WIRD FÜR MICH STER-BEN.
SST

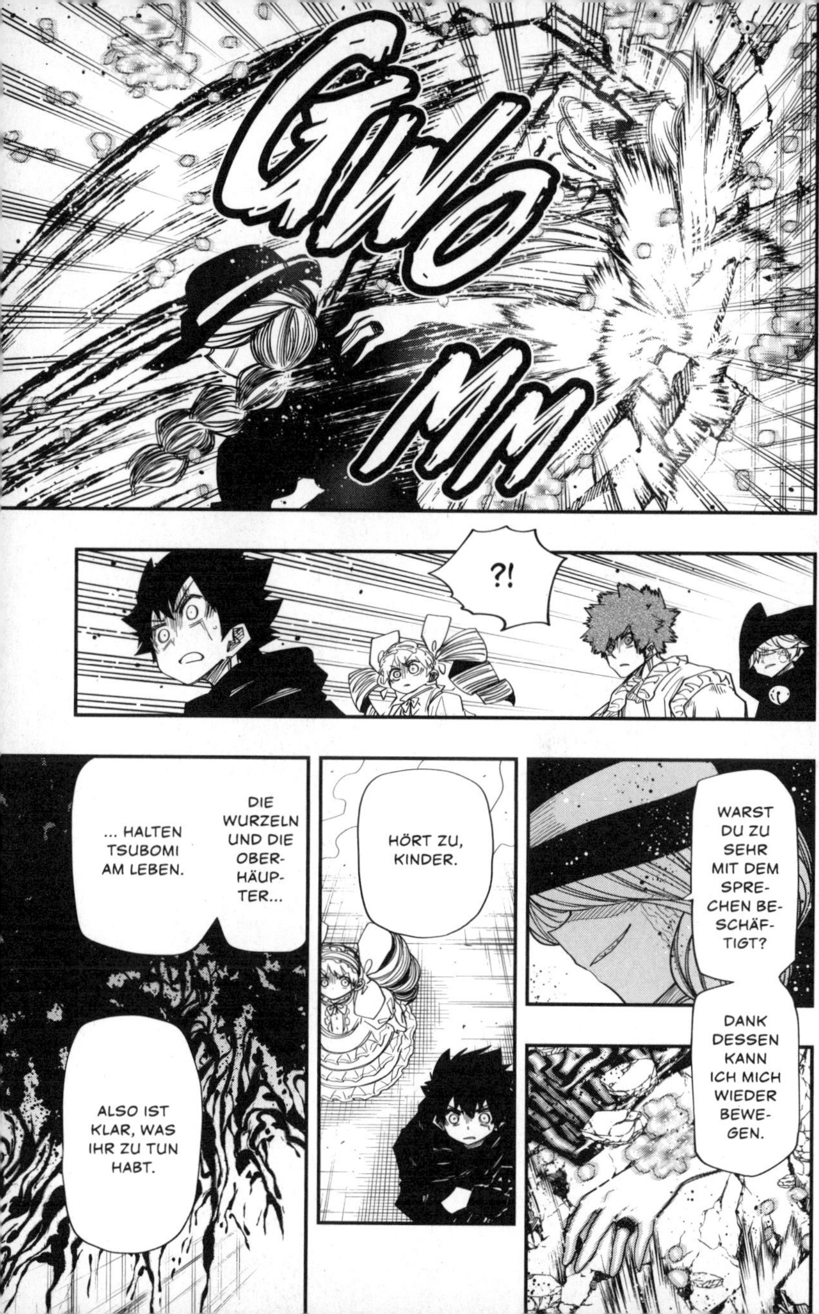
GWOMM
?!
WARST DU ZU SEHR MIT DEM SPRECHEN BESCHÄFTIGT?
DANK DESSEN KANN ICH MICH WIEDER BEWEGEN.
HÖRT ZU, KINDER.
DIE WURZELN UND DIE OBERHÄUPTER...
... HALTEN TSUBOMI AM LEBEN.
ALSO IST KLAR, WAS IHR ZU TUN HABT.

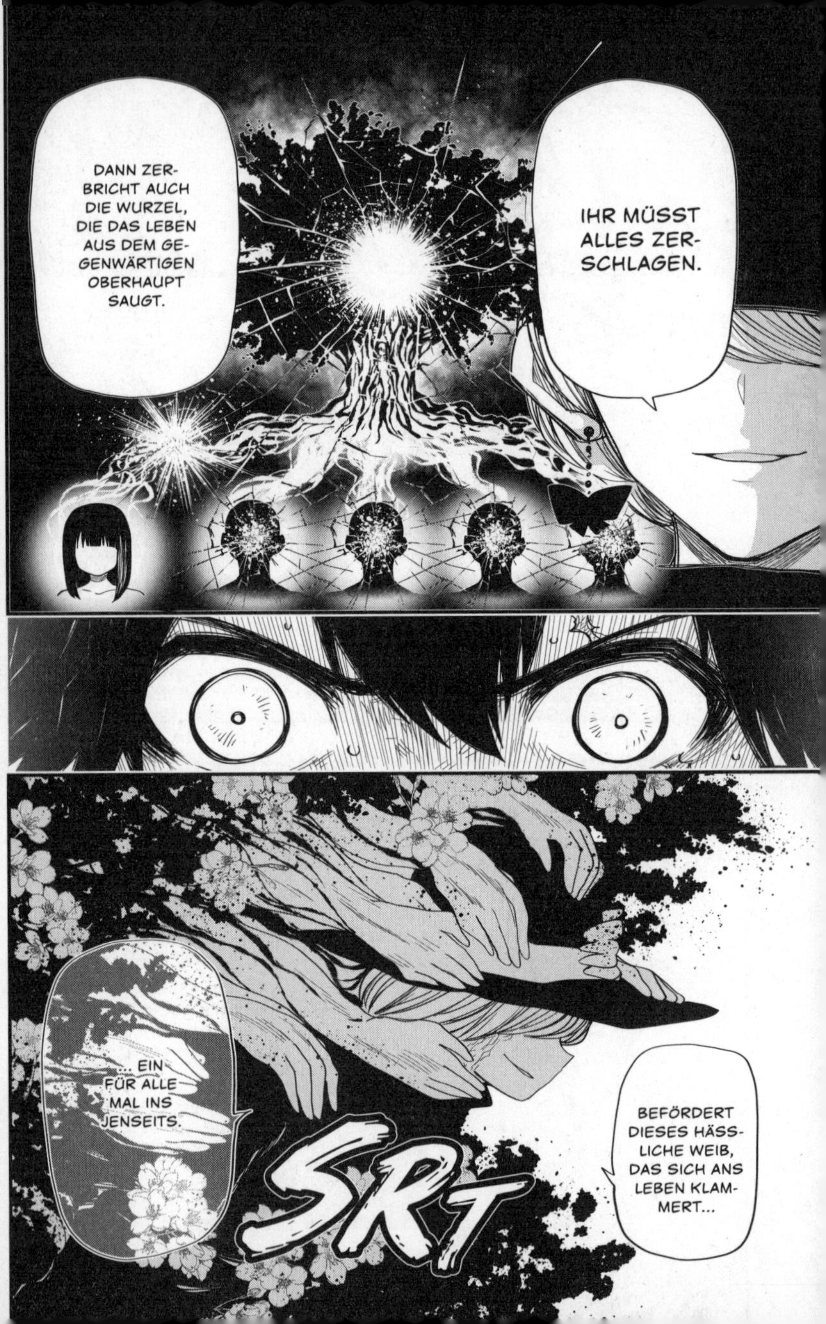
IHR MÜSST ALLES ZER-SCHLAGEN.
DANN ZER-BRICHT AUCH DIE WURZEL, DIE DAS LEBEN AUS DEM GE-GENWÄRTIGEN OBERHAUPT SAUGT.
BEFÖRDERT DIESES HÄSS-LICHE WEIB, DAS SICH ANS LEBEN KLAM-MERT...
... EIN FÜR ALLE-MAL INS JENSEITS.
SRT

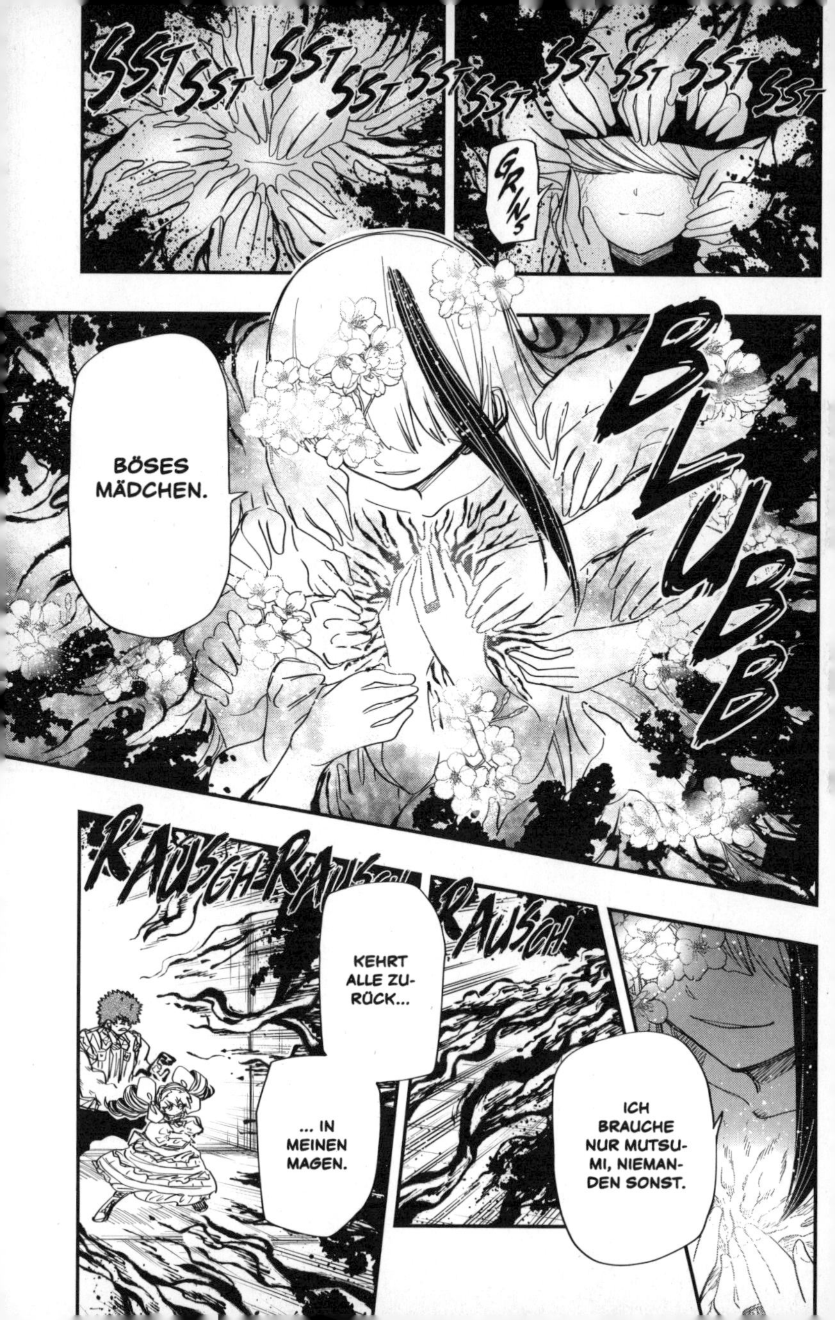
SST SST SST SST SST SST
SST SST SST SST
GRINS
BLUBB
BÖSES MÄDCHEN.
RAUSCH RAUSCH RAUSCH
KEHRT ALLE ZU-RÜCK...
... IN MEINEN MAGEN.
ICH BRAUCHE NUR MUTSU-MI, NIEMAN-DEN SONST.

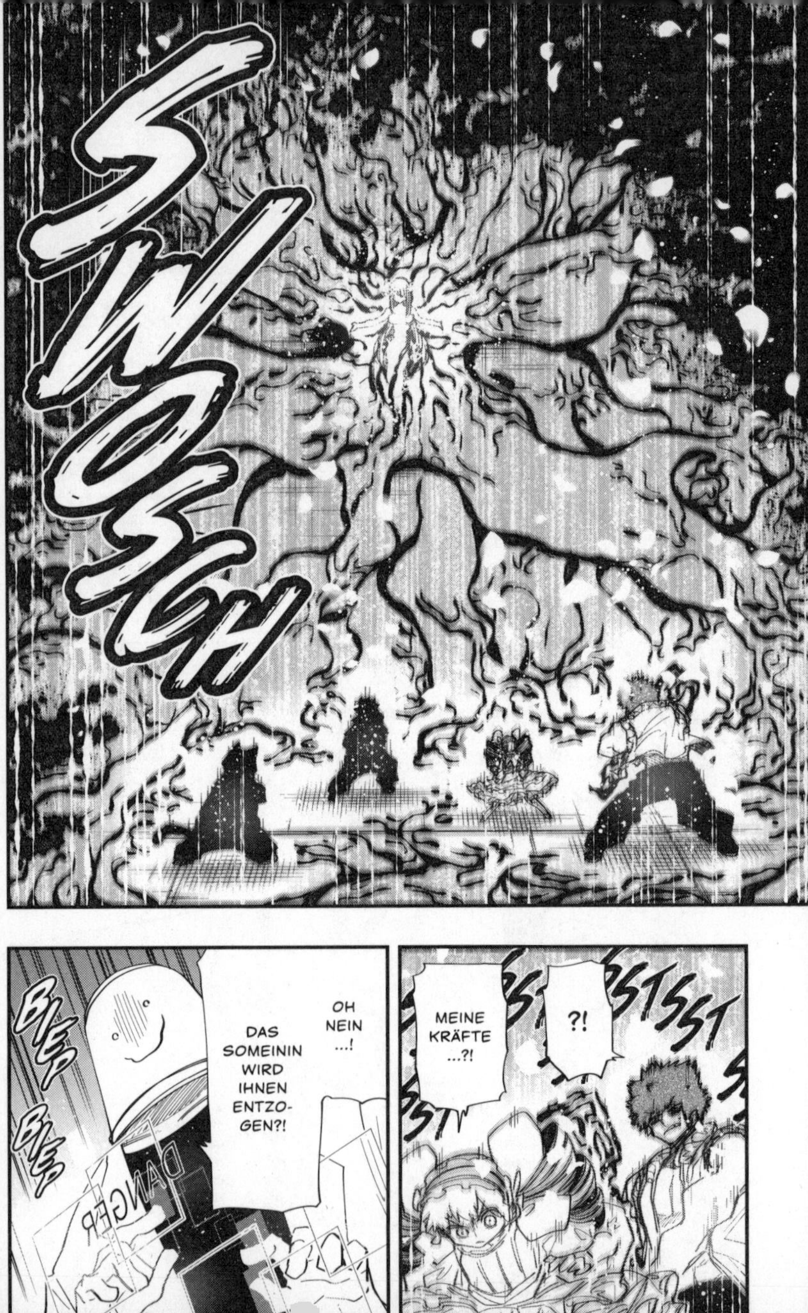
SWOOSH
SSST SSST
?!
MEINE KRÄFTE ...?!
OH NEIN ...!
DAS SOMEININ WIRD IHNEN ENTZOGEN?!
BIEP BIEP
DANGER

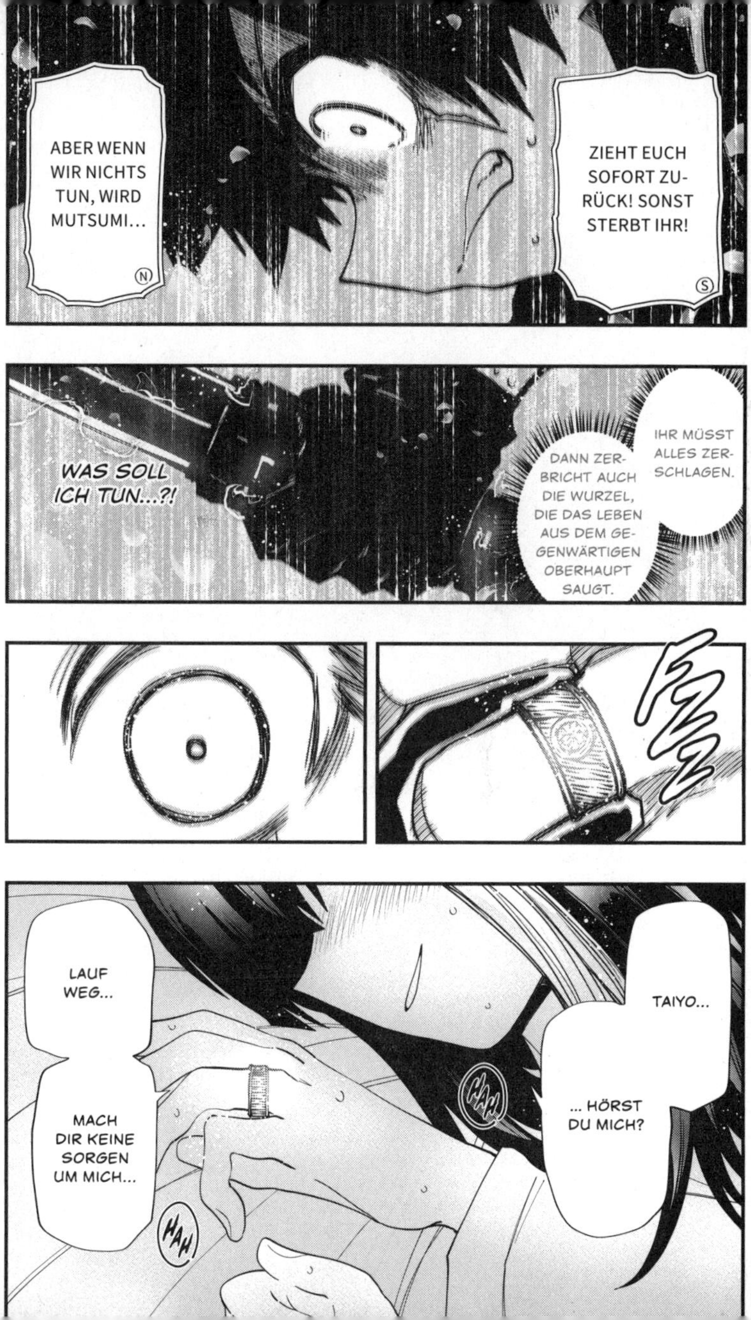
ZIEHT EUCH SOFORT ZURÜCK! SONST STERBT IHR!
ABER WENN WIR NICHTS TUN, WIRD MUTSUMI…
IHR MÜSST ALLES ZERSCHLAGEN.
DANN ZERBRICHT AUCH DIE WURZEL, DIE DAS LEBEN AUS DEM GEGENWÄRTIGEN OBERHAUPT SAUGT.
WAS SOLL ICH TUN…?!
TAIYO…
… HÖRST DU MICH?
HAH
LAUF WEG…
MACH DIR KEINE SORGEN UM MICH…
HAH

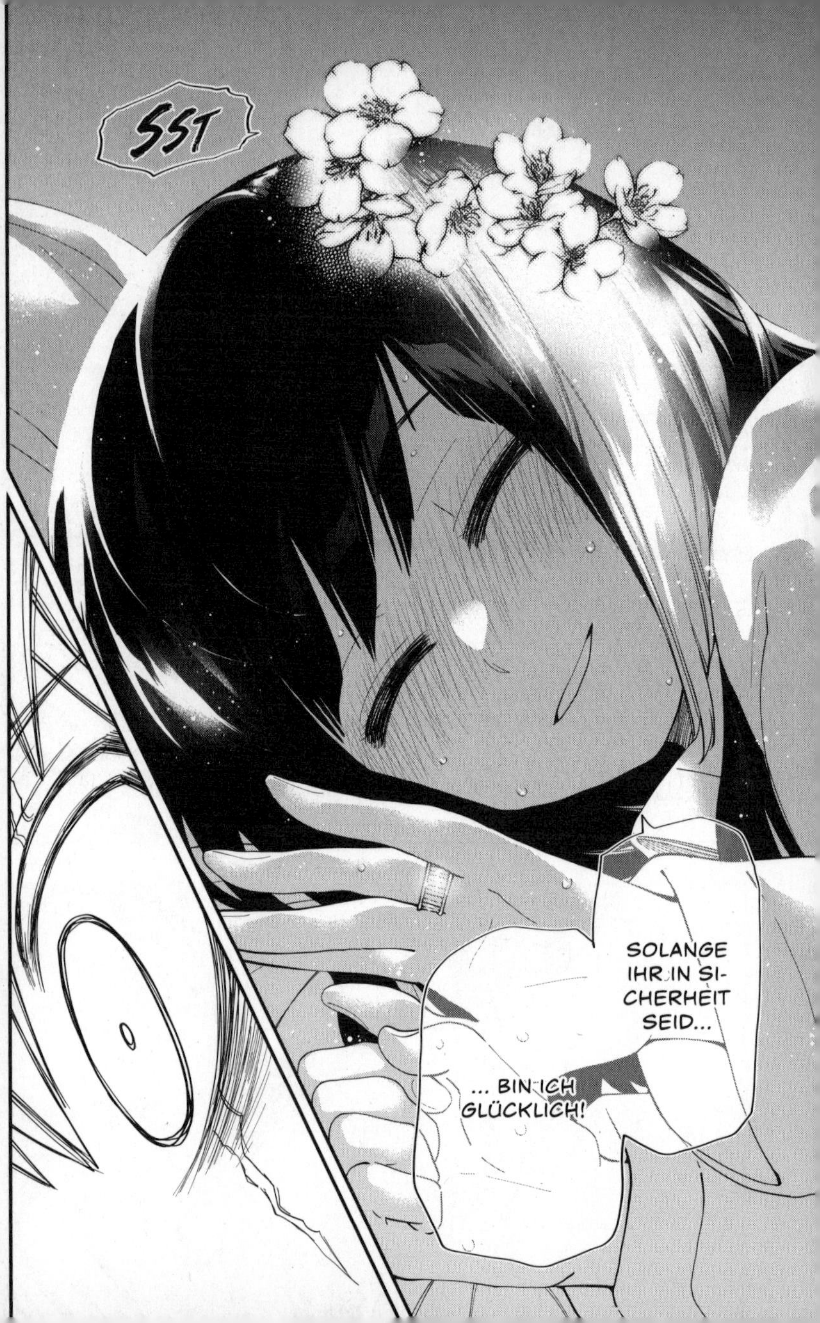
SST
SOLANGE IHR IN SICHERHEIT SEID...
... BIN ICH GLÜCKLICH!

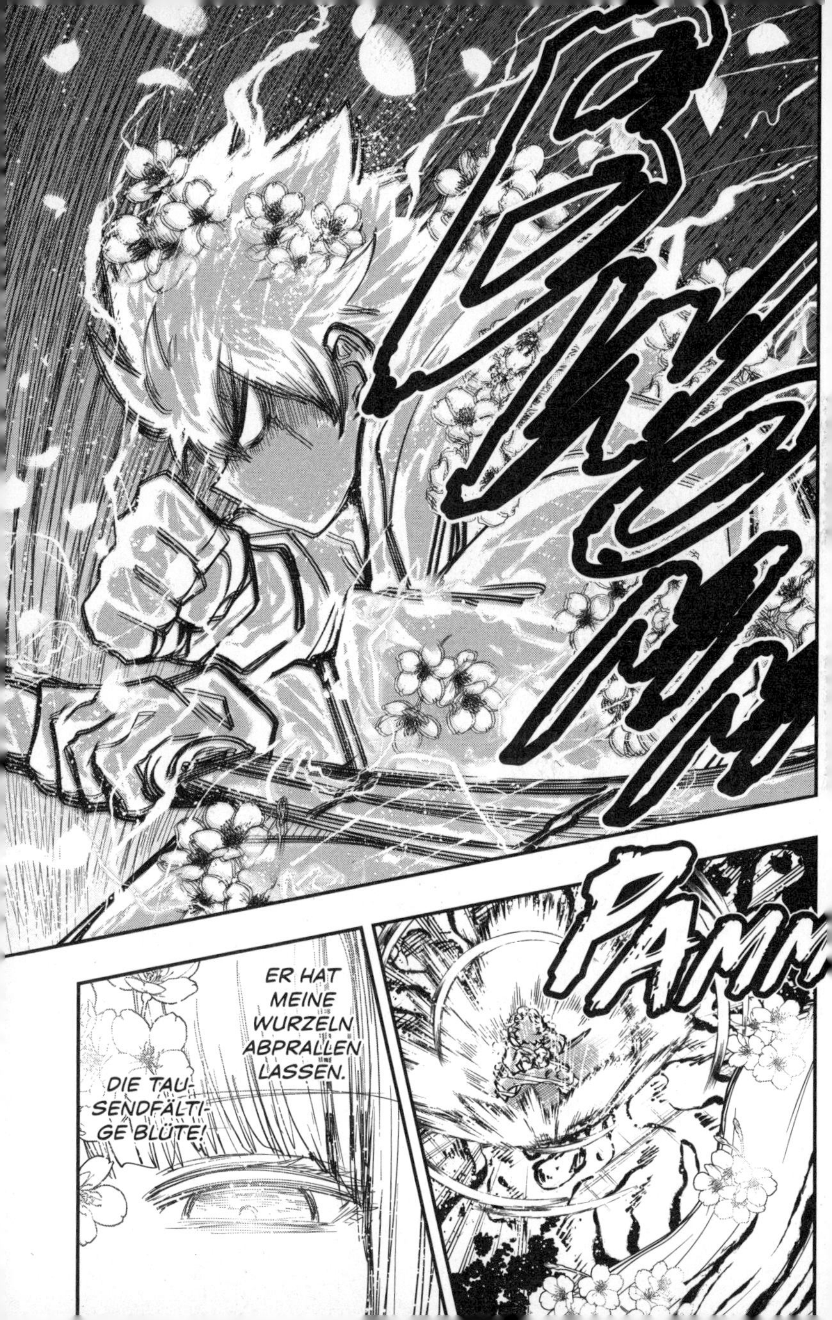
ER HAT MEINE WURZELN ABPRALLEN LASSEN.
DIE TAUSENDFÄLTIGE BLÜTE!

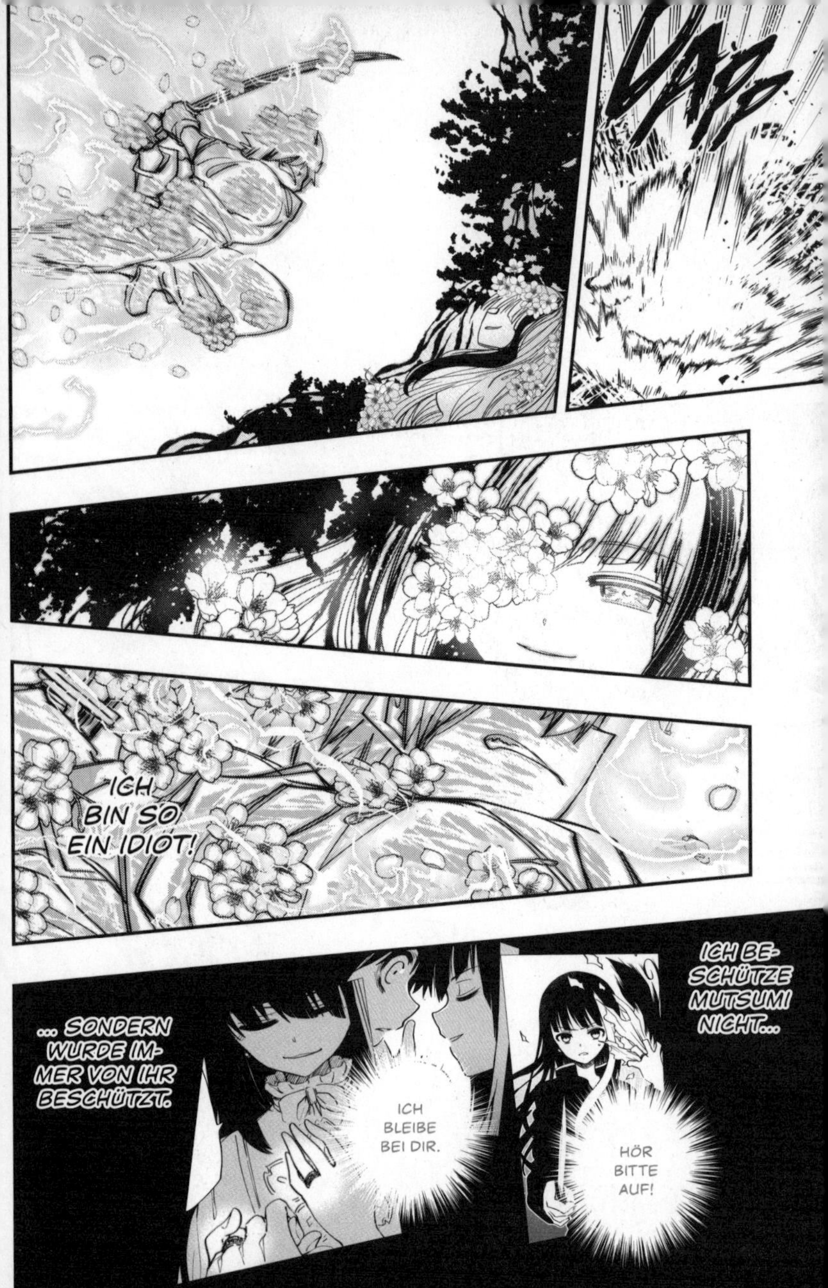
ICH BIN SO EIN IDIOT!
ICH BESCHÜTZE MUTSUMI NICHT...
HÖR BITTE AUF!
ICH BLEIBE BEI DIR.
... SONDERN WURDE IMMER VON IHR BESCHÜTZT.

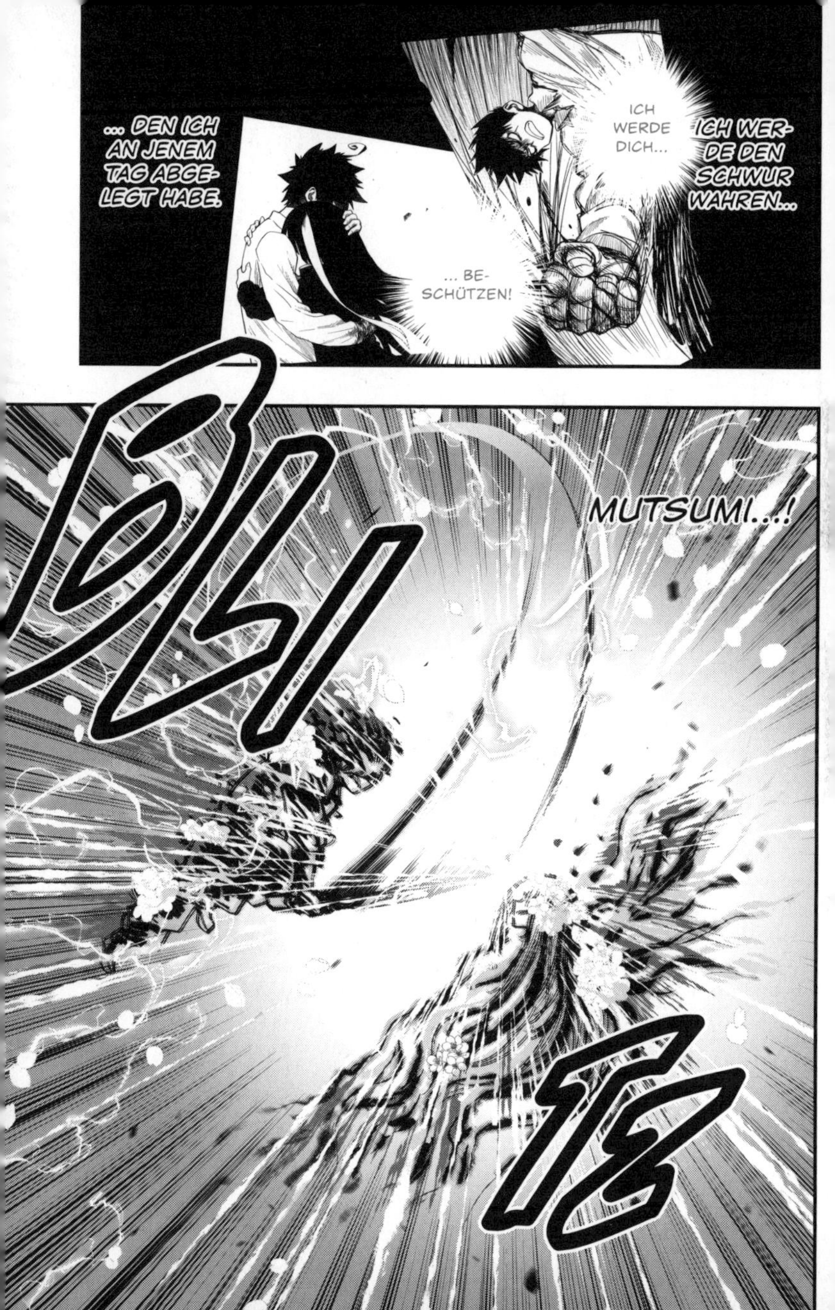
ICH WER-
DE DEN
SCHWUR
WAHREN...
ICH
WERDE
DICH...
... BE-
SCHÜTZEN!
... DEN ICH
AN JENEM
TAG ABGE-
LEGT HABE.
MUTSUMI...!

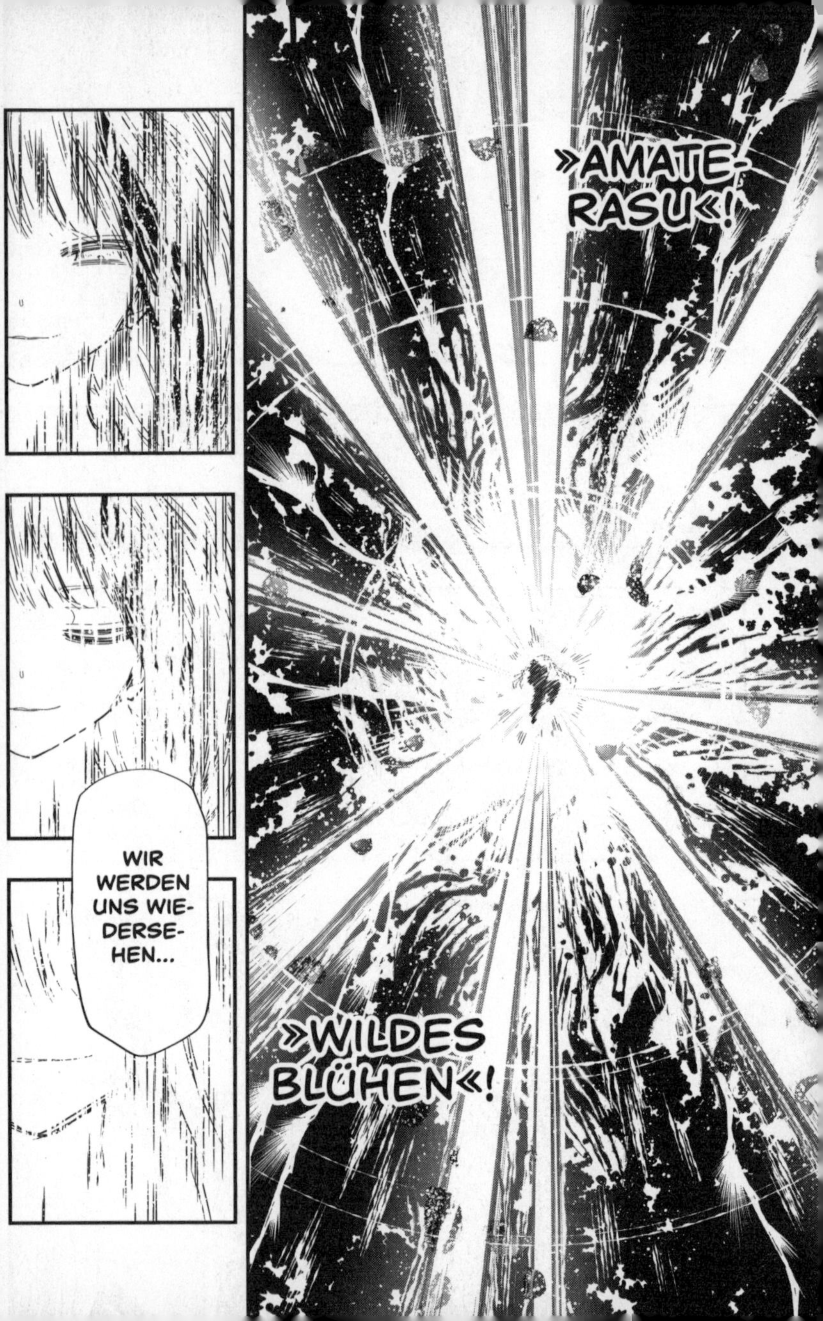
»AMATE-
RASU«!
»WILDES
BLÜHEN«!
WIR
WERDEN
UNS WIE-
DERSE-
HEN...

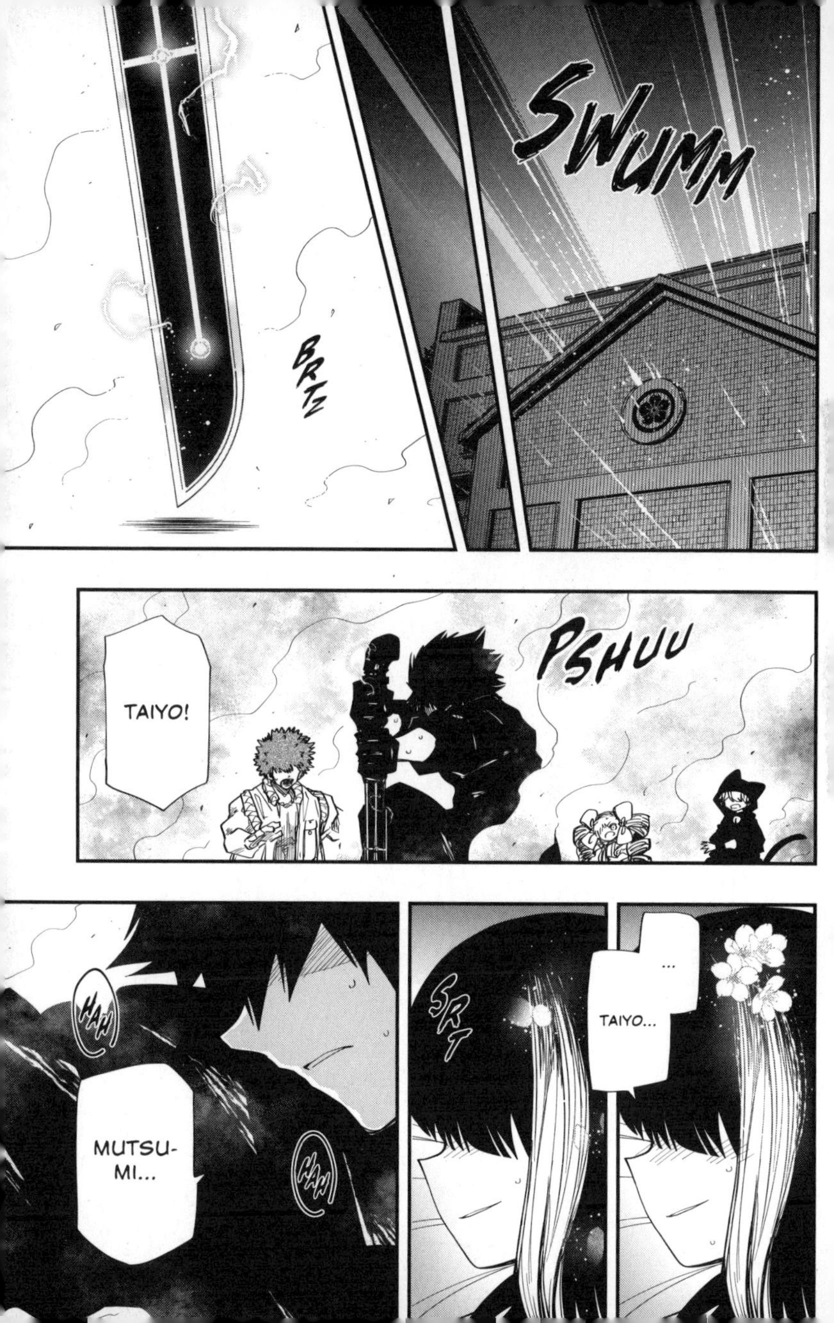
SWUMM
BRTZ
PSHUU
TAIYO!
...
TAIYO...
SRT
HAH
MUTSU-
MI...
HAH

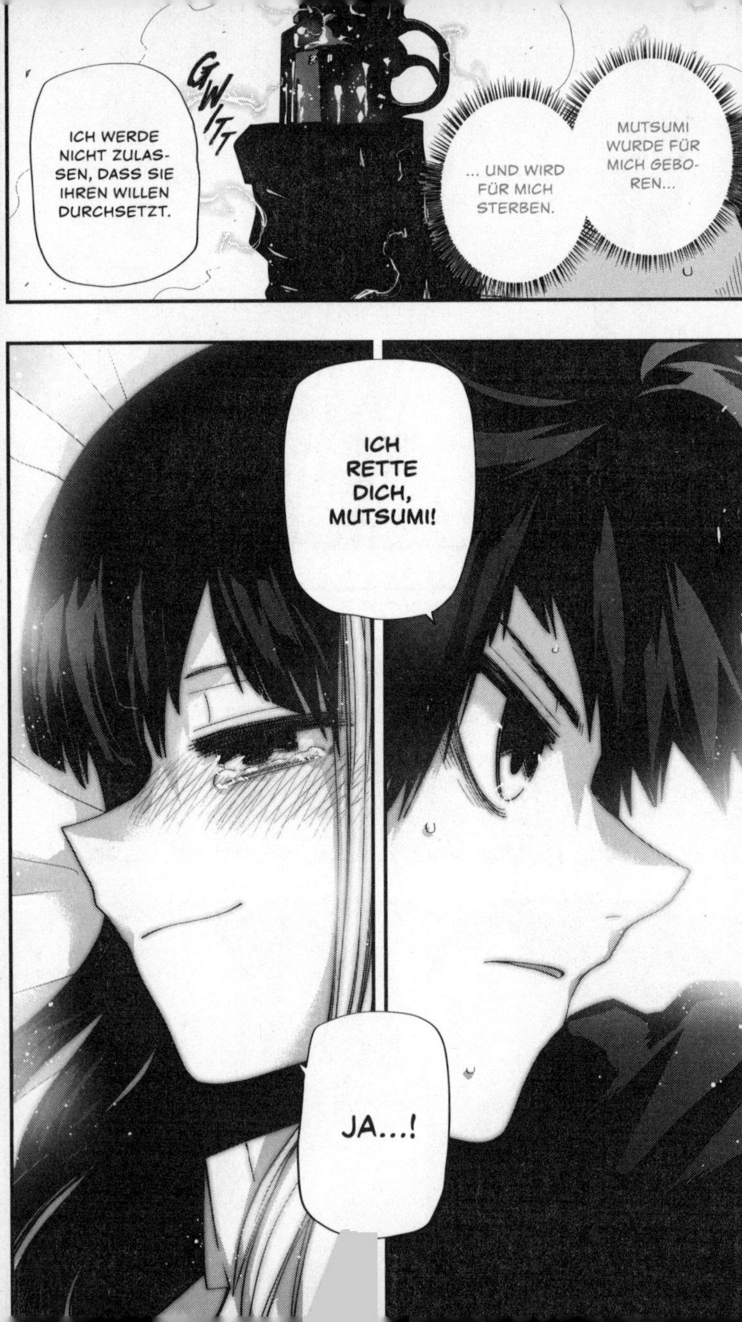
MUTSUMI WURDE FÜR MICH GEBOREN...
... UND WIRD FÜR MICH STERBEN.
GWITT
ICH WERDE NICHT ZULASSEN, DASS SIE IHREN WILLEN DURCHSETZT.
ICH RETTE DICH, MUTSUMI!
JA...!

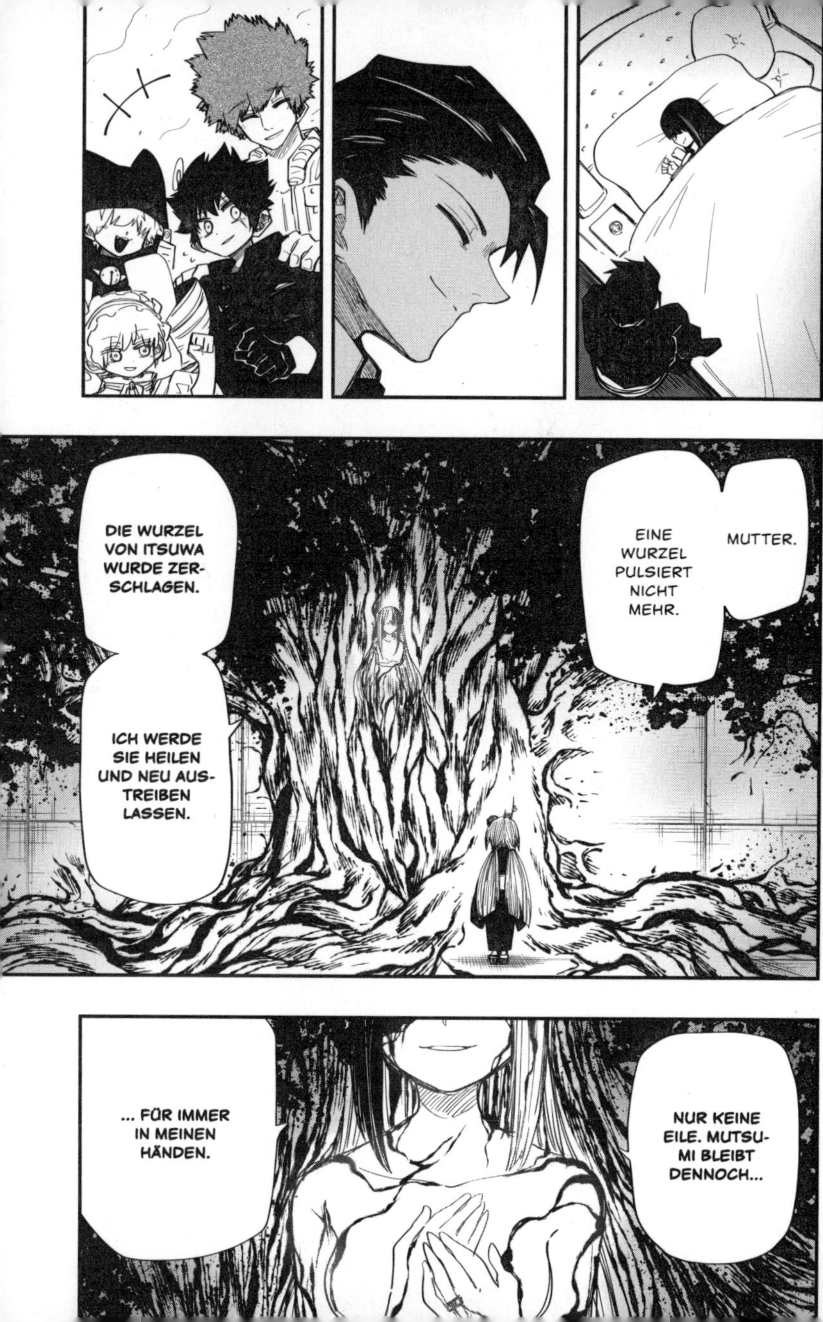
MUTTER.
EINE WURZEL PULSIERT NICHT MEHR.
DIE WURZEL VON ITSUWA WURDE ZER-SCHLAGEN.
ICH WERDE SIE HEILEN UND NEU AUS-TREIBEN LASSEN.
NUR KEINE EILE. MUTSU-MI BLEIBT DENNOCH...
... FÜR IMMER IN MEINEN HÄNDEN.

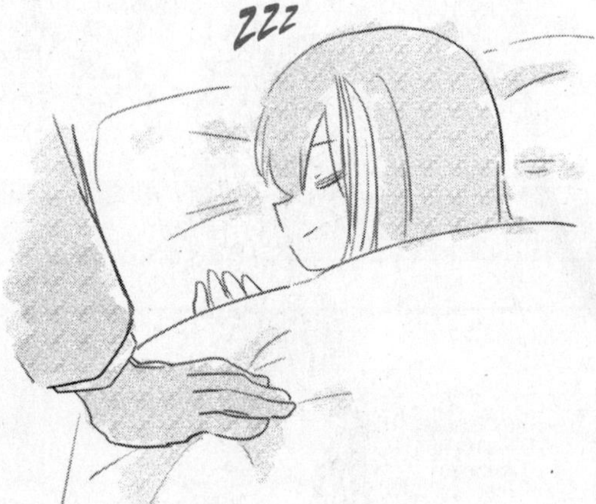
ZZZ

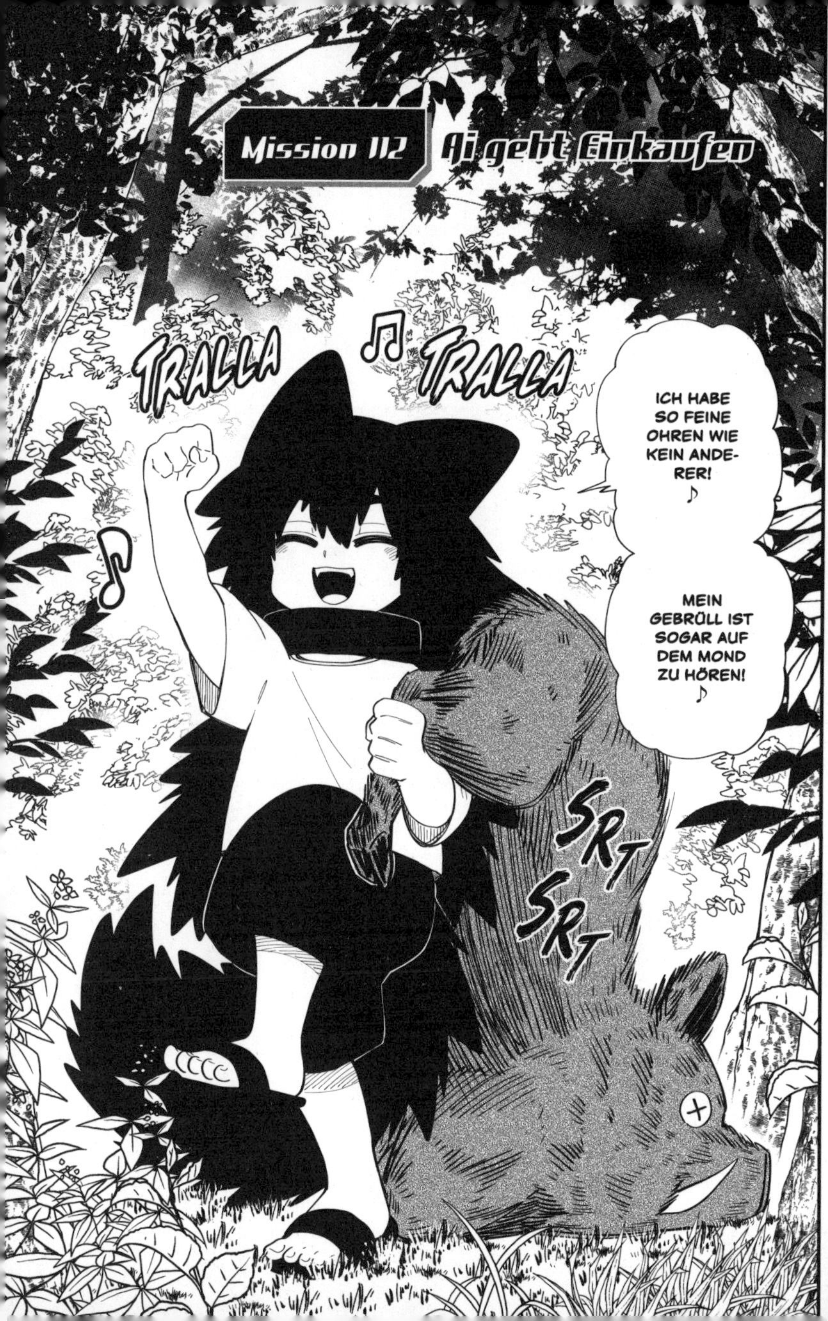
Mission 112
Ai geht Einkaufen
TRALLA ♫ TRALLA
ICH HABE SO FEINE OHREN WIE KEIN ANDERER! ♪
MEIN GEBRÜLL IST SOGAR AUF DEM MOND ZU HÖREN! ♪
SRT SRT

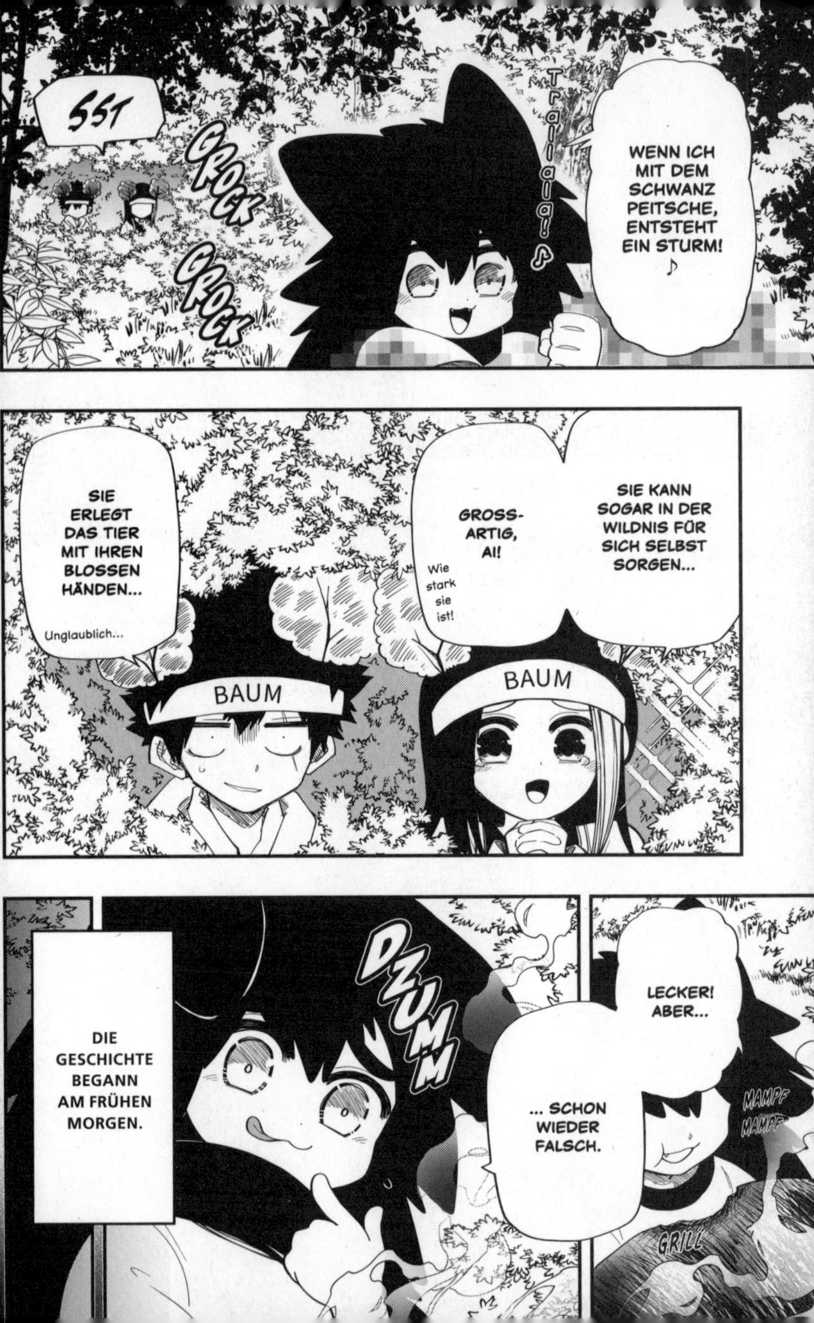
WENN ICH MIT DEM SCHWANZ PEITSCHE, ENTSTEHT EIN STURM! ♪
Trallala! ♪
GROCK
GROCK
SST
SIE KANN SOGAR IN DER WILDNIS FÜR SICH SELBST SORGEN...
GROSS-ARTIG, AI!
Wie stark sie ist!
BAUM
SIE ERLEGT DAS TIER MIT IHREN BLOSSEN HÄNDEN...
Unglaublich...
BAUM
LECKER! ABER...
MAMPF
MAMPF
GRILL
... SCHON WIEDER FALSCH.
DZUMM
DIE GESCHICHTE BEGANN AM FRÜHEN MORGEN.

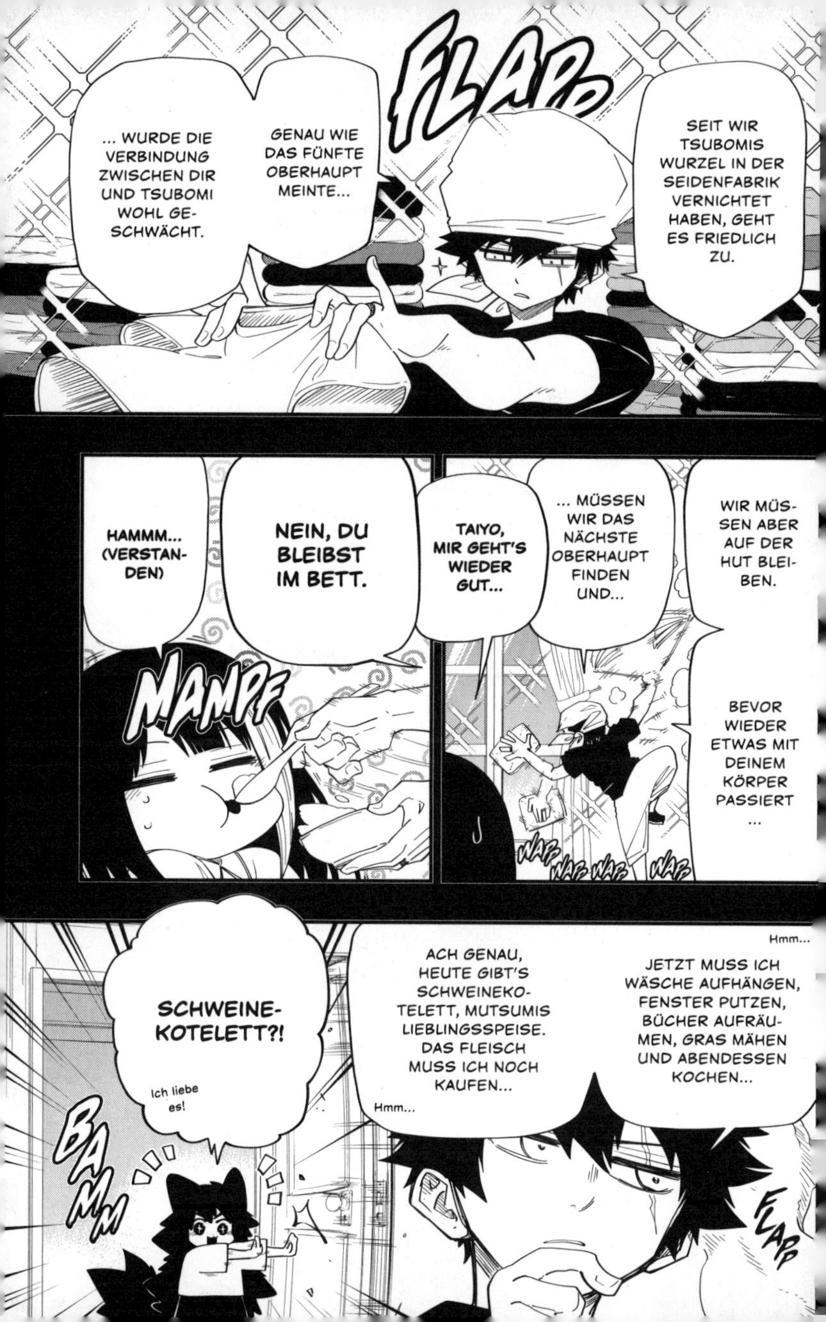
FLAPP
SEIT WIR TSUBOMIS WURZEL IN DER SEIDENFABRIK VERNICHTET HABEN, GEHT ES FRIEDLICH ZU.
GENAU WIE DAS FÜNFTE OBERHAUPT MEINTE...
... WURDE DIE VERBINDUNG ZWISCHEN DIR UND TSUBOMI WOHL GE-SCHWÄCHT.
WIR MÜS-SEN ABER AUF DER HUT BLEI-BEN.
BEVOR WIEDER ETWAS MIT DEINEM KÖRPER PASSIERT ...
... MÜSSEN WIR DAS NÄCHSTE OBERHAUPT FINDEN UND...
TAIYO, MIR GEHT'S WIEDER GUT...
WAP WAP WAP WAP
NEIN, DU BLEIBST IM BETT.
HAMMM... (VERSTAN-DEN)
MAMPF
Hmm...
JETZT MUSS ICH WÄSCHE AUFHÄNGEN, FENSTER PUTZEN, BÜCHER AUFRÄU-MEN, GRAS MÄHEN UND ABENDESSEN KOCHEN...
ACH GENAU, HEUTE GIBT'S SCHWEINEKO-TELETT, MUTSUMIS LIEBLINGSSPEISE. DAS FLEISCH MUSS ICH NOCH KAUFEN...
Hmm...
SCHWEINE-KOTELETT?!
Ich liebe es!
BAMM
FLAPP

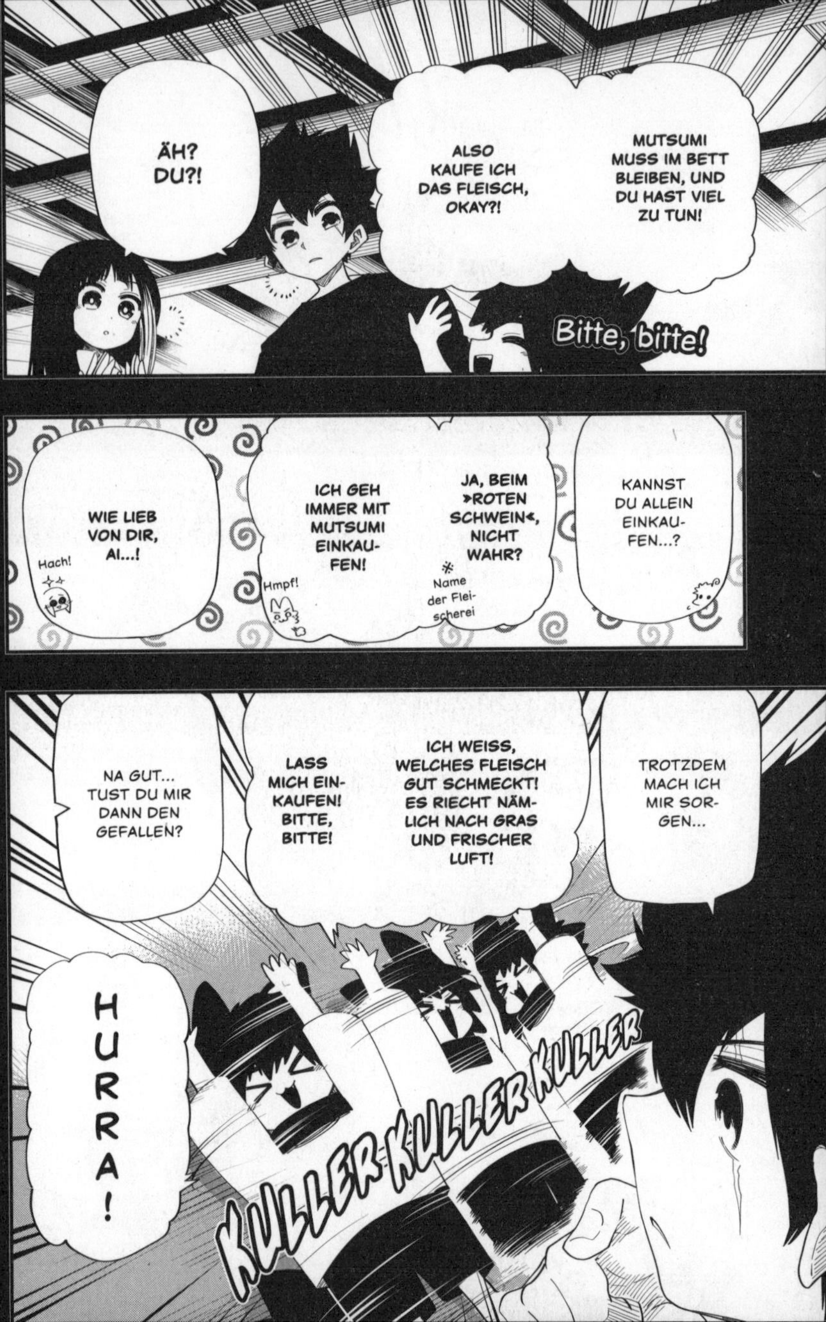
MUTSUMI MUSS IM BETT BLEIBEN, UND DU HAST VIEL ZU TUN!
ALSO KAUFE ICH DAS FLEISCH, OKAY?!
Bitte, bitte!
ÄH? DU?!
KANNST DU ALLEIN EINKAUFEN...?
JA, BEIM »ROTEN SCHWEIN«, NICHT WAHR?
※ Name der Fleischerei
ICH GEH IMMER MIT MUTSUMI EINKAUFEN!
Hmpf!
WIE LIEB VON DIR, AI...!
Hach!
TROTZDEM MACH ICH MIR SORGEN...
ICH WEISS, WELCHES FLEISCH GUT SCHMECKT! ES RIECHT NÄMLICH NACH GRAS UND FRISCHER LUFT!
LASS MICH EINKAUFEN! BITTE, BITTE!
NA GUT... TUST DU MIR DANN DEN GEFALLEN?
HURRA!
KULLER KULLER KULLER

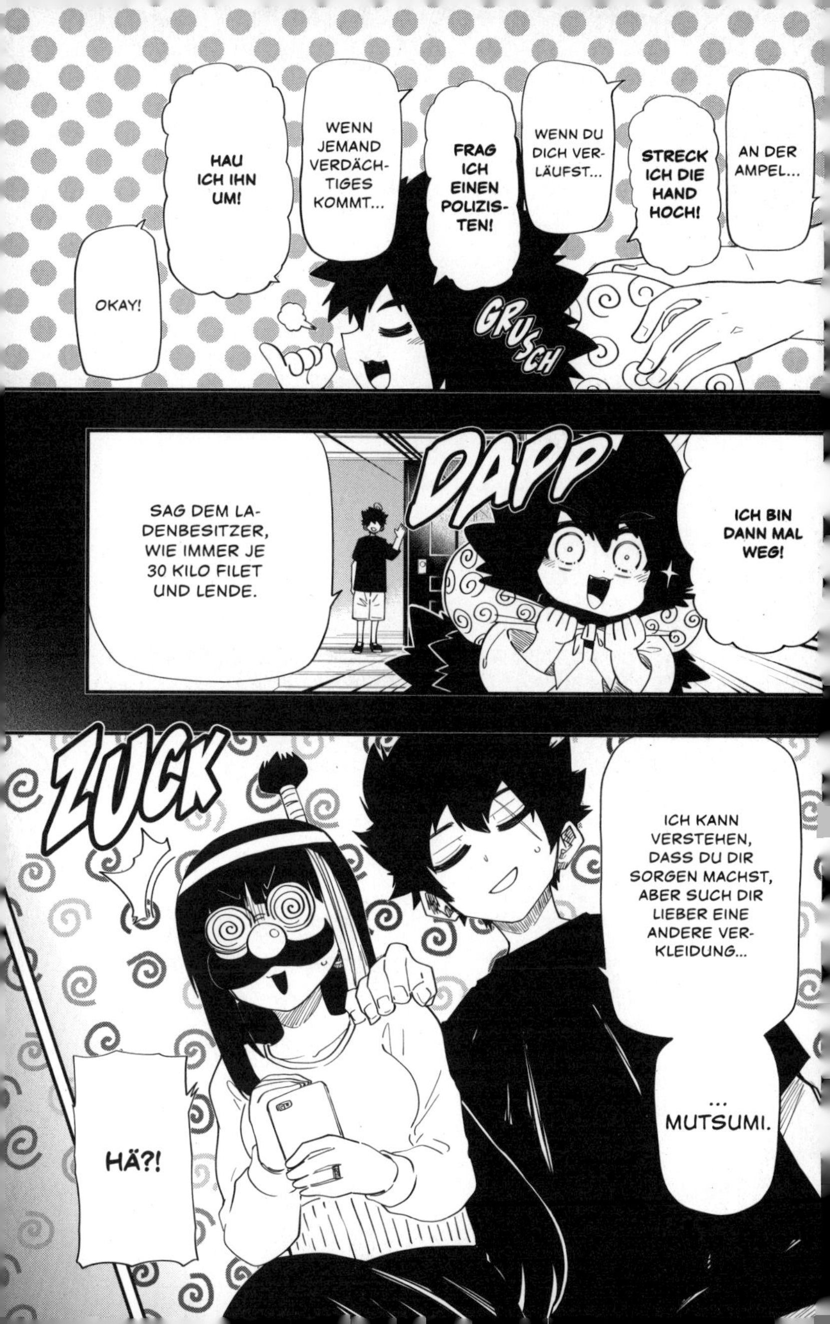
AN DER AMPEL…
STRECK ICH DIE HAND HOCH!
WENN DU DICH VERLÄUFST…
FRAG ICH EINEN POLIZISTEN!
WENN JEMAND VERDÄCHTIGES KOMMT…
HAU ICH IHN UM!
OKAY!
GRUSCH
DAPP
ICH BIN DANN MAL WEG!
SAG DEM LADENBESITZER, WIE IMMER JE 30 KILO FILET UND LENDE.
ZUCK
ICH KANN VERSTEHEN, DASS DU DIR SORGEN MACHST, ABER SUCH DIR LIEBER EINE ANDERE VERKLEIDUNG…
… MUTSUMI.
HÄ?!

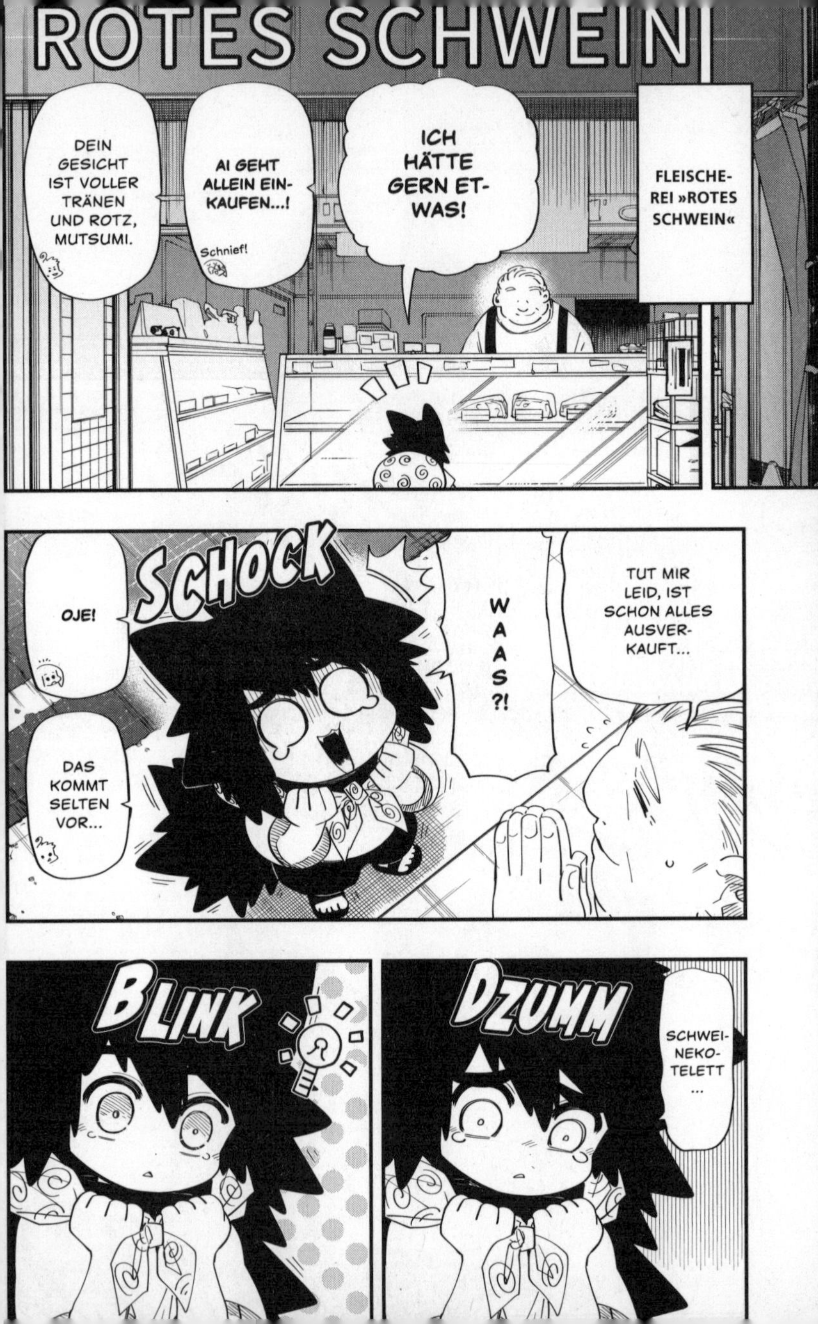
ROTES SCHWEIN
FLEISCHE-REI »ROTES SCHWEIN«
ICH HÄTTE GERN ET-WAS!
AI GEHT ALLEIN EIN-KAUFEN...!
Schnief!
DEIN GESICHT IST VOLLER TRÄNEN UND ROTZ, MUTSUMI.
TUT MIR LEID, IST SCHON ALLES AUSVER-KAUFT...
WAAS?!
SCHOCK
OJE!
DAS KOMMT SELTEN VOR...
SCHWEI-NEKO-TELETT ...
DZUMM
BLINK

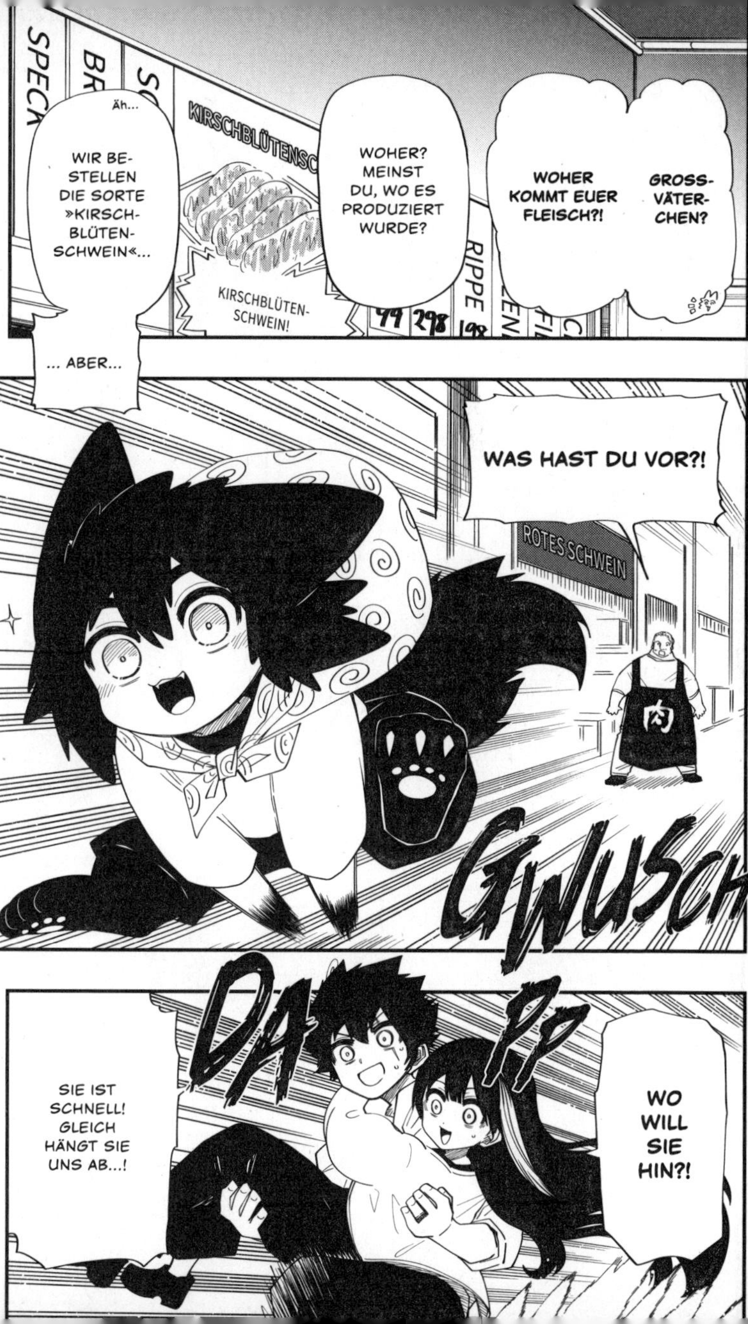
GROSS-VÄTERCHEN?
WOHER KOMMT EUER FLEISCH?!
WOHER? MEINST DU, WO ES PRODUZIERT WURDE?
KIRSCHBLÜTEN-SCHWEIN!
Äh... WIR BE-STELLEN DIE SORTE »KIRSCH-BLÜTEN-SCHWEIN«...
... ABER...
SPECK
RIPPE
KIRSCHBLÜTENSCH
WAS HAST DU VOR?!
ROTES SCHWEIN
GWUSCH
DAPP
WO WILL SIE HIN?!
SIE IST SCHNELL! GLEICH HÄNGT SIE UNS AB...!

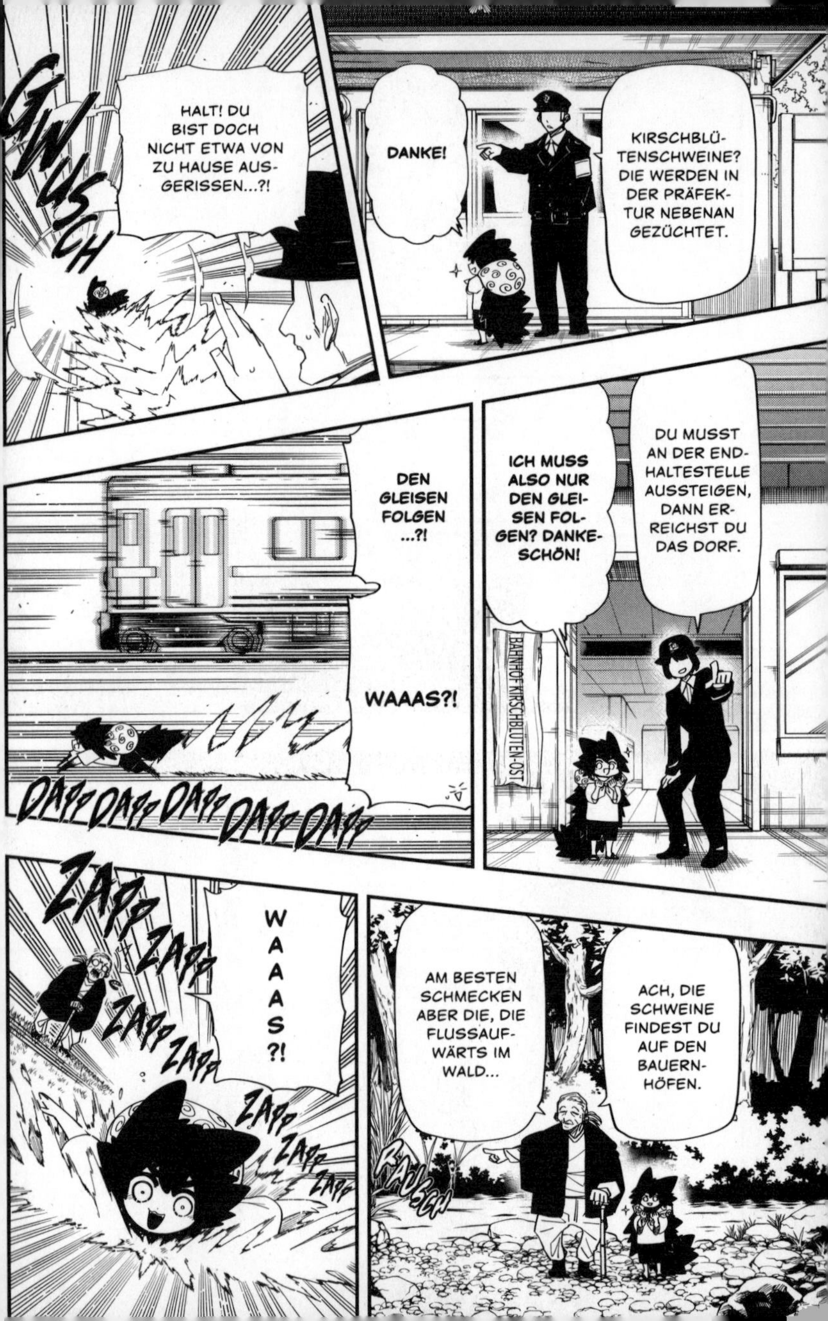
KIRSCHBLÜTENSCHWEINE? DIE WERDEN IN DER PRÄFEKTUR NEBENAN GEZÜCHTET.
DANKE!
GWUSCH
HALT! DU BIST DOCH NICHT ETWA VON ZU HAUSE AUSGERISSEN...?!
DU MUSST AN DER ENDHALTESTELLE AUSSTEIGEN, DANN ERREICHST DU DAS DORF.
ICH MUSS ALSO NUR DEN GLEISEN FOLGEN? DANKESCHÖN!
BAHNHOF KIRSCHBLÜTEN-OST
DEN GLEISEN FOLGEN ...?!
WAAAS?!
DAPP DAPP DAPP DAPP DAPP
ACH, DIE SCHWEINE FINDEST DU AUF DEN BAUERNHÖFEN.
AM BESTEN SCHMECKEN ABER DIE, DIE FLUSSAUFWÄRTS IM WALD...
RAUSCH
WAAAS?!
ZAPP ZAPP ZAPP ZAPP ZAPP ZAPP ZAPP

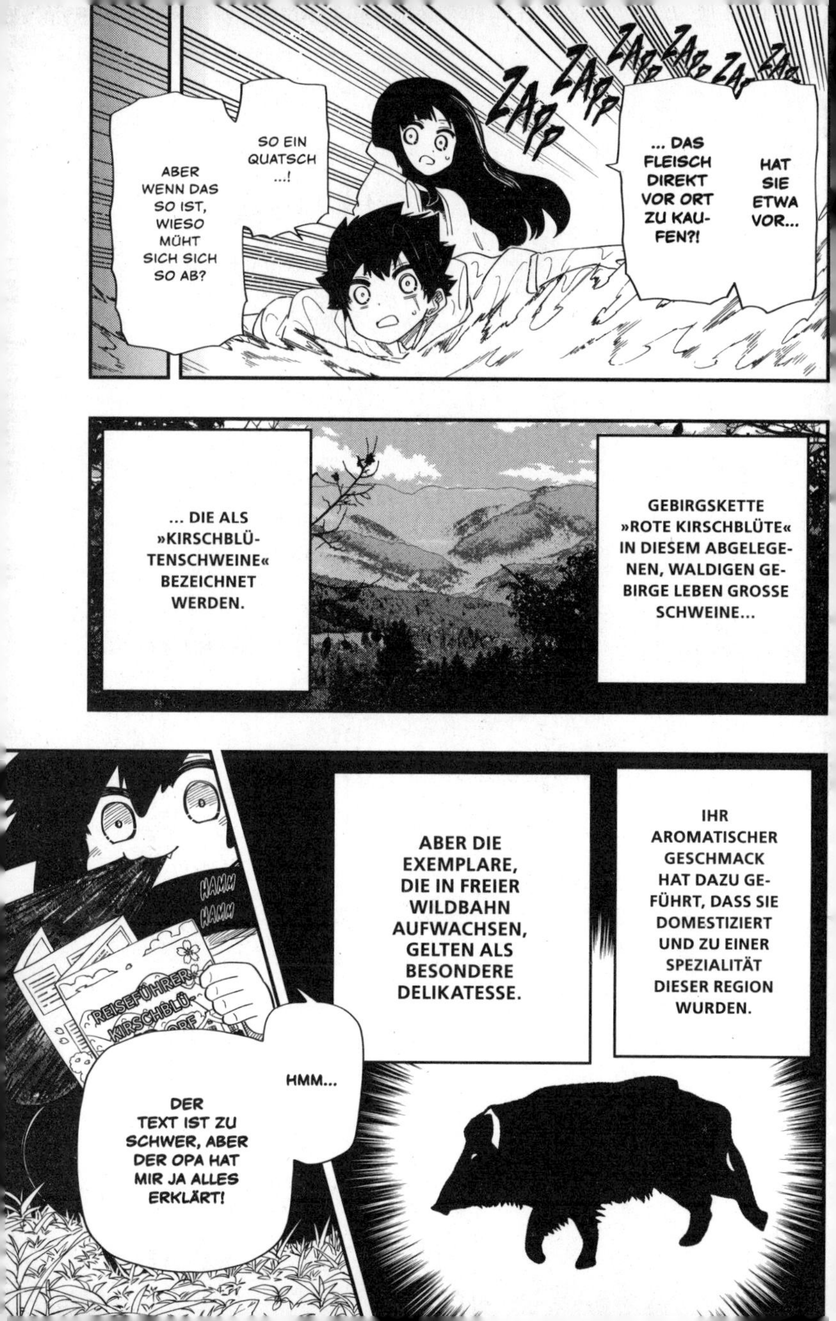
ZAPP ZAPP ZAPP ZAPP
HAT SIE ETWA VOR...
... DAS FLEISCH DIREKT VOR ORT ZU KAUFEN?!
SO EIN QUATSCH ...!
ABER WENN DAS SO IST, WIESO MÜHT SICH SICH SO AB?
GEBIRGSKETTE »ROTE KIRSCHBLÜTE« IN DIESEM ABGELEGENEN, WALDIGEN GEBIRGE LEBEN GROSSE SCHWEINE...
... DIE ALS »KIRSCHBLÜTENSCHWEINE« BEZEICHNET WERDEN.
IHR AROMATISCHER GESCHMACK HAT DAZU GEFÜHRT, DASS SIE DOMESTIZIERT UND ZU EINER SPEZIALITÄT DIESER REGION WURDEN.
ABER DIE EXEMPLARE, DIE IN FREIER WILDBAHN AUFWACHSEN, GELTEN ALS BESONDERE DELIKATESSE.
HAMM HAMM
REISEFÜHRER
HMM...
DER TEXT IST ZU SCHWER, ABER DER OPA HAT MIR JA ALLES ERKLÄRT!

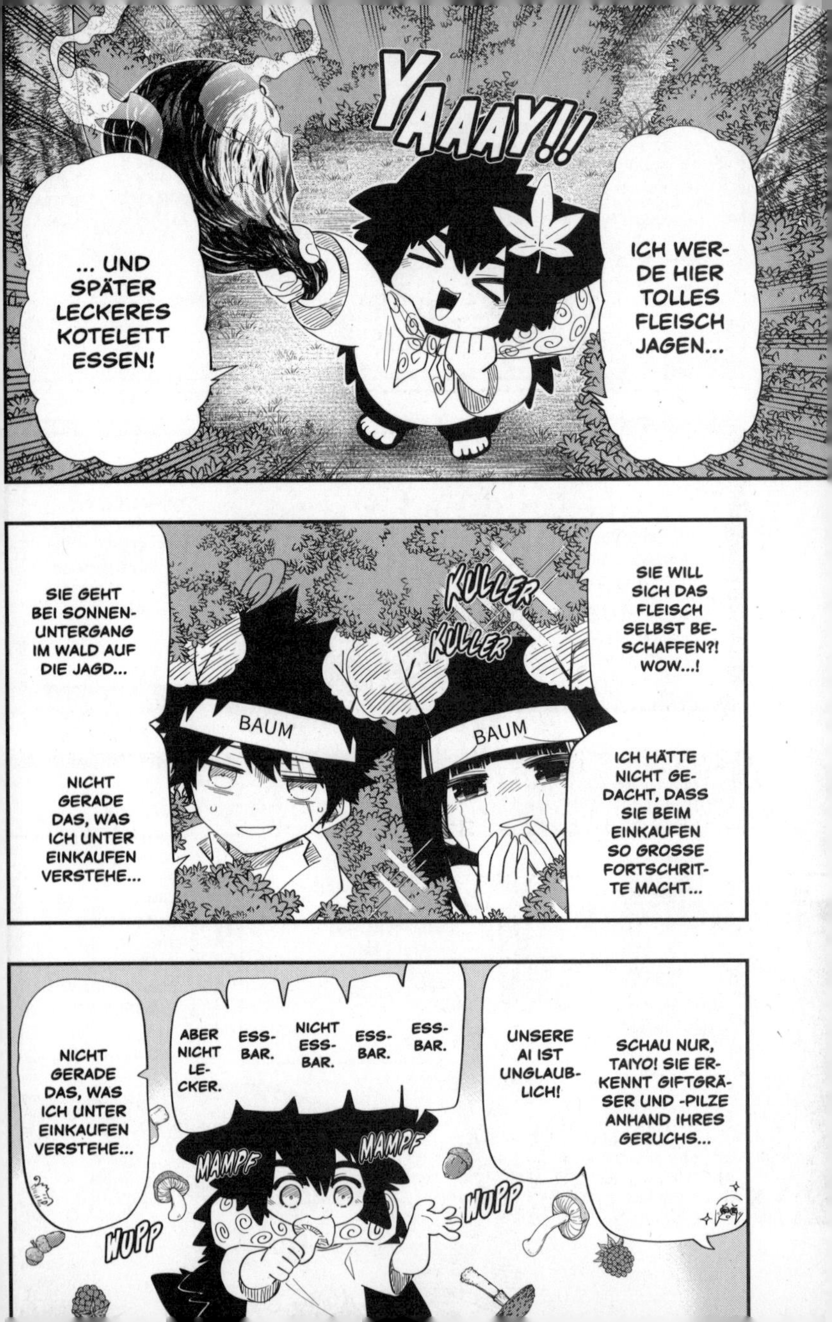
YAAAY!!
ICH WERDE HIER TOLLES FLEISCH JAGEN...
... UND SPÄTER LECKERES KOTELETT ESSEN!
SIE WILL SICH DAS FLEISCH SELBST BESCHAFFEN?! WOW...!
KULLER
KULLER
SIE GEHT BEI SONNENUNTERGANG IM WALD AUF DIE JAGD...
BAUM
BAUM
ICH HÄTTE NICHT GEDACHT, DASS SIE BEIM EINKAUFEN SO GROSSE FORTSCHRITTE MACHT...
NICHT GERADE DAS, WAS ICH UNTER EINKAUFEN VERSTEHE...
SCHAU NUR, TAIYO! SIE ERKENNT GIFTGRÄSER UND -PILZE ANHAND IHRES GERUCHS...
UNSERE AI IST UNGLAUBLICH!
ESSBAR.
ESSBAR.
NICHT ESSBAR.
ESSBAR.
ABER NICHT LECKER.
MAMPF
MAMPF
WUPP
NICHT GERADE DAS, WAS ICH UNTER EINKAUFEN VERSTEHE...
WUPP

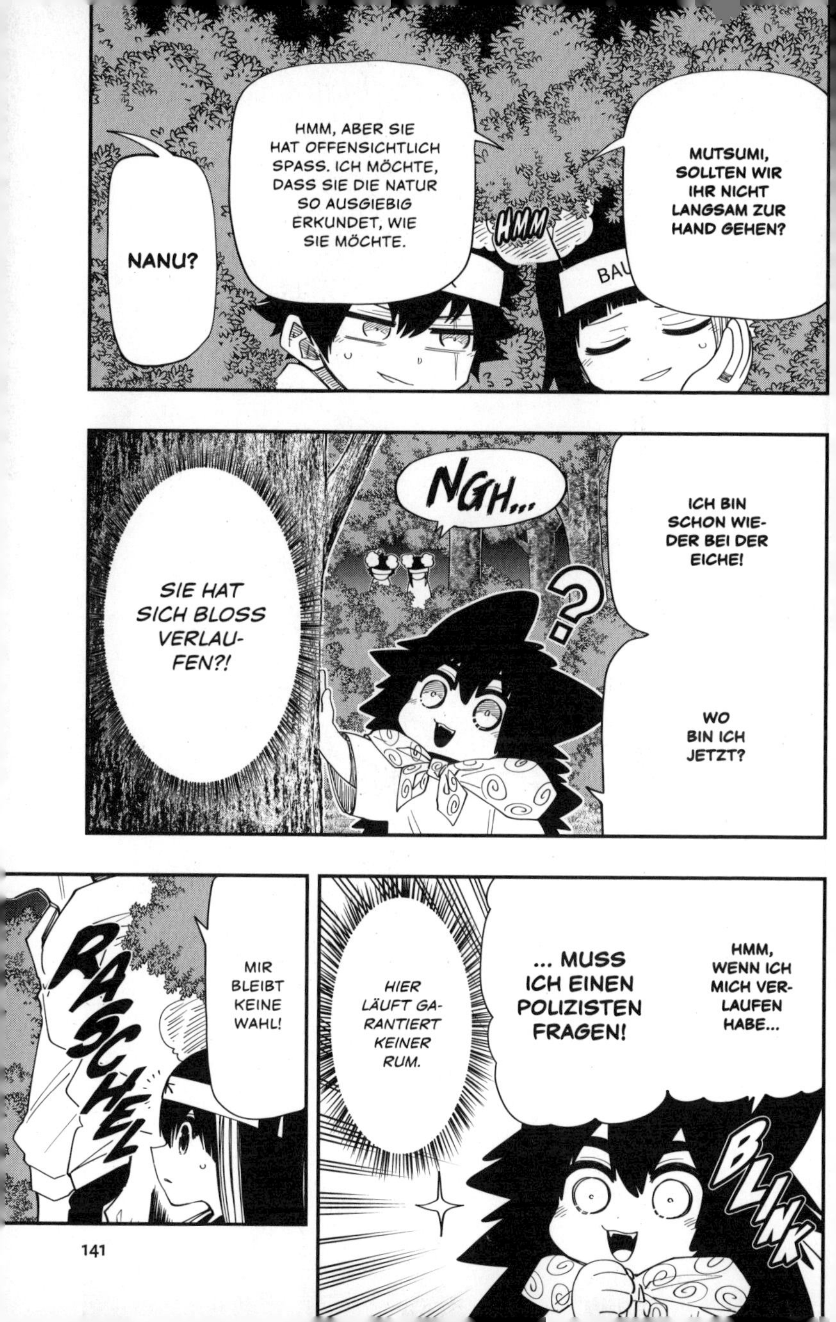

MUTSUMI, SOLLTEN WIR IHR NICHT LANGSAM ZUR HAND GEHEN?
HMM
HMM, ABER SIE HAT OFFENSICHTLICH SPASS. ICH MÖCHTE, DASS SIE DIE NATUR SO AUSGIEBIG ERKUNDET, WIE SIE MÖCHTE.
NANU?
ICH BIN SCHON WIEDER BEI DER EICHE!
WO BIN ICH JETZT?
NGH...
?
SIE HAT SICH BLOSS VERLAUFEN?!
HMM, WENN ICH MICH VERLAUFEN HABE...
... MUSS ICH EINEN POLIZISTEN FRAGEN!
BLINK
HIER LÄUFT GARANTIERT KEINER RUM.
MIR BLEIBT KEINE WAHL!
RASCHEL

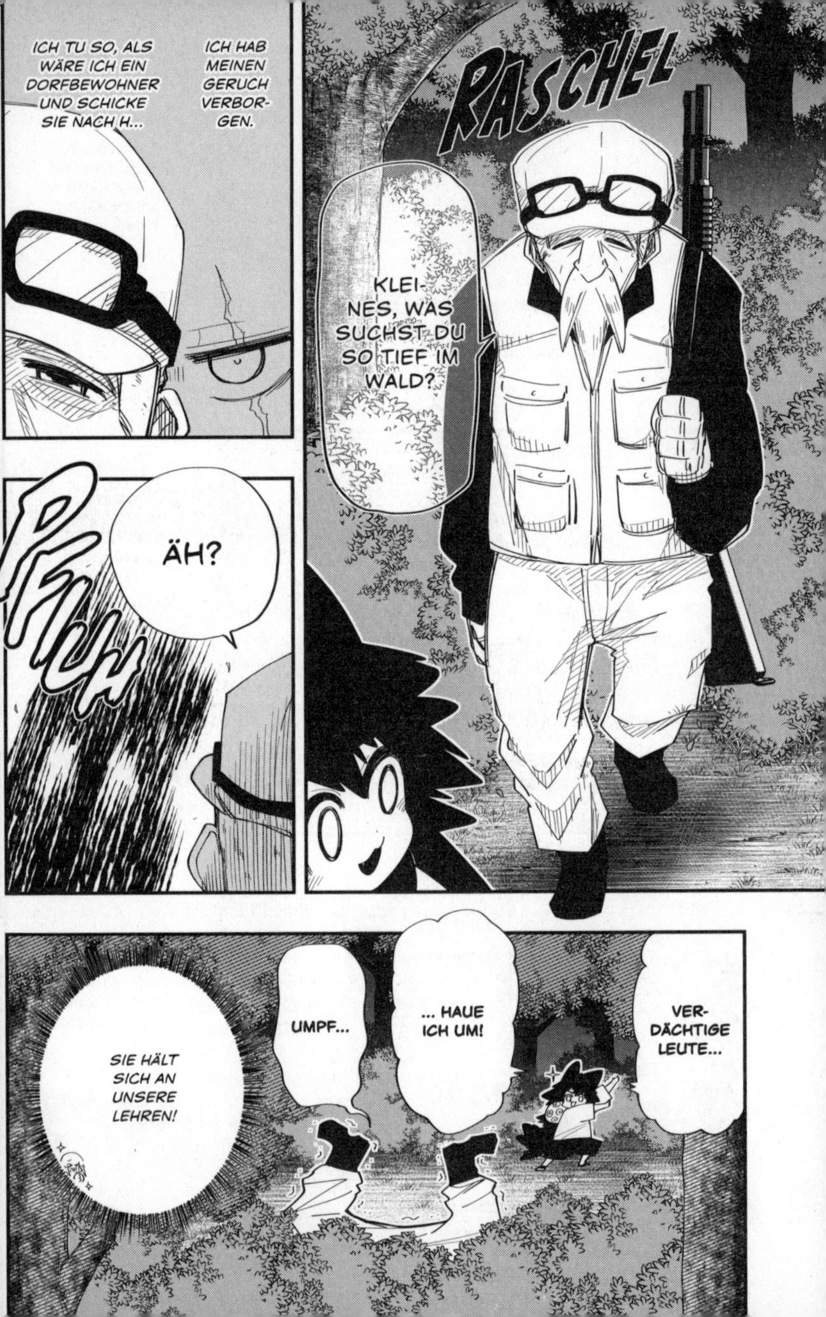
RASCHEL
KLEINES, WAS SUCHST DU SO TIEF IM WALD?
ICH HAB MEINEN GERUCH VERBORGEN.
ICH TU SO, ALS WÄRE ICH EIN DORFBEWOHNER UND SCHICKE SIE NACH H...
ÄH?
VERDÄCHTIGE LEUTE...
... HAUE ICH UM!
UMPF...
SIE HÄLT SICH AN UNSERE LEHREN!

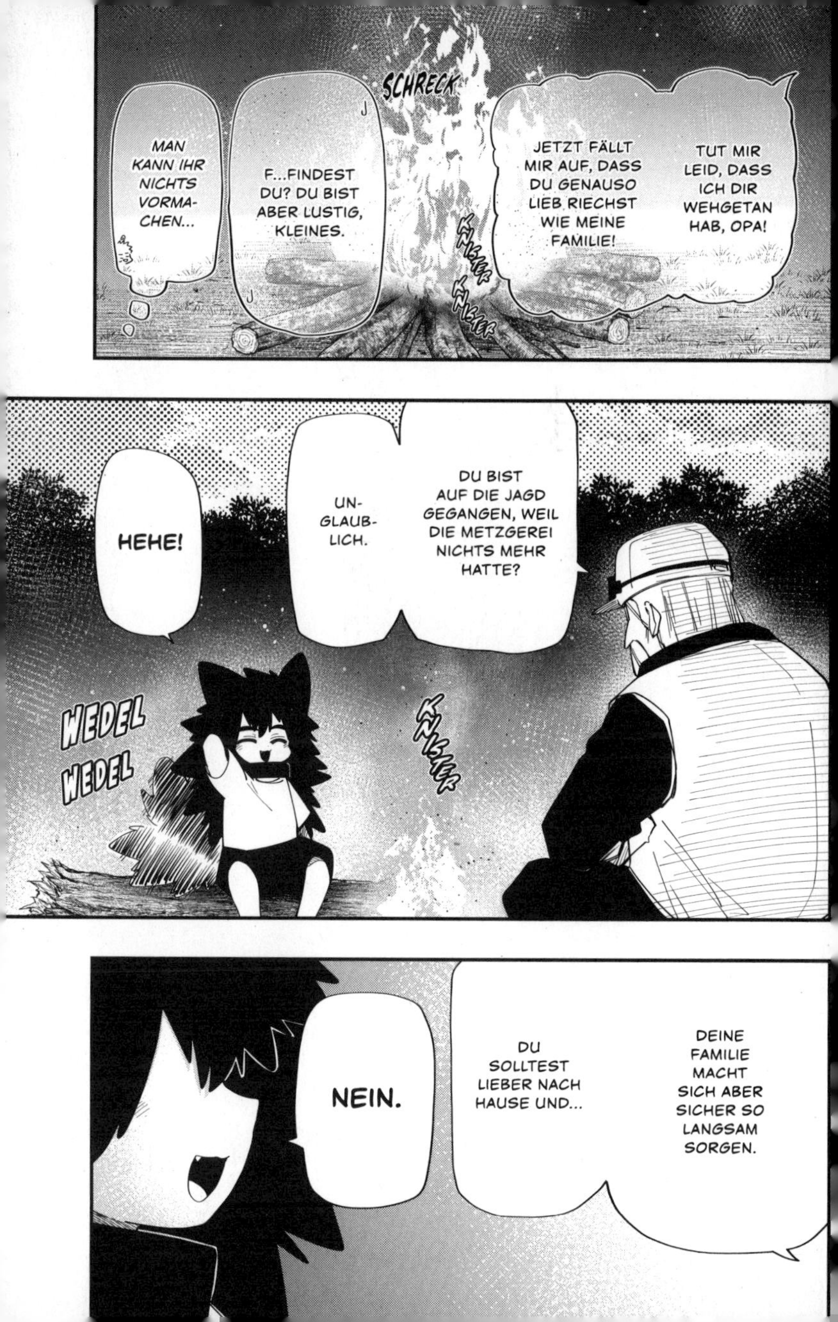
TUT MIR LEID, DASS ICH DIR WEHGETAN HAB, OPA!
JETZT FÄLLT MIR AUF, DASS DU GENAUSO LIEB RIECHST WIE MEINE FAMILIE!
SCHRECK
KNISTER KNISTER
F...FINDEST DU? DU BIST ABER LUSTIG, KLEINES.
MAN KANN IHR NICHTS VORMACHEN...
DU BIST AUF DIE JAGD GEGANGEN, WEIL DIE METZGEREI NICHTS MEHR HATTE?
UN-GLAUB-LICH.
HEHE!
KNISTER
WEDEL WEDEL
DEINE FAMILIE MACHT SICH ABER SICHER SO LANGSAM SORGEN.
DU SOLLTEST LIEBER NACH HAUSE UND...
NEIN.

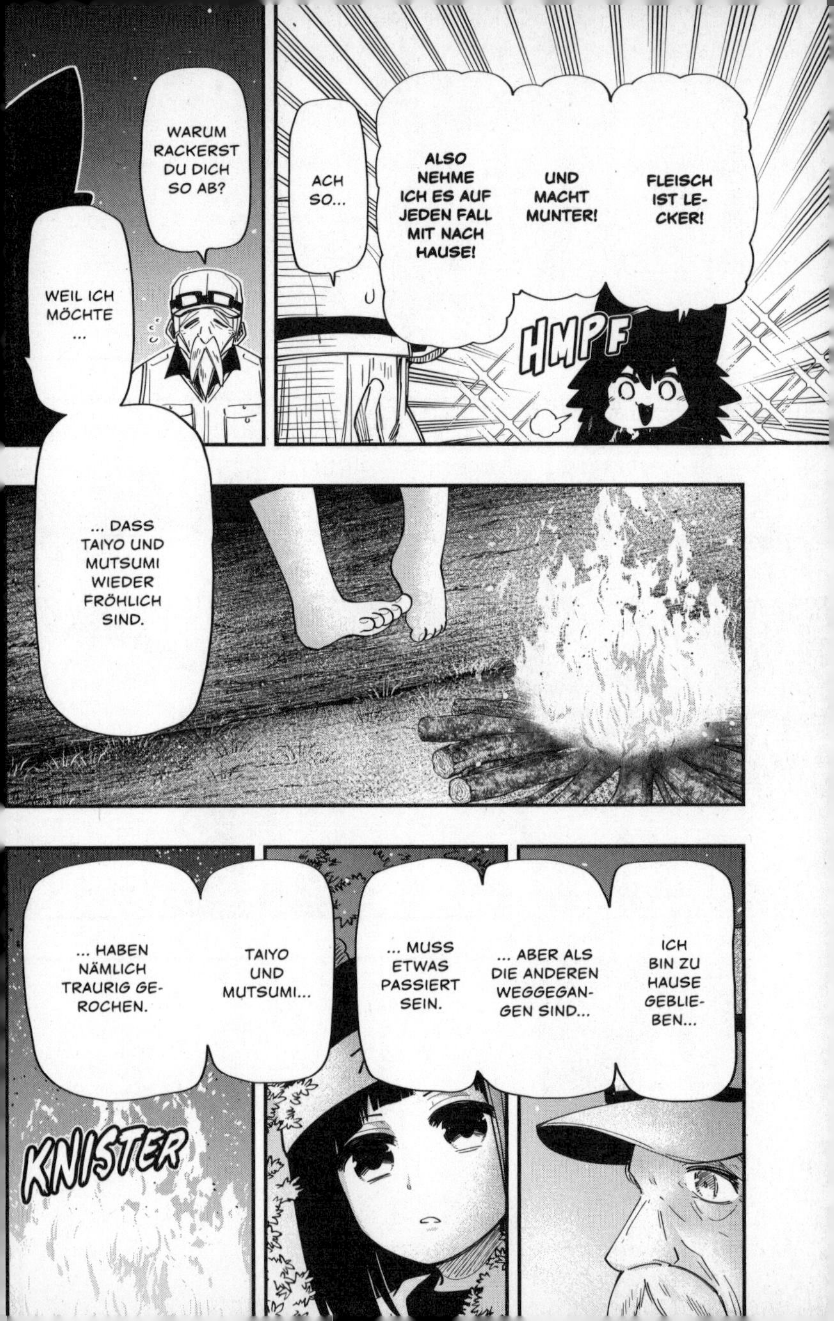
FLEISCH IST LE-CKER!
UND MACHT MUNTER!
ALSO NEHME ICH ES AUF JEDEN FALL MIT NACH HAUSE!
HMPF
ACH SO...
WARUM RACKERST DU DICH SO AB?
WEIL ICH MÖCHTE ...
... DASS TAIYO UND MUTSUMI WIEDER FRÖHLICH SIND.
ICH BIN ZU HAUSE GEBLIE-BEN...
... ABER ALS DIE ANDEREN WEGGEGAN-GEN SIND...
... MUSS ETWAS PASSIERT SEIN.
TAIYO UND MUTSUMI...
... HABEN NÄMLICH TRAURIG GE-ROCHEN.
KNISTER

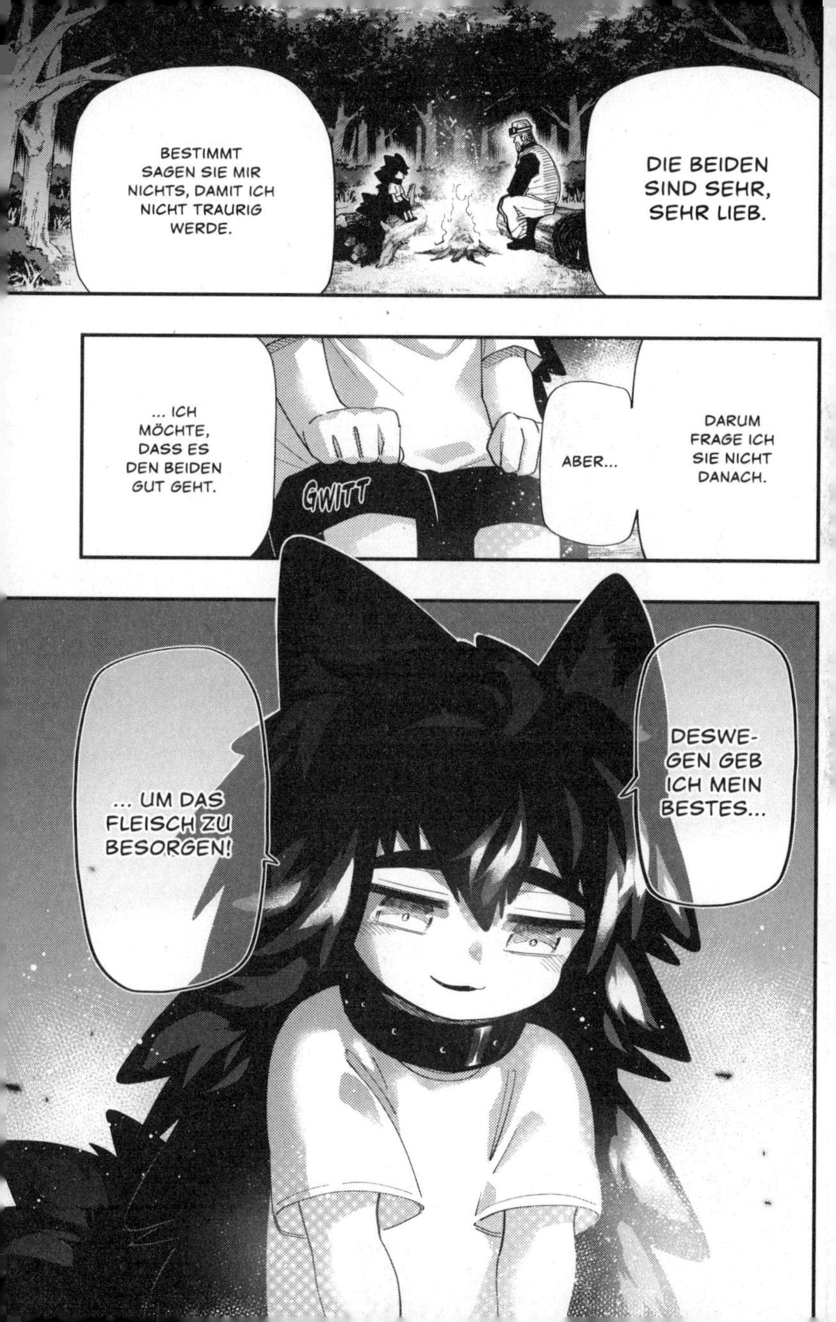
DIE BEIDEN SIND SEHR, SEHR LIEB.
BESTIMMT SAGEN SIE MIR NICHTS, DAMIT ICH NICHT TRAURIG WERDE.
DARUM FRAGE ICH SIE NICHT DANACH.
ABER...
... ICH MÖCHTE, DASS ES DEN BEIDEN GUT GEHT.
GWITT
DESWEGEN GEB ICH MEIN BESTES...
... UM DAS FLEISCH ZU BESORGEN!

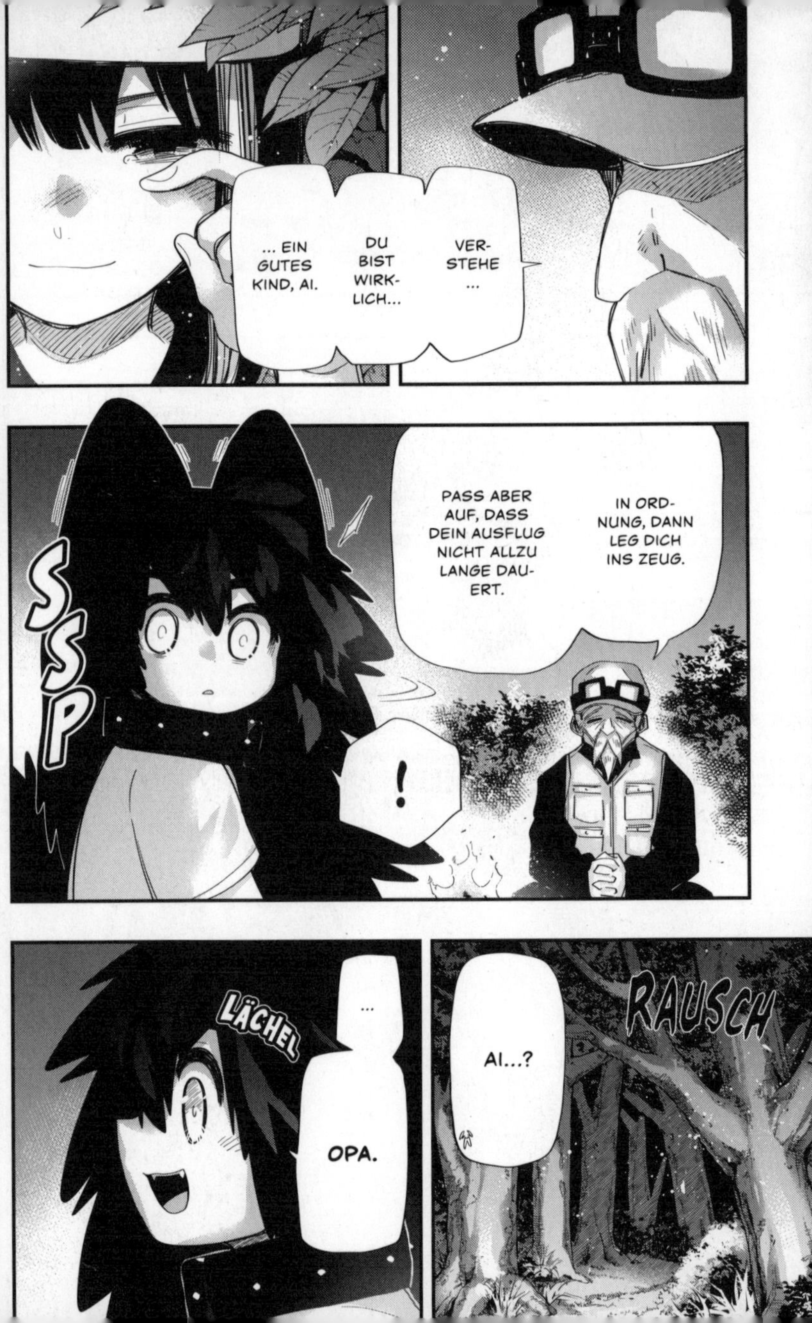
VER-
STEHE
...
DU
BIST
WIRK-
LICH...
... EIN
GUTES
KIND, AI.
IN ORD-
NUNG, DANN
LEG DICH
INS ZEUG.
PASS ABER
AUF, DASS
DEIN AUSFLUG
NICHT ALLZU
LANGE DAU-
ERT.
!
SSP
RAUSCH
AI...?
...
OPA.
LÄCHEL

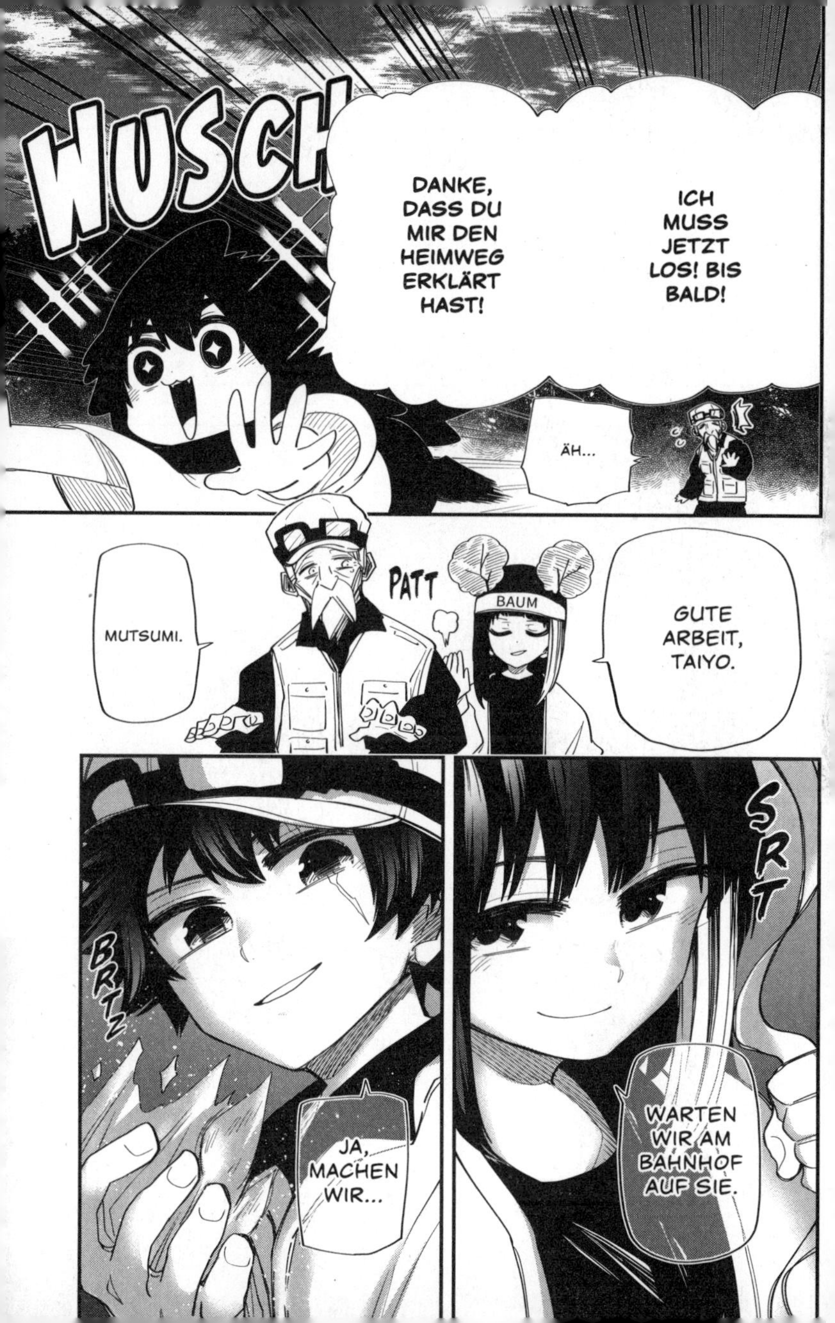
WUSCH
DANKE, DASS DU MIR DEN HEIMWEG ERKLÄRT HAST!
ICH MUSS JETZT LOS! BIS BALD!
ÄH…
GUTE ARBEIT, TAIYO.
PATT
BAUM
MUTSUMI.
SRT
WARTEN WIR AM BAHNHOF AUF SIE.
BRTZ
JA, MACHEN WIR…

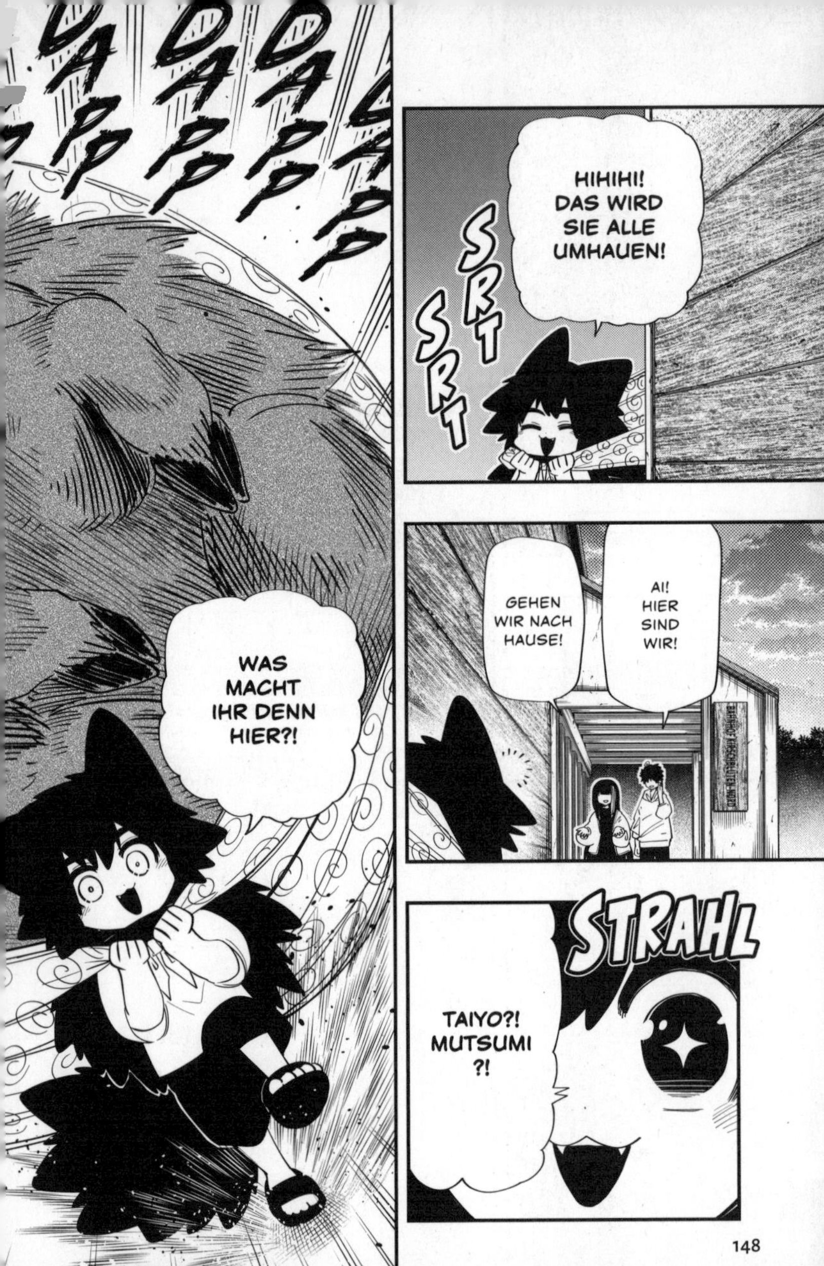
HIHIHI! DAS WIRD SIE ALLE UMHAUEN!
SRT SRT
AI! HIER SIND WIR!
GEHEN WIR NACH HAUSE!
STRAHL
TAIYO?! MUTSUMI ?!
DAPP DAPP DAPP DAPP
WAS MACHT IHR DENN HIER?!

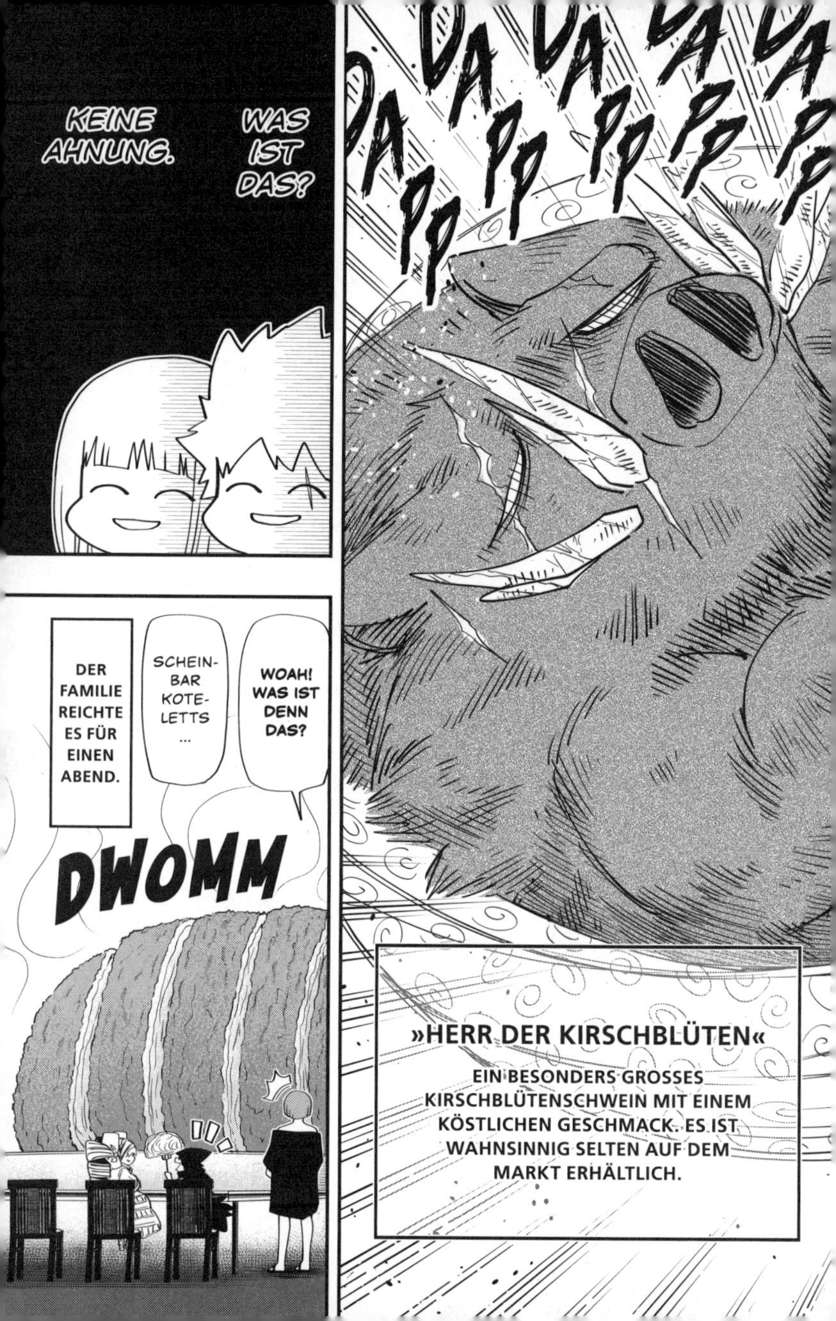

PAPPAPPAPPAPPAPPAPP
WAS IST DAS?
KEINE AHNUNG.
»HERR DER KIRSCHBLÜTEN«
EIN BESONDERS GROSSES KIRSCHBLÜTENSCHWEIN MIT EINEM KÖSTLICHEN GESCHMACK. ES IST WAHNSINNIG SELTEN AUF DEM MARKT ERHÄLTLICH.
WOAH! WAS IST DENN DAS?
SCHEIN-BAR KOTE-LETTS ...
DER FAMILIE REICHTE ES FÜR EINEN ABEND.
DWOMM

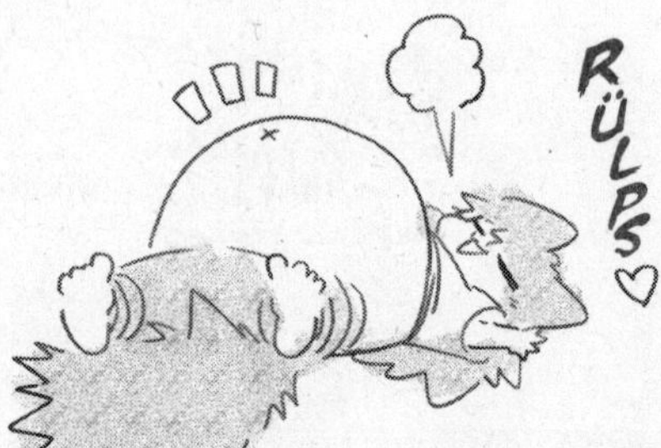
RÜLPS♡

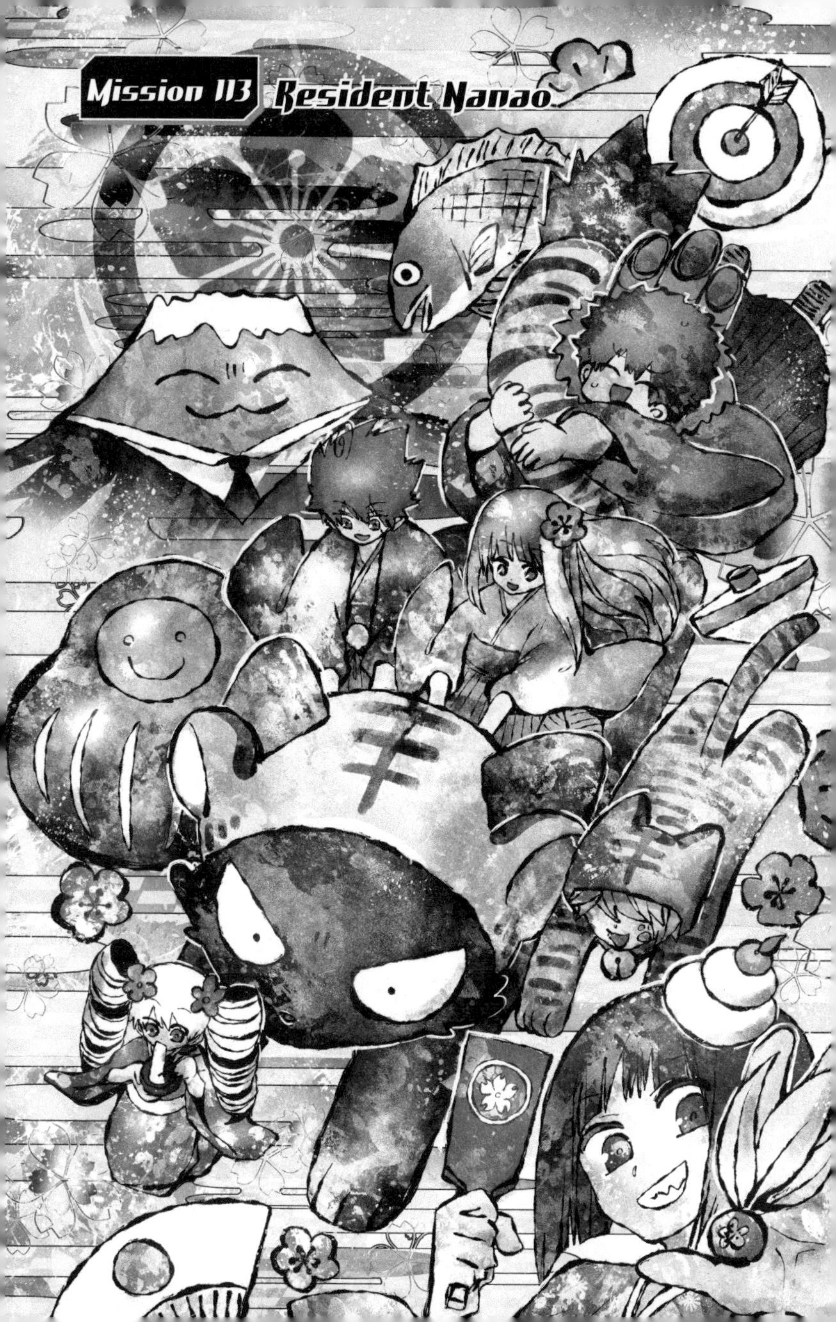
Mission 113
Resident Nanao

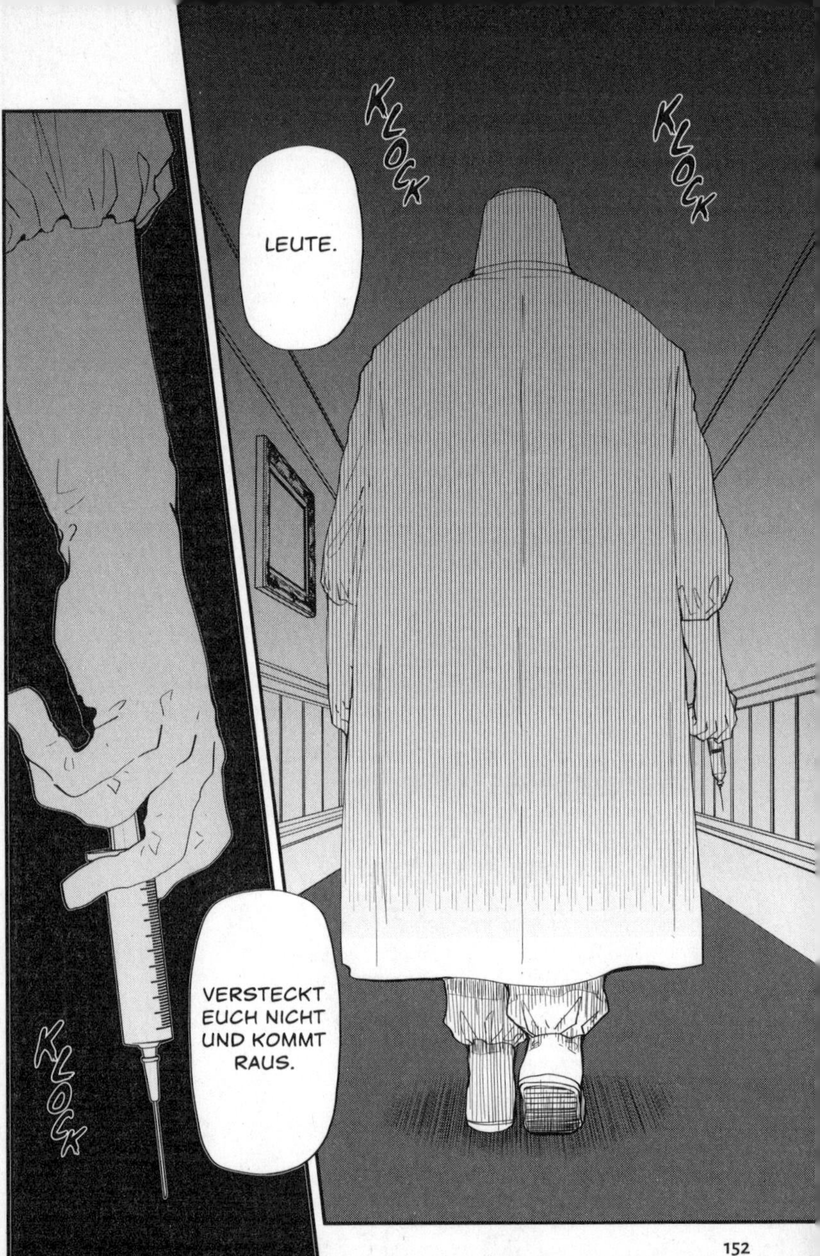
KLOCK
KLOCK
LEUTE.
VERSTECKT EUCH NICHT UND KOMMT RAUS.
KLOCK

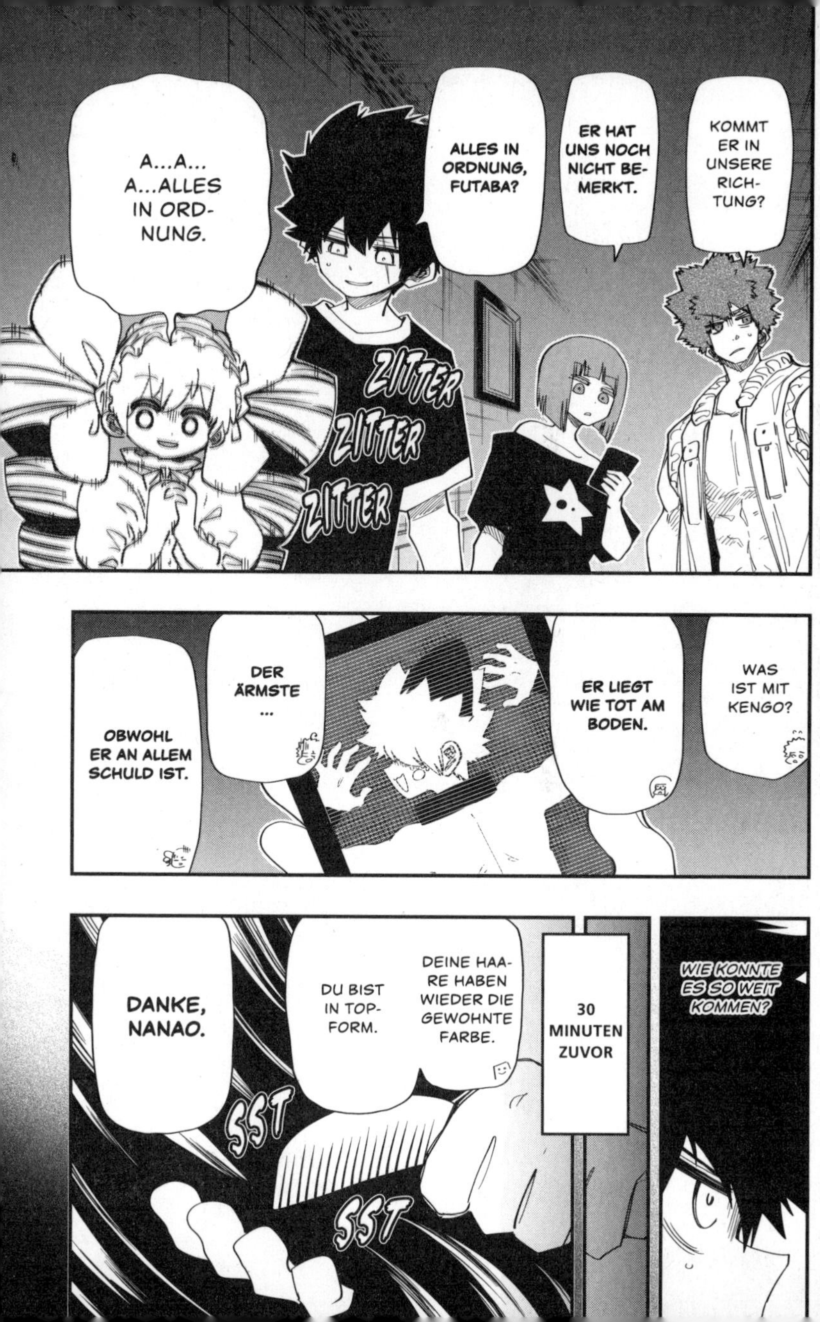

KOMMT ER IN UNSERE RICHTUNG?
ER HAT UNS NOCH NICHT BEMERKT.
ALLES IN ORDNUNG, FUTABA?
A...A... A...ALLES IN ORDNUNG.
ZITTER ZITTER ZITTER
WAS IST MIT KENGO?
ER LIEGT WIE TOT AM BODEN.
DER ÄRMSTE ...
OBWOHL ER AN ALLEM SCHULD IST.
WIE KONNTE ES SO WEIT KOMMEN?
30 MINUTEN ZUVOR
DEINE HAARE HABEN WIEDER DIE GEWOHNTE FARBE.
DU BIST IN TOPFORM.
DANKE, NANAO.
SST
SST

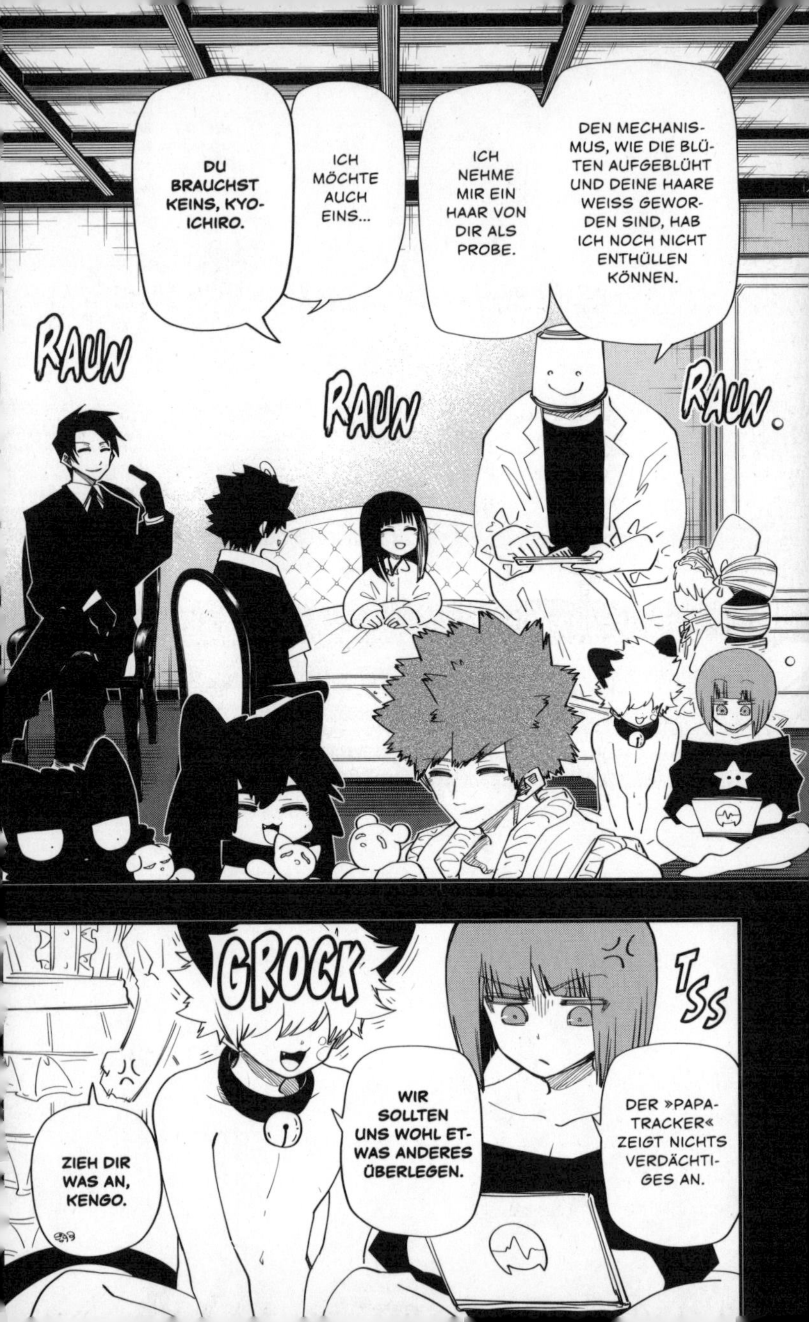
DEN MECHANISMUS, WIE DIE BLÜTEN AUFGEBLÜHT UND DEINE HAARE WEISS GEWORDEN SIND, HAB ICH NOCH NICHT ENTHÜLLEN KÖNNEN.
ICH NEHME MIR EIN HAAR VON DIR ALS PROBE.
ICH MÖCHTE AUCH EINS...
DU BRAUCHST KEINS, KYOICHIRO.
RAUN
RAUN
RAUN
TSS
DER »PAPA-TRACKER« ZEIGT NICHTS VERDÄCHTIGES AN.
GROCK
WIR SOLLTEN UNS WOHL ETWAS ANDERES ÜBERLEGEN.
ZIEH DIR WAS AN, KENGO.

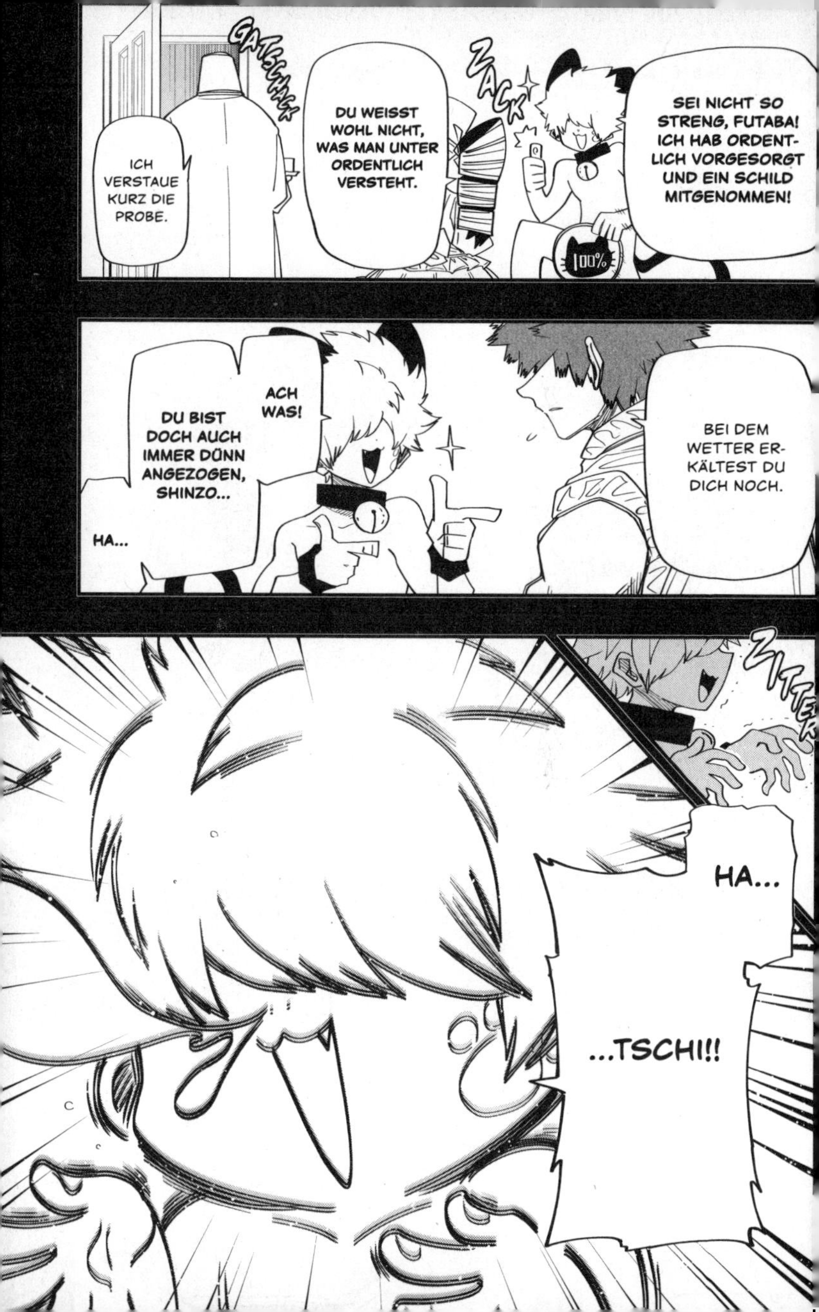
SEI NICHT SO STRENG, FUTABA! ICH HAB ORDENTLICH VORGESORGT UND EIN SCHILD MITGENOMMEN!
100%
ZACK
DU WEISST WOHL NICHT, WAS MAN UNTER ORDENTLICH VERSTEHT.
GATSCHACK
ICH VERSTAUE KURZ DIE PROBE.
BEI DEM WETTER ERKÄLTEST DU DICH NOCH.
ACH WAS!
DU BIST DOCH AUCH IMMER DÜNN ANGEZOGEN, SHINZO...
HA...
ZITTER
HA...
...TSCHI!!

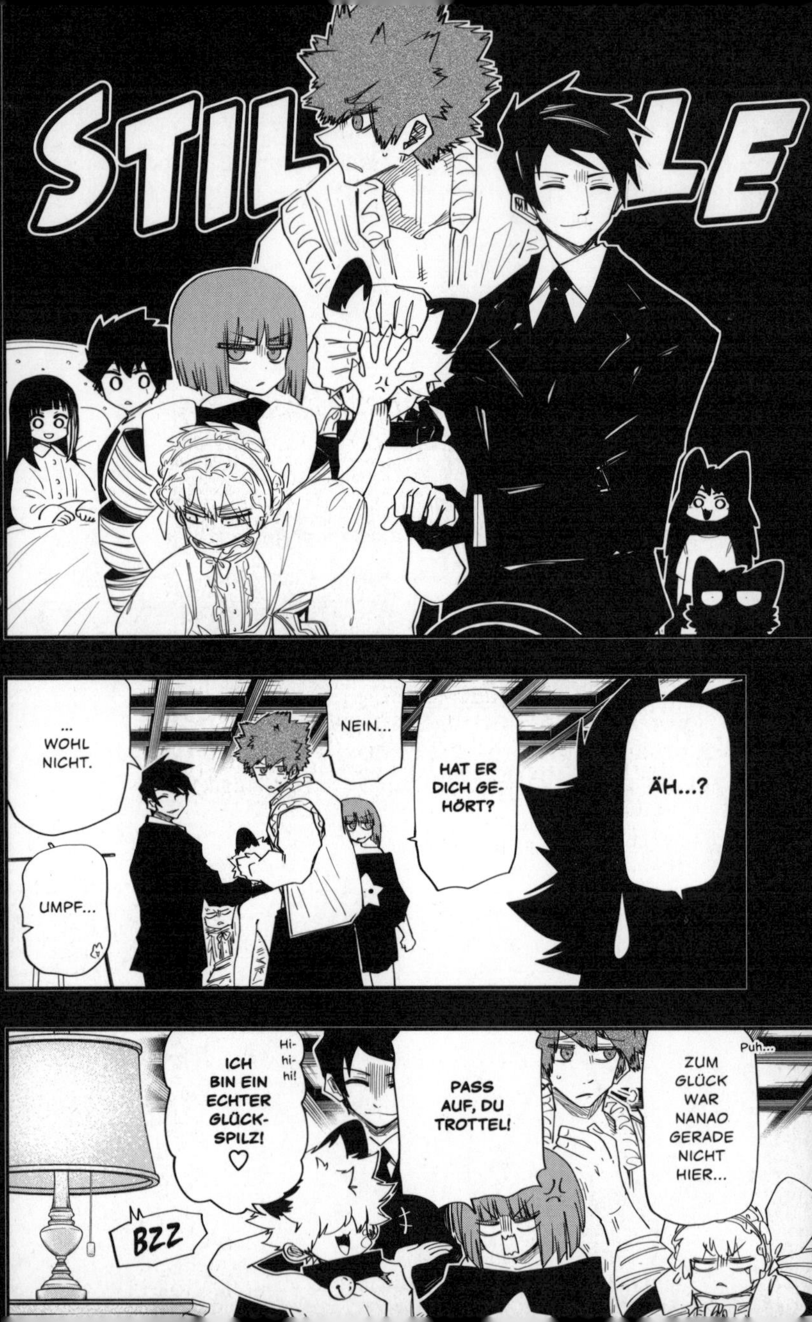
STILLE
ÄH...?
HAT ER DICH GEHÖRT?
NEIN...
... WOHL NICHT.
UMPF...
Puh...
ZUM GLÜCK WAR NANAO GERADE NICHT HIER...
PASS AUF, DU TROTTEL!
Hi-hi-hi!
ICH BIN EIN ECHTER GLÜCKSPILZ! ♡
BZZ

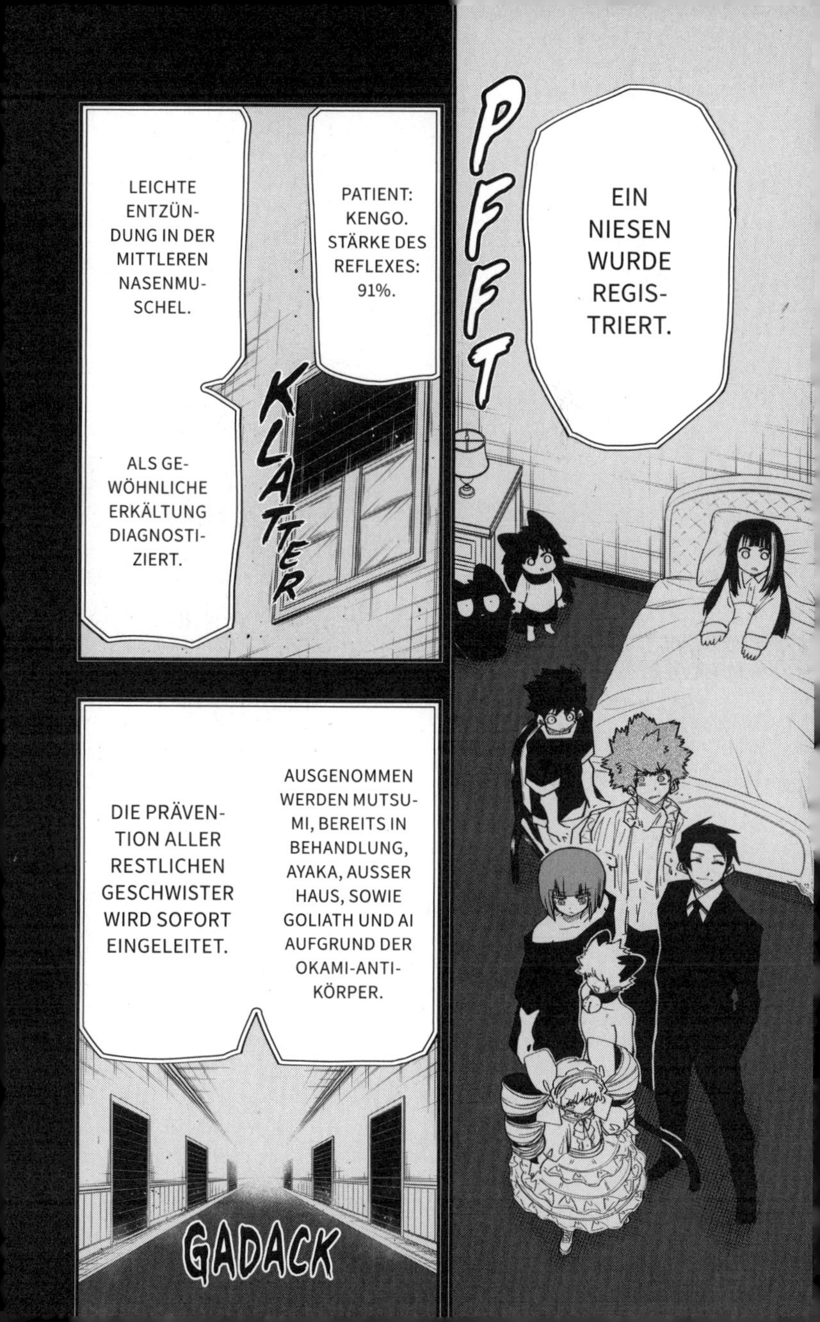
PFFT
EIN NIESEN WURDE REGISTRIERT.
PATIENT: KENGO. STÄRKE DES REFLEXES: 91%.
LEICHTE ENTZÜNDUNG IN DER MITTLEREN NASENMUSCHEL.
ALS GEWÖHNLICHE ERKÄLTUNG DIAGNOSTIZIERT.
KLATTER
AUSGENOMMEN WERDEN MUTSUMI, BEREITS IN BEHANDLUNG, AYAKA, AUSSER HAUS, SOWIE GOLIATH UND AI AUFGRUND DER OKAMI-ANTIKÖRPER.
DIE PRÄVENTION ALLER RESTLICHEN GESCHWISTER WIRD SOFORT EINGELEITET.
GADACK

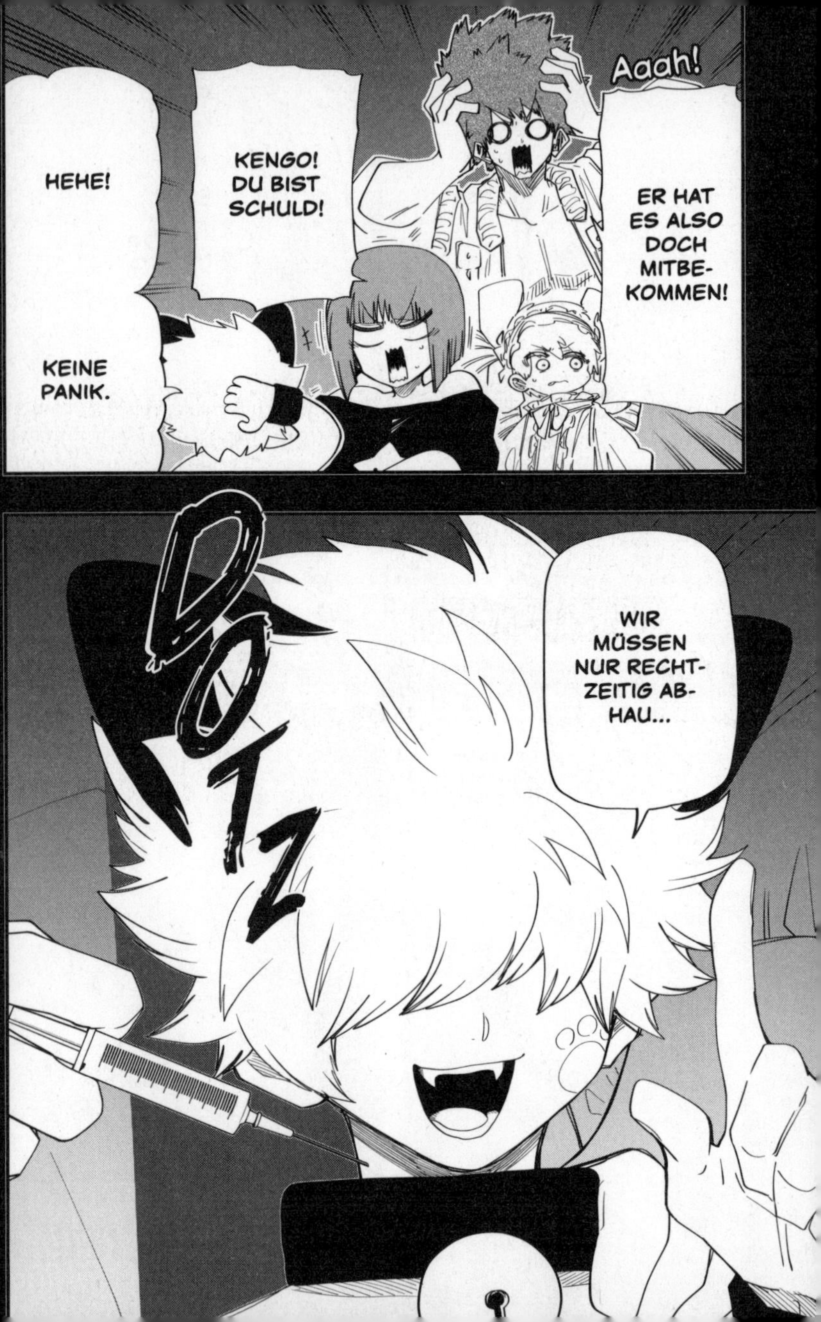
Aaah!
ER HAT ES ALSO DOCH MITBE-KOMMEN!
KENGO! DU BIST SCHULD!
HEHE!
KEINE PANIK.
WIR MÜSSEN NUR RECHT-ZEITIG AB-HAU...

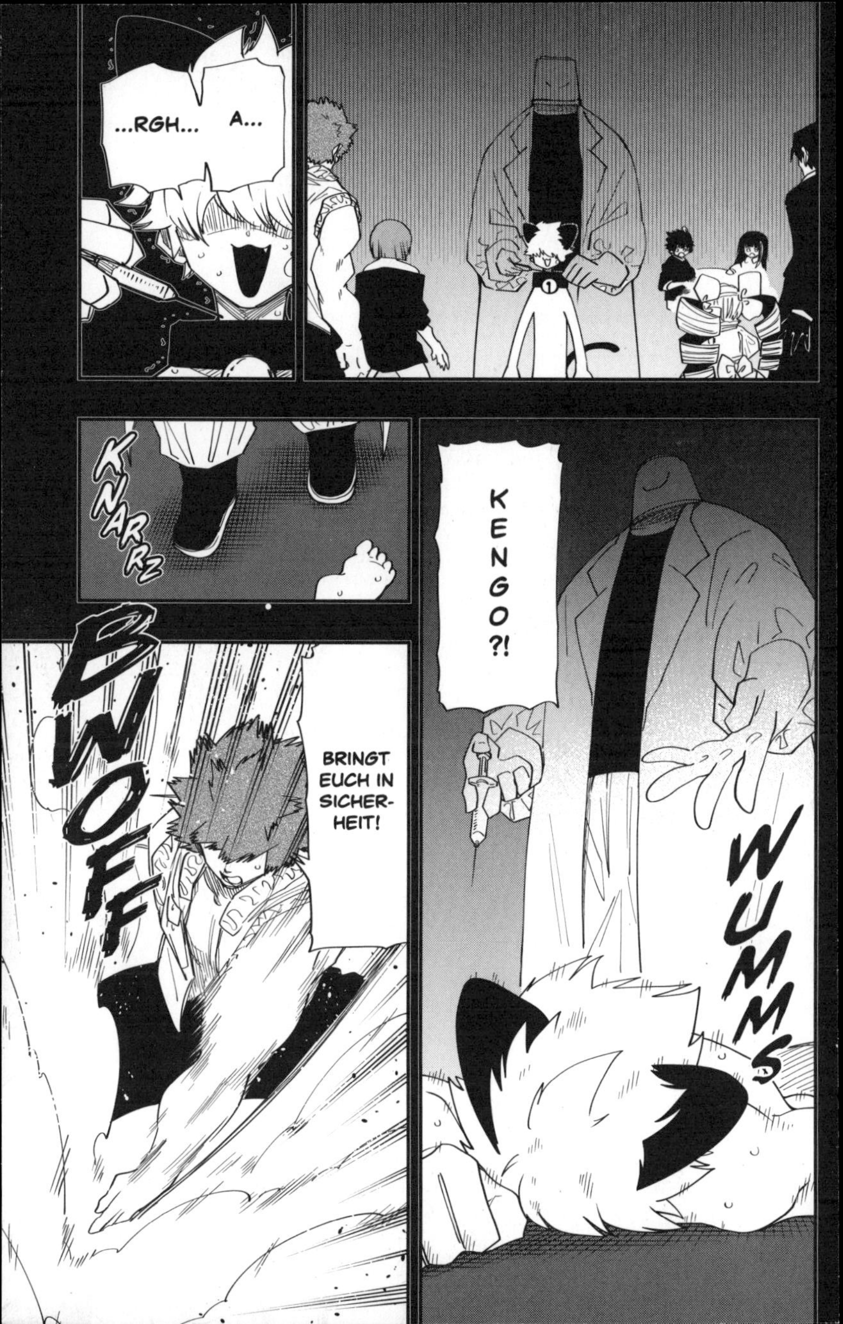
...RGH...
A...
KNARRZ
KENGO?!
BRINGT EUCH IN SICHER-HEIT!
BWOFF
WUMMS

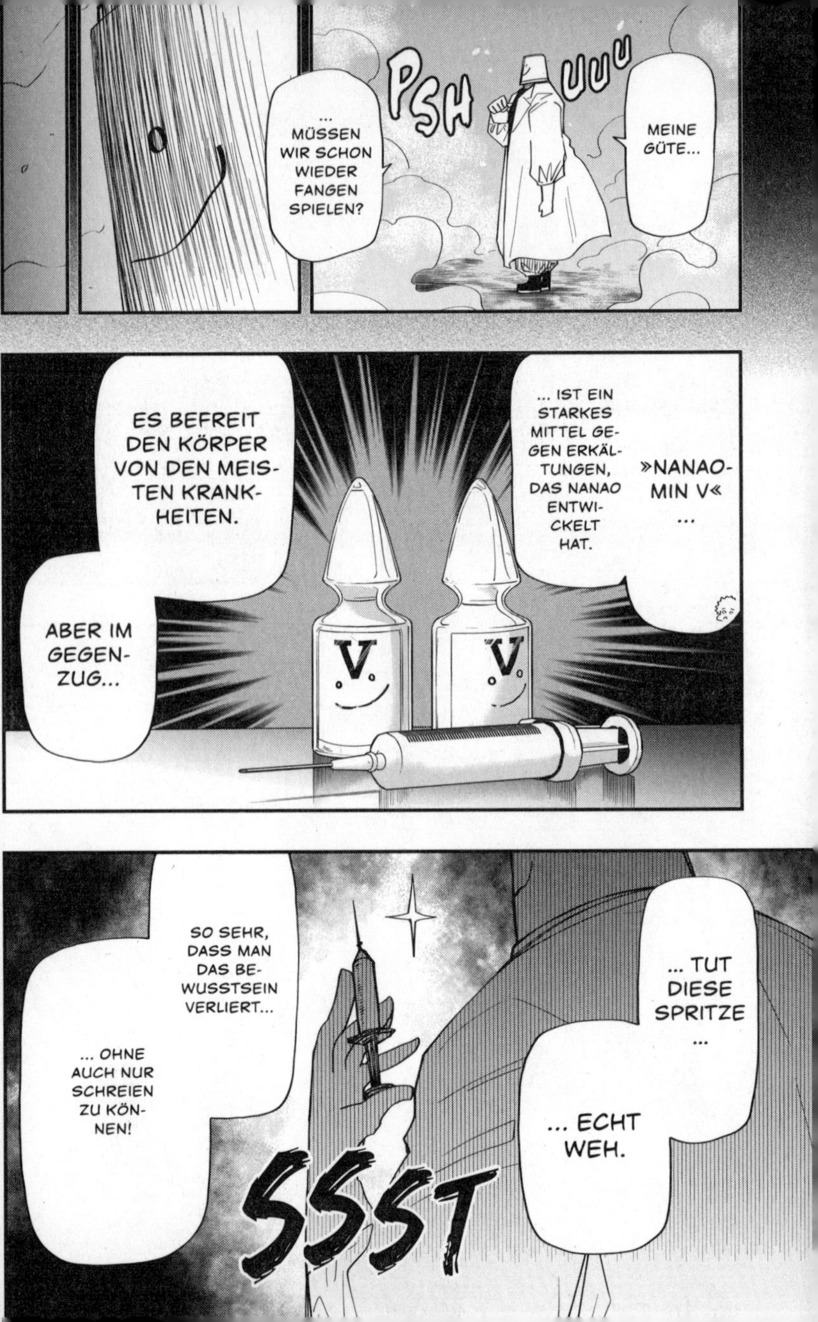
MEINE GÜTE...
PSHUUU
... MÜSSEN WIR SCHON WIEDER FANGEN SPIELEN?
»NANAOMIN V« ...
... IST EIN STARKES MITTEL GEGEN ERKÄLTUNGEN, DAS NANAO ENTWICKELT HAT.
ES BEFREIT DEN KÖRPER VON DEN MEISTEN KRANKHEITEN.
ABER IM GEGENZUG...
... TUT DIESE SPRITZE ...
... ECHT WEH.
SO SEHR, DASS MAN DAS BEWUSSTSEIN VERLIERT...
... OHNE AUCH NUR SCHREIEN ZU KÖNNEN!
SSST

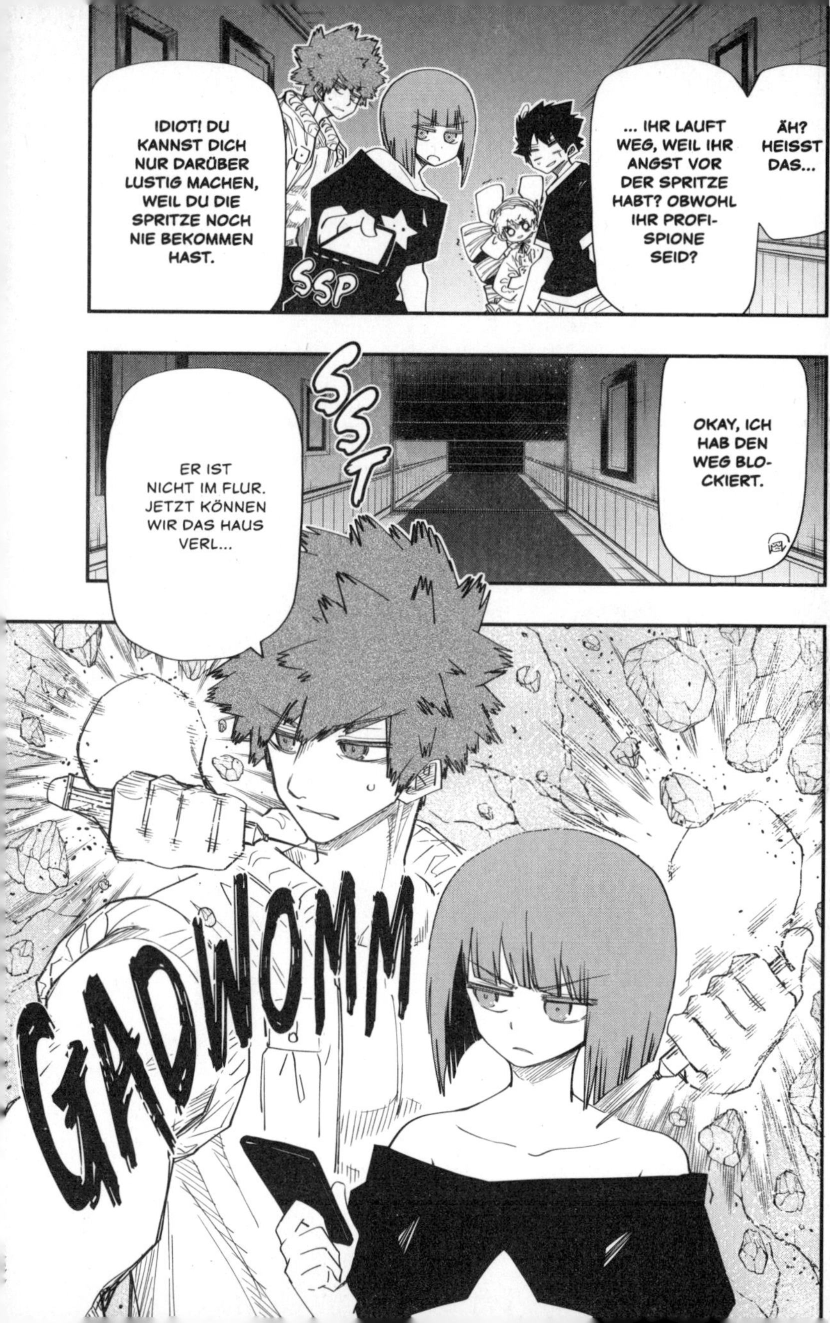
ÄH? HEISST DAS...
... IHR LAUFT WEG, WEIL IHR ANGST VOR DER SPRITZE HABT? OBWOHL IHR PROFI-SPIONE SEID?
IDIOT! DU KANNST DICH NUR DARÜBER LUSTIG MACHEN, WEIL DU DIE SPRITZE NOCH NIE BEKOMMEN HAST.
SSP
OKAY, ICH HAB DEN WEG BLO-CKIERT.
SST
ER IST NICHT IM FLUR. JETZT KÖNNEN WIR DAS HAUS VERL...
GADWOMM

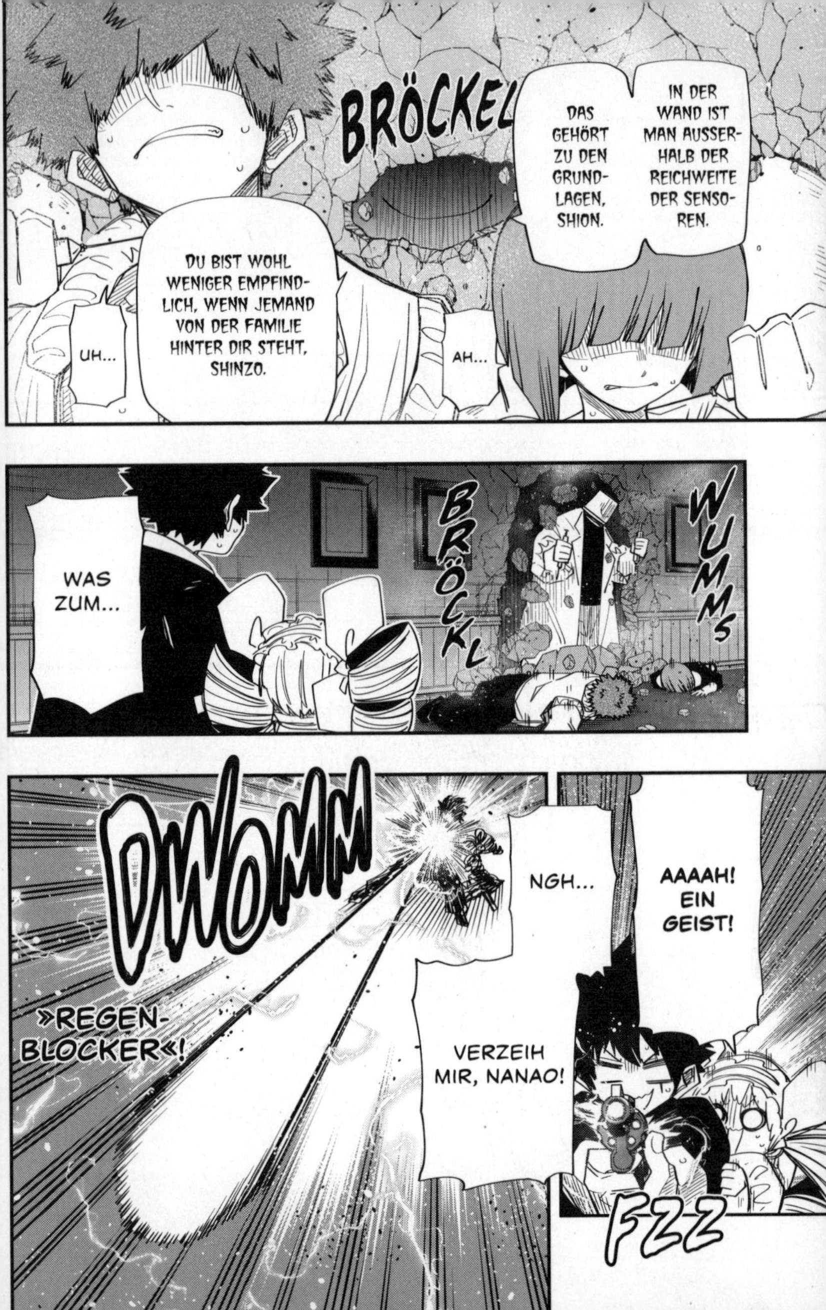
IN DER WAND IST MAN AUSSERHALB DER REICHWEITE DER SENSOREN.
DAS GEHÖRT ZU DEN GRUNDLAGEN, SHION.
BRÖCKEL
AH...
DU BIST WOHL WENIGER EMPFINDLICH, WENN JEMAND VON DER FAMILIE HINTER DIR STEHT, SHINZO.
UH...
WUMMS
BRÖCKL
WAS ZUM...
AAAAH! EIN GEIST!
NGH...
VERZEIH MIR, NANAO!
FZZ
DWOMM
»REGENBLOCKER«!

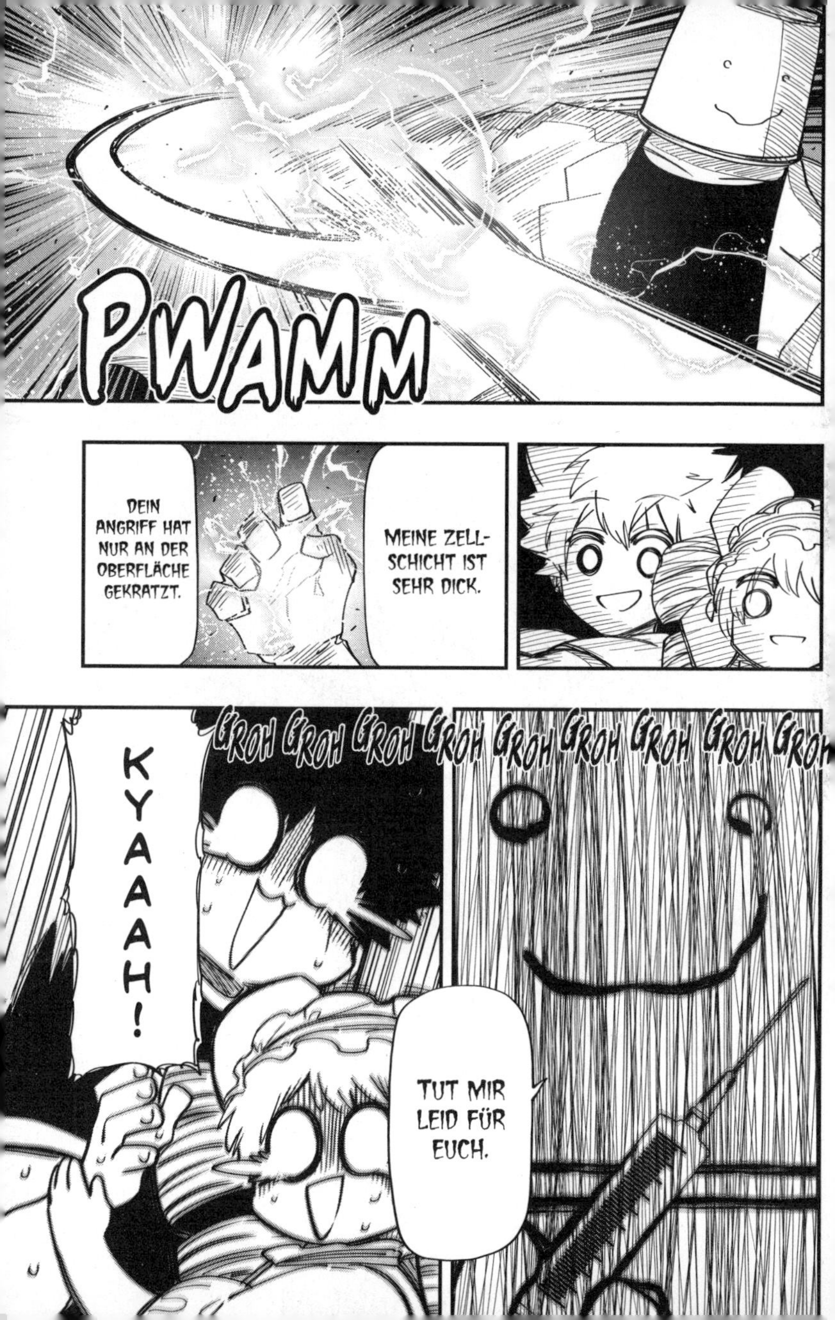
PWAMM
DEIN ANGRIFF HAT NUR AN DER OBERFLÄCHE GEKRATZT.
MEINE ZELL-SCHICHT IST SEHR DICK.
GROH GROH GROH GROH GROH GROH GROH GROH GROH
KYAAAAH!
TUT MIR LEID FÜR EUCH.

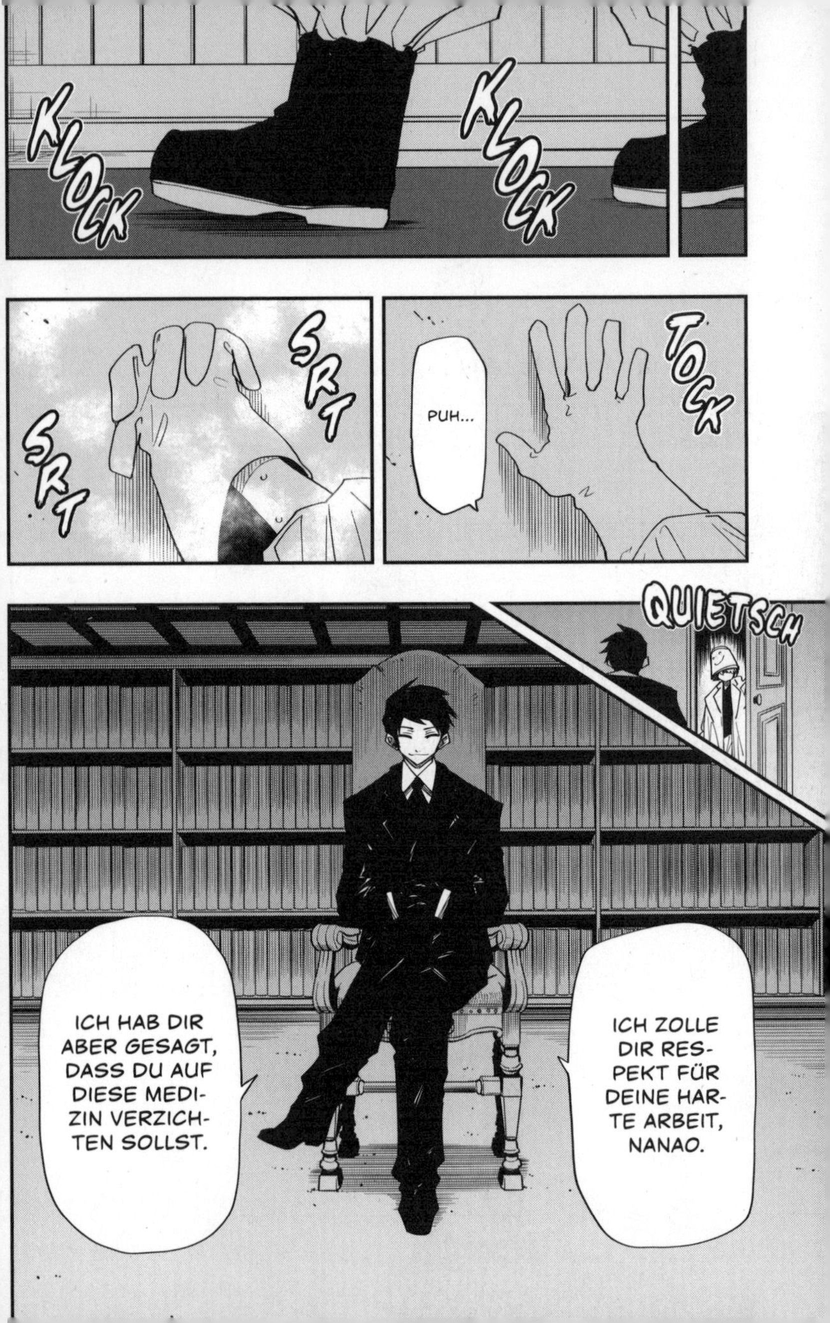
KLOCK
KLOCK
SRT
SRT
TOCK
PUH...
QUIETSCH
ICH ZOLLE DIR RESPEKT FÜR DEINE HARTE ARBEIT, NANAO.
ICH HAB DIR ABER GESAGT, DASS DU AUF DIESE MEDIZIN VERZICHTEN SOLLST.

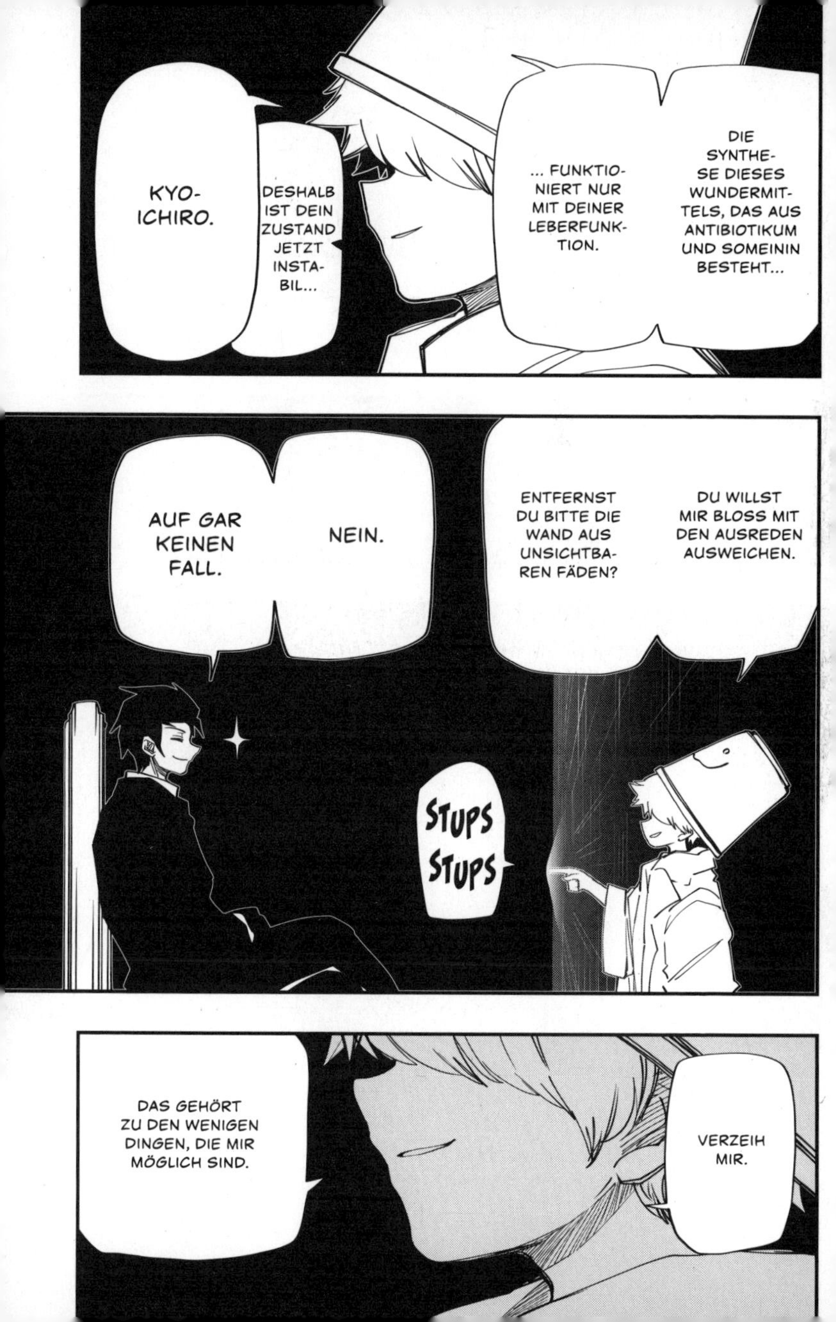

DIE SYNTHESE DIESES WUNDERMITTELS, DAS AUS ANTIBIOTIKUM UND SOMEININ BESTEHT...
... FUNKTIONIERT NUR MIT DEINER LEBERFUNKTION.
DESHALB IST DEIN ZUSTAND JETZT INSTABIL...
KYO-ICHIRO.
DU WILLST MIR BLOSS MIT DEN AUSREDEN AUSWEICHEN.
ENTFERNST DU BITTE DIE WAND AUS UNSICHTBAREN FÄDEN?
STUPS STUPS
NEIN.
AUF GAR KEINEN FALL.
VERZEIH MIR.
DAS GEHÖRT ZU DEN WENIGEN DINGEN, DIE MIR MÖGLICH SIND.

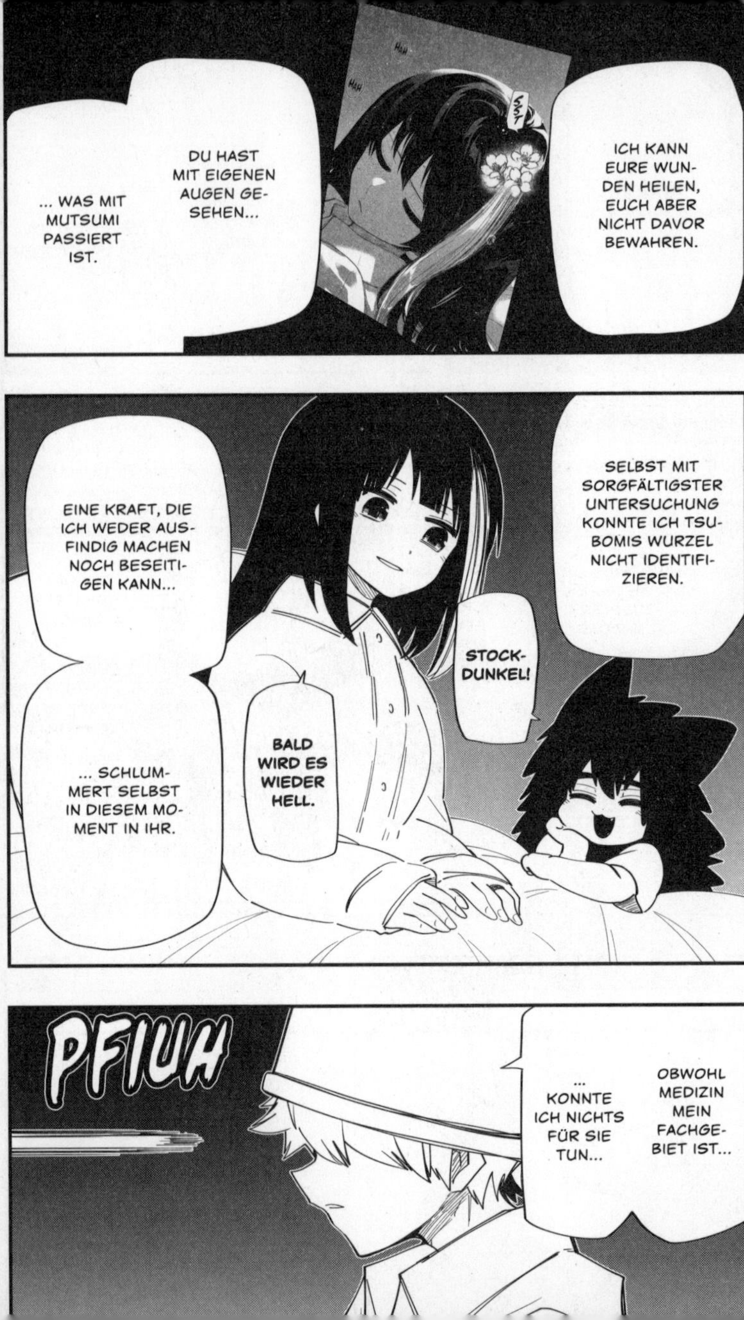
ICH KANN EURE WUNDEN HEILEN, EUCH ABER NICHT DAVOR BEWAHREN.
DU HAST MIT EIGENEN AUGEN GESEHEN...
... WAS MIT MUTSUMI PASSIERT IST.
SELBST MIT SORGFÄLTIGSTER UNTERSUCHUNG KONNTE ICH TSUBOMIS WURZEL NICHT IDENTIFIZIEREN.
STOCK-DUNKEL!
BALD WIRD ES WIEDER HELL.
EINE KRAFT, DIE ICH WEDER AUSFINDIG MACHEN NOCH BESEITIGEN KANN...
... SCHLUMMERT SELBST IN DIESEM MOMENT IN IHR.
OBWOHL MEDIZIN MEIN FACHGEBIET IST...
... KONNTE ICH NICHTS FÜR SIE TUN...
PFIUH

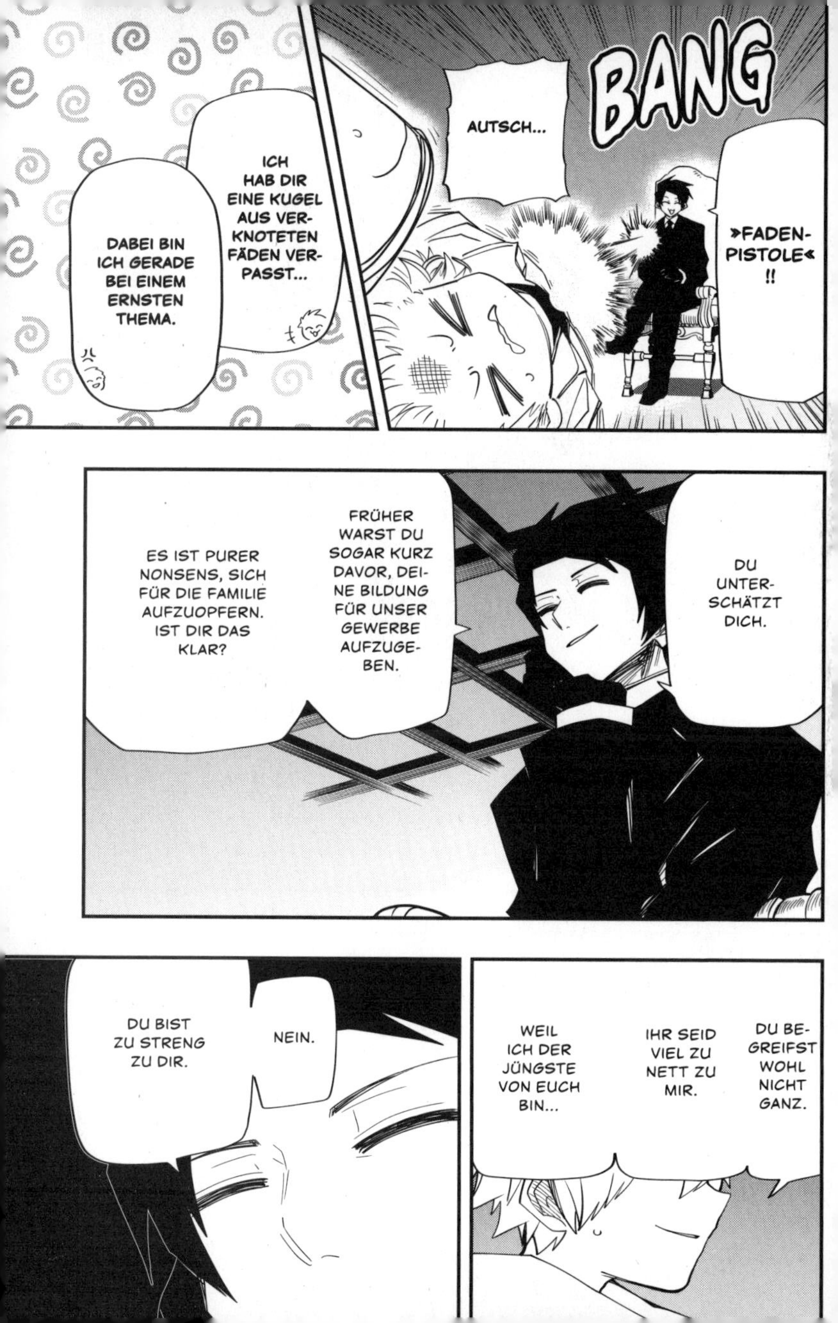
BANG
»FADENPISTOLE« !!
AUTSCH...
ICH HAB DIR EINE KUGEL AUS VERKNOTETEN FÄDEN VERPASST...
DABEI BIN ICH GERADE BEI EINEM ERNSTEN THEMA.
DU UNTERSCHÄTZT DICH.
FRÜHER WARST DU SOGAR KURZ DAVOR, DEINE BILDUNG FÜR UNSER GEWERBE AUFZUGEBEN.
ES IST PURER NONSENS, SICH FÜR DIE FAMILIE AUFZUOPFERN. IST DIR DAS KLAR?
DU BEGREIFST WOHL NICHT GANZ.
IHR SEID VIEL ZU NETT ZU MIR.
WEIL ICH DER JÜNGSTE VON EUCH BIN...
NEIN.
DU BIST ZU STRENG ZU DIR.

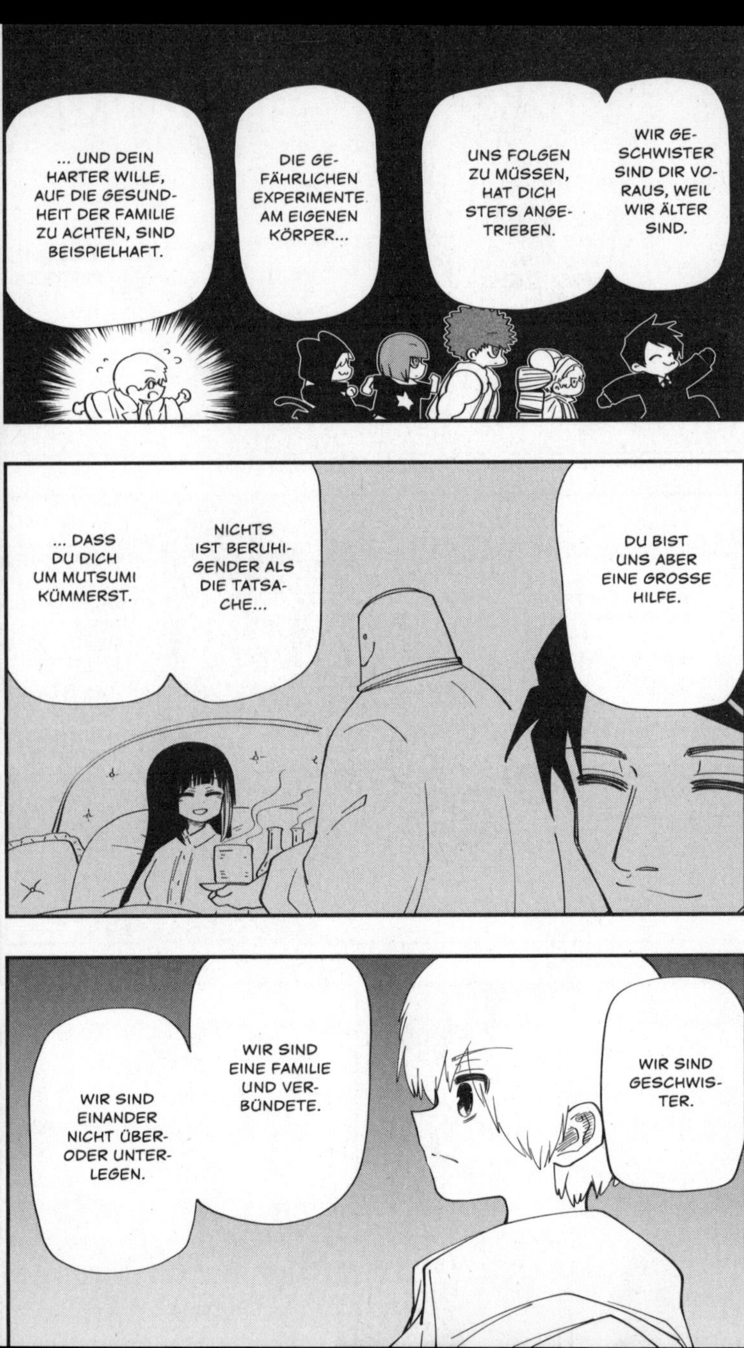
WIR GESCHWISTER SIND DIR VORAUS, WEIL WIR ÄLTER SIND.
UNS FOLGEN ZU MÜSSEN, HAT DICH STETS ANGETRIEBEN.
DIE GEFÄHRLICHEN EXPERIMENTE AM EIGENEN KÖRPER...
... UND DEIN HARTER WILLE, AUF DIE GESUNDHEIT DER FAMILIE ZU ACHTEN, SIND BEISPIELHAFT.
DU BIST UNS ABER EINE GROSSE HILFE.
NICHTS IST BERUHIGENDER ALS DIE TATSACHE...
... DASS DU DICH UM MUTSUMI KÜMMERST.
WIR SIND GESCHWISTER.
WIR SIND EINE FAMILIE UND VERBÜNDETE.
WIR SIND EINANDER NICHT ÜBER- ODER UNTERLEGEN.

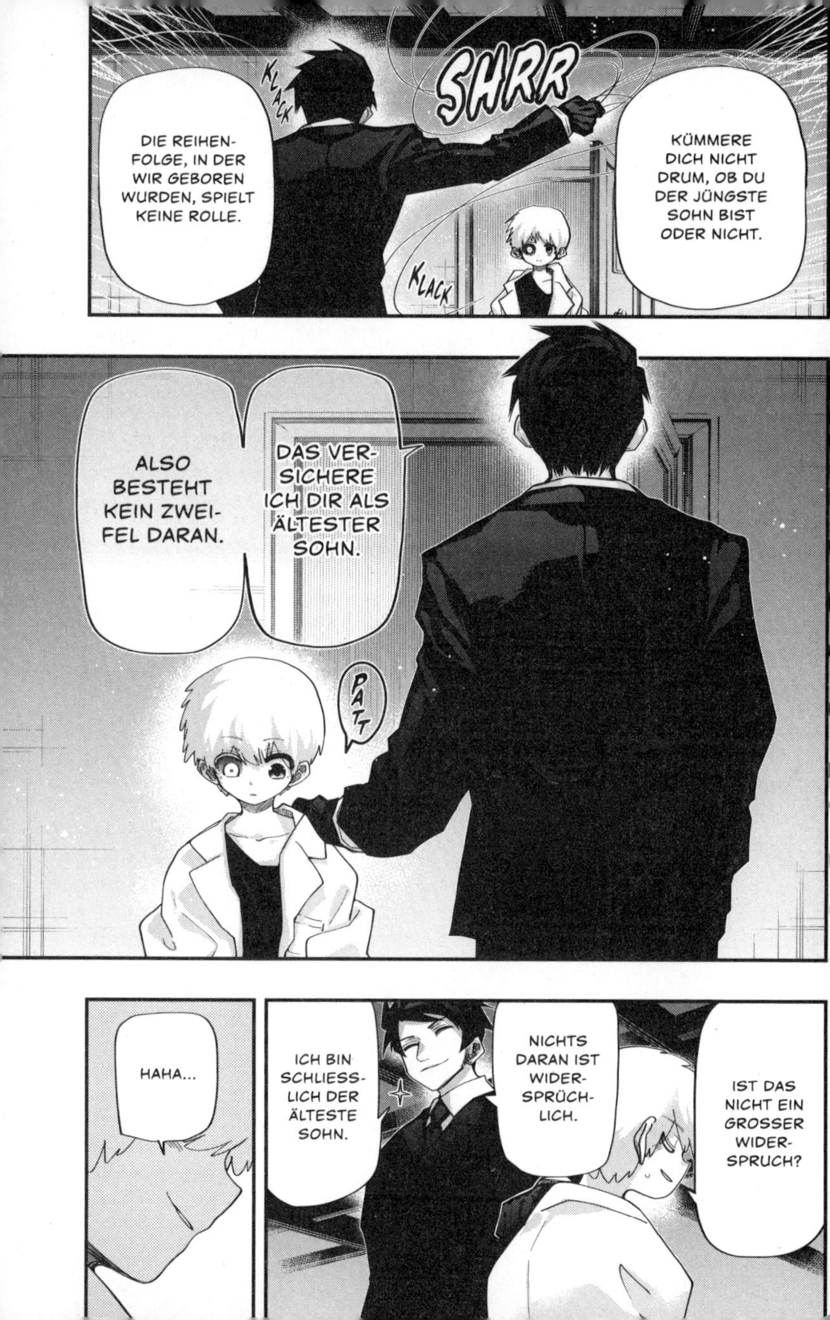
SHRR
KLACK
KÜMMERE DICH NICHT DRUM, OB DU DER JÜNGSTE SOHN BIST ODER NICHT.
DIE REIHENFOLGE, IN DER WIR GEBOREN WURDEN, SPIELT KEINE ROLLE.
KLACK
DAS VERSICHERE ICH DIR ALS ÄLTESTER SOHN.
ALSO BESTEHT KEIN ZWEIFEL DARAN.
PATT
IST DAS NICHT EIN GROSSER WIDERSPRUCH?
NICHTS DARAN IST WIDERSPRÜCHLICH.
ICH BIN SCHLIESSLICH DER ÄLTESTE SOHN.
HAHA...

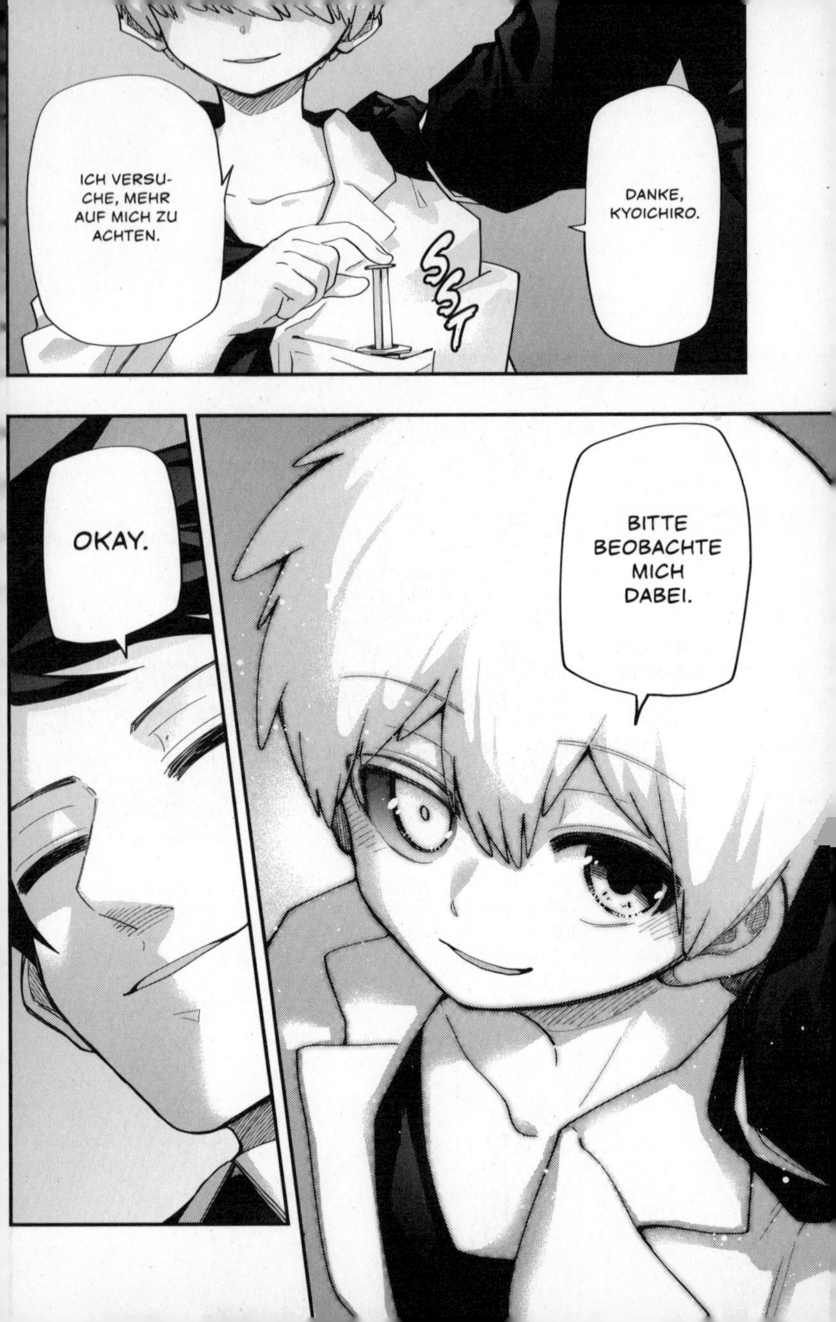
DANKE, KYOICHIRO.
SSK
ICH VERSUCHE, MEHR AUF MICH ZU ACHTEN.
BITTE BEOBACHTE MICH DABEI.
OKAY.

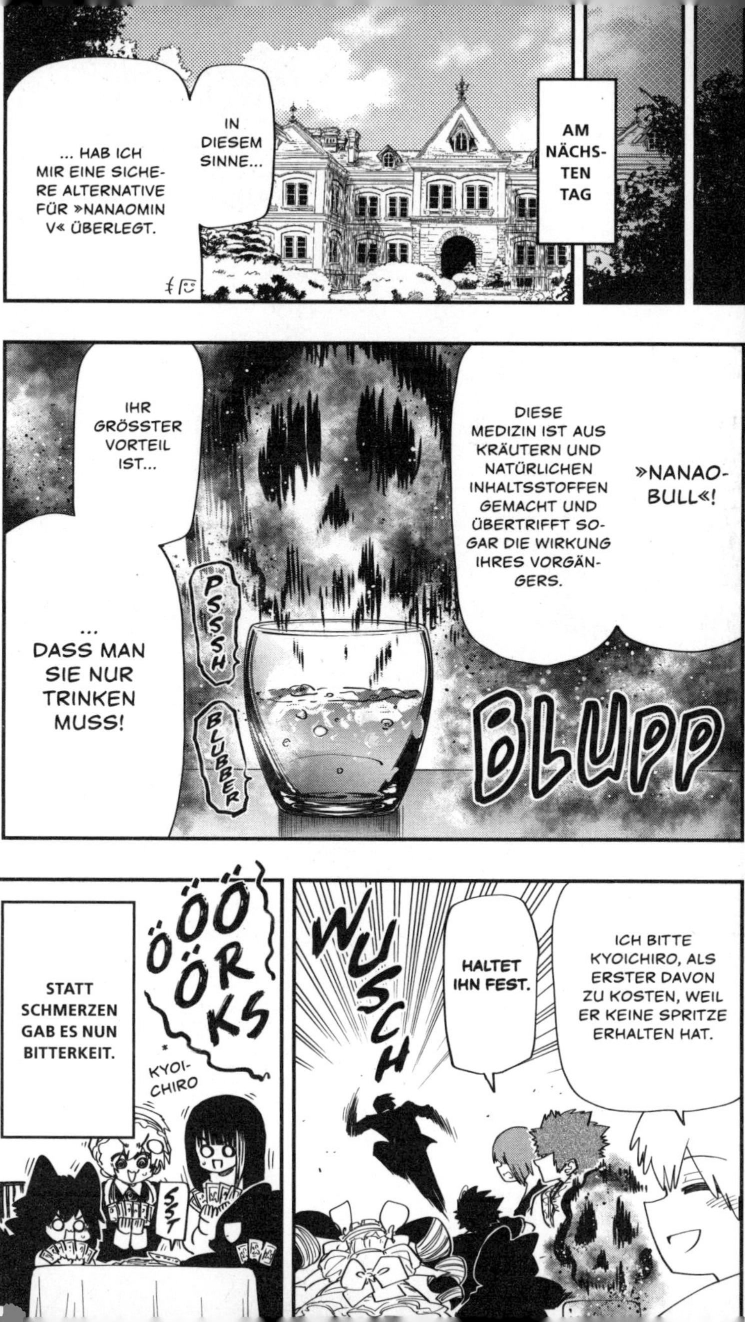
AM NÄCHSTEN TAG
IN DIESEM SINNE...
... HAB ICH MIR EINE SICHERE ALTERNATIVE FÜR »NANAOMIN V« ÜBERLEGT.
»NANAO-BULL«!
DIESE MEDIZIN IST AUS KRÄUTERN UND NATÜRLICHEN INHALTSSTOFFEN GEMACHT UND ÜBERTRIFFT SOGAR DIE WIRKUNG IHRES VORGÄNGERS.
BLUPP
PSSSH
BLUBBER
IHR GRÖSSTER VORTEIL IST...
... DASS MAN SIE NUR TRINKEN MUSS!
ICH BITTE KYOICHIRO, ALS ERSTER DAVON ZU KOSTEN, WEIL ER KEINE SPRITZE ERHALTEN HAT.
HALTET IHN FEST.
WUSCH
ÖÖÖÖÖRKS
* KYOICHIRO
SST
STATT SCHMERZEN GAB ES NUN BITTERKEIT.

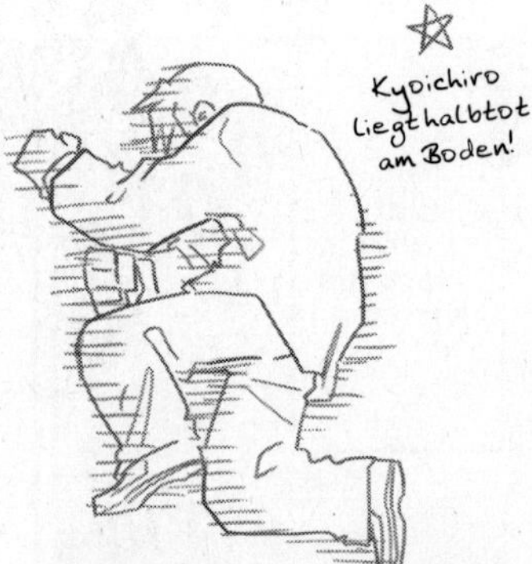
Kyoichiro liegt halbtot am Boden!

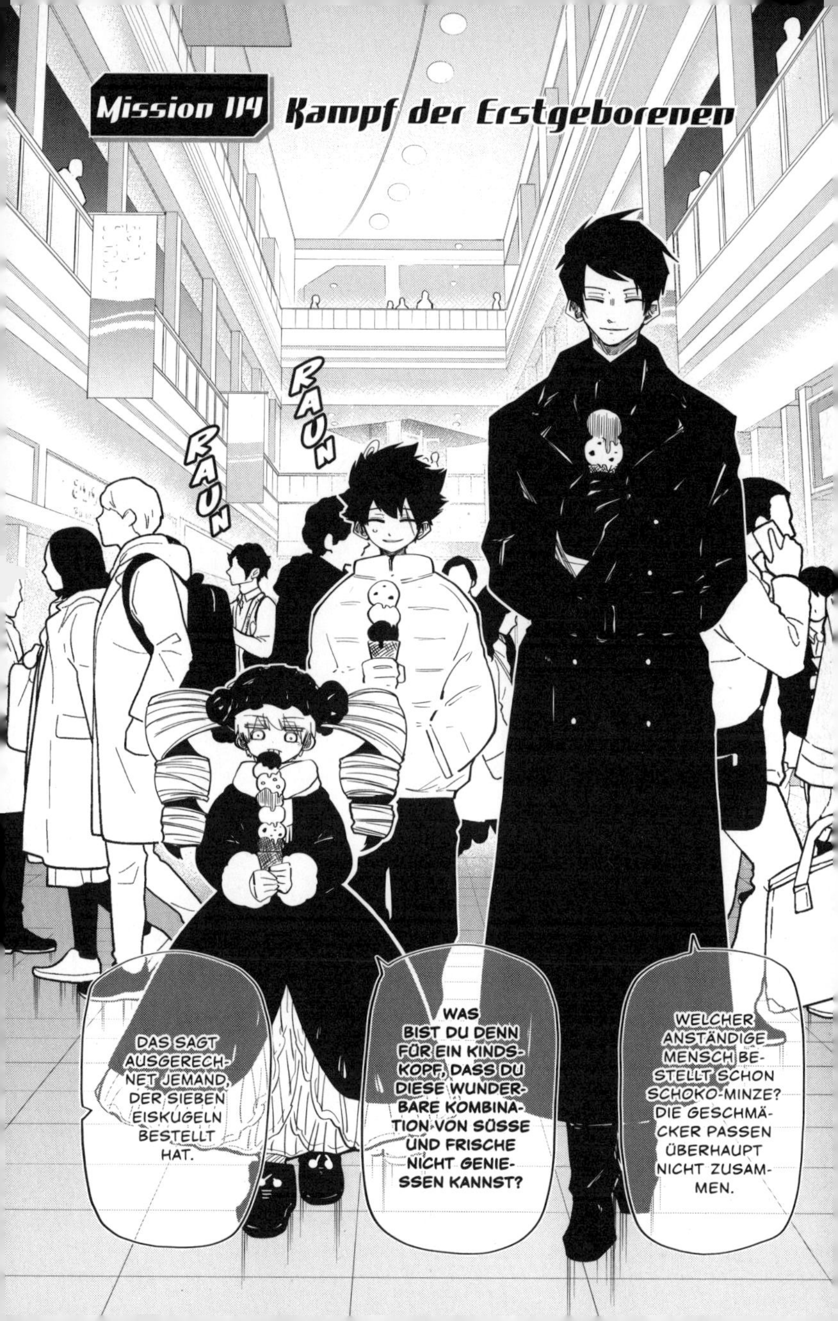
Mission 114
Kampf der Erstgeborenen
RAUN
RAUN
WELCHER ANSTÄNDIGE MENSCH BESTELLT SCHON SCHOKO-MINZE? DIE GESCHMÄCKER PASSEN ÜBERHAUPT NICHT ZUSAMMEN.
WAS BIST DU DENN FÜR EIN KINDSKOPF, DASS DU DIESE WUNDERBARE KOMBINATION VON SÜSSE UND FRISCHE NICHT GENIESSEN KANNST?
DAS SAGT AUSGERECHNET JEMAND, DER SIEBEN EISKUGELN BESTELLT HAT.

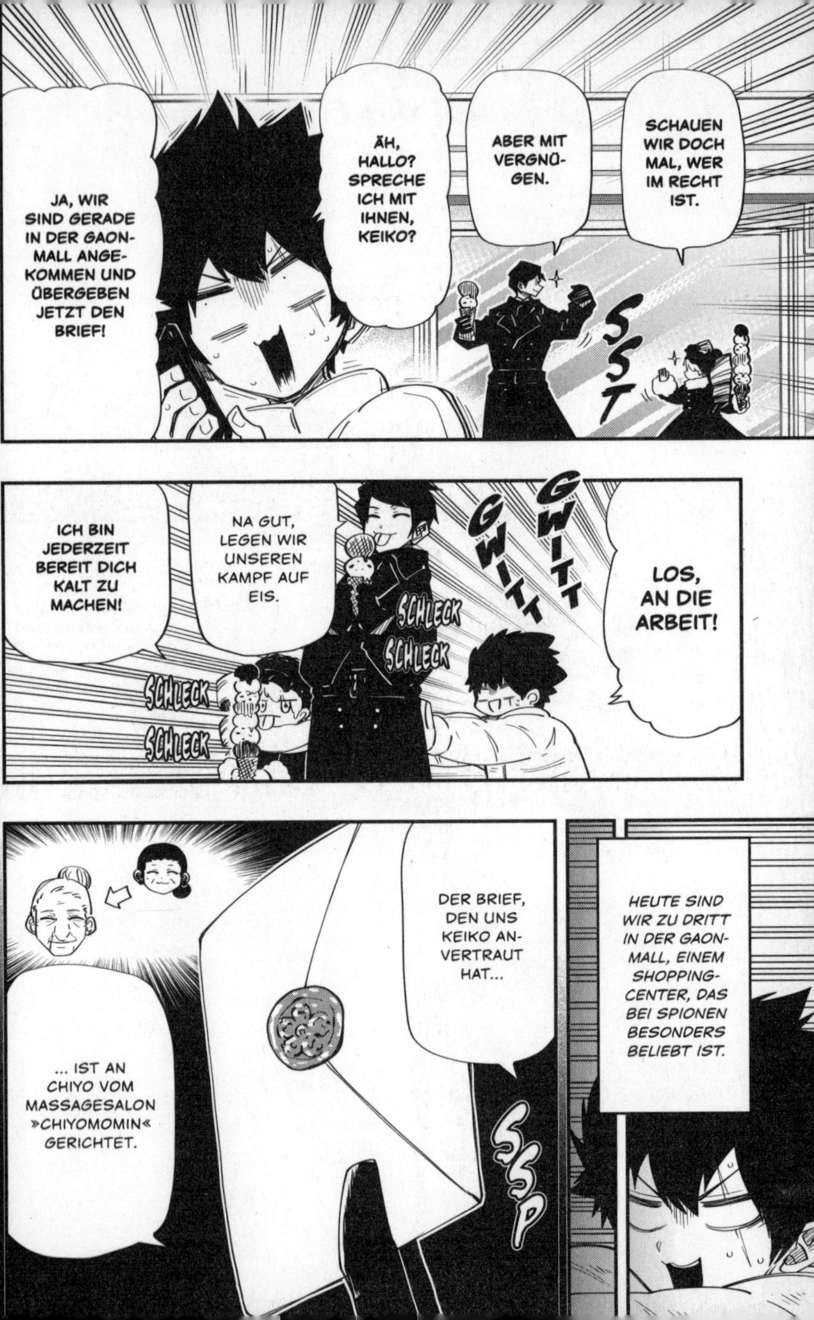
SCHAUEN WIR DOCH MAL, WER IM RECHT IST.
ABER MIT VERGNÜ-GEN.
ÄH, HALLO? SPRECHE ICH MIT IHNEN, KEIKO?
JA, WIR SIND GERADE IN DER GAON-MALL ANGE-KOMMEN UND ÜBERGEBEN JETZT DEN BRIEF!
SST
LOS, AN DIE ARBEIT!
GWITT
GWITT
NA GUT, LEGEN WIR UNSEREN KAMPF AUF EIS.
ICH BIN JEDERZEIT BEREIT DICH KALT ZU MACHEN!
SCHLECK SCHLECK
SCHLECK SCHLECK
HEUTE SIND WIR ZU DRITT IN DER GAON-MALL, EINEM SHOPPING-CENTER, DAS BEI SPIONEN BESONDERS BELIEBT IST.
DER BRIEF, DEN UNS KEIKO AN-VERTRAUT HAT...
SSP
... IST AN CHIYO VOM MASSAGESALON »CHIYOMOMIN« GERICHTET.

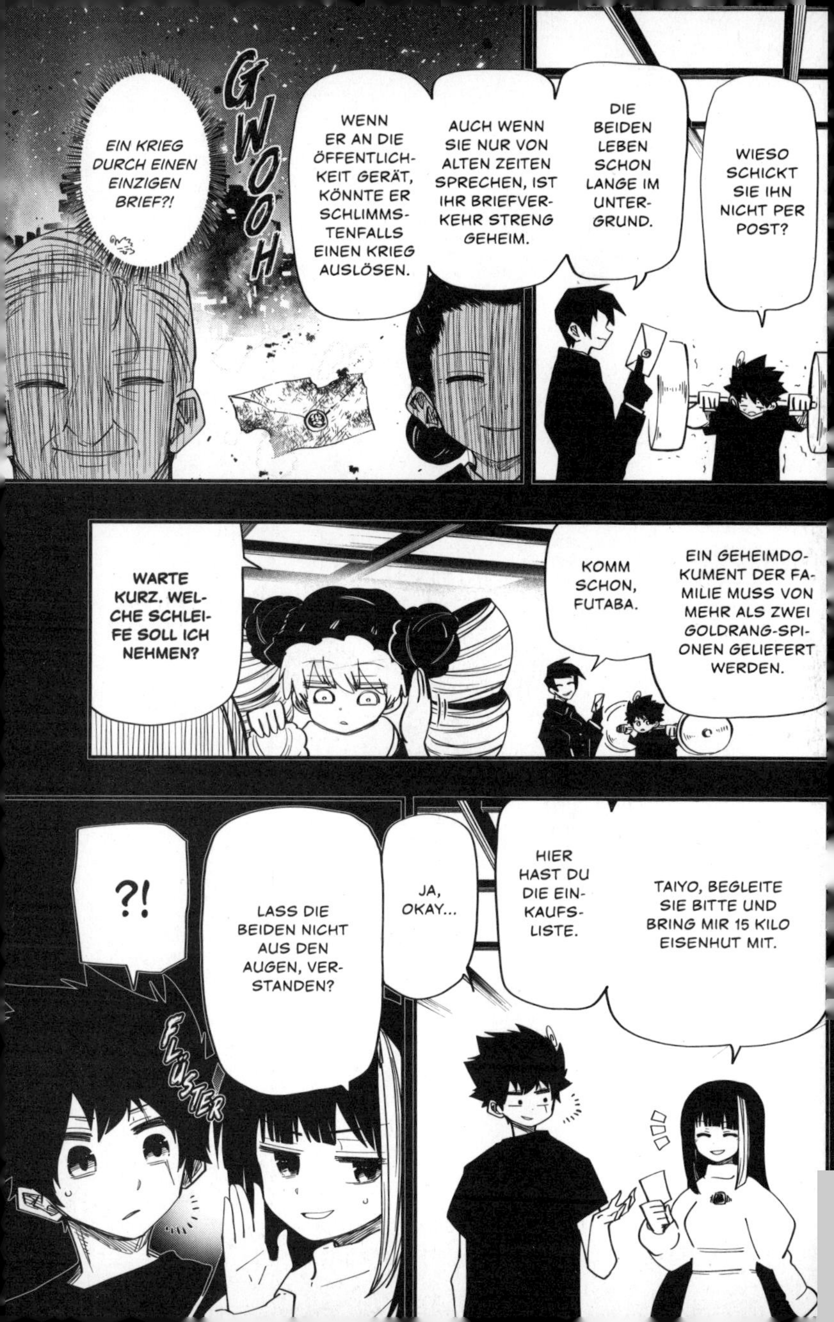
WIESO SCHICKT SIE IHN NICHT PER POST?
DIE BEIDEN LEBEN SCHON LANGE IM UNTERGRUND.
AUCH WENN SIE NUR VON ALTEN ZEITEN SPRECHEN, IST IHR BRIEFVERKEHR STRENG GEHEIM.
WENN ER AN DIE ÖFFENTLICHKEIT GERÄT, KÖNNTE ER SCHLIMMSTENFALLS EINEN KRIEG AUSLÖSEN.
GWOOH
EIN KRIEG DURCH EINEN EINZIGEN BRIEF?!
EIN GEHEIMDOKUMENT DER FAMILIE MUSS VON MEHR ALS ZWEI GOLDRANG-SPIONEN GELIEFERT WERDEN.
KOMM SCHON, FUTABA.
WARTE KURZ. WELCHE SCHLEIFE SOLL ICH NEHMEN?
TAIYO, BEGLEITE SIE BITTE UND BRING MIR 15 KILO EISENHUT MIT.
HIER HAST DU DIE EINKAUFSLISTE.
JA, OKAY...
LASS DIE BEIDEN NICHT AUS DEN AUGEN, VERSTANDEN?
FLÜSTER
?!

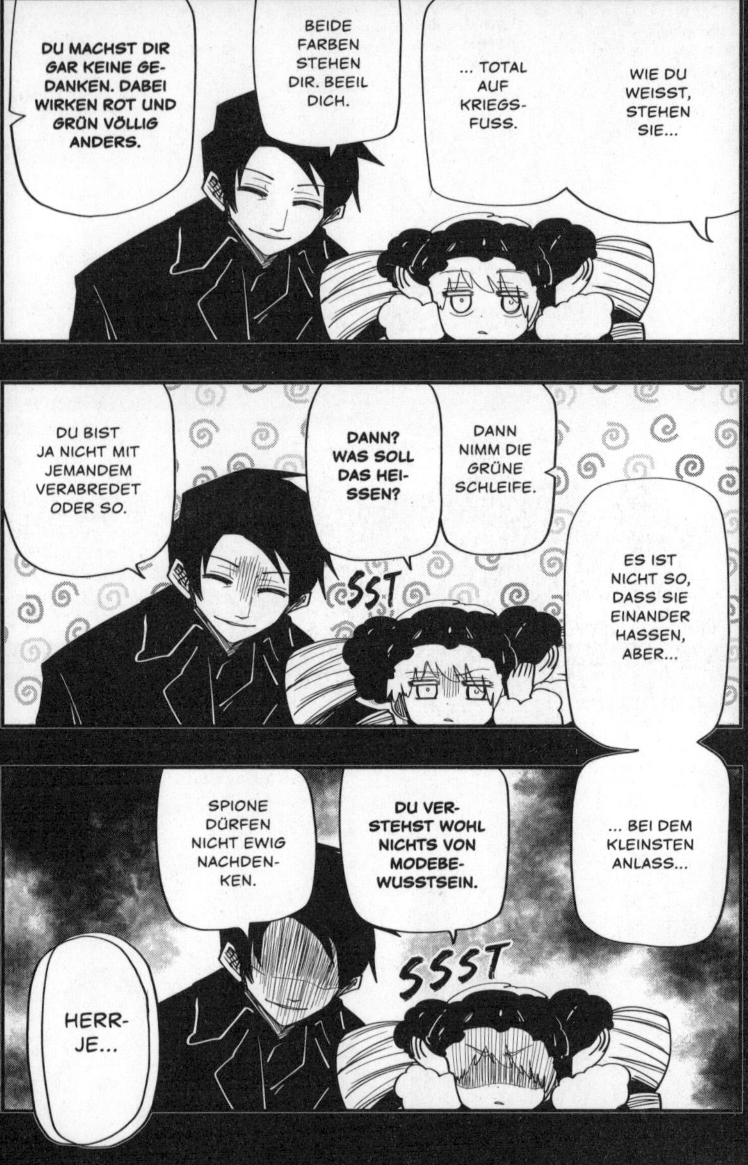
WIE DU WEISST, STEHEN SIE...
... TOTAL AUF KRIEGS-FUSS.
BEIDE FARBEN STEHEN DIR. BEEIL DICH.
DU MACHST DIR GAR KEINE GE-DANKEN. DABEI WIRKEN ROT UND GRÜN VÖLLIG ANDERS.
ES IST NICHT SO, DASS SIE EINANDER HASSEN, ABER...
DANN NIMM DIE GRÜNE SCHLEIFE.
DANN? WAS SOLL DAS HEI-SSEN?
SST
DU BIST JA NICHT MIT JEMANDEM VERABREDET ODER SO.
... BEI DEM KLEINSTEN ANLASS...
DU VER-STEHST WOHL NICHTS VON MODEBE-WUSSTSEIN.
SPIONE DÜRFEN NICHT EWIG NACHDEN-KEN.
SSST
HERR-JE...

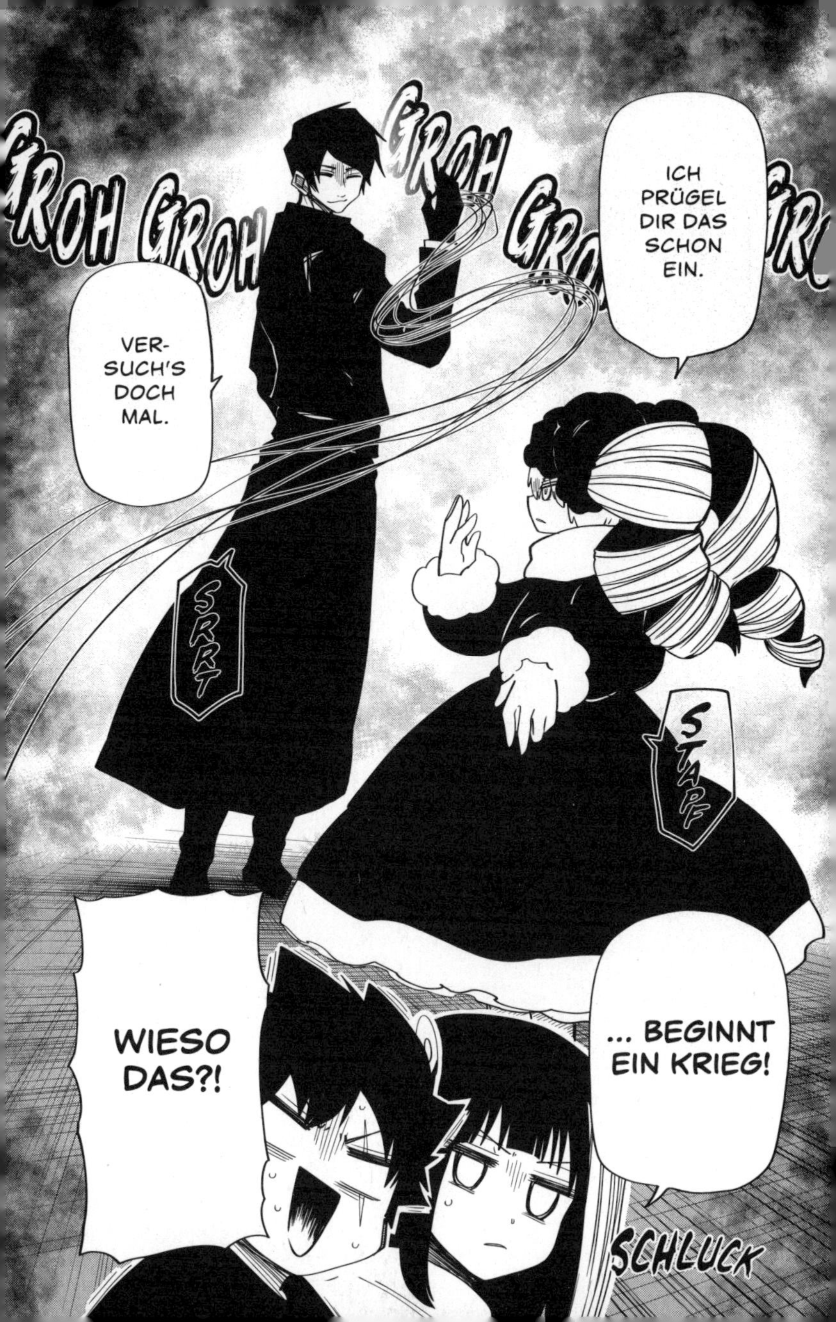
GROH GROH
GROH GROH
ICH PRÜGEL DIR DAS SCHON EIN.
VER-SUCH'S DOCH MAL.
STAPF
SRRT
... BEGINNT EIN KRIEG!
WIESO DAS?!
SCHLUCK

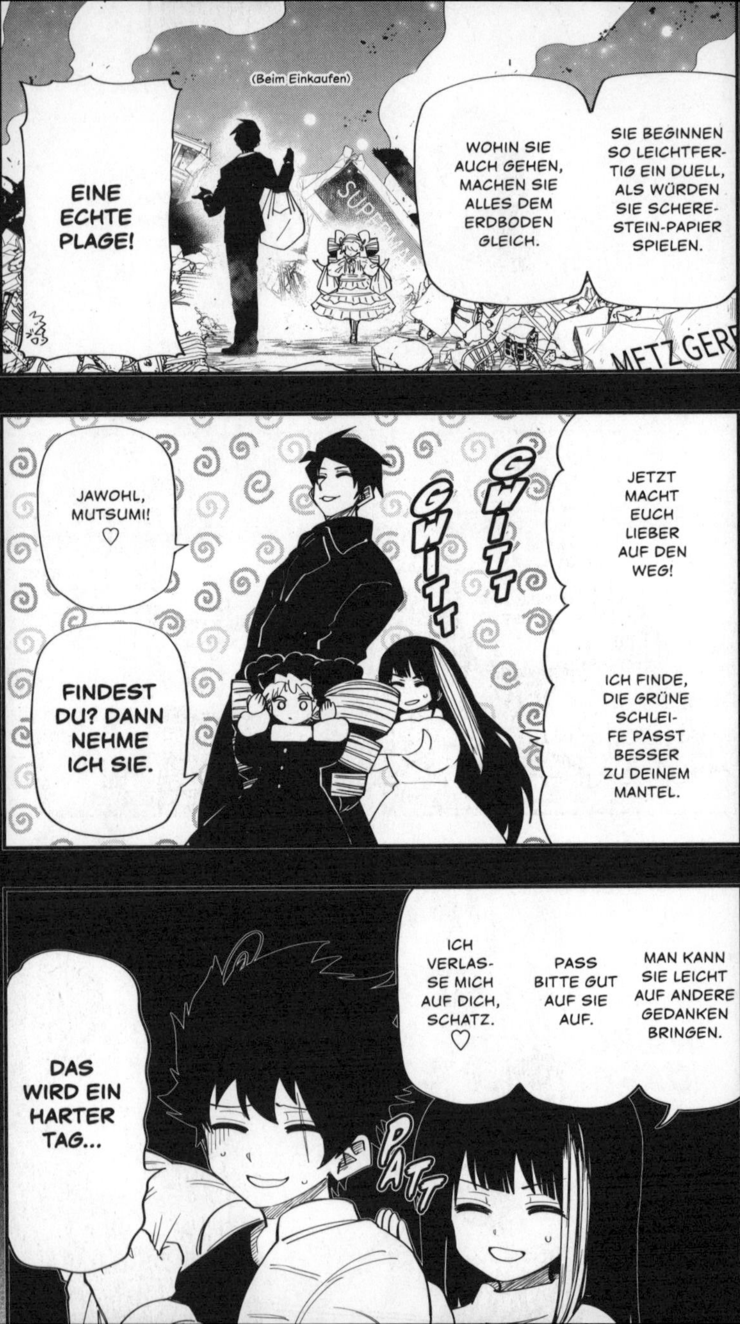
(Beim Einkaufen)
SIE BEGINNEN SO LEICHTFERTIG EIN DUELL, ALS WÜRDEN SIE SCHERE-STEIN-PAPIER SPIELEN.
WOHIN SIE AUCH GEHEN, MACHEN SIE ALLES DEM ERDBODEN GLEICH.
EINE ECHTE PLAGE!
JETZT MACHT EUCH LIEBER AUF DEN WEG!
ICH FINDE, DIE GRÜNE SCHLEIFE PASST BESSER ZU DEINEM MANTEL.
GWITT
GWITT
JAWOHL, MUTSUMI! ♡
FINDEST DU? DANN NEHME ICH SIE.
MAN KANN SIE LEICHT AUF ANDERE GEDANKEN BRINGEN.
PASS BITTE GUT AUF SIE AUF.
ICH VERLASSE MICH AUF DICH, SCHATZ. ♡
PATT
DAS WIRD EIN HARTER TAG...

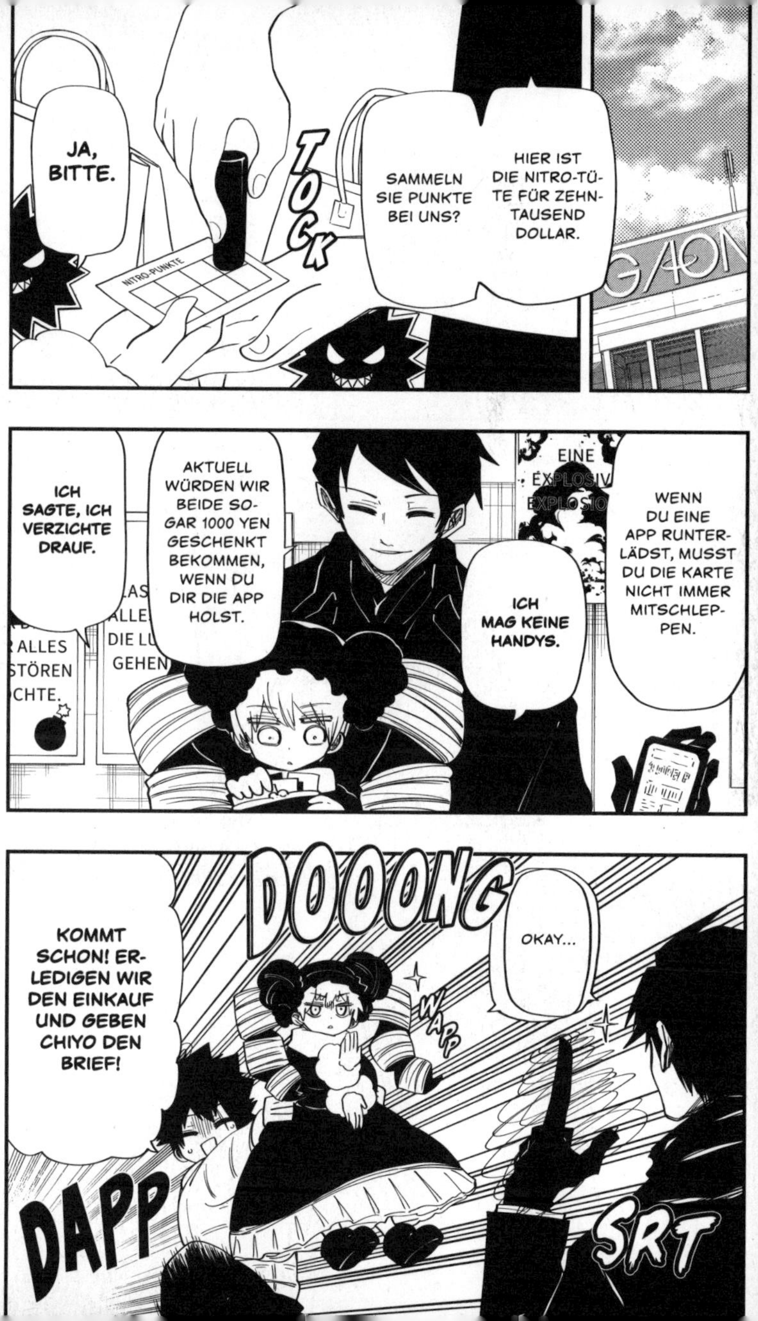
GAON
HIER IST DIE NITRO-TÜTE FÜR ZEHNTAUSEND DOLLAR.
SAMMELN SIE PUNKTE BEI UNS?
TOCK
NITRO-PUNKTE
JA, BITTE.
WENN DU EINE APP RUNTERLÄDST, MUSST DU DIE KARTE NICHT IMMER MITSCHLEPPEN.
ICH MAG KEINE HANDYS.
AKTUELL WÜRDEN WIR BEIDE SOGAR 1000 YEN GESCHENKT BEKOMMEN, WENN DU DIR DIE APP HOLST.
ICH SAGTE, ICH VERZICHTE DRAUF.
DOOONG
OKAY...
WAPP
KOMMT SCHON! ERLEDIGEN WIR DEN EINKAUF UND GEBEN CHIYO DEN BRIEF!
DAPP
SRT

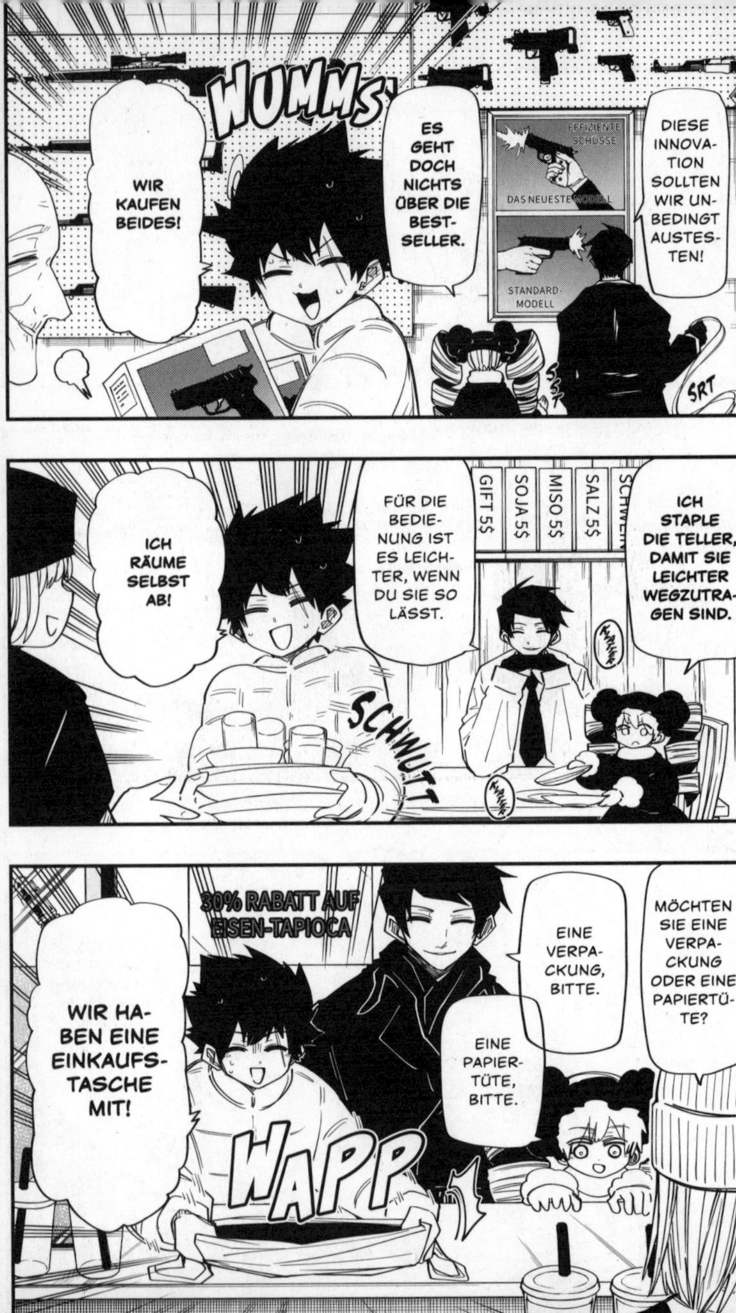

DIESE INNOVATION SOLLTEN WIR UNBEDINGT AUSTESTEN!
EFFIZIENTE SCHÜSSE
DAS NEUESTE MODELL
STANDARD-MODELL
ES GEHT DOCH NICHTS ÜBER DIE BESTSELLER.
WUMMS
WIR KAUFEN BEIDES!
SRT
SST
ICH STAPLE DIE TELLER, DAMIT SIE LEICHTER WEGZUTRAGEN SIND.
SCHWEIN
SALZ 5$
MISO 5$
SOJA 5$
GIFT 5$
FÜR DIE BEDIENUNG IST ES LEICHTER, WENN DU SIE SO LÄSST.
ICH RÄUME SELBST AB!
SCHWUTT
MÖCHTEN SIE EINE VERPACKUNG ODER EINE PAPIERTÜTE?
EINE VERPACKUNG, BITTE.
EINE PAPIERTÜTE, BITTE.
30% RABATT AUF EISEN-TAPIOCA
WIR HABEN EINE EINKAUFSTASCHE MIT!
WAPP

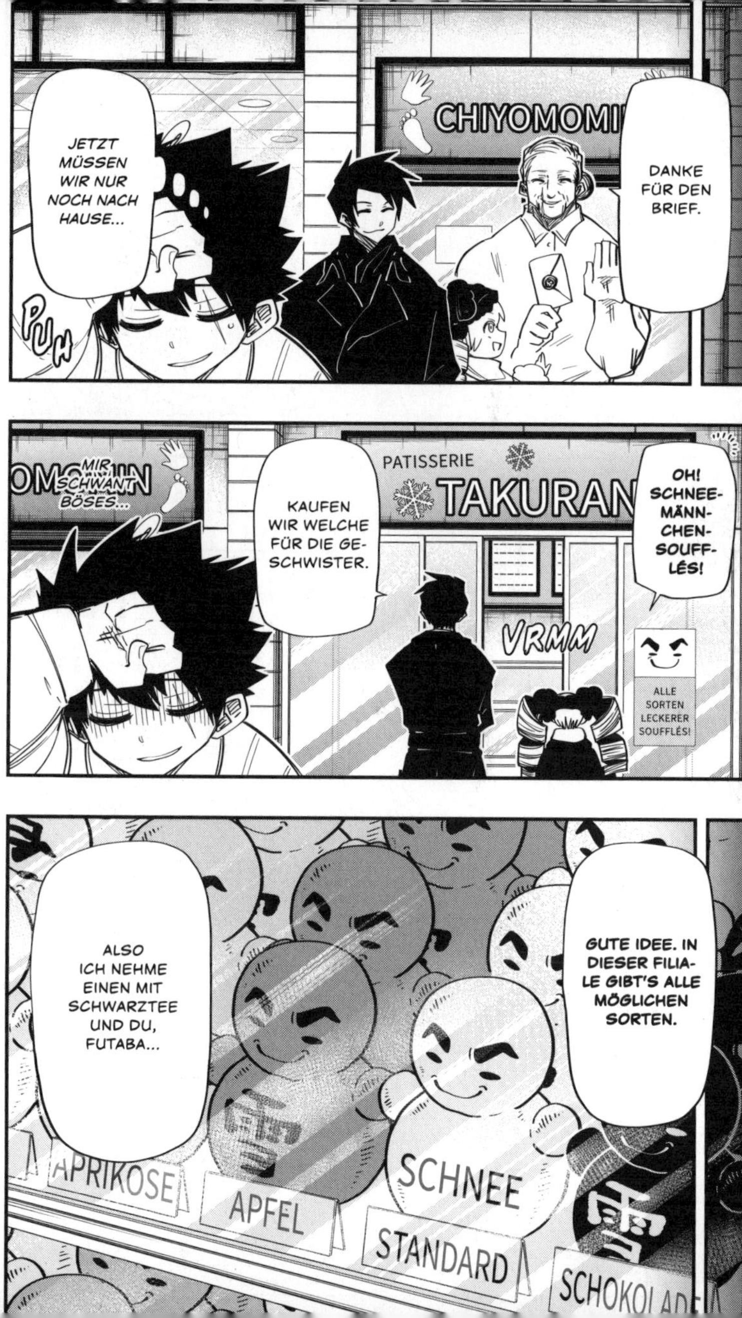
DANKE FÜR DEN BRIEF.
JETZT MÜSSEN WIR NUR NOCH NACH HAUSE...
PUH
OH! SCHNEE-MÄNN-CHEN-SOUFF-LÉS!
PATISSERIE TAKURAN
KAUFEN WIR WELCHE FÜR DIE GE-SCHWISTER.
MIR SCHWANT BÖSES...
VRMM
ALLE SORTEN LECKERER SOUFFLÉS!
GUTE IDEE. IN DIESER FILIA-LE GIBT'S ALLE MÖGLICHEN SORTEN.
ALSO ICH NEHME EINEN MIT SCHWARZTEE UND DU, FUTABA...
APRIKOSE
APFEL
SCHNEE
STANDARD

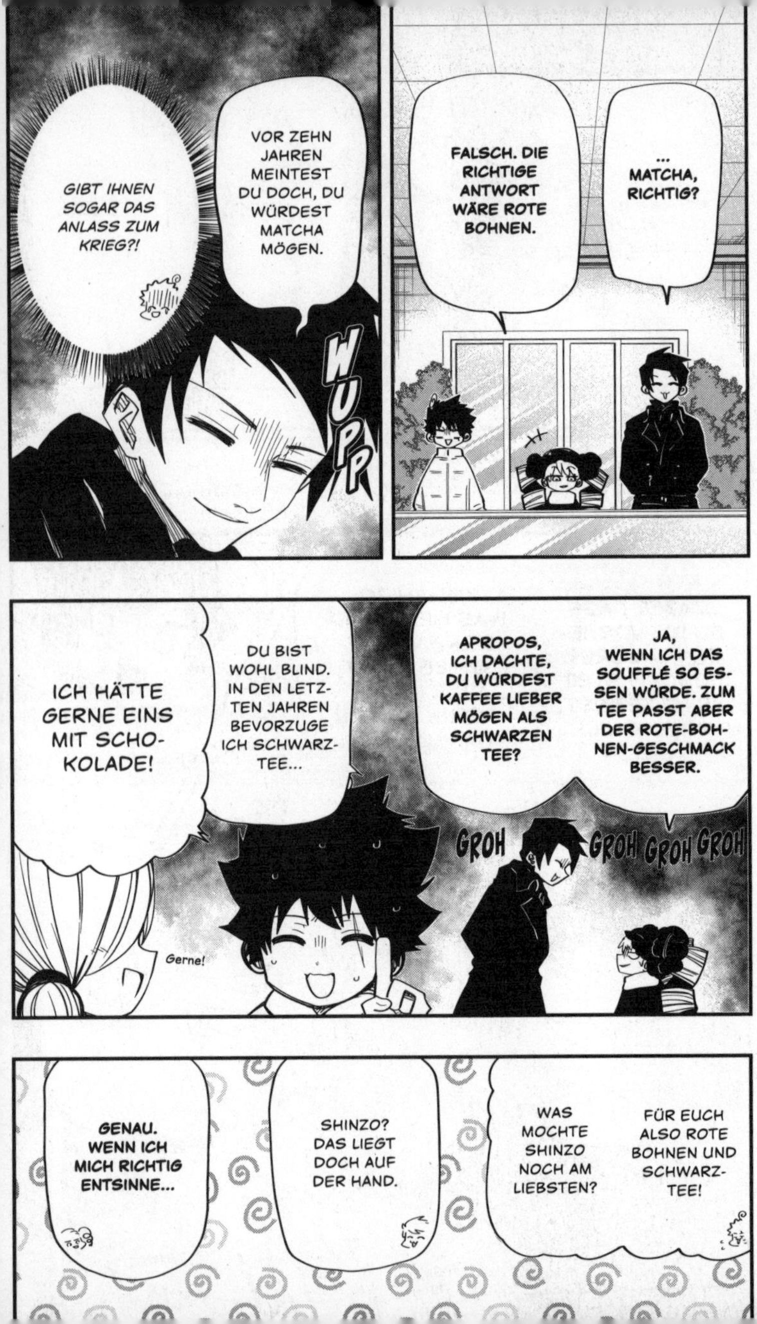
... MATCHA, RICHTIG?
FALSCH. DIE RICHTIGE ANTWORT WÄRE ROTE BOHNEN.
VOR ZEHN JAHREN MEINTEST DU DOCH, DU WÜRDEST MATCHA MÖGEN.
WUPP
GIBT IHNEN SOGAR DAS ANLASS ZUM KRIEG?!
JA, WENN ICH DAS SOUFFLÉ SO ES-SEN WÜRDE. ZUM TEE PASST ABER DER ROTE-BOH-NEN-GESCHMACK BESSER.
APROPOS, ICH DACHTE, DU WÜRDEST KAFFEE LIEBER MÖGEN ALS SCHWARZEN TEE?
DU BIST WOHL BLIND. IN DEN LETZ-TEN JAHREN BEVORZUGE ICH SCHWARZ-TEE...
ICH HÄTTE GERNE EINS MIT SCHO-KOLADE!
Gerne!
GROH GROH GROH GROH
FÜR EUCH ALSO ROTE BOHNEN UND SCHWARZ-TEE!
WAS MOCHTE SHINZO NOCH AM LIEBSTEN?
SHINZO? DAS LIEGT DOCH AUF DER HAND.
GENAU. WENN ICH MICH RICHTIG ENTSINNE...

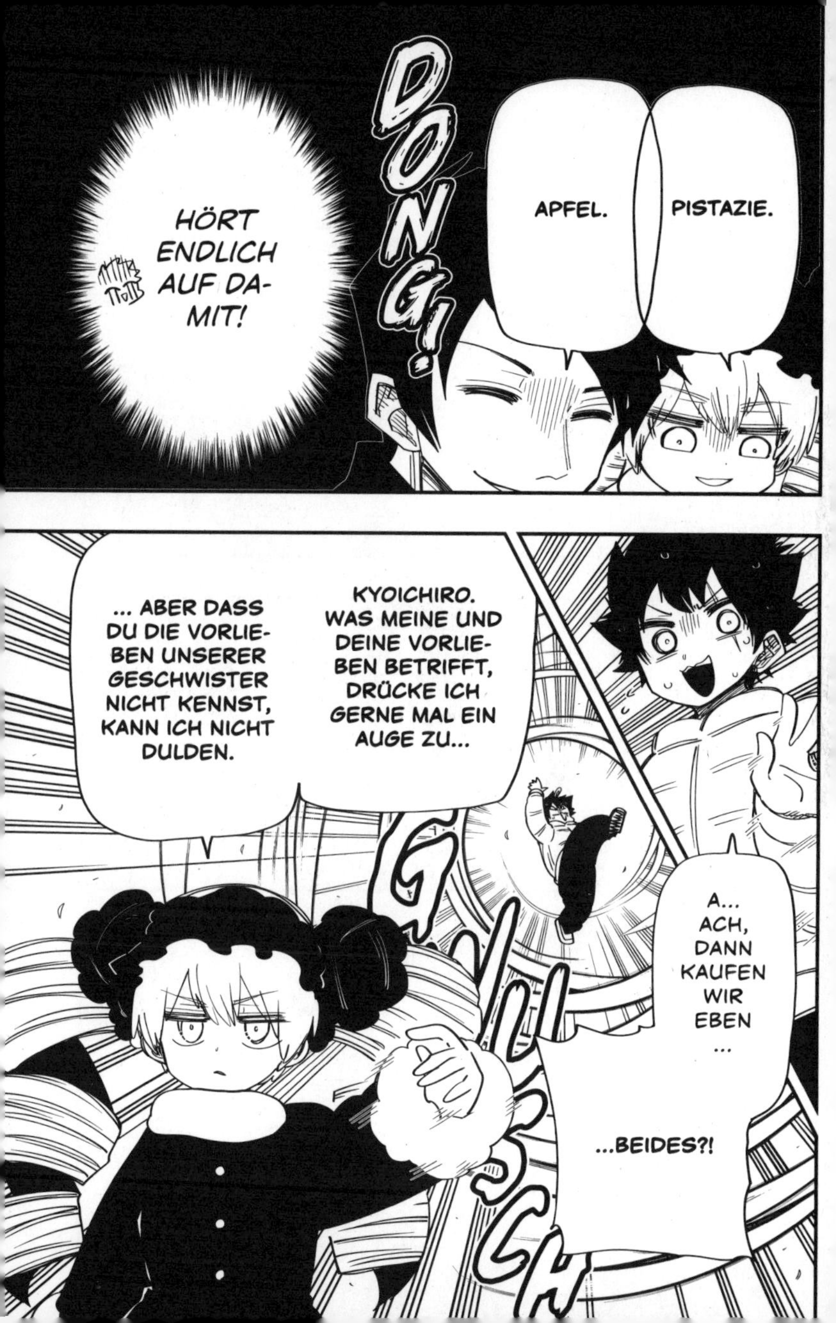
PISTAZIE.
APFEL.
DONG!
HÖRT ENDLICH AUF DA-MIT!
KYOICHIRO. WAS MEINE UND DEINE VORLIE-BEN BETRIFFT, DRÜCKE ICH GERNE MAL EIN AUGE ZU...
... ABER DASS DU DIE VORLIE-BEN UNSERER GESCHWISTER NICHT KENNST, KANN ICH NICHT DULDEN.
A... ACH, DANN KAUFEN WIR EBEN ...
...BEIDES?!

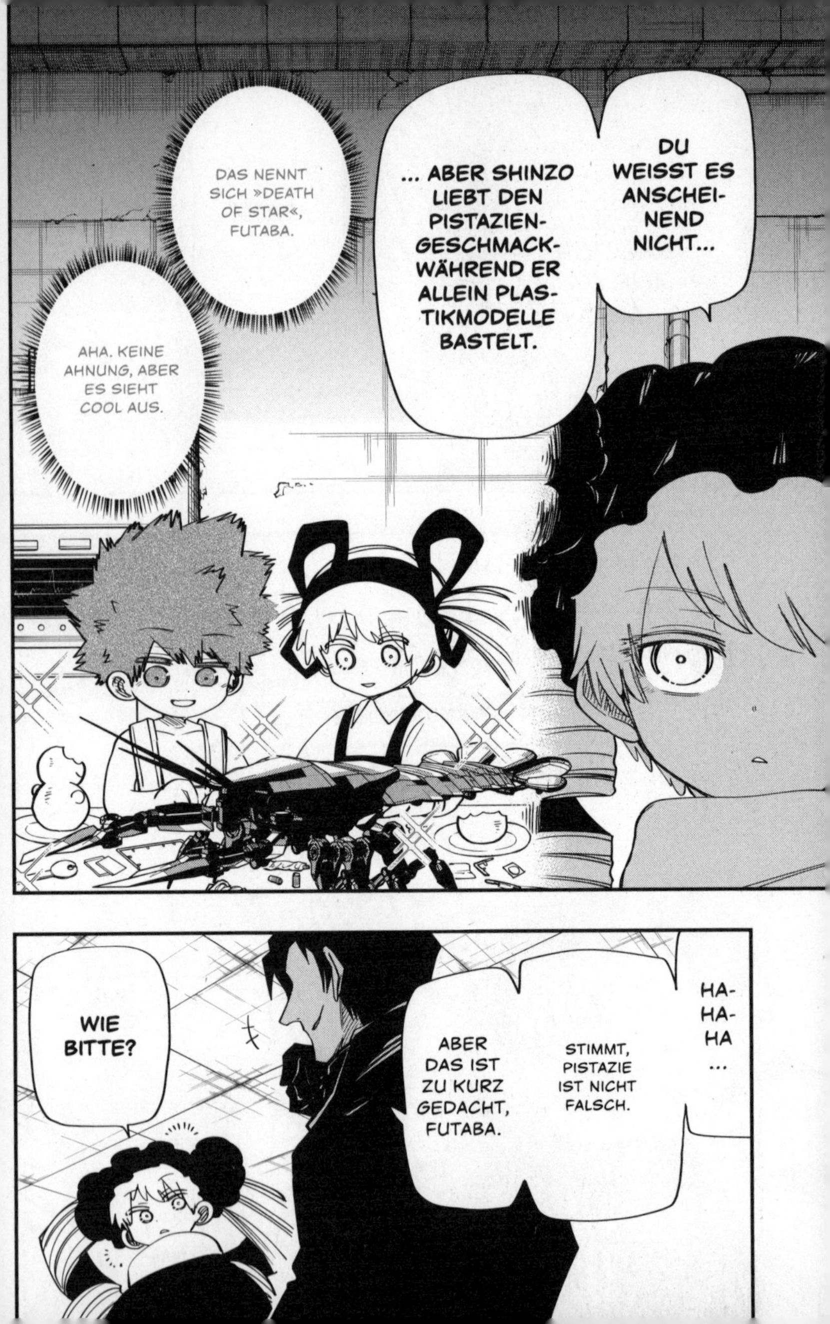
DU WEISST ES ANSCHEINEND NICHT...
... ABER SHINZO LIEBT DEN PISTAZIENGESCHMACK, WÄHREND ER ALLEIN PLASTIKMODELLE BASTELT.
DAS NENNT SICH »DEATH OF STAR«, FUTABA.
AHA. KEINE AHNUNG, ABER ES SIEHT COOL AUS.
HAHAHA ...
STIMMT, PISTAZIE IST NICHT FALSCH.
ABER DAS IST ZU KURZ GEDACHT, FUTABA.
WIE BITTE?

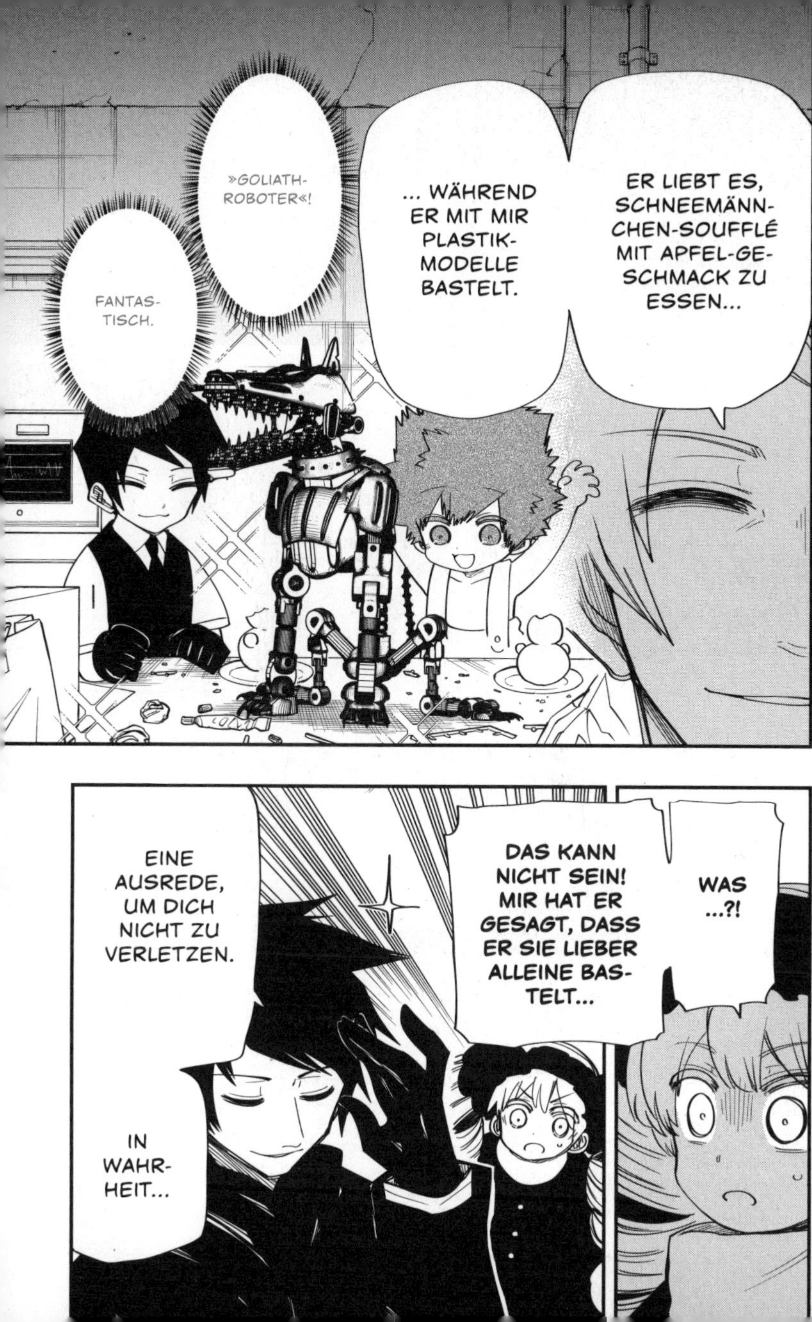
ER LIEBT ES, SCHNEEMÄNN-CHEN-SOUFFLÉ MIT APFEL-GE-SCHMACK ZU ESSEN...
... WÄHREND ER MIT MIR PLASTIK-MODELLE BASTELT.
»GOLIATH-ROBOTER«!
FANTAS-TISCH.
WAS ...?!
DAS KANN NICHT SEIN! MIR HAT ER GESAGT, DASS ER SIE LIEBER ALLEINE BAS-TELT...
EINE AUSREDE, UM DICH NICHT ZU VERLETZEN.
IN WAHR-HEIT...

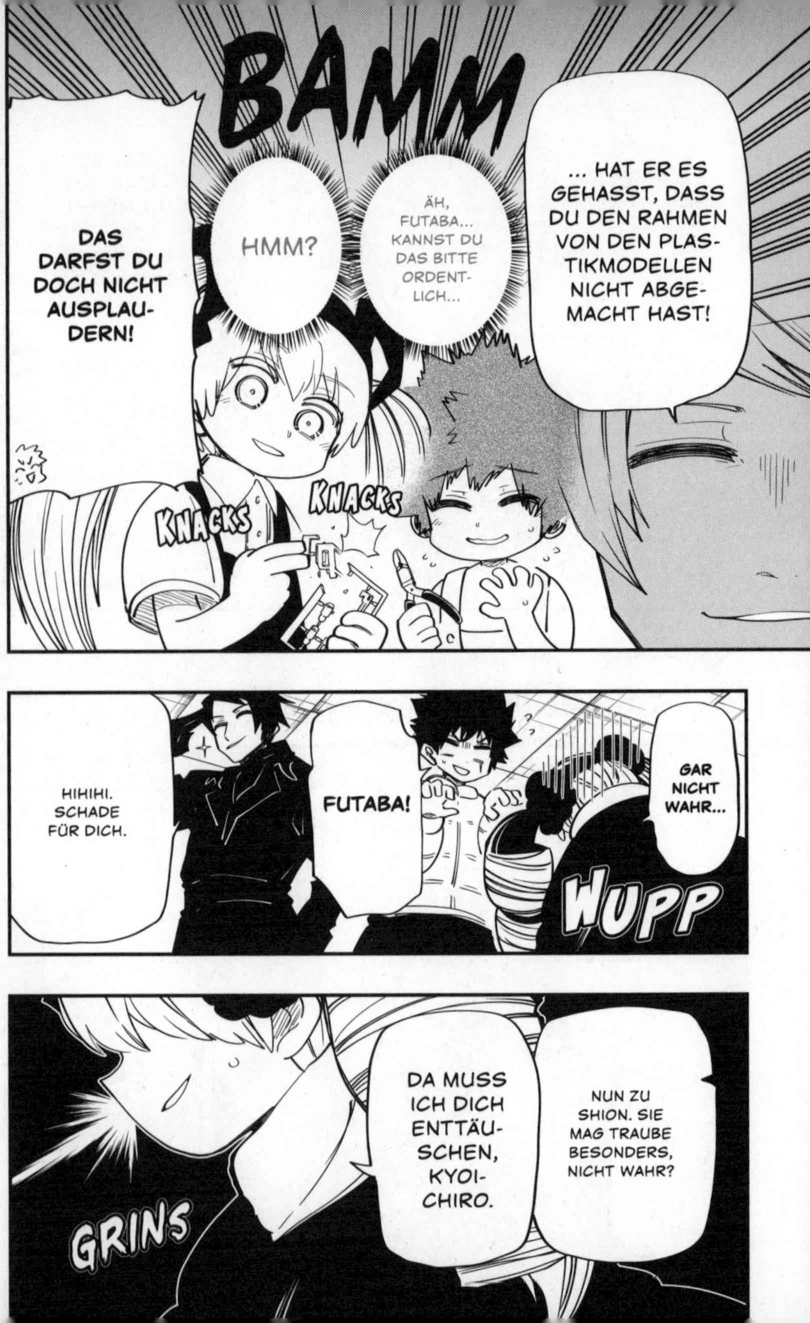
BAMM
... HAT ER ES GEHASST, DASS DU DEN RAHMEN VON DEN PLASTIKMODELLEN NICHT ABGEMACHT HAST!
ÄH, FUTABA... KANNST DU DAS BITTE ORDENTLICH...
HMM?
DAS DARFST DU DOCH NICHT AUSPLAUDERN!
KNACKS
KNACKS
GAR NICHT WAHR...
WUPP
FUTABA!
HIHIHI. SCHADE FÜR DICH.
NUN ZU SHION. SIE MAG TRAUBE BESONDERS, NICHT WAHR?
DA MUSS ICH DICH ENTTÄUSCHEN, KYOICHIRO.
GRINS

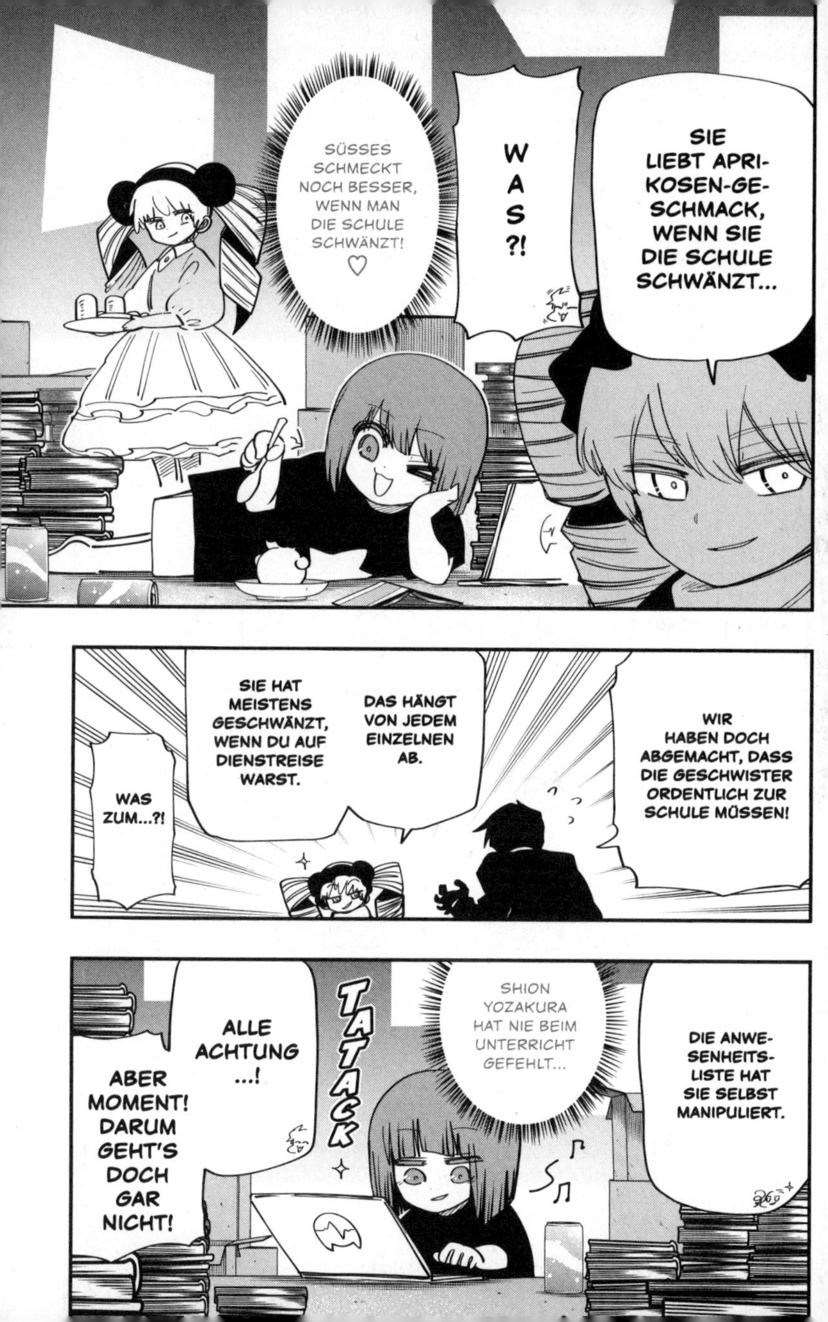
SIE LIEBT APRIKOSEN-GESCHMACK, WENN SIE DIE SCHULE SCHWÄNZT...
WAS?!
SÜSSES SCHMECKT NOCH BESSER, WENN MAN DIE SCHULE SCHWÄNZT! ♡
WIR HABEN DOCH ABGEMACHT, DASS DIE GESCHWISTER ORDENTLICH ZUR SCHULE MÜSSEN!
DAS HÄNGT VON JEDEM EINZELNEN AB.
SIE HAT MEISTENS GESCHWÄNZT, WENN DU AUF DIENSTREISE WARST.
WAS ZUM...?!
DIE ANWESENHEITSLISTE HAT SIE SELBST MANIPULIERT.
SHION YOZAKURA HAT NIE BEIM UNTERRICHT GEFEHLT...
TATACK
ALLE ACHTUNG ...!
ABER MOMENT! DARUM GEHT'S DOCH GAR NICHT!

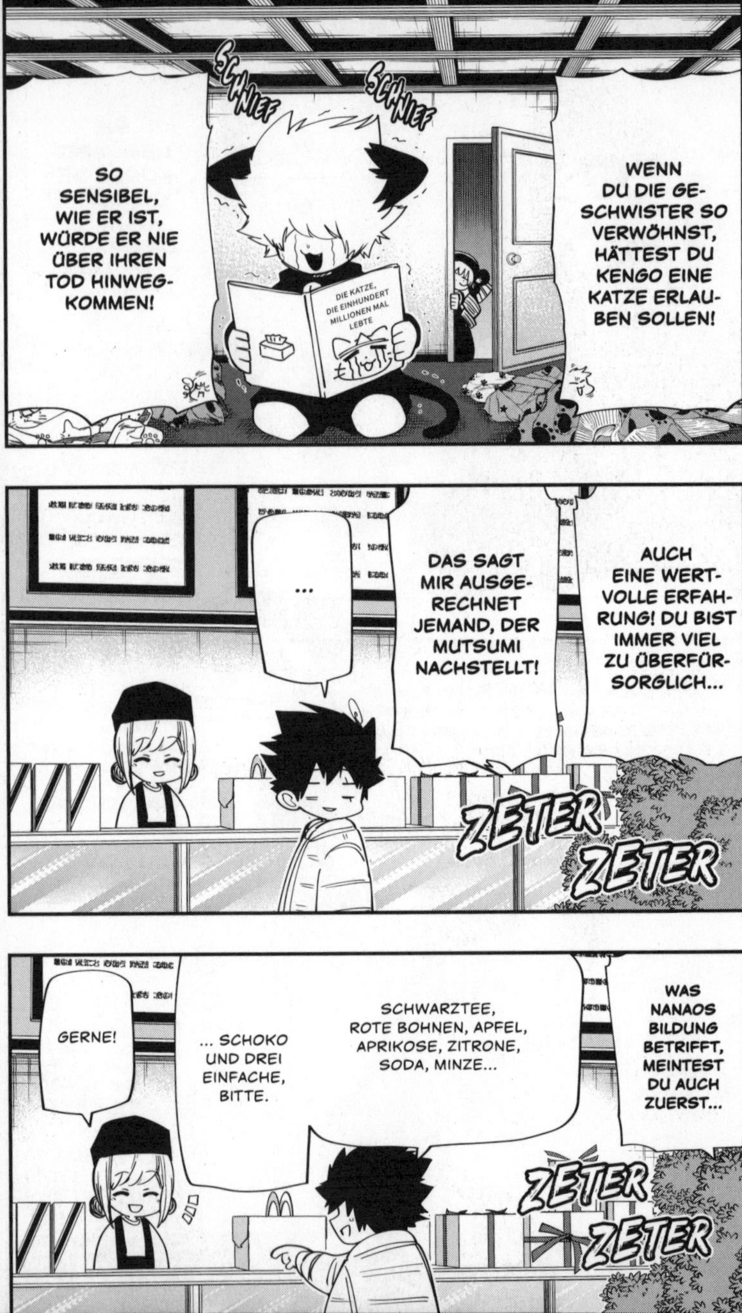
SCHNIEF
SCHNIEF
WENN DU DIE GESCHWISTER SO VERWÖHNST, HÄTTEST DU KENGO EINE KATZE ERLAUBEN SOLLEN!
SO SENSIBEL, WIE ER IST, WÜRDE ER NIE ÜBER IHREN TOD HINWEGKOMMEN!
DIE KATZE, DIE EINHUNDERT MILLIONEN MAL LEBTE
AUCH EINE WERTVOLLE ERFAHRUNG! DU BIST IMMER VIEL ZU ÜBERFÜRSORGLICH...
DAS SAGT MIR AUSGERECHNET JEMAND, DER MUTSUMI NACHSTELLT!
...
ZETER ZETER
WAS NANAOS BILDUNG BETRIFFT, MEINTEST DU AUCH ZUERST...
SCHWARZTEE, ROTE BOHNEN, APFEL, APRIKOSE, ZITRONE, SODA, MINZE...
... SCHOKO UND DREI EINFACHE, BITTE.
GERNE!
ZETER ZETER

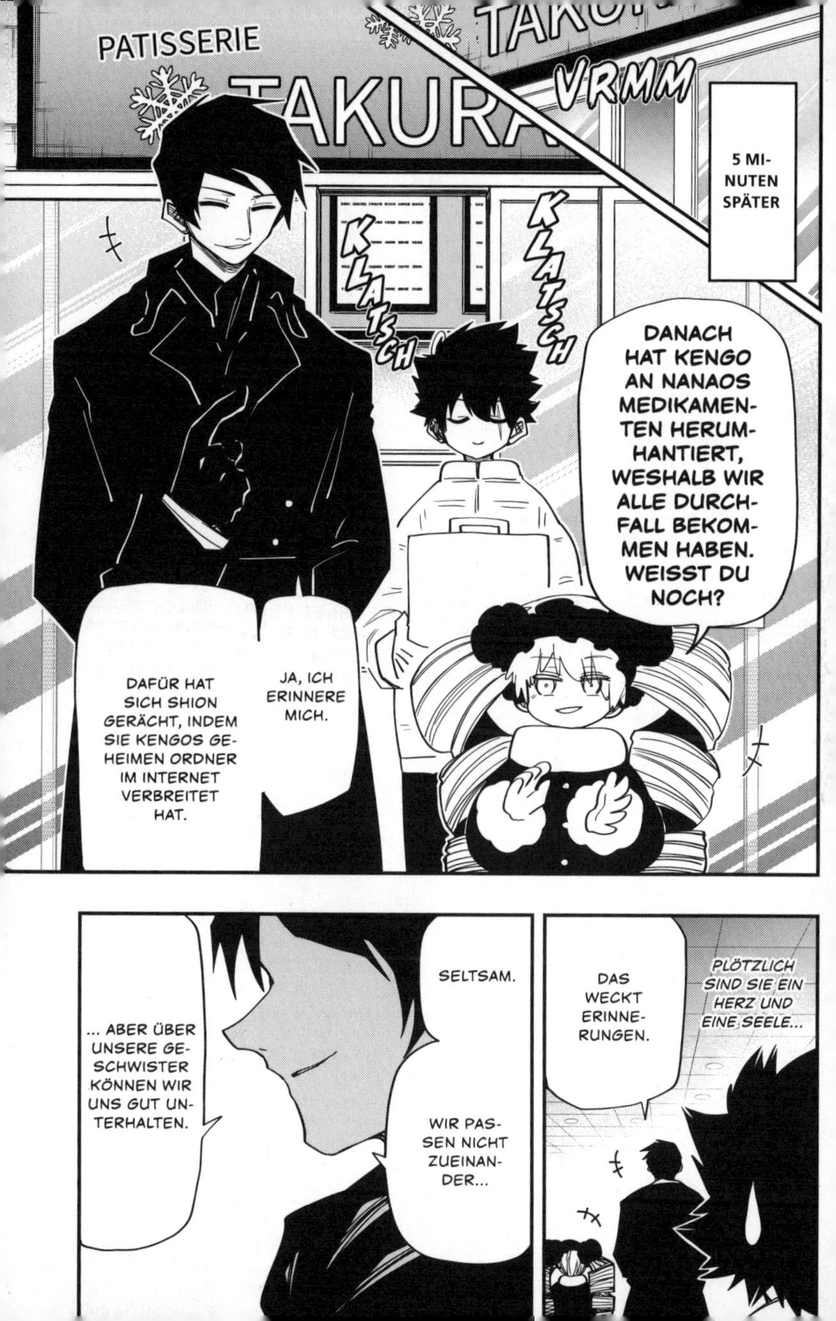
PATISSERIE
TAKURA
VRMM
5 MINUTEN SPÄTER
KLATSCH
KLATSCH
DANACH HAT KENGO AN NANAOS MEDIKAMENTEN HERUMHANTIERT, WESHALB WIR ALLE DURCHFALL BEKOMMEN HABEN. WEISST DU NOCH?
JA, ICH ERINNERE MICH.
DAFÜR HAT SICH SHION GERÄCHT, INDEM SIE KENGOS GEHEIMEN ORDNER IM INTERNET VERBREITET HAT.
DAS WECKT ERINNERUNGEN.
PLÖTZLICH SIND SIE EIN HERZ UND EINE SEELE...
SELTSAM.
WIR PASSEN NICHT ZUEINANDER...
... ABER ÜBER UNSERE GESCHWISTER KÖNNEN WIR UNS GUT UNTERHALTEN.

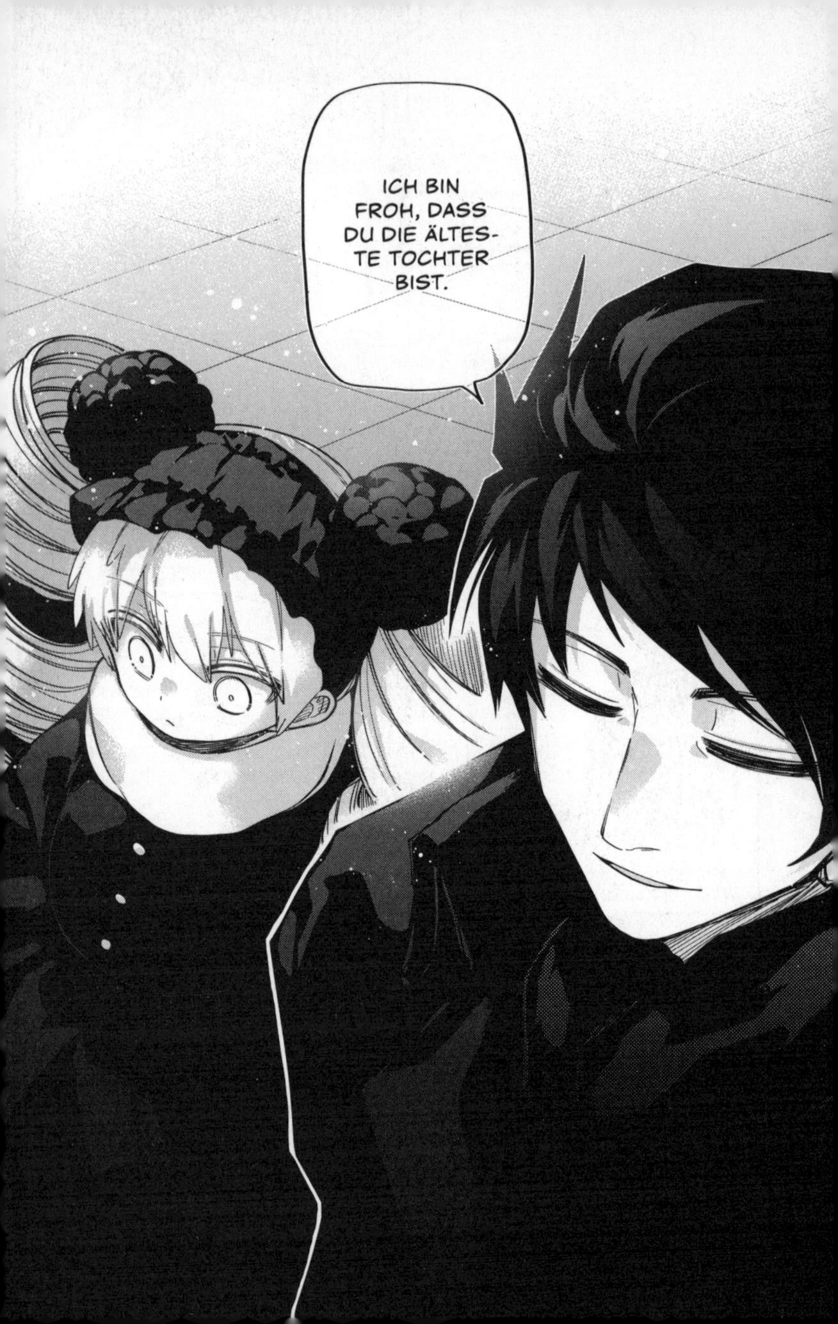
ICH BIN FROH, DASS DU DIE ÄLTESTE TOCHTER BIST.

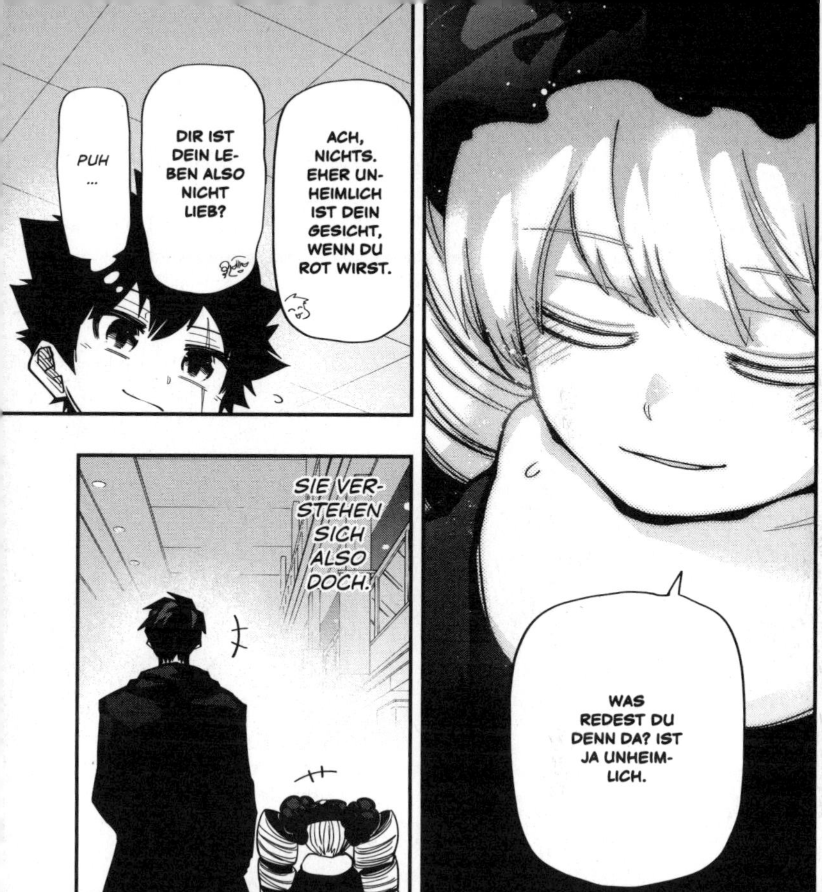

Im ehemaligen Anwesen der Yozakuras – Ende

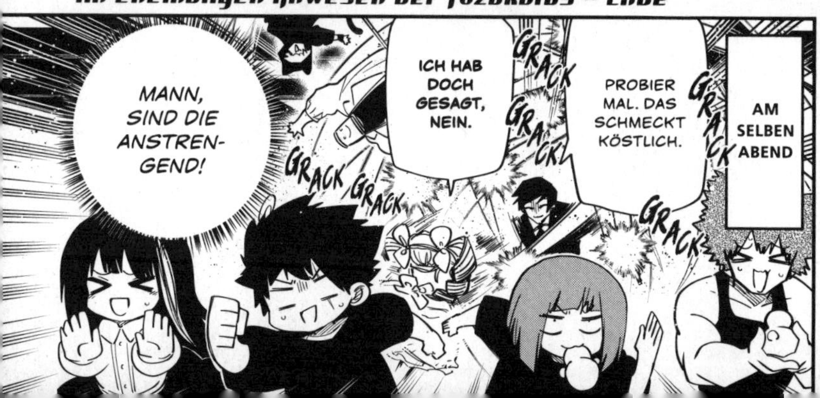

NR. 1

SAMTZAHL
R ABGEGEBENEN
VOTES: 18445!

DIE ERGEBNISSE DES ERSTEN POPULARITÄTSVOTUMS!!

WIR STELLEN EUCH DIE ERGEBNISSE DES VOTUMS VOR, DAS IM OKTOBER 2021 DURCHGEFÜHRT WURDE!

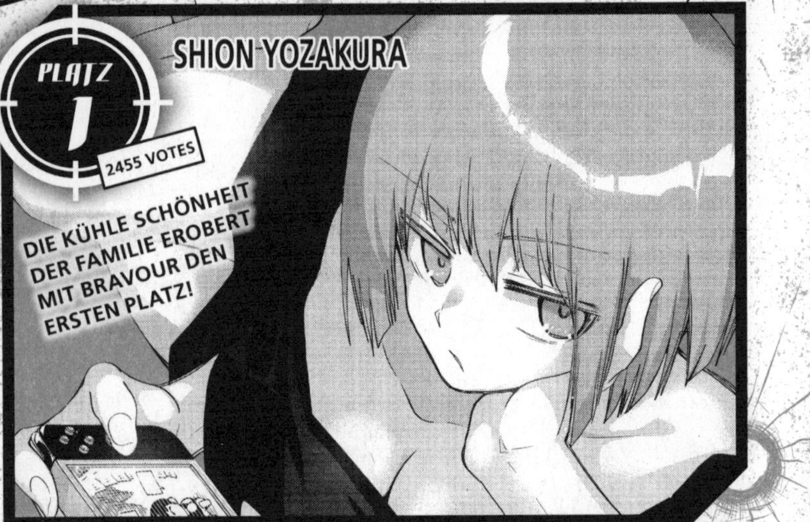

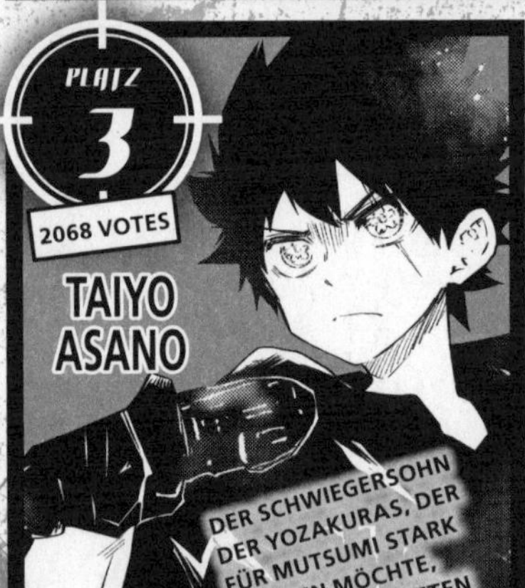

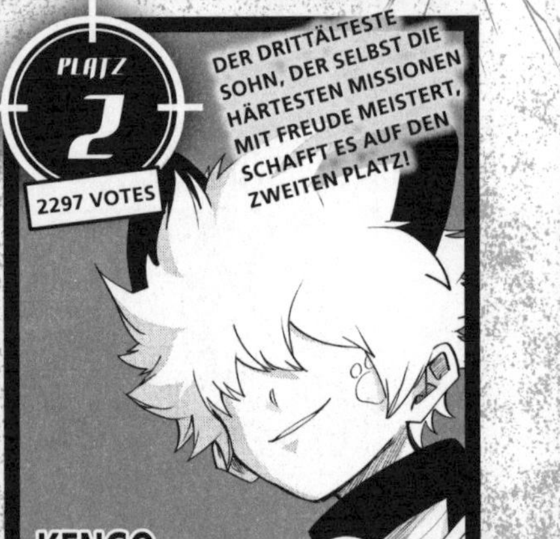

1ST CHARACTER RANKING

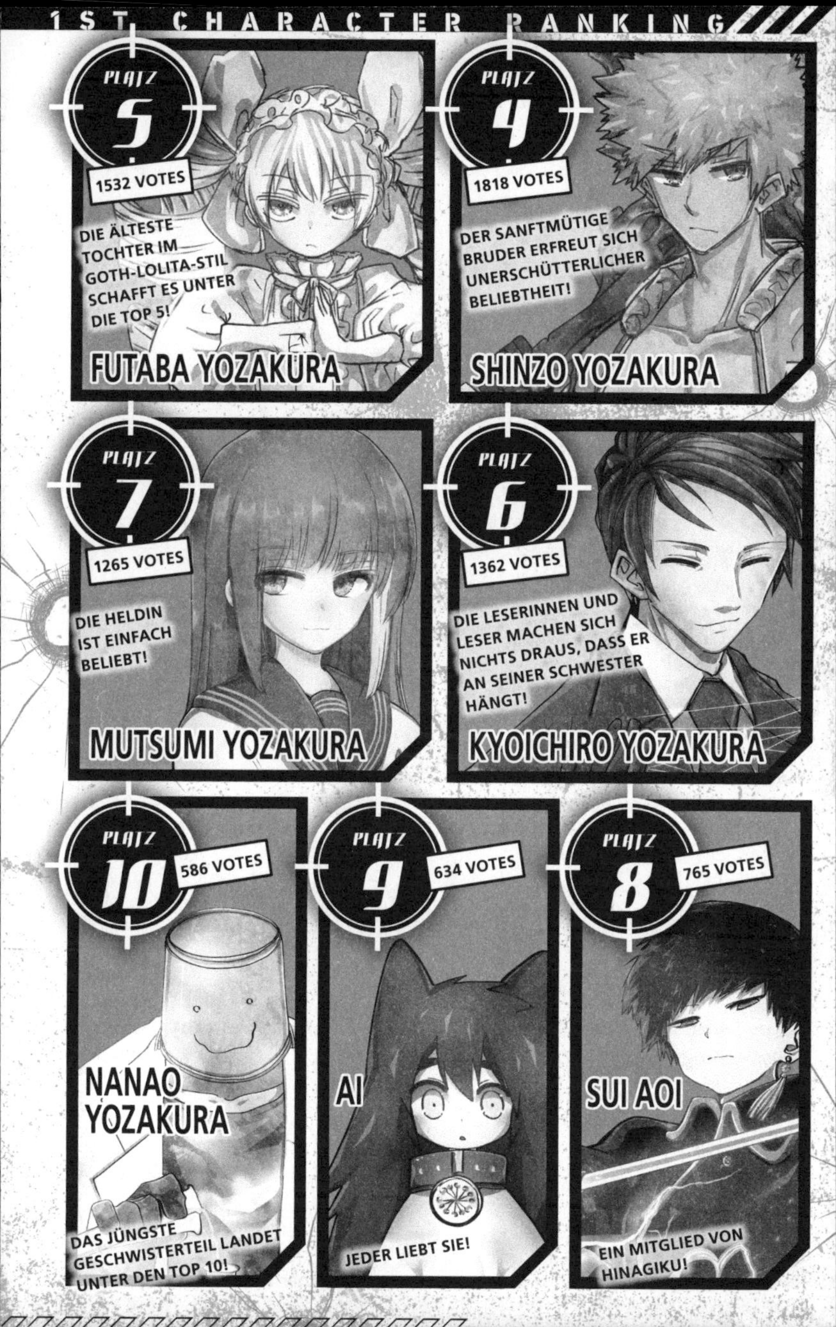
1ST CHARACTER RANKING
PLATZ 4
1818 VOTES
DER SANFTMÜTIGE BRUDER ERFREUT SICH UNERSCHÜTTERLICHER BELIEBTHEIT!
SHINZO YOZAKURA
PLATZ 5
1532 VOTES
DIE ÄLTESTE TOCHTER IM GOTH-LOLITA-STIL SCHAFFT ES UNTER DIE TOP 5!
FUTABA YOZAKURA
PLATZ 6
1362 VOTES
DIE LESERINNEN UND LESER MACHEN SICH NICHTS DRAUS, DASS ER AN SEINER SCHWESTER HÄNGT!
KYOICHIRO YOZAKURA
PLATZ 7
1265 VOTES
DIE HELDIN IST EINFACH BELIEBT!
MUTSUMI YOZAKURA
PLATZ 8
765 VOTES
SUI AOI
EIN MITGLIED VON HINAGIKU!
PLATZ 9
634 VOTES
AI
JEDER LIEBT SIE!
PLATZ 10
586 VOTES
NANAO YOZAKURA
DAS JÜNGSTE GESCHWISTERTEIL LANDET UNTER DEN TOP 10!

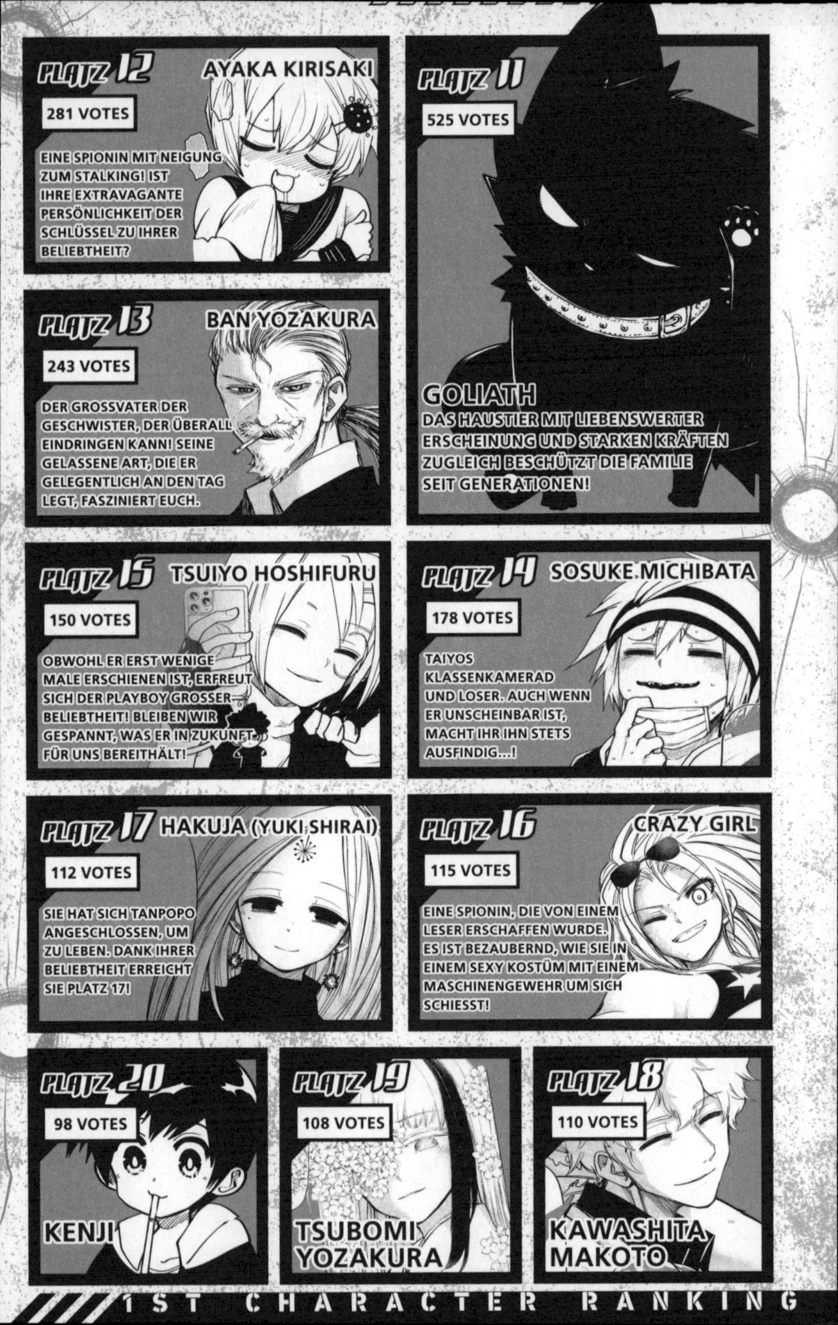
PLATZ 12
AYAKA KIRISAKI
281 VOTES
EINE SPIONIN MIT NEIGUNG ZUM STALKING! IST IHRE EXTRAVAGANTE PERSÖNLICHKEIT DER SCHLÜSSEL ZU IHRER BELIEBTHEIT?
PLATZ 11
525 VOTES
GOLIATH
DAS HAUSTIER MIT LIEBENSWERTER ERSCHEINUNG UND STARKEN KRÄFTEN ZUGLEICH BESCHÜTZT DIE FAMILIE SEIT GENERATIONEN!
PLATZ 13
BAN YOZAKURA
243 VOTES
DER GROSSVATER DER GESCHWISTER, DER ÜBERALL EINDRINGEN KANN! SEINE GELASSENE ART, DIE ER GELEGENTLICH AN DEN TAG LEGT, FASZINIERT EUCH.
PLATZ 15
TSUIYO HOSHIFURU
150 VOTES
OBWOHL ER ERST WENIGE MALE ERSCHIENEN IST, ERFREUT SICH DER PLAYBOY GROSSER BELIEBTHEIT! BLEIBEN WIR GESPANNT, WAS ER IN ZUKUNFT FÜR UNS BEREITHÄLT!
PLATZ 14
SOSUKE MICHIBATA
178 VOTES
TAIYOS KLASSENKAMERAD UND LOSER. AUCH WENN ER UNSCHEINBAR IST, MACHT IHR IHN STETS AUSFINDIG ...!
PLATZ 17
HAKUJA (YUKI SHIRAI)
112 VOTES
SIE HAT SICH TANPOPO ANGESCHLOSSEN, UM ZU LEBEN. DANK IHRER BELIEBTHEIT ERREICHT SIE PLATZ 17!
PLATZ 16
CRAZY GIRL
115 VOTES
EINE SPIONIN, DIE VON EINEM LESER ERSCHAFFEN WURDE. ES IST BEZAUBERND, WIE SIE IN EINEM SEXY KOSTÜM MIT EINEM MASCHINENGEWEHR UM SICH SCHIESST!
PLATZ 20
98 VOTES
KENJI
PLATZ 19
108 VOTES
TSUBOMI YOZAKURA
PLATZ 18
110 VOTES
KAWASHITA MAKOTO
1ST CHARACTER RANKING

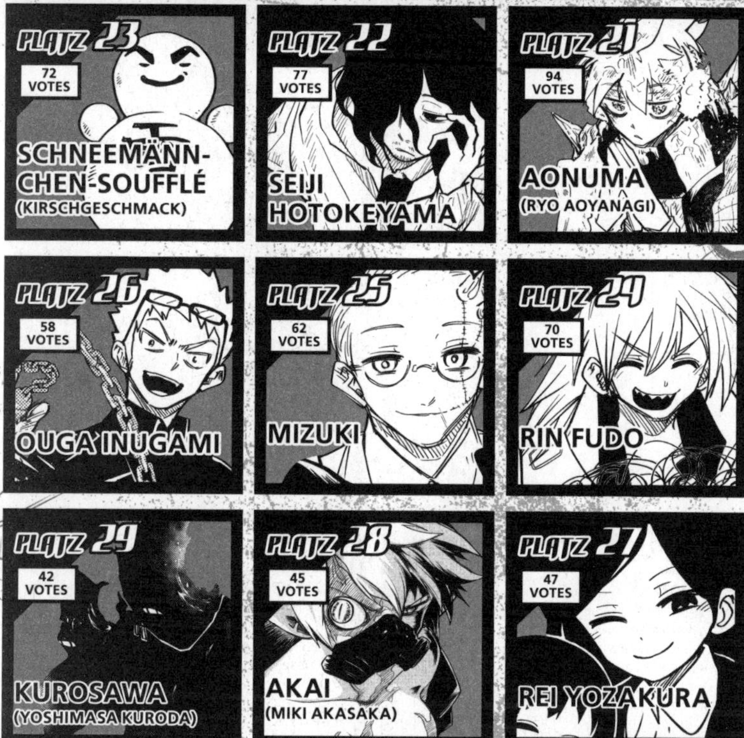

DIE ERGEBNISSE DES ERSTEN POPULARITÄTSVOTUMS

BESUCHT DIE WEBSITE
VON MISSION YOZAKURA FAMILY!

https://www.shonenjump.com/j/sp_yozakura/vote/index.html

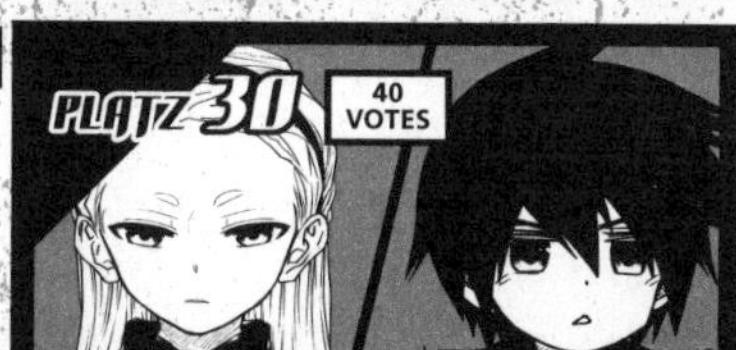

* aktueller Stand bei Herausgabe dieses Manga

KOMMENTAR DES AUTORS!

ICH BIN FROH, DASS TAIYO UNTER DEN TOP 3 UND ALLE GESCHWISTER UNTER DEN TOP 10 GELANDET SIND! GOLIATH WAR AUCH KURZ DAVOR! GEVOTET WURDE AUCH FÜR SPIONE, DIE LESER ERFUNDEN HABEN, UND CHARAKTERE AUS MEINEN VORIGEN WERKEN! VIELEN DANK FÜR EURE VOTES!

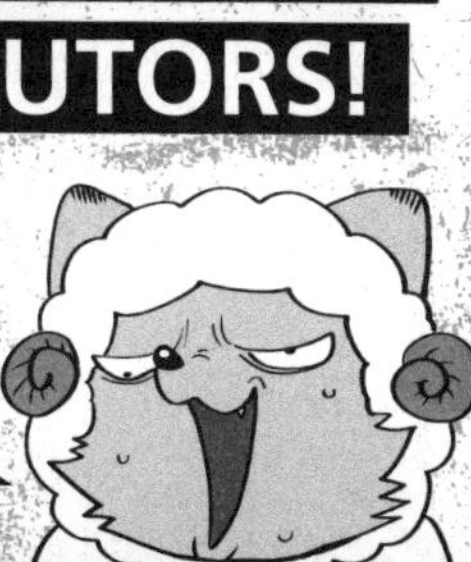

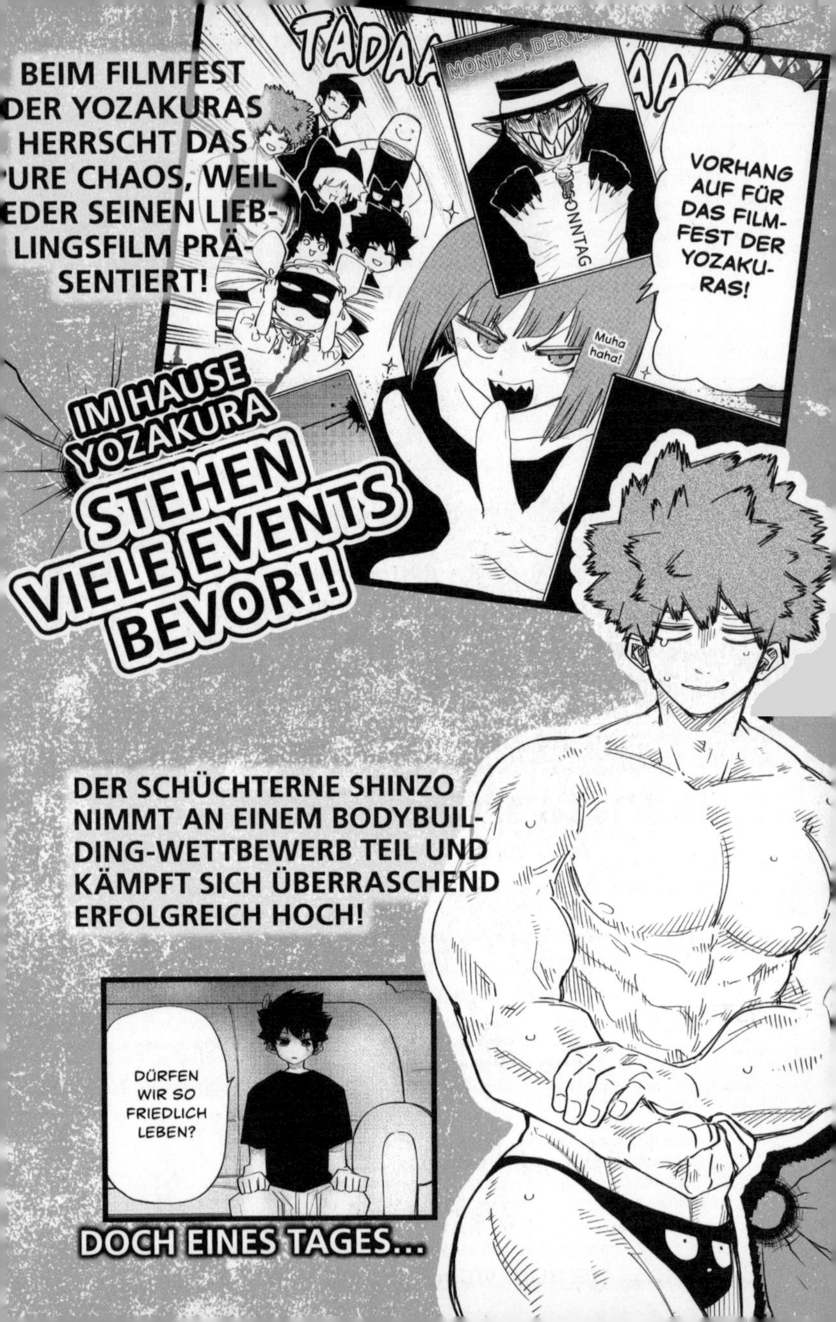
BEIM FILMFEST DER YOZAKURAS HERRSCHT DAS URE CHAOS, WEIL EDER SEINEN LIEB-LINGSFILM PRÄ-SENTIERT!
TADAA
AA
MONTAG, DER
VORHANG AUF FÜR DAS FILM-FEST DER YOZAKU-RAS!
Muha haha!
IM HAUSE YOZAKURA STEHEN VIELE EVENTS BEVOR!!
DER SCHÜCHTERNE SHINZO NIMMT AN EINEM BODYBUIL-DING-WETTBEWERB TEIL UND KÄMPFT SICH ÜBERRASCHEND ERFOLGREICH HOCH!
DÜRFEN WIR SO FRIEDLICH LEBEN?
DOCH EINES TAGES...

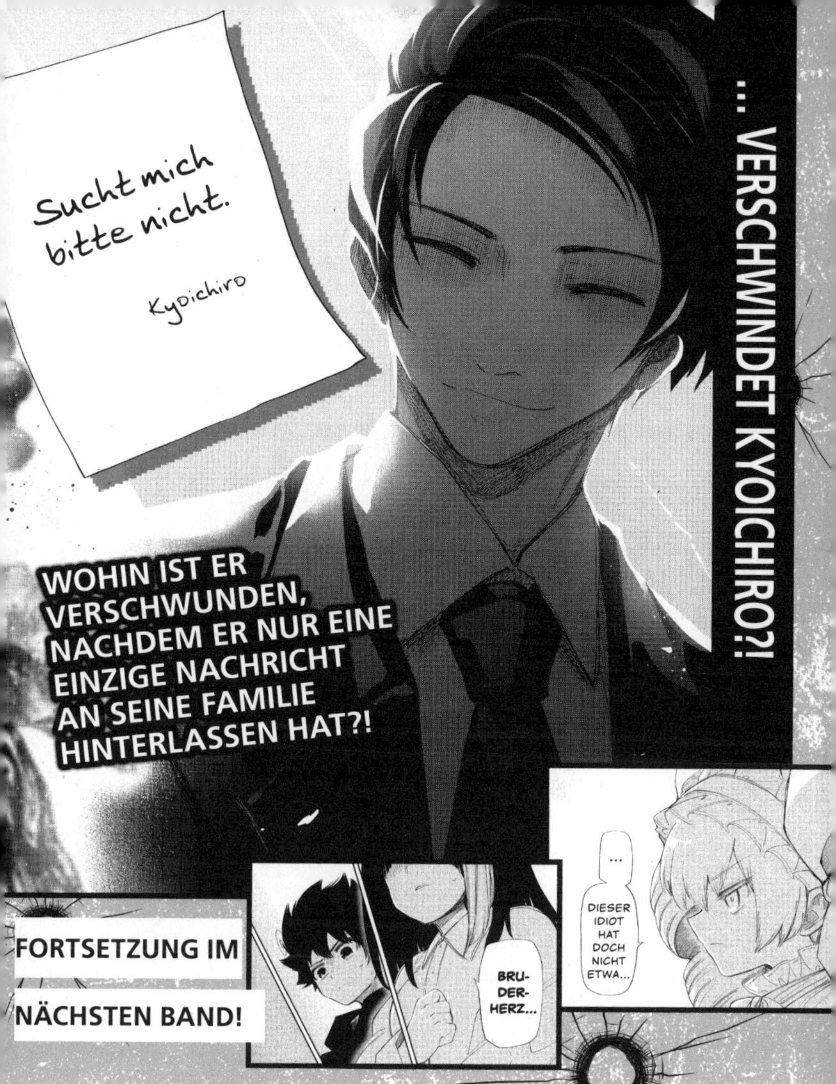

MISSION: Yozakura Family 14

BAND 14 ERSCHEINT VORAUSSICHTLICH IM JANUAR 2025!

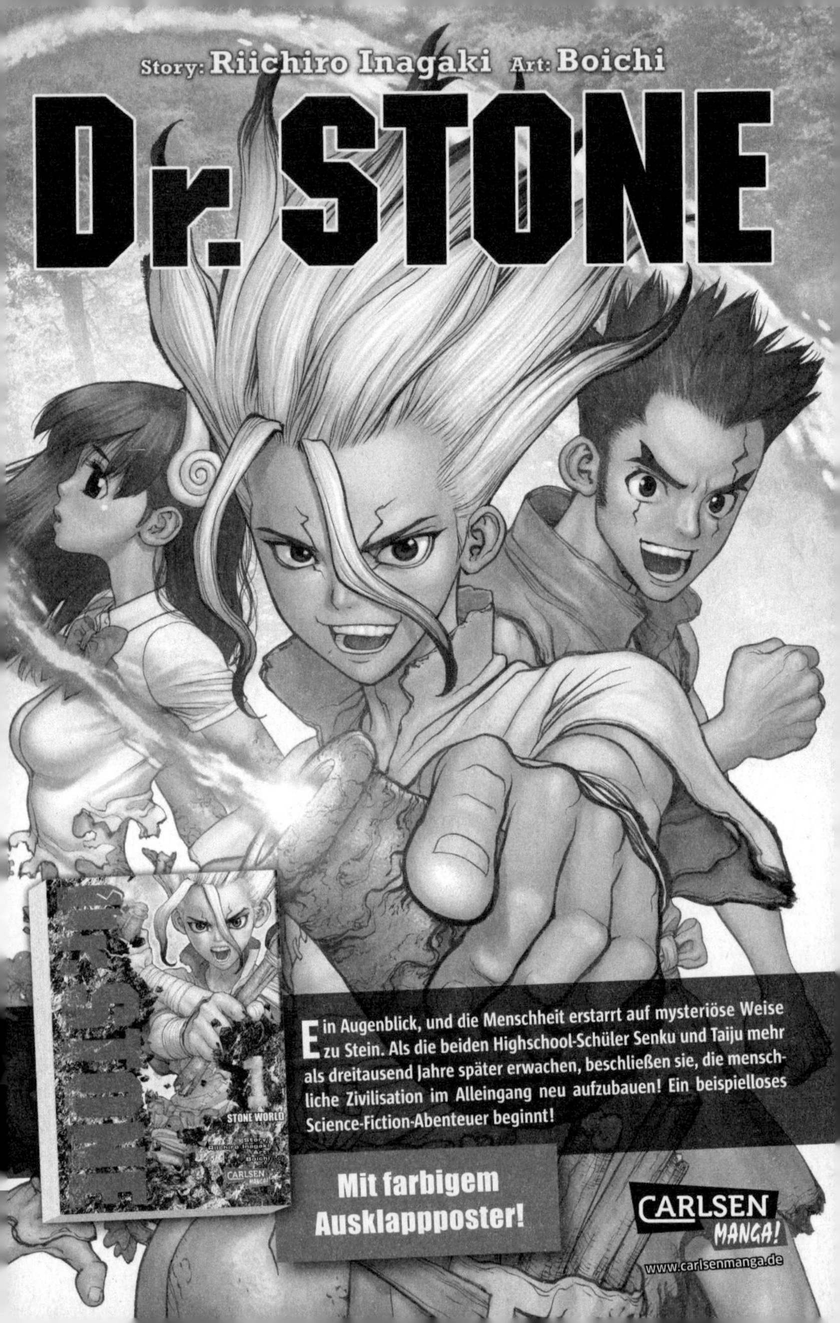

Story: Riichiro Inagaki Art: Boichi
Dr. STONE
STONE WORLD
Ein Augenblick, und die Menschheit erstarrt auf mysteriöse Weise zu Stein. Als die beiden Highschool-Schüler Senku und Taiju mehr als dreitausend Jahre später erwachen, beschließen sie, die menschliche Zivilisation im Alleingang neu aufzubauen! Ein beispielloses Science-Fiction-Abenteuer beginnt!
Mit farbigem Ausklappposter!
CARLSEN MANGA!
www.carlsenmanga.de

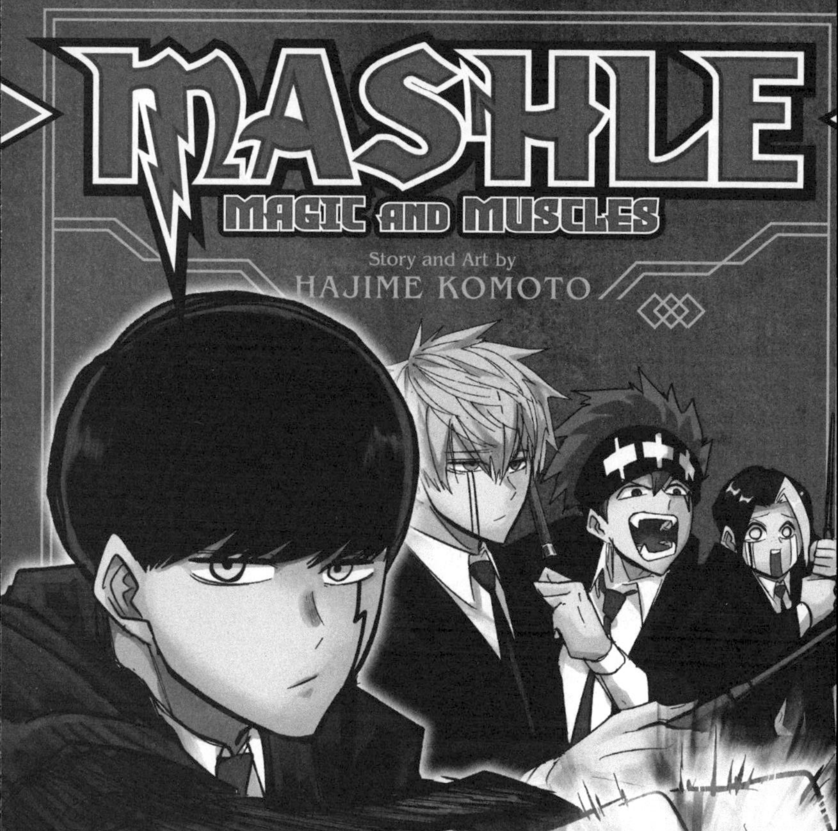

MAGIE IST GUT – MUSKELN SIND BESSER!

Im Reich der Magie wird der soziale Status durch die magischen Fähigkeiten bestimmt. Doch tief im Wald lebt Mash Burnedead, ein junger Mann, der seine gesamte Zeit damit verbringt, seinen Körper zu stählen. Er kann keine Magie benutzen, genießt jedoch ein friedliches Leben mit seinem Vater. Als das herauskommt, geraten beide in Gefahr. Die einzige Lösung: Mash wird in der Magieschule eingeschrieben, wo er die magische Konkurrenz schlagen muss! Wird sich Mash ohne einen Funken Magie und durch reine Muskelkraft einen Weg an die Spitze bahnen können?

MASHLE © 2020 by Hajime Komoto / SHUEISHA Inc.

CARLSEN MANGA! www.carlsenmanga.de carlsen_manga carlsenmanga

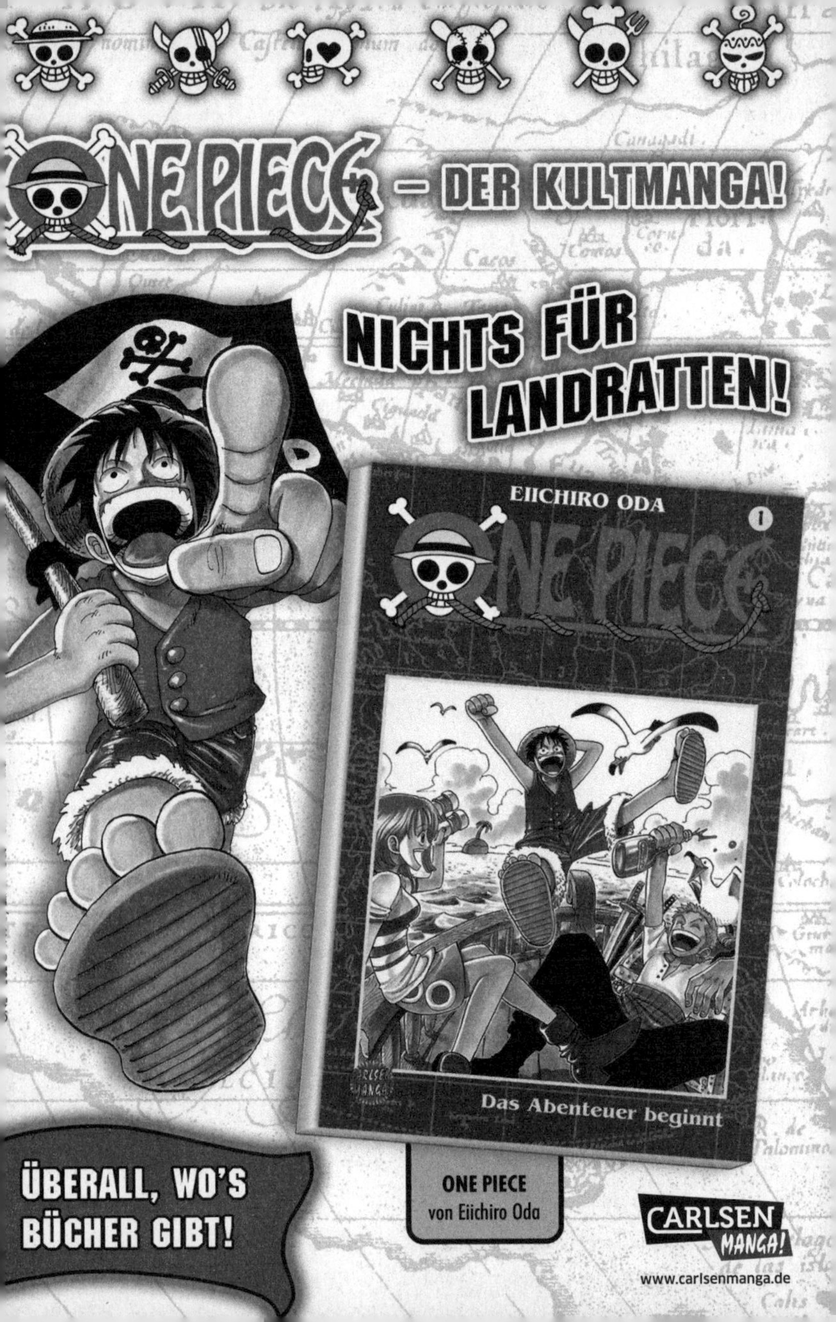
ONE PIECE – DER KULTMANGA!
NICHTS FÜR LANDRATTEN!
EIICHIRO ODA
ONE PIECE
1
Das Abenteuer beginnt
CARLSEN MANGA!
ONE PIECE
von Eiichiro Oda
ÜBERALL, WO'S BÜCHER GIBT!
CARLSEN MANGA!
www.carlsenmanga.de

Seven Deadly Sins

NAKABA SUZUKI

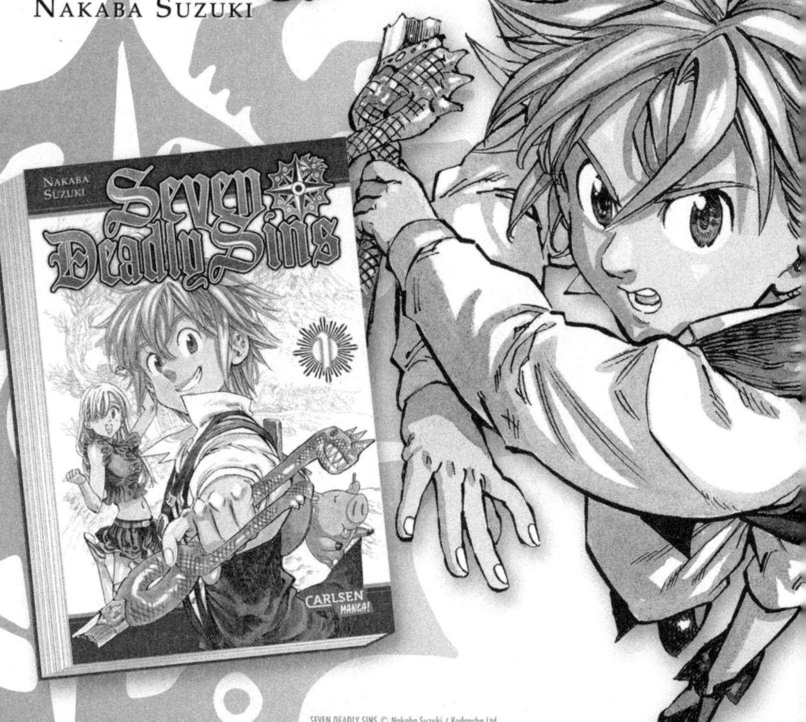

SEVEN DEADLY SINS © Nakaba Suzuki / Kodansha Ltd.

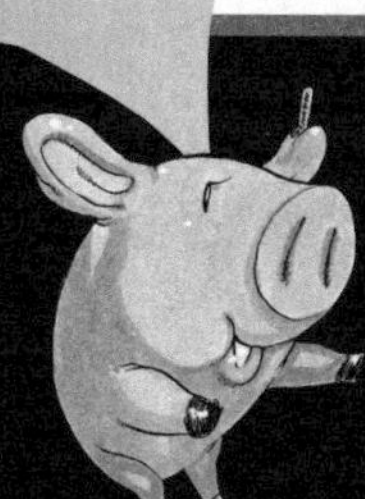

DIE SCHLIMMSTEN VERBRECHER DER GESCHICHTE!

Sie sind die schlimmsten Verbrecher Britannias: die Seven Deadly Sins!
Prinzessin Elisabeth sucht trotzdem nach ihnen. Sie will ihr Königreich zurückerobern und da kämen ihr die schlimmsten Banditen gerade recht!

CARLSEN MANGA!

www.carlsenmanga.de

SAKAMOTO DAYS

YUTO SUZUKI

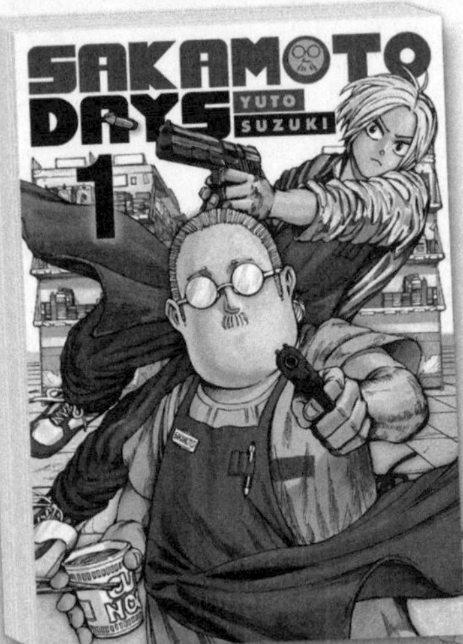

EX-GANGSTER-KOMÖDIE

MIT RASANTER ACTION

Entdecke die Leseprobe zu Band 1:

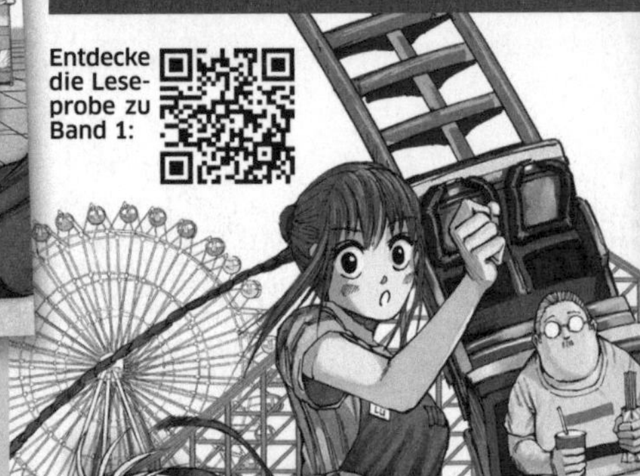

Einst war er der ultimative Auftragskiller, von der gesamten Verbrecherwelt gefürchtet und bewundert zugleich. Doch als er auf die Liebe seines Lebens trifft, schwört Sakamoto, sich zu ändern.

Kurzerhand tauscht er seine Knarren gegen Schürzen ein und arbeitet fortan in einem Supermarkt. Seine Frau und seine kleine Tochter bedeuten ihm alles. Als also der junge Shin auftaucht und seinen Ruhestand bedroht, muss er wohl oder übel seine alten Tricks auspacken…

SAKAMOTO DAYS © 2020 by Yuto Suzuki / SHUEISHA Inc.

CARLSEN MANGA!

www.carlsenmanga.de

carlsen_manga

carlsenmanga

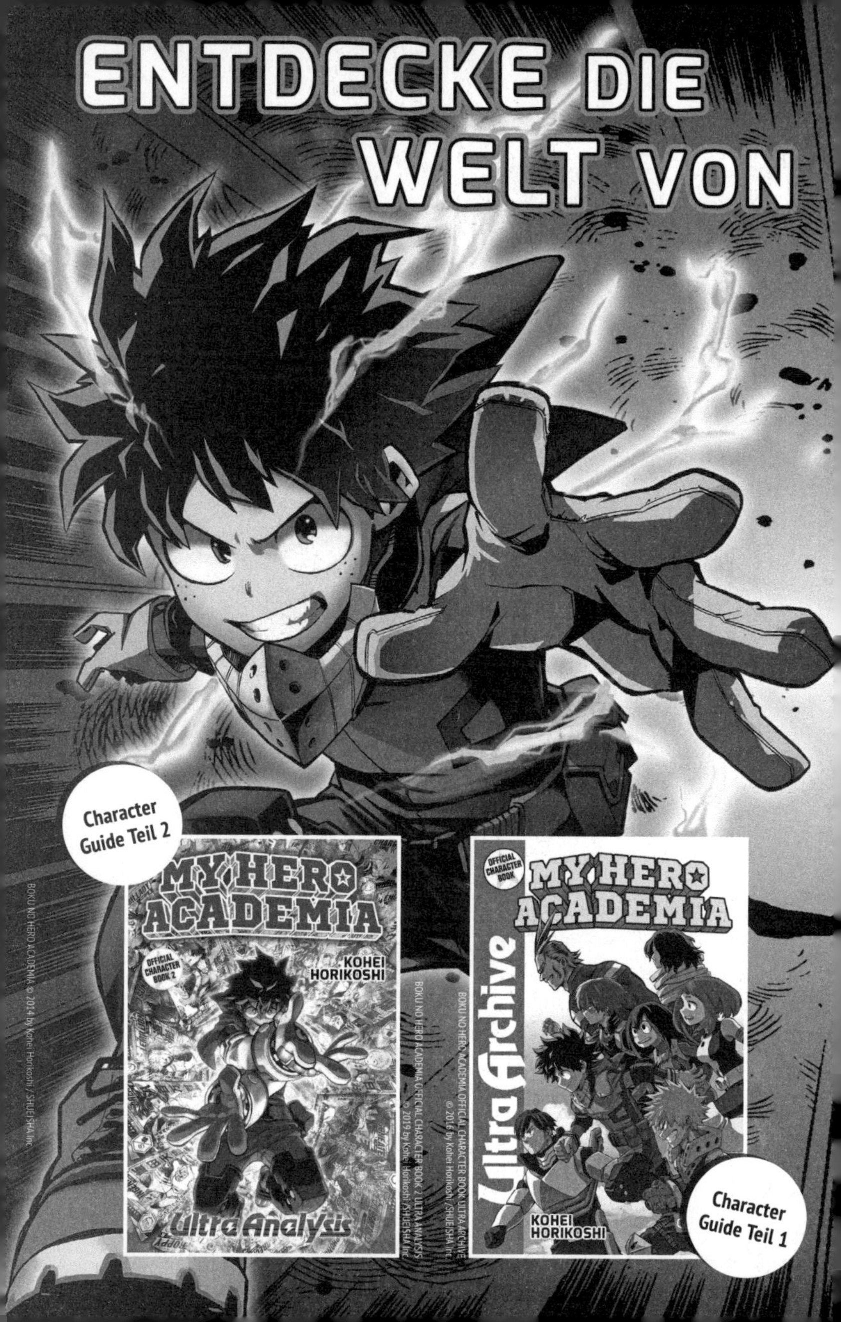
ENTDECKE DIE
WELT VON
Character
Guide Teil 2
MY HERO
ACADEMIA
OFFICIAL CHARACTER BOOK 2
KOHEI
HORIKOSHI
Ultra Analysis
OFFICIAL CHARACTER BOOK
MY HERO
ACADEMIA
Ultra Archive
KOHEI
HORIKOSHI
Character
Guide Teil 1
BOKU NO HERO ACADEMIA © 2014 by Kohei Horikoshi / SHUEISHA Inc.
BOKU NO HERO ACADEMIA OFFICIAL CHARACTER BOOK 2 ULTRA ANALYSIS © 2019 by Kohei Horikoshi / SHUEISHA Inc.
BOKU NO HERO ACADEMIA OFFICIAL CHARACTER BOOK ULTRA ARCHIVE © 2016 by Kohei Horikoshi / SHUEISHA Inc.

DER BERÜHMTESTE NINJA ALLER ZEITEN!

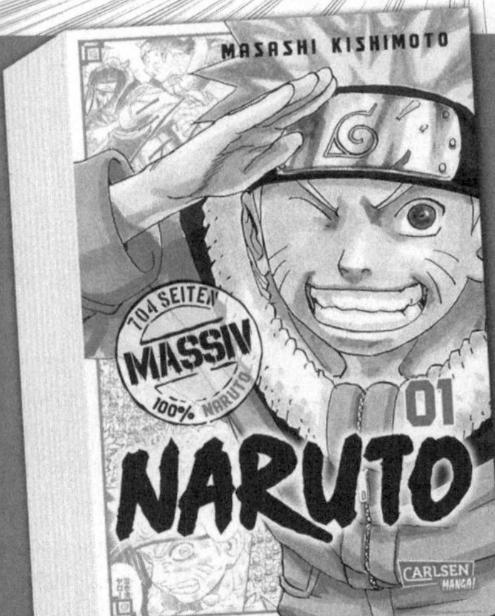

NARUTO MASSIV

VON MASASHI KISHIMOTO

In 700 Kapiteln hat Naruto immer wieder seinen Willen gezeigt, ein guter Ninja zu werden – aber auch seinen unglaublich großen Hang zum Blödsinn. Über die Jahre hat er alle Ninja-Techniken erlernt und viele Abenteuer erlebt.

Entdecke die Klopper-Neuausgabe des Manga-Originals: in dicken Sammelbänden mit teils über 800 Seiten. Die muss man haben!

Band 01 zum unfassbaren Antest-Preis von 6,– € (D)!

KOMPLETT MASSIV IN 24 BÄNDEN

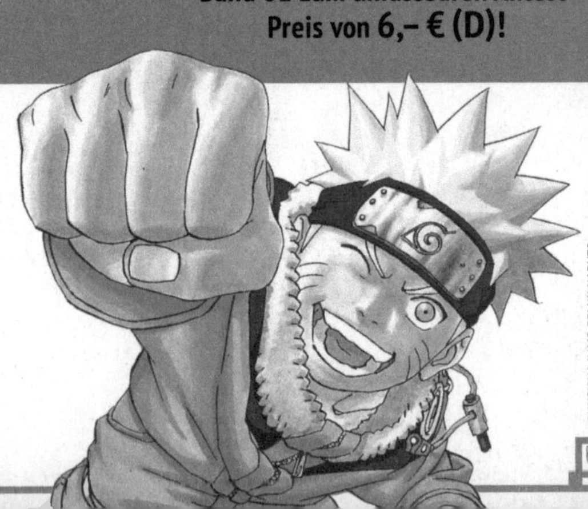

CARLSEN MANGA!

www.carlsenmanga.de

SHUEISHA JUMP REMIX NARUTO
© 1999 by Masashi Kishimoto/SHUEISHA Inc.

Atsushi Ohkubo

SOUL EATER

DIE GANZE STORY KOMPLETT IN MASSIV

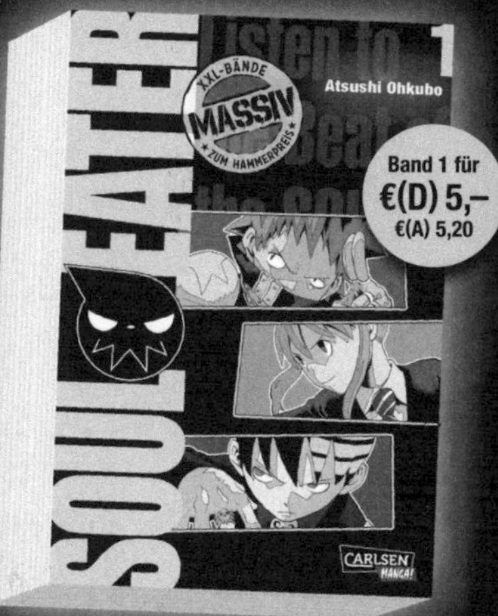

2 in 1:

- 12 Massiv-Sammelbände
- Neuedition zum Hammerpreis
- Durchgängiges Rückenbild über alle Bände
- Neues Coverdesign

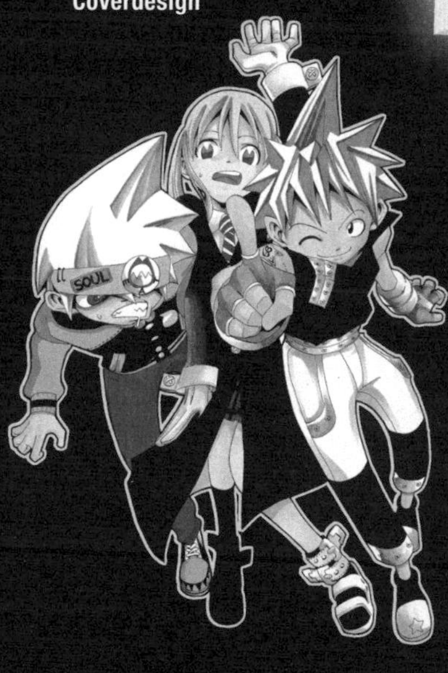

Maka ist eine Waffenschmiedin in spezieller Ausbildung. Ihre Sense namens »Soul Eater« hat ein Eigenleben und nimmt außerhalb des Kampfes die Gestalt eines ultracoolen Jungen an. Um eine »Waffe des Todesgottes« zu erschaffen, muss sich Soul Eater exakt 99 böse Seelen und eine Hexenseele einverleiben, nur so kann Maka ihre Ausbildung abschließen. Eine rasante Fressorgie beginnt, auch zwischen den Mahlzeiten genießbar!

CARLSEN MANGA!

www.carlsenmanga.de

SOUL EATER © Atsushi Ohkubo / SQUARE ENIX

Tokyo Revengers

KEN WAKUI

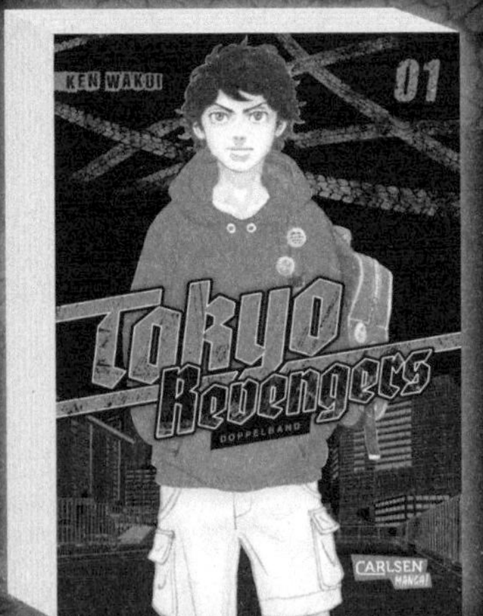

DER WELT-ERFOLG ALS DOPPELBAND-EDITION!

Takemichi ist im Leben am absoluten Tiefpunkt angelangt: Die einzige Freundin, die er jemals in seinem Leben während der Mittelschulzeit hatte, ist von einer skrupellosen Gang getötet worden. Einen Tag nach dieser Hiobsbotschaft wird er am Bahnsteig von einem Unbekannten auf die Gleise gestoßen. Obwohl er sich schnell mit seinem Tod abfindet, öffnet er einen Moment später die Augen und stellt fest, dass er plötzlich 12 Jahre in die Vergangenheit gereist ist!
Er beschließt, die Zukunft umzuschreiben und seine Freundin Hinata vor ihrem schrecklichen Schicksal zu bewahren…

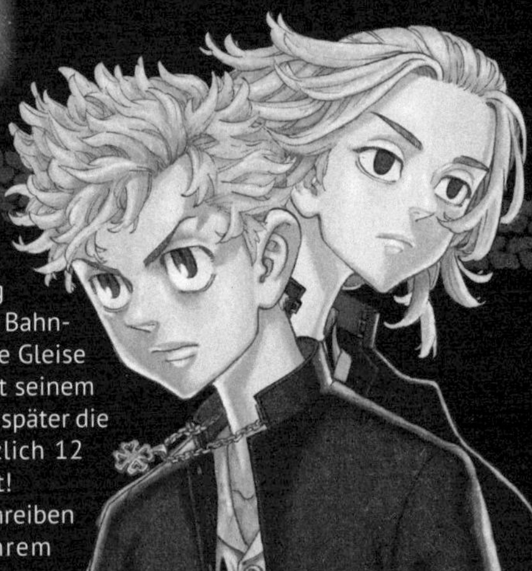

CARLSEN MANGA!

Entdecke die Welt von Tokyo Revengers auf www.tokyo-revengers.de

carlsen_manga

carlsenmanga

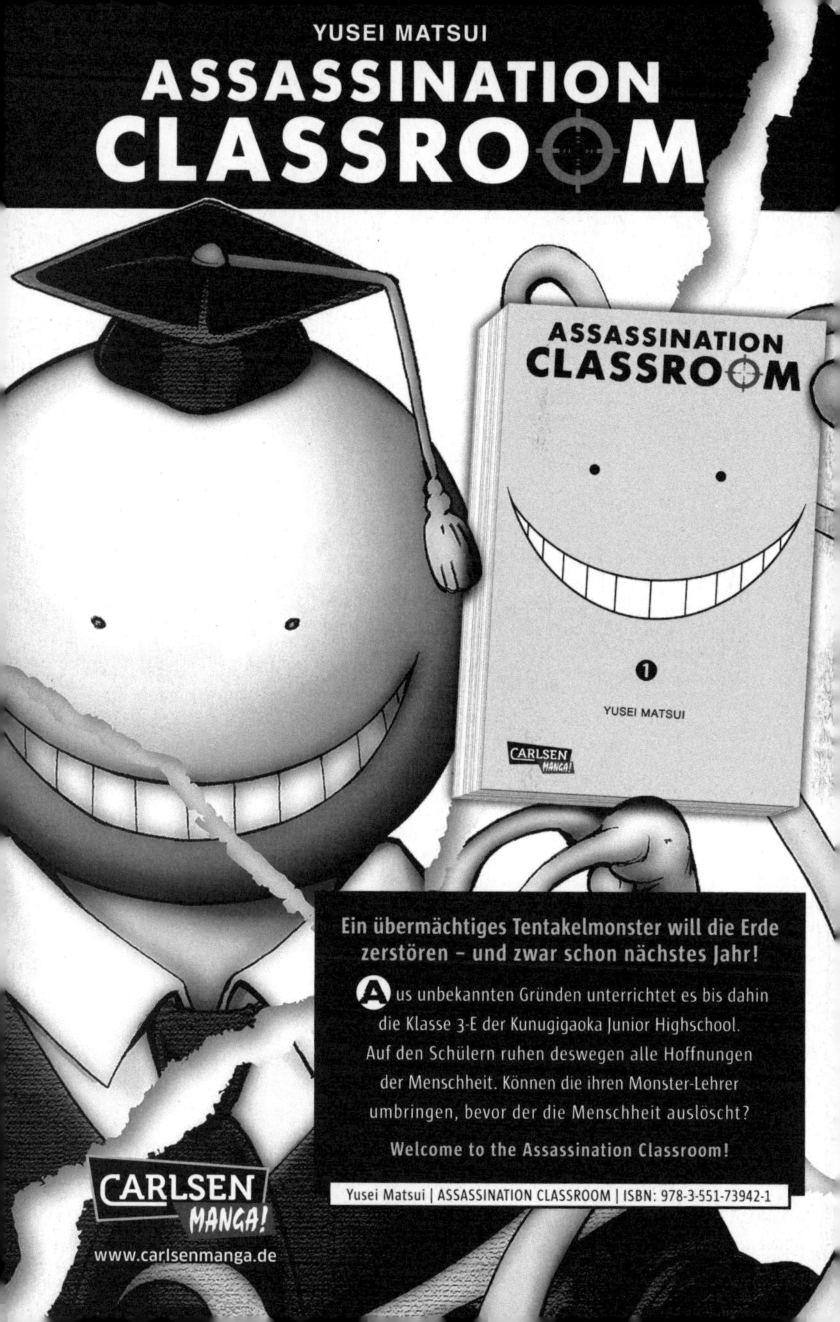
YUSEI MATSUI
ASSASSINATION CLASSROOM
ASSASSINATION CLASSROOM
1
YUSEI MATSUI
CARLSEN MANGA!
Ein übermächtiges Tentakelmonster will die Erde zerstören – und zwar schon nächstes Jahr!
Aus unbekannten Gründen unterrichtet es bis dahin die Klasse 3-E der Kunugigaoka Junior Highschool. Auf den Schülern ruhen deswegen alle Hoffnungen der Menschheit. Können die ihren Monster-Lehrer umbringen, bevor der die Menschheit auslöscht?
Welcome to the Assassination Classroom!
Yusei Matsui | ASSASSINATION CLASSROOM | ISBN: 978-3-551-73942-1
CARLSEN MANGA!
www.carlsenmanga.de

MISSION: Yozakura Family

To Do Mission

Number	Mission Title
1	☑ Anhalten und Lage sondieren
2	☑ Japanische Serie identifiziert
3	☑ Anweisungen der abgebildeten Grafik befolgen
4	☑ Von »hinten« nach »vorne« lesen
5	☑ Von rechts nach links lesen
6	☑ Spannende Unterhaltung genießen

HALT!

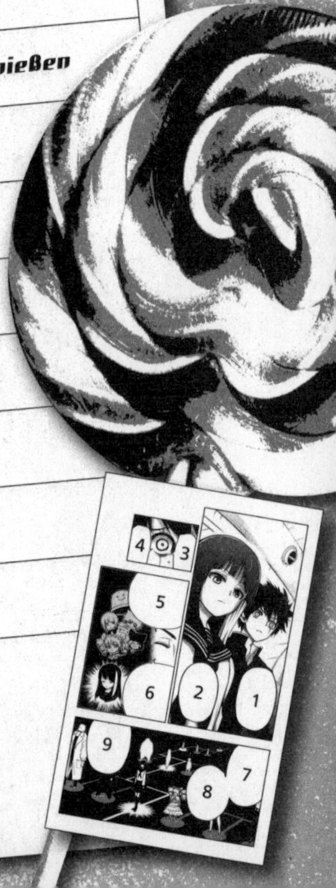

Carlsen Manga! News – jeden Monat neu per E-Mail!
www.carlsenmanga.de · www.carlsen.de

CARLSEN MANGA
Deutsche Ausgabe/German Edition
© Carlsen Verlag GmbH 2024
Völckersstraße 14-20 · 22765 Hamburg
Aus dem Japanischen von Nana Umino
YOZAKURA-SANCHI NO DAISAKUSEN © 2019 by Hitsuji Gondaira
All rights reserved.
First published in Japan in 2019 by SHUEISHA Inc., Tokyo.
German translation rights in Germany, Austria, German-speaking Switzerland
Luxembourg and German-speaking Switzerland
arranged by SHUEISHA Inc. through VME PLB SAS, France.

Redaktion: Patricia Janzen
Textbearbeitung: Steffi Korda
Produktionsmanagement: Tobias Hametner
ISBN: 978-3-551-79206-8
Alle deutschen Rechte vorbehalten

Wir behalten uns die Nutzung unserer Inhalte für Text- und Data-Mining im Sinne von § 44b UrhG ausdrücklich vor.

MIX
Papier | Fördert gute Waldnutzung
FSC www.fsc.org FSC® C083411

Mission:
Yozakura Family